KB140762

자 치 통 감 을　읽 다

자치통감을 읽다

중국 최고 역사서로 보는 욕망과 대의, 흥망성쇠의 원리

초판 1쇄 발행 2016년 10월 20일
초판 3쇄 발행 2018년 5월 10일

지은이 장평
옮긴이 김영문
펴낸이 유정연

기획 노승현
책임편집 좌세훈
주간 백지선
기획편집 장보금 신성식 조현주 김수진 김경애 **디자인** 안수진 김소진
마케팅 임충진 이다영 김보미 **제작** 임정호 **경영지원** 전선영

펴낸곳 흐름출판(주) **출판등록** 제313-2003-199호(2003년 5월 28일)
주소 서울시 마포구 홍익로5길 59 남성빌딩 2층(서교동 370-15)
전화 (02)325-4944 **팩스** (02)325-4945 **이메일** book@hbooks.co.kr
홈페이지 http://www.nwmedia.co.kr **블로그** blog.naver.com/nextwave7
출력·인쇄·제본 (주)현문 **용지** 월드페이퍼(주) **후가공** (주)이지앤비(특허 제10-1081185호)

ISBN 978-89-6596-200-7 03910

- 이 책은 저작권법에 따라 보호를 받는 저작물이므로 무단 전재와 복제를 금지하며,
  이 책 내용의 전부 또는 일부를 사용하려면 반드시 저작권자와 흐름출판의 서면 동의를 받아야 합니다.
- 흐름출판은 독자 여러분의 투고를 기다리고 있습니다. 원고가 있으신 분은 book@hbooks.co.kr로
  간단한 개요와 취지, 연락처 등을 보내주세요. 머뭇거리지 말고 문을 두드리세요.
- 파손된 책은 구입하신 서점에서 교환해 드리며 책값은 뒤표지에 있습니다.

이 도서의 국립중앙도서관 출판예정도서목록(CIP)은 서지정보유통지원시스템 홈페이지(http://seoji.nl.go.kr)와 국가자료공동목록시스템(http://www.nl.go.kr/kolisnet)에서 이용하실 수 있습니다.(CIP제어번호: CIP2016020638)

羽呑은 흐름출판의 인문·사회·과학 브랜드입니다. "근원의 사유, 새로운 지성"

자치통감을 읽다

중국 최고 역사서로 보는 욕망과 대의, 흥망성쇠의 원리

장펑(姜鵬) 지음 ㅣ 김영문 옮김

어릴 적 시골의 '지체 있는 집안'에는 『자치통감』 몇 권 꽂혀 있지 않은 집이 드물었다. 우리가 어렵고 힘든 시기를 견뎌낸 것도 이런 '지체'와 긍지가 있었기 때문이 아닌가 생각해본다. 건축물이 우뚝 서려면 땅을 깊이 파고 골조를 튼튼히 세워야 하듯이, 사회가 올바르게 되려면 리더의 근간이 바로 서야 한다. 한국 사회가 안팎으로 흔들리고 있다. 도전과 위협을 극복해나가려는 의지와 의욕이 안 보인다. 무엇보다도 이 난국을 헤쳐나갈 지도자에 대한 믿음이 줄어들고 있다. 위기의 시대 지도자는 어떤 모습을 보여야 하는가.

『자치통감을 읽다』는 중국 전국시대부터 오대(五代)까지의 1,362년간의 역사를 294권 300만 자에 수록한 방대한 역사서 『자치통감』의 요약 해제본이다. 이 방면 권위자인 중국역사학자 장펑 교수가 현대인이 쉽게 접할 수 있는 문제들을 가슴 깊이 담을 수 있도록 짧지만 깊이 있게 다룬 책이다. 이 책만큼 도도한 역사의 흐름 속에서 국가와 인간이 보일 수 있는 모든 행태를 드러내고 판단하고 아우르고 방향을 잡아주는 책은 드물다 할 것이다.

오늘의 정치사회계는 통합과 포용보다는 분열과 반목을 일삼고, 섬기고 양보하기보다는 짓밟고 빼앗는 행태를 보이는 듯하다. 지도자를 자처하는 이들도 대의를 내세우며 소의에 집착하고, 국민과 공동체를 들먹이며 집단이기와 기득권에 안주하는 모습이다. 역사를 말하면서도 보편성과 정도보다는 편법과 예외에 기대고 있다.

자기희생 없는 지도자로부터 책임감과 진정성을 찾을 수 있을까. 이제 우리 모두 근본으로 돌아가야 할 때다. 이 시대 각계의 많은 지도자들이 역사의 거울에 자기를 비추면서 새로 태어나기를 기대해본다. 이 책은 시대를 초월하는 역사의 거울이다. **김형오**(부산대 석좌교수, 전 국회의장)

"오로지 국가의 흥망성쇠에 관한 일과 백성의 생사고락에 관계된 일, 그리고 법도로 삼을 만한 선한 일과 경계로 삼을 만한 악한 일을 취했습니다."

이것은 사마광이 『자치통감』을 편찬할 때 세운 역사 선택 기준이다. 또한 사마광은 이를 통해 『자치통감』에 정치적 지혜를 배어들게 하여 독자들로 하여금 책을 두 번 세 번 읽을 가치가 있게 만들었다. 장평은 역사를 전공한 연구자여서 『자치통감』을 깊이 이해하고 있다. 따라서 그는 『자치통감을 읽다』에서 학술 연구를 바탕으로 대중적이고 이해하기 쉬운 언어를 써서 책 전체를 수신·제가·치도 세 부분으로 나눈 뒤, 각 단계마다 옛사람들이 시행한 덕정(德政)의 요점을 해설하여 오늘날 사람들이 전통문화에 대한 인식을 높이는 데 도움을 주고 있다.

장치즈(張豈之, 시베이대학西北大學 중국사상문화연구소中國思想文化硏究所 소장, 칭화대학清華大學 교수)

나는 이 책을 두 마디로 평가하고 싶다. 첫째, 학문적으로도 수준 높은 대중서다. 둘째, 중요한 사회적 가치를 담고 있는 사학 저작이다.

사마광의 『자치통감』은 제왕에게 보여주기 위한 책이다. 장평의 『자치통감을 읽다』는 대중 독자 특히 지도층 간부에게 제공하기 위한 책이다. 시바이포(西柏坡)를 떠날 때 마오쩌둥은 전국의 정권을 장악한 일을 '도성으로 가서 과거 보는 일(進京趕考)'로 간주하면서 역사 교훈을 거울로 삼아 이렇게 말했다. "우리는 절대 이자성(李自成)이 되어서는 안 됩니다." 집권은 집권당에 있어서 진정 큰 시험이라 할 수 있다. 이 큰 시험을 치르면서 역사를 거울로 삼으면 흥망성쇠를 알 수 있고, 역사를 치국의 자료로 삼으면 덕치정치를 펼칠 수 있다. 옛사람들도 벌써 역사 속 지혜가 후인들의 치국에 쓰임새가 있을 것이란 사실을 알고 있었으므로, 오늘날 간부들은 더더욱 역사 속 경험과 교훈을 공부하여 국민을 위한 정책 집행 과정에서 실제적이고 청렴한 자질을 유지하고 자신의 정무(政務) 능력을 높여야 한다.

리쥔루(李君如, 제11기 전국인민정치협상회의全國政協 상무위원, 전 중공중앙당교中共中央黨校 부교장)

　중한 양국의 문화 교류는 심원한 역사를 갖고 있고, 그것은 사학 부문에서도 마찬가지다. 몇 가지 쌍방향 교류를 통해 양국은 더 나아가 자기 역사를 기록하고 인식하는 측면에까지 상호 영향을 주고받았다. 예를 하나 들어보겠다. 청(淸)나라 초기 조선 사신이 중국에서『명십육조기(明十六朝紀)』(저자를 알 수 없는 명대 야사, 황당무계한 내용이 많음)란 책을 구입했다. 이 책에서는 광해군을 폐위하고 인조를 옹립한 인조반정(1623)을 왕위 찬탈 역모라고 정의했다. 강희(康熙) 15년(1676), 조선은 청나라에 이 일에 대한 의견을 제시하고 청 정부에서『명사(明史)』를 편찬할 때 잘못된 관점을 바로잡아서 인조반정을 찬탈 역모로 규정하지 말도록 요구했다. 청 정부에서는 조선 사신에게『명사』를 편찬할 때는 "역사의 시비를 지공무사한 이치에 근거하여 판단할 것이고, 인조반정에 대해서도 이미 정론을 갖고 있으므로 절대로『명십육조기』와 같은 야사의 학설을 채택하지는 않을 것이라고 대답했다. 이 일은 중한 양국이 사학 영역에서 쌍방향의 의견을 주고받은 재미있는 에피소드의 하나다.

　『사기(史記)』,『삼국지(三國志)』,『자치통감(資治通鑑)』과 같은 중국의 일부 역사 명저는 역대로 한국에서도 많은 독자를 확보했다.『고려사(高麗史)』기록에 의하면 인종 때 한림학사에게『당감(唐鑑)』을 강독하도록 어명을 내렸고, 또 사마광(司馬光)의「『자치통감』진상을 위한 상소문(進資治通鑑表)」및「검약을 해석하여 아들 사마강(司馬康)에게 보여주다(訓儉示康)」라는 글도 강독하라고 명령을 내렸다.『당감』은 범조우(范祖禹)가 사마광을 도와『자치통감』「당기(唐紀)」를 편찬할 때 따로 엮어낸 부산품이다. 이런 상황에 근거하여 어떤 학자는『자치통감』이 1130년대 중후기에 이미 한반도로 전해졌을 것이라고 추측한다. 그렇다면『자치통감』이 한반도로 전파된 역사는 이미 800년을 넘는 셈이다.

『자치통감』이 고려로 전해진 지 오래지 않아 김부식은 인종의 지지하에 한국의 현존 최고(最古) 역사서『삼국사기(三國史記)』를 편찬(1145)했다. 학자들의 통계에 의하면『삼국사기』속에는『자치통감』을 직접 인용한 대목이 아홉 곳이 있고 또 단지 언급만 한 곳도 일곱 곳이라고 한다. 이런 흔적으로 살펴보더라도『자치통감』이 한국의 사학과 문화에 깊은 영향을 끼쳤음을 알 수 있다.

그러나 나는 오늘날 한국 독자들께서도 중국 독자들과 마찬가지로 우아한 한문 원문을 비교적 낯설게 여기시리라 생각한다.『자치통감』같은 장편 거질은 더더욱 현대 독자들의 일상 독서물이 되기가 어렵다. 한문 원문이 독서의 장애로 작용하는 탓에 고대 역사 속에 담긴 경험과 교훈을 현대인들이 학습하고 운용하지 못한다면, 이는 매우 유감스러운 일이 될 것이다. 이 때문에 나는 이 작은 책을 써서, 수신·제가·치도의 시각으로『자치통감』에 담겨 있는 정채(精彩)로운 이야기를 뽑아, 그 원문을 나열하고, 현대문으로 해설을 붙이고, 또 그 역사 이야기에 내 나름의 분석을 가했다. 이러한 형식을 통해 옛사람의 오래된 지혜가 현대인의 생활에 도움이 되기를 희망한다.『자치통감』공부라는 견지에서 말하자면, 이 책은 그것으로 들어가는 작은 문을 하나 연 데 불과하므로『자치통감』전모를 파악하기에는 너무나 부족하다. 그러나 이 책을 역사의 지혜를 깊이 있게 이해하기 위한 하나의 계단으로 삼을 수는 있을 것으로 생각한다.

장펑

수신편(修身篇): 몸과 마음을 살핀다

다른 사람을 바로잡으려면 나부터

홀로 있을 때

대국적 관점

정신과 책임감

자기절제력

제가편(齊家篇): 집안의 기풍을 돌아본다

치도편(治道篇): 보다 큰 세상을 품는다

우리는 왜 『자치통감』을 읽는가?

1

무려 294권에 달하는 방대한 저작 『자치통감』은 역사 기록이란 측면에서 흔히 사람들에게 지극히 상세한 내용을 담고 있는 것으로 인식된다. 그러나 사실은 이와 같지 않다. 하나의 실례를 들자면 앞 시대의 역사에서 『자치통감』은 당(唐)나라 시대의 역사 내용을 가장 풍부하게 기록하고 있다. 양한(兩漢) 400여 년 역사를 불과 60권으로 다룬 데 비해, 300년도 안 되는 당나라 역사에는 무려 81권의 편폭을 할애하고 있다. 그러나 어떤 독자가 『자치통감』에서 이백(李白, 701~762)의 자취를 찾아본다면 과연 어떤 결과에 도달할까? 이백의 흔적을 전혀 찾을 수 없을 것이다. 이백은 당나라에서 가장 저명한 인물의 한 사람이다. 『자치통감』이 당나라 역사에 그렇게 높은 관심을 보이면서도 어째서 이백에 대해서는 한 글자도 언급하지 않았을까? 『자치통감』 저자가 그를 소홀히 취급한 것일까? 이에 대한 의문은 잠시 한편으로 미뤄두고, 다시 『자치통감』에서 또 한 명의 당나라 대시인 두보(杜甫, 712~770)의 흔적을 찾아보기로 하자. 두

보는 그래도 이백보다는 좀 운이 좋은 편이다. 왜 좀 운이 좋다는 것인가. 두보의 이름이 『자치통감』에 한 번 출현하기 때문이다. 그렇다. 여러분은 잘못 본 게 아니다. 이것은 두보가 사실상 『자치통감』에 출현하지 않았음을 의미한다. 그의 이름은 다른 사람에 의해 한 번 거론되고 있을 뿐이다. 그것도 두보의 명구 "출병하여 이기지 못하고 몸이 먼저 죽었으니, 오래도록 영웅은 옷깃 가득 눈물 흘리네(出師未捷身先死, 長使英雄淚滿襟)"[1]라는 시구가 뜻을 얻지 못한 정치인들에게 중시되었기 때문이다.

조금 더 깊이 조사해보면 『자치통감』에서 실종된 사람이 이백이나 두보뿐만 아니고 이 두 사람과 동급의 역사 명인들 예컨대 굴원(屈原, 기원전 340~기원전 278) 같은 사람도 포함되어 있다는 사실을 발견할 수 있다. 기타 역사 속 소소한 명인들이 『자치통감』에서 내버려진 경우는 이루 다 헤아릴 수 없을 정도로 많다. 이것은 물론 사마광(1019~1086)을 위시한 『자치통감』 편찬진의 고의적인 누락이 아니다. 만약 진정으로 청 대(淸代) 학자 이광지(李光地, 1642~1718)가 풍자한 것처럼 『자치통감』의 누락이 "배를 삼킨 고래가 빠져나갈 정도라면(網漏吞舟)" 『자치통감』은 근 1,000년 동안 쓰러지지 않는 경전적 저작이 될 수 없었을 것이며, 또 『사기(史記)』와 쌍벽을 이루는 중국 전통 역사학의 명저가 될 수 없었을 것이다. 『자치통감』의 진미를 이해할 수 없는 이광지 같은 독자는 사마광 같은 저자나 그의 조수가 될 수 없음이 분명하다.

『자치통감』에는 왜 이러한 누락 현상이 발생했는가? 이것이 진정한 누락이 아니라면 그 배경에는 어떤 합리성이 감춰져 있는가? 먼저 이에 대한 결론을 내려보기로 하겠다. 『자치통감』은 편폭이 확실히 방대하여 글자 수만 300만 자에 이른다. 그러나 우리가 잊지 말아야 할 것은 이 책

---

1 두보의 시 「촉상(蜀相)」에 나오는 마지막 두 구절이다.

에 기술된 역사가 위로는 전국시대(戰國時代)부터 아래로는 송(宋) 건국 이전까지 거의 1,400년에 달한다는 사실이다. 이를 평균으로 계산해보면 매년 겨우 2,000자 내외의 글자 수가 배치되었다는 사실을 알 수 있다. 한(漢) 무제(武帝, 기원전 156~기원전 87, 재위 기원전 141~기원전 87)는 중국 역사에서 가장 중요한 황제의 한 사람이다. 그는 재위 54년간 밖으로 사방 이민족을 복종시켰으며, 안으로는 황권을 강화하여 차후 중국 역사 2,000년의 방향을 잡아주었다. 이처럼 중요한 역사 시기를 『자치통감』에서는 겨우 6권으로 처리하고 있다. 따라서 한 권에 평균 9년의 역사를 기록한 것으로 계산해보면 매 권 2만 자를 넘지 않았음을 알 수 있다. 우리는 일본 제국주의에 맞서서 8년 동안 전면 항쟁을 벌였다. 생각해보자. 만약 2만 자로 항일전쟁을 서술하고자 한다면 우리가 무엇을 이야기할 수 있을까? 주요 전쟁, 지휘 장교, 희생된 많은 동포를 한 번 나열하는 데만도 2만 자로는 부족할 것이다. 그러나 『자치통감』에서는 2만 자도 안 되는 문장 속에 한 무제 시대의 파란만장한 9년을 써 넣었다. 이 얼마나 황금처럼 먹을 아낀(惜墨如金) 경우가 아니겠는가?

이렇게 보면 『자치통감』의 편폭은 상대적인 문제임을 알 수 있다. 일반 저작과 비교했을 때 300만 자는 물론 거작으로 간주해야 한다. 그러나 이 책이 담고 있는 임무와 내용에 비해 300만 자는 이미 더 이상 줄일 수 없을 때까지 줄인 경우에 해당한다. 왜 이런 상대성이 생겨났을까? 이것은 위에서 언급한 굴원, 이백, 두보 등 역사 명인이 『자치통감』에 보이지 않는 사실과 무슨 관계가 있을까? 먼저 사마광의 「『자치통감』 진상을 위한 상소문(進資治通鑑表)」 중 한 단락을 읽어보도록 하자.

[신은] 매번 사마천(司馬遷, 기원전 145~기원전 90?)과 반고(班固, 32~92)가 역사책을 지은 이래 문자가 너무 번다해졌음을 근심해왔습니다. 포의(布衣)

의 선비도 이것을 두루 다 읽지 못하는데 하물며 군주야 어떠하겠습니까? 날마다 만기친람(萬機親覽)²에 여념이 없는데 어느 겨를에 역사책을 두루 다 읽을 수 있겠습니까? 신은 늘 스스로의 능력은 헤아리지도 못한 채 역사책 중에서 쓸데없이 긴 부분을 삭제하고 요긴한 부분만 발췌하려고 했습니다. 오로지 국가의 흥망성쇠에 관한 일과 백성의 생사고락에 관계된 일, 그리고 법도로 삼을 만한 선한 일과 경계로 삼을 만한 악한 일을 취하여 연도순으로 한 질의 책을 만들어 앞뒤로 순서가 있게 했고 정밀함과 조악함이 섞이지 않게 했습니다.

사마광의 이 말에는 두 의미가 포함되어 있어서 우리가 앞에서 제기한 두 문제에 대한 해답으로 삼을 수 있다. 중국의 옛 선인들은 역사를 중시했다. 특히 중당(中唐)·만당(晩唐) 이후로 여러 번 전란을 겪으면서 황제 및 재상 등 최고 통치 계층은 역사에서 경험과 교훈을 흡수하고 아울러 역사 읽기와 토론의 고정된 전통을 마련하려고 더욱더 역사를 중시하게 되었다. 이 전통은 송 대에 이르러 진전된 성과를 거뒀다. 그러나 전통 역사서는 가장 중요한 부분만 거론해보더라도 송 대 중엽까지 이미 매우 방대한 분량이 쌓여 있었다. 오늘날 우리가 '24사(二十四史)'로 부르는 정사만 해도 『자치통감』 편찬 전에 벌써 '19사'나 완성되어 있었다. 『사기』, 『한서(漢書)』, 『후한서(後漢書)』, 『삼국지』에서 『구당서(舊唐書)』, 『신당서(新唐書)』, 『구오대사(舊五代史)』, 『신오대사(新五代史)』 등에 이르는 역사책이 바로 그것이다. 이 19부 역사 저작만 더해도 글자 수가 무려 1,500만 자 내외에 이른다. 이것이 바로 위 인용문에서 사마광이 "매번 사마천과 반고가 역사책을 지은 이래 문자가 너무 번다해졌음을 근심해왔습니다"

2　임금이 모든 정사를 친히 보살핌.

라고 묘사한 구체적인 상황인 셈이다. 이는 독서 전문가를 한 사람 찾아 매일 성실하게 5만 자를 읽게 하여 꼬박 1년의 시간을 들여야 겨우 한 번 완독할 수 있는 양이다. 치용(致用)을 목적으로 하는 역사 읽기는 더욱더 세밀하고 성실하게 읽어야지 건성건성 수박 겉핥기식으로 지나쳐서는 안 된다. 배움(學)과 사색(思)의 과정이 병행되어야 한다. 만약 이런 방법으로 조금도 빈틈없이 역사를 읽어야 한다면 하루에도 수만 가지 일을 처리해야 하는 황제 및 재상 등 고위 관리들 입장에서 어떻게 이들 역사책을 한 번이라도 읽어볼 시간이 나겠는가?

이 점이 바로 사마광이 앞 인용문에서 제기한 두 번째 문제와 연관된다. 그는 스스로의 노력을 통해 고금의 역사를 한 차례 추리고 총결하여 편폭을 응축한 뒤 가장 정채로운 부분만 남겨서 황제를 위시한 제국의 고위 관리들에게 그들이 자세히 읽을 수 있는 역사책으로 남기고 싶어 했다. 이것이 바로 사마광이 『자치통감』을 편찬한 이유다. 역사를 응축하고 서술 대상을 선별하려면 반드시 기준이 필요하다. 어떤 내용을 보존하고 어떤 내용을 뺄 것인지를 모두 이 기준에 근거하여 확정해야 한다. 기준을 정하는 일은 또 저작 목적과 긴밀하게 연관된다. 사마광은 『자치통감』 편찬이 황제 등 국가 고위 관리들에게 역사 참고서를 제공하기 위한 일이며, 또 그들이 역사 경험을 흡수하여 국가 통치의 수준을 높이는 데 편리하게 하기 위한 일이라고 명확하게 이야기하고 있다. 이것이 바로 『자치통감』 편찬 목적이다. 이 목적에 근거하여 어떤 역사 사건과 역사 인물을 선택하고 생략할 것인지를 판단하면 그 기준을 세우는 일도 자연히 어렵지 않게 된다. 사마광의 말을 빌리자면 "오로지 국가의 흥망성쇠에 관한 일과 백성의 생사고락에 관계된 일, 그리고 법도로 삼을 만한 선한 일과 경계로 삼을 만한 악한 일을 취한다"라고 했다. 이것이 바로 『자치통감』에서 역사 사건과 역사 인물을 취사선택한 가장 중요한 기준이다. 즉 『자치통감』은 국가의 흥망성쇠와 백성의 행복지수에 영향을 준 인물과 사건만 기록했을 뿐 문학 및 예술이나 명사들의 에피소드와 관련된 일은 많이 기록하지 않았다.

이백과 두보가 『자치통감』에 보이지 않는 것도 위와 같은 선택 기준에 부합한다. 그들은 영향력이 큰 정치 인물이 아니다. 『자치통감』에 사마상여(司馬相如, 기원전 179?~기원전 118)의 대표작 「자허부(子虛賦)」와 「상림부(上林賦)」는 실려 있지 않고, 아주 짧은 단편 「간렵부(諫獵賦)」만 실려 있다. 이 또한 『자치통감』 편찬 기준에 부합한다. 왜냐하면 「자허부」와 「상림부」는 수사가 더없이 화려하지만 치국과는 아무 상관이 없기 때문이다. 그러나 「간렵부」는 문장이 상대적으로 평범하고 짧지만 제왕의 행위 규범이라는 문제를 제기하고 있다. 따라서 이는 치도와 관련된 글이기에 『자치통감』 편찬단의 의중과 맞아떨어진 것이다.

2

『자치통감』에 기록된 내용은 대부분 이미 이전 10여 부의 왕조사와 각종 사학 저작에 기술된 것이다. 그러나 사마광은 이런 역사 사건을 이전의 역사책에서 잘라내고 긁어모아 단순하게 책 한 권을 편집한 것이 아니다. 사마광은 사람들이 익숙하게 알고 있는 유명 역사 사건을 매우 신중하게 재검토했다. 재검토의 목적은 역사의 진실성을 좀 더 자세하게 조사하기 위한 의도 이외에도 기왕의 역사 서술이 몇몇 중대한 정치 사건에 대해 정확히 해독하고 있는지 아닌지, 또 후세인들이 역사적 교훈을 수용할 때 그런 서술이 정말 도움이 되는지 아닌지를 고려하려는 의도였다. 이전의 역사학자들이 역사 사건을 서술하고 해석할 때 여러 원인 때문에 정치적 이성의 범주를 벗어났으므로 사마광은 그것과 관련된 내용에 대해 새로운 편집과 해석을 시도해야 했다.

실례를 하나 들어보기로 한다. 『사기』「유후세가(留侯世家)」에는 역사적으로도 매우 유명한 '상산사호(商山四皓)' 이야기가 실려 있다. 이른바 '상산사호'[3]란 상산(商山)에 은거한 네 노인을 가리킨다. 유방(劉邦, 기원전 256~기원전 195)은 만년에 척부인(戚夫人, ?~기원전 194)을 총애하여 태자 유영(劉盈, 기원전 210~기원전 188)을 폐출하고 자신과 척부인의 아들 유여의(劉如意, ?~기원전 194)를 새 태자로 세우려 했다. 답답하고 두려웠던 황후 여치(呂雉, 기원전 241~기원전 180) 및 여씨 가족은 유후 장량(張良, 기원전 250?~기원전 186)에게 달려가 지원을 요청했다. 그러자 장량은 자신이 이 일을 되돌릴 힘이 없다고 했다. 『사기』에는 장량이 여씨에게 대답한 말을 이렇게 기록했다. "처음에 주상께서 여러 번 곤경에 빠졌을 때는 다행히 신의 계책을 썼습니다. 지금은 천하가 안정되어 사랑하는 아들로 태자를 바꾸려 하십니다. 골육 사이의 일에 비록 신 등이 100여 명 있다 한들 무슨 도움이 되겠습니까?"("始上數在困急之中, 幸用臣策. 今天下安定, 以愛欲易太子. 骨肉之間, 雖臣等百餘人何益.", 『사기』「유후세가」) 여씨는 유방이 장량의 말은 듣는다 생각하고 좋은 계책을 구하러 그를 찾아갔다. 장량은 유방이 항우(項羽, 기원전 232~기원전 202)와 경쟁할 때는 줄곧 열세에 처해 있어서 자신의 계책을 중시했다고 했다. 장량은 자신이 유방의 마음속에 없어서는 안 될 사람으로 인식된 것은 지난날의 환경에서나 가능한 일이었음을 분명하게 알고 있었다. 지금은 천하가 안정된 상황이므로 유방에게 없어서는 안 될 사람은 바로 가무에 능하면서 잠자리 시중을 들 수 있는 척부인이라는 것이다. 이 때문에 장량은 유방이 척부인을

---

3   동원공 당병(唐秉), 하황공 최광(崔廣), 기리계 오실(吳實), 녹리선생 주술(周術), 네 사람 모두 진(秦)나라 박사였으나 혼란한 세상을 피해 상산에 숨어 살았다.

총애하여 태자를 바꾸려 하는 터라 자신이 그의 마음을 바꿀 수 없다고 했다.

어쩌면 곤경에 빠진 여씨와 유영에 대한 동정심 때문이었겠지만 장량은 그래도 그들에게 한 가지 비법을 제시해줬다. "돌아보면 주상께서 불러올 수 없었던 사람이 이 천하에 넷이 있었습니다."("顧上有不能致者, 天下有四人.", 『사기』「유후세가」) 이 네 사람이 바로 '상산사호'다. 유방은 모든 일을 이룰 수 있었지만 이 네 사람을 자신의 휘하에 불러오지 못했다. 이 네 노인은 모두 한결같이 유방을 교양이라곤 눈곱만큼도 없는 불량배로 인식했고 말이나 행동도 거칠기 이를 데 없는 무뢰한으로 생각했다. 이에 산속에 숨어 살며 한나라 신하가 되려 하지 않았다. 그러나 유방은 사랑하는 소녀를 얻지 못하여 잠자고 먹는 일도 전폐하는 소년처럼 자신의 휘하에 거느리지 못한 사람을 더욱더 숭배했다. 장량은 금옥과 비단을 아끼지 말고, 또 태자가 직접 초청 편지를 써서 공손한 말과 모든 예절을 다 갖추고, 다시 언변에 뛰어난 사람에게 그 편지와 예물을 갖고 가서 간곡히 초대하면 틀림없이 그 네 분 노인이 하산할 것이라고 말했다. 그리고 그들이 하산한 후 때때로 태자를 수행하여 조정으로 들어가게 하라고 했다. 유방이 사실을 알고 나면 틀림없이 태자가 그 네 분 노인을 휘하에 거느린 줄 알고 태자를 높게 볼 터이니 그럼 태자의 지위를 보존하는 데도 도움이 될 수 있다는 것이다.

여씨는 장량의 건의에 따라 마침내 상산사호를 초청해올 수 있었다. 『사기』에는 유방이 처음 상산사호를 만날 때의 상황을 다음과 같이 기록했다.

한 고조(高祖)가 영포(英布, ?~기원전 196)를 격파하고 돌아와 주연을 마련했다. 태자가 고조를 곁에서 모셨고 네 사람[상산사호]이 태자를 따랐다.

[상산사호는] 나이가 모두 80여 세여서 수염과 눈썹이 백발이었으며 의관도 위풍당당했다. 고조는 이상하게 생각하고 물었다. "저분들은 뭐하는 분들인가?" 넷이 앞으로 나와 대답하며 각각 성명을 이야기했다. 동원공(東園公), 녹리선생(甪里先生), 기리계(綺里季), 하황공(夏黃公)이었다. 고조는 깜짝 놀라며 말했다. "내가 공들을 모시려 한 지 여러 해가 되었는데 공들은 모두 나를 피해 도망쳤소. 그런데 지금 공들은 어찌하여 내 아이를 따라 놀고 있소?" 네 사람이 모두 대답했다. "폐하께서는 선비를 경시하고 욕을 잘하십니다. 신들은 모욕을 받을 수 없어서 두려운 마음으로 도망쳐 숨었던 것입니다. 그런데 몰래 소문을 들으니 태자는 사람됨이 어질고 효성스러우며 또 공경스러운 태도로 선비를 좋아한다고 했습니다. 지금 천하의 사람들 중에는 목을 빼고 태자를 위해 죽으려 하지 않는 사람이 없습니다. 이 때문에 신들이 이곳에 왔습니다." 고조가 말했다. "번거롭겠지만 공들께서 태자를 끝까지 잘 보호해주시오." 네 사람은 고조를 위해 축수를 마치고 일어나서 밖으로 나갔다. 고조는 눈으로 그들을 전송하면서 척부인을 불러 네 사람을 가리키며 말했다. "내가 태자를 바꾸려 했으나 저 네 사람이 태자를 돕고 있다. 태자의 우익(羽翼)이 이루어졌으니 움직이기가 어렵다. 여씨가 진정한 네 주인이다." 척부인이 울었다. 고조가 말했다. "나를 위해 초나라 춤을 춰다오. 나는 너를 위해 초나라 노래를 부르리라." 그 가사는 이러했다. "큰 기러기와 고니가 높이 날아 일거에 천리를 가네. 날개를 드넓게 펼쳐 사해를 횡단하네. 사해를 횡단하니 어찌할 것인가? 강한 주살이 있다 해도 어찌 쏠 수 있으리?" 노래를 몇 번 부르자 척부인은 흐느껴 울며 눈물을 흘렸다. 고조가 일어나 떠나자 주연이 끝났다. 마침내 태자를 바꾸지 않았다.

절묘한 문장이다. 사마천은 이 이야기를 유방이 영포를 격파하고 조정으로 돌아와 전승 축하연을 열 때의 배경으로 삼고 있다. 유방은 그의 마지막 생애 한 해 동안 당년에 어깨를 나란히 하고 함께 천하를 쟁취했던 타성(他姓) 제후왕 한신(韓信, 기원전 231?~기원전 196), 팽월(彭越, ?~기원전 196), 영포를 차례로 제거했다. 특히 영포를 사로잡아 참수한 일전은 이제 유씨의 천하를 진정으로 확립한 표지였다고 할 수 있다. 유방은 당시 질병의 고통을 참고 있었다. 그러나 마침내 천하를 마음 놓고 자신의 아들에게 전해줄 수 있게 된 유방으로서는 그 시각 무엇에도 비할 수 없는 기쁨을 느끼고 있었을 것이다. 그런데 오랫동안 만나기를 요청해도 오지 않던 상산사호가 갑자기 나타날 줄이야 누가 상상이나 했겠는가? 그것은 유방의 기쁨에 한 가닥 그늘을 드리우는 사건이었다. 사마천은 먼저 간결하고 강력한 문자로 네 사람의 외모를 묘사했다. "나이가 모두 80여 세여서 수염과 눈썹이 백발이었으며 의관도 위풍당당했다." 이 구절이 사마천의 묘사란 걸 밝히지 않는다면 일부 독자들은 『서유기(西遊記)』의 문장으로 오해할 수도 있을 것이다. "수염과 눈썹이 백발이었으며 의관도 위풍당당했다." 이것은 태백금성(太白金星)[4]이나 태상노군(太上老君)[5]의 형상과 얼마나 흡사한가? 80여 세 된 사람을 오늘날에야 일상적으로 볼 수 있지만 사람의 평균 수명이 30세에도 미치지 못하던 한나라 초기 상황에서 80여 세 된 노인을 볼 수 있음은 얼마나 희귀한 일이었겠는가? 더군다나 그 시각에 돌연 이 네 사람이 등장하자 유방과 공신들은 놀라움을 금치 못했다.

각자 성명을 보고하자 유방은 그제야 태자를 따라 전승연에 참석한

---

4 도교 신선 중에서 가장 유명하며, 태백성(太白星: 금성金星)을 인격신으로 표현한 것으로 알려져 있다. 옥황대제(玉皇大帝)의 특사 역할을 맡는다. 흔히 백발동안(白髮童顔)의 모습으로 그려진다.
5 도교의 최고신인 삼청(三淸)의 하나. 삼청은 원시천존(元始天尊), 영보도군(靈寶道君), 태상노군이다. 태상노군은 대체로 도가의 창시자인 노자(老子)를 신격화한 것으로 알려져 있다. 도덕천존(道德天尊)이라고도 불리며 흔히 백발노인의 모습으로 그려진다.

기이한 노인 넷이 상산사호임을 알게 되었다. 당시 유방은 자신이 사랑하는 여인이 다른 사람에게 몸을 맡기자 그 이유를 묻는 젊은이처럼 네 노인에게 물었다. "왜 이 황제가 초빙하여 벼슬을 주려 할 때는 응하지 않다가 태자와 함께 노는 것이오?" 네 노인의 대답은 아주 직설적이고 통쾌했다. 즉 유방이 교양이 없고 언어도 거친 사람임을 솔직하게 비평했다. 말인즉슨 우리처럼 고결한 선비는 당신 따위와 함께 놀 수 없다는 의미다. 그런데 태자에 대한 평가는 완전히 달랐다. 사호는 '인효(仁孝), 공경(恭敬), 애사(愛士)' 여섯 글자로 태자 유영을 높게 평가했다. 그들은 태자처럼 소양이 높고 품성이 고고한 상류 계층 인물이라야 자신들과 함께 놀 수 있는 자격이 있다고 말하고 나서 또 한마디를 더 보탰다. "천하의 사람들 중에는 목을 빼고 태자를 위해 죽으려 하지 않는 사람이 없습니다." 이는 천하의 고결한 선비들의 마음속에 태자의 형상이 매우 높게 자리 잡고 있음을 표명한 것이다.

'상산사호'는 아주 짧은 시간 등장하여 유방을 좌절케 했다. 특히 실소를 금할 수 없는 일은 이 네 노인이 기실 아무것도 하지 않고 단지 조정의 드넓은 연회석상 대중들 앞에서 예절도 모르는 유방을 한바탕 나무랐을 뿐이라는 점이다. 그러자 오만방자한 유방이 태자를 바꾸려던 계획을 중지하게 되었다. 이것이 바로 『사기』가 우리에게 들려주는 이야기다. 사마천은 이 이야기를 통해 유방이 왜 태자를 폐출하지 않았는지 해명하고 있다. 이 이야기는 매우 흥미로워서 사람들의 귀를 솔깃하게 한다. 그러나 이상한 일은 이 유명한 이야기가 사마천과 마찬가지로 당시 태자 분쟁에 관심을 기울인 『자치통감』에는 채택되지 않았다는 점이다. 무슨 이유일까? 사마광은 이에 대해 의문을 제기했다.

고조는 성격이 강하고 사나워서 고관들의 비난을 두려워하지 않았다.

…… 만약 태자를 폐출하고 여의를 세울 결심이 섰다면 의리를 돌아보지 않았을 것이다. 유후 장량처럼 오래도록 고조를 모신 측근도 태자 폐출을 오히려 간쟁으로 다룰 수 없는 일이라고 했는데, 어찌 산림에 숨어사는 네 늙은이의 몇 마디 말을 듣고 갑자기 그 일을 그만둘 수 있겠는가? 설령 네 늙은이가 진실로 그 일을 중지시킬 수 있었다 하더라도 고조의 작은 칼날을 더럽히며 그들을 죽였을 것이다. 어찌 슬픈 노래를 부르며 "날개를 드높게 펼쳤으니 어떻게 주살을 쏠 수 있으리"라고 할 수 있겠는가?

모두들 이 이야기가 너무 코미디 같다고 느껴지지 않는가? 유방의 성격이 어떤지 생각해보라. 강하고 사나우며 교활하고 변덕이 심하다. 책도 읽지 않았고 교양도 없으며 유생을 경시한다. 여론을 두려워하지 않으며 생사가 걸린 중요한 시각에도 자기 부친의 생명조차 도박에 걸 정도로 냉혹한 사람이다. 바로 이런 사람이 유방이다. 그런데 어떻게 갑자기 명분과 의리를 두려워하며 재야의 고아한 은사를 우러러볼 정도로 성격이 바뀔 수 있겠는가? 물론 유방은 상산사호를 숭배한 지 오래되었지만 만난 적은 한 번도 없었다. 그런데 그런 늙은 서생들이 아주 짧게 등장해서 척부인에 대한 유방의 은총과 인정을 포기하게 만들 수 있단 말인가? 항우가 유방의 부친을 [삶아] 죽이려 하자 "부친의 고기로 끓인 국을 한 그릇 나눠달라"라고 소리치던 유방이 아닌가? 사마광은 이 일이 '과학적이지 못하다'고 인식했다.

옛날이야기의 흥미로움은 왕왕 그 진실성에 비례하지 않는다. 전통 사학에서 명성이 뜨르한 작품들도 생동감 넘치는 이야기 묘사에 치중하다가 어쩔 수 없이 그 진실성을 희생한 경우도 많다. 모두가 아는 바와 같이 『사기』는 문학성이 강하다. 그중 '홍문연(鴻門宴),'[6] '형가가 진왕을 찌르다(荊軻刺秦王)'[7]와 같은 대목은 모두 인구에 회자되는 경전적 명편이다. 그러나 역사학 입장에서 말해보면 이들 이야기의 진실성 여부를 두고 대대로 많은 사람들이 의문을 품어왔다. 또 예를 들면 오늘날 사람들도 익숙하게 알고 있는 '조씨고아(趙氏孤兒)'[8] 이야기의 저본도 『사기』에서 나왔다. 그러나 후세 학자들은 이 이야기의 진실성을 기본적으로 부정하고 있다. 왜냐하면 그 내재적 모순이 너무나 분명하고 이야기가 이보다 앞서 기록된 『좌전(左傳)』의 내용과 너무나 많은 차이가 있기 때문이다. 사마광은 사마천을 비평하며 너무 '기이한 이야기를 좋아한다'고 했다. 『사기』에는 흔히 이처럼 화려하기만 하고 진실성 없는 이야기가 많이 들어 있다.

사마광은 '상산사호'도 분명 화려하기만 하고 진실성 없는 이야기로 간주하여 『자치통감』에서 채택하지 않았을 것이다. 문제는 『자치통감』에서 사마천의 텍스트를 부정한 이후 유방이 끝내 태자를 바꾸지 못한 이야기를 어떻게 해석하고 있느냐다. 독자들께서는 사마광이 사학가일 뿐 아니라 북송(北宋) 중기 가장 중요한 정치가의 한 사람이라는 사실을 잊어서는 안 된다. 정치가로서 사마광은 당시 조정에서 그 사건에 대한 해석이 갈리고 있음을 예민하게 관찰하고 있었다. 『자치통감』을 서술할 때 사마광은 한나라 때 대신들이 태자 폐출에 반대한 사실을 특별히 강조했다. 따라서 그는 대신들의 시각으로 유방이 왜 태자 폐출을 중지했는

---

6 진(秦)나라 말기 초·한 쟁패 기간 중 항우가 함양(咸陽)으로 진입한 후 홍문에서 연회를 열고 유방을 초청하여 죽이려고 한 사건. 항장(項莊)이 칼춤을 추며 유방을 죽이려 했으나, 유방은 장량의 기지, 번쾌(樊噲)의 용기, 항백(項伯)의 도움 등으로 위기를 벗어났다. 항장은 칼춤을 추지만 그 뜻은 유방을 노리고 있다(項莊劍舞, 意在沛公)라는 유명한 고사성어가 여기에서 나왔다.

7 전국시대 말기 연(燕)나라 태자 단(丹)이 자객 형가를 보내 진왕(秦王) 정(政)을 암살하려 한 사건. 그러나 형가의 시도는 실패로 끝났고 연나라는 진나라의 공격을 받고 멸망한다.

8 춘추시대 진(晉)나라 영공(靈公) 때 명문 조씨 집안이 간신 도안고(屠岸賈)의 참소로 멸문지화를 당한 사건. 당시 조씨 집안 일족 모두가 피살당했는데, 갓 태어난 조무(趙武)만이 공손저구(公孫杵臼), 정영(程嬰), 한궐(韓厥)의 도움으로 살아남아 원수를 갚고 집안을 다시 일으켜 세운다.

지 해명했다. 예를 들면 『자치통감』에는 한나라 때 어사대부(御史大夫) 주창(周昌, ?~기원전 192)이 그 일에 반대한 사실이 기록되어 있다. 어사대부는 부승상(副丞相)에 해당하는 관직으로 신분이 낮지 않다. 주창은 말더듬이어서 말을 할 때 매우 힘들어했다. 재미있는 것은 그의 성격이 매우 조급하고 난폭했다는 사실이다. 말더듬이는 마음이 조급해질수록 더 쉽게 화를 내고 그럼 말을 더더욱 잘하지 못한다. 형편이 이와 같았지만 주창은 유방의 면전에서 자신의 강렬한 반대 의견을 표명해야 했다. "신은 입으로 표현할 수 없어서 말을 더듬거리지만 그 불가함을 알고 있습니다. 폐하께서 태자를 폐출하신다면 신은 말을 더듬거리더라도 그 조서를 받들 수 없습니다"("臣口不能言, 然臣期期知其不可. 陛下欲廢太子, 臣期期不奉詔.", 『자치통감』 권12) 원문의 '기기(期期)'는 바로 주창이 말 더듬는 모습을 형용한 표현이다. 주창은 마음은 급하고 말은 해야겠기에 결국 말을 더듬거리며 명확한 표현을 할 수 없었다. 그 모습을 보고 유방은 웃음을 터뜨렸다.

이 밖에도 『자치통감』에는 당시 유학 대신 숙손통(叔孫通, ?~기원전 194?)이 이 일에 반대한 사실이 기록되어 있다. 숙손통은 원만한 처신으로 명성이 높았지만 태자의 스승으로 태자를 보호해야 했기에 원칙을 고수해야 했다. 숙손통은 학자였으므로 유방에게 사사로운 사랑에 치우쳐 국가의 원대한 이익을 돌보지 않고 태자를 폐출했다가 역사적으로 패망한 전고(典故)를 다양하게 들려줬다. 최후에 숙손통은 유방에게 이렇게 말했다. "태자는 천하의 근본입니다. 근본이 한번 흔들리면 천하가 진동합니다. 어찌하여 천하대사를 가지고 장난을 하려 하십니까?"("太子, 天下本, 本壹搖, 天下震動, 奈何以天下爲戲乎!", 『자치통감』 권12) 숙손통은 태자의 몸에 천하 안위의 근본이 매여 있다고 했다. 왜냐하면 권위를 가진 황제가 세상을 떠났을 때 만민이 인정한 태자가 황위를 계승해야 정권

교체의 안정성을 확보할 수 있기 때문이라는 것이다. 만약 황제가 세상을 떠났을 때 태자가 공석이거나 태자가 사람들의 여망에 부응하지 못하면 실력파 인물들이 황위를 탈취하려 할 것이고, 그럼 천하대란이 야기될 수 있다. 고대 중국의 정치적 전통에서 권력 구조는 피라미드형으로 되어 있었다. 수많은 야심가들이 머리를 짜내어 피라미드의 정점으로 올라가려 했다. 만약 야심가나 실력자가 제 마음대로 권력을 찬탈하도록 내버려둔다면 틀림없이 사회질서가 붕괴되어 해마다 전쟁이 일어나고 백성은 도탄에 빠질 것이다. 이 때문에 유가적 정치 윤리에서는 권력 질서를 특별히 강조하며 아랫사람의 월권행위와 권력 찬탈을 허락하지 않았다. 그러나 군주의 생명은 결국 끝나는 날이 있게 마련이므로 자신의 권력을 아랫사람에게 물려줄 수밖에 없다. 평화로운 권력 교체를 보장받기 위해서는 군주가 생전에 계승자를 확정해둬야 한다. 또 계승자를 확정하기 위해서는 합리적 절차를 거쳐야 한다. 그리고 계승자가 탄생한 이후에는 커다란 과실이나 불안한 요소가 없으면 그 지위의 안정성을 보장해줘야 한다. 이것은 권력 질서에서 매우 중요한 부분이다. 따라서 황제 마음대로 태자를 바꾸는 건 나라의 근본을 뒤흔드는 일과 다르지 않다. 이는 진정 아이들 장난이 아니다.

『자치통감』에서는 숙손통의 발언을 빌려 마침내 이 일에 대한 결론을 내렸다. "당시 대신들 중에서 고집스럽게 간쟁하는 사람이 많았다. 고조는 신하들의 마음이 모두 조왕(趙王)에게 귀의하지 않는다는 사실을 알고서 태자를 바꾸려던 계획을 중지하고 조왕을 태자로 세우지 않았다." ("時大臣固爭者多, 上知群臣心皆不附趙王, 乃止不立.", 『자치통감』 권12) 조왕이 바로 척부인의 아들 유여의다. 주창과 숙손통 등을 제외하고도 태자 폐출에 반대한 대신이 매우 많았다. 또 유방과 격렬하게 논쟁을 벌인 관리도 적지 않았고 장량도 이 일에 반대했다. 따라서 유방은 자신이 지금의 태자를 폐출하고 조왕을 태자로 세운다 해도 대신들이 조왕을 옹호하지 않으면 조왕이 나중에 아무 일도 할 수 없다는 사실을 알고 있었다. 만약 여씨 집단(유방의 황후 여치 형제와 여치의 제부 번쾌가 당시 병권을 장악하고 있었다)과 척부인·조왕 일파 간에 싸움이 벌어지면 국가가 오히려 혼란에 빠질 위험이 있었다. 이 때문에 유방은 태자를 폐출할 마음을 버렸다. 유방은 독서량도 많지 않고 사람이 거칠기는 했지만 어쨌거나 수많은 풍파를 겪으며 나름대로 원대한 식견을 갖춘 정치가였다. 자신의 행위가 초래할 후과(後果)에 대해서도 물론 예상하고 있었을 것이다.

사마천이 유방의 시대와 더 가깝지만 사마광의 해석이 더욱 합리적이다. 상식적 상황에서 인간의 행위는 일반 논리를 벗어날 수 없다. 그런데 사마천이 전하는 이야기는 분명히 논리적 범위의 합리성을 멀리 벗어나 있다. 사람들은 늘 역사적 현장과 가까운 시대 사학자가 전해주는 역사를 더 진실하다고 생각한다. 그러나 꼭 그런 것만은 아니다. 사마천은 총체적 측면에서 우리에게 당시의 감각을 전해주었지만 모든 이야기의 진실성을 보증할 수는 없었다. 이에 비해 사마광은 유방이 태자를 폐출하지 않은 일에 대해 해명할 때 화려한 수식 없이 질박한 서술 태도를 견지했다. 이야기 전달이라는 측면으로 바라보면 이건 흥미를 떨어뜨리는 서술이다. 그러나 진실성 측면에서는 더욱 믿을 만하다. 이처럼 화려한 수식 없이 질박하게 해석한 대목이 더욱 합리적일 수 있는 까닭은 사마광이 이미 앞에서 우리를 일깨운 바와 같다. 즉 정치적 사건의 결말은 정치적 사유와 정치적 역량을 대비하는 시각에서 고찰해야지 흥미롭고 화려한 이야기에만 집착해서는 안 된다.

앞에서 이미 독자들의 주의를 일깨운 바와 같이 사마광의 신분을 고찰할 때 우리는 그가 사학자일 뿐 아니라 그 시대 최고 정치가의 한 사람이란 사실을 잊어서는 안 된다. 사마광은 20세에 진사에 급제했으며 이후 북송 중기의 인종(仁宗), 영종(英宗), 신종(神宗), 철종(哲宗) 네 조정을 거치며 벼슬을 역임했고, 최후에는 재상의 지위에서 세상을 떠났다. 그의 정치사상과 정책 취향이 옳은지 그른지를 토론하려면 또 다른 지면을 마련해야 할 것이다. 그러나 그가 중국 고대의 저명한 역사가 중에서도 정치를 가장 잘 이해한 인물이었음은 의심할 바 없다. 사마광이『자치통감』을 편찬하게 된 고충도 역사를 통해 미래 사람들에게 자신을 비춰볼 수 있는 거울을 제공하고 거기에서 더욱 양호한 정치를 이끌어내기 위함이었다. 송나라 신종은『자치통감』서문에서 이렇게 말했다. "지난 일을 거울로 삼아 치도에 도움을 받을 수 있을 것이다(鑒於往事, 有資於治道)." 이것이 바로 '자치통감(資治通鑑)'이란 제목의 유래다. 치국의 경험 제공을 목적으로 삼아 정치가의 안목으로 역사를 새롭게 선택하고 새롭게 해석하는 것, 이것이 바로 기왕의 모든 사학 저작과 구별되는『자치통감』의 가장 큰 특징이다. 만약 우리가 한마디 말로『사기』와『자치통감』의 차이를 구별해야 한다면, 『사기』는 문학가가 쓴 역사이고『자치통감』은 정치가가 쓴 역사라고 할 수 있을 것이다.

『자치통감』이 완성된 이후 이 책을 모방하고 이어 쓴 저작은 많았지만 그중 어느 하나도『자치통감』처럼 성공을 거두지 못했다. 그 원인은 그들 작가들이 사마광처럼 풍부한 정치 경험 및 예민한 정치적 관찰력을 가지지 못했기 때문이다. 안개가 자욱한 바다처럼 아득하고 드넓은 전통 역사학 저작 가운데서 치국과 정치의 경험을 제련하기에 적합한 사서를 고른다면『자치통감』보다 더 맞춤한 저작은 없을 것이다.

3

중학교 시절 보았던 다큐멘터리 영화가 기억난다. 항일전쟁 시기 충칭담판(重慶談判)을 배경으로 한 영화인데 제목도 아마 「충칭담판」이었을 것이다. 그중 한 장면에서 마오쩌둥(毛澤東, 1893~1976)은 충칭에 도착한 어느 날 아침 일찍 일어나서 정원을 산보하고 있었다. 그의 손에는 파란색 표지의 선장본(線裝本)이 들려 있었다. 몇 걸음 걷다가 역시 일찍 정원에 나온 장제스(蔣介石, 1887~1975)를 만났다. 장제스 곁 돌 탁자 위에도 파란색 표지의 선장본이 놓여 있었다. 두 사람은 서로 무슨 책을 보느냐고 물었다. 카메라가 서서히 접근하는 순간 둘은 동시에 책 앞표지를 보여줬다. 모두 『자치통감』이었다. 이 영화를 본 건 20여 년 전이었지만 두 권의 『자치통감』이 동시에 카메라 앞에 펼쳐진 장면은 아직도 생생하게 내 머릿속에 저장되어 있다. 나는 현대사를 연구하지 않아서 영화감독의 카메라 초점이 진실한 역사에 의거한 것인지 아니면 예술적 가공을 거친 것인지 알 수 없다. 예술적 가공을 거친 것이라면 그것은 『자치통감』의 특징을 아주 적절하게 설명한 장면이라 할 수 있다. 한번 생각해보자. 영화감독이 왜 마오쩌둥이나 장제스를 연기한 두 배우의 손에 『사기』나 『삼국연의(三國演義)』 혹은 기타 전통 서적을 들려주지 않았을까? 널리 알려진 서적은 많고도 많지 않은가? 이런 시각으로 문제를 생각해보는 동안 여러분은 이 카메라 앞에 어떤 책을 바꿔놓더라도 모두 적합하지 않다는 사실을 발견할 수 있을 것이다. 오직 『자치통감』만이 카메라를 통해 그 장면에서 진정한 의미를 만들어낼 수 있다. 영화에 그 장면을 넣은 것은 관객들에게 역사 차감(借鑑)의 중요성을 설명하기 위한 것이다. 차감이란 빌려서 거울로 삼는다는 뜻이다. 특히 민족과 국가의 운명이 갈림길에 서게 된 그 중요한 시각에 마오쩌둥 같은 위인이든 아니면 장제스 같은 정치가이든 모두 역사를 거울로 삼고 싶은 생각을 가졌을 것이다. 그럼 그 영도자들이 역사를 차감하려면 어떤 책을 읽는 것이 가장 좋을까? 정답은 거의 유일한 듯하다. 그것은 바로 『자치통감』이다. 이 점이 바로 그 영화 장면의 합리성이다. 말하자면 영화감독은 그 장면을 통해 어떤 서적도 『자치통감』처럼 간명하게 영화가 전달하고자 하는 정보를 전하지 못할 것이라고 생각했다. 영화감독은 『자치통감』으로 역사 차감의 중요성을 전달하려 했고, 관객들은 『자치통감』 표지를 보자마자 영화감독의 의도를 분명히 알아차렸다. 이러한 이심전심의 묵계(默契)는 사람들의 공통 인식에서 비롯된 것이다. 이는 역사를 거울로 삼는 입장에서 말하자면 특히 수신제가치국평천하(修身齊家治國平天下)와 치국리정(治國理政: 치세를 이루고 정치를 조화시키는 일)과 같은 고차원의 문제와 관련된다. 『자치통감』이 모든 전통 역사 서적 중에서 가장 성공적이고 가장 대표적인 저작임은 의심할 바 없다. 그 카메라 앞에 다른 어떤 책을 갖다놓더라도 결국 관객 간의 의견 차이가 발생할 것이다. 왜냐하면 역사를 거울로 삼는 일과 치국리정을 마치 약속이나 한 듯이 연결할 수 있는 저작은 그 어떤 것도 있을 수 없기 때문이다.

　마오 주석이 『자치통감』을 읽은 화제로 돌아가보자. 영화의 내용은 가공할 수 있지만 현실 역사 속에서도 마오 주석은 『자치통감』을 즐겨 읽었다. 이것은 사실이다. 마오 주석을 회고하는 많은 글이 언급하는 바와 같이 그는 이 책을 반복해서 자세하게 읽었다. 어떤 글에서는 마오 주석이 이 책을 모두 17번이나 읽었다고 지적했다. 기실 나는 또 다른 관점을 갖고 있다. 즉 나는 마오 주석이 이 책을 모두 17.5번 읽었다고 본다. 많은 자료에서 밝혀진 바대로 마오 주석은 생명의 마지막 순간에도 여전히 역사책 특히 『자치통감』 읽기를 그치지 않았다. 이 같은 상황에 근거해서 나는 그가 『자치통감』을 17.5번 읽었다고 보는 것이 더 사실에 접근한 견해라고 생각한다. 마지막 한 번은 아마도 끝까지 읽지 못한 듯하다. 우리가 오늘날 읽을 수 있는 가장 양호하고 권위적인『자치통감』독본은 사실 마오 주석이 직접 관심을 갖고 정리한 판본이다.

『자치통감』은 '24사'와 마찬가지로 판본이 아주 많고, 900여 년 동안 전해지는 과정에서 많은 문제가 발생했다. 신중국이 성립한 후 중화서국(中華書局)에서는 당시 전국에서 가장 뛰어난 문사(文史) 전문가를 모아서 '24사'와『자치통감』을 체계적으로 교감(校勘)하고 정리했다. 당시에 그동안 방치되거나 지체된 국가대사가 모두 처리되기를 기다리고 있었지만 이 대형 문사 프로젝트를 우선적으로 시행했다. 이 일은 마오 주석의 관심하에서 저우언라이(周恩來, 1898~1976) 총리가 직접 전체 진행 과정을 챙겼다. 이런 점을 보더라도 당시 국가 최고 지도자들이 전통 사학 유산을 얼마나 중시했는지 알 수 있다. 오늘날 우리가 이 표점본(標點本)『자치통감』을 펼쳐보면 매 권 말미에 점교자(點校者: 표점을 찍고 교열한 사람)와 심사자의 이름이 기록되어 있다. 이들 모두는 구제강(顧頡剛, 1893~1980), 룽자오쭈(容肇祖, 1897~1994)처럼 학술사에 혁혁한 명성을 남긴 대가들이다. 2005년 치궁(啓功, 1912~2005) 선생이 세상을 떠남으로써 당시 이 책 정리에 참여한 선배 학자들이 모두 고인이 되었다. 참으로 비감한 일이다. 나는 그보다 2년 전에 학술 방문 차 타이완에 갔을 때 재미있는 현상 한 가지를 발견했다. 그것은 바로 당시 타이완에서 통행되고 있던『자치통감』과 '24사' 표점본이 모두 대륙에서 정리한 성과물을 그대로 영인한 판본이라는 점이었다. 다만 당시는 양안 관계가 긴장 국면으로 치달을 때여서 영인에 관한 설명이 없었을 뿐이다.

작년에 시나(新浪: sina.com) 역사 전문가 코너(歷史專欄)에 덩샤오핑(鄧小平, 1904~1997)이 읽은 책에 관한 문장이 한 편 발표되었다. 이 글에서도 덩샤오핑이 역사책을 좋아했고 모든 역사책 가운데서도『자치통감』

을 가장 즐겨 읽었다고 언급했다. 아마도 많은 독자들께서 의문을 가지실 것이다. 900여 년 전에 쓰인 이 책에 정말 그렇게 위대한 현실 의의가 담겨 있어서 현대의 위인과 지도자들이 끊임없이 읽고 있는 것일까? 이제 한 가지 사례를 들어 『자치통감』에서 제시하는 옛사람의 지혜가 오늘날에도 여전히 지도적 의의를 발휘할 수 있음을 설명해보고자 한다. [2013년 6월 28일] 시진핑(習近平, 1953~) 총서기는 「전국 조직공작회의에서의 강화(在全國組織工作會議上的講話)」 등 몇몇 문장에서 "정치의 요체는 사람을 잘 쓰는 것보다 앞서는 것이 없다(爲政之要, 莫先於用人)"라는 고어를 인용한 적이 있다. 이것은 국가 간부들이 가져야 할 소양의 중요성을 지적한 말이다. 이 말의 원전은 바로 『자치통감』 제73권이다. 여기에는 삼국시대 위나라에서 한 차례 벌어진 토론 즉 어떻게 인재를 선발하고 관리를 임용할 것인가에 관한 토론이 기록되어 있다. 사마광은 이 토론을 평가하면서 "다스림의 요체는 사람을 잘 쓰는 것보다 앞서는 것이 없다(爲治之要, 莫先于用人)"라고 했다. 『자치통감』을 숙독하는 과정에서 우리는 인간 중시 사상을 발견할 수 있다. 인간의 소질을 국가의 간부를 양성하고 국가 정치의 청명성을 보장하는 기반으로 삼고자 하는 것이 바로 사마광이 견지한 가장 중요한 정치사상의 하나였다. 사마광은 동일한 맥락으로 '법'의 역할도 아주 중시했다. 따라서 『자치통감』에서는 "의법치국(依法治國: 법에 의거하여 나라를 다스림)"을 매우 강조하고 있다. 그러나 사마광의 고귀한 점은 그가 '인간'과 '법'의 변증법적 관계를 매우 깊이 있게 인식했다는 사실이다. 그는 '법'을 강조할 때도 법률 조항주의나 법률 형식주의로 나아가지 않았고, '인간'을 강조할 때도 제도나 법률을 무시하는 허무주의에 빠지지 않았다. 그는 '인간'과 '법'을 함께 중시하는 복잡한 정치 시스템을 강조했다. 국가 관리는 반드시 좋은 법에 의지해야 하지만 법의 목적은 금지와 징벌 자체에 있는 것이 아니라 사회 조화와 민생 복지의 실현에 놓여 있다는 것이다. 따라서 민생 복지를 목적으로 하는 진정한 법률 정신은 식견이 탁월하고 몸가짐이 근엄한 선인(善人)에 의해 관철되고 집행되어야 한다고 했다. 선한 사람이 있어도 선한 법이 없으면 네모와 원을 구별할 수 없다. 선한 법이 있어도 선한 사람이 없으면 법은 공허한 문서가 되거나 혹은 반대로 법이 글재주나 부리는 자의 수단으로 전락한다. 사마광의 이런 사상은 얼마나 깊이 있는가? 오늘날까지도 여전히 우리가 배울 만한 가치가 있다.

4

아마 몇몇 독자들께선 우리가 『자치통감』의 집필 목적을 너무 높이 세웠다고 나무라실지도 모르겠다. 절대다수의 독자들께선 모두 보통 사람이니까 말이다. 그들은 위인들처럼 정권의 잘잘못을 토론할 기회나 능력이 없다. 그럼 『자치통감』이 절대다수의 보통 사람들 입장에서는 어떤 읽을 만한 가치가 있을까?

먼저 『자치통감』 편찬단에 관한 이야기를 한 가지 하고자 한다. 사마광에게는 유서(劉恕, 1032~1078)라는 젊은 조수가 있었다. 역사에 밝은 젊은 학자였고, 사마광이 주관한 과거시험을 통해 선발된 인재였다. 이 때문에 유서와 사마광 사이에는 사제의 인연이 있다고 할 수 있다. 유서는 『자치통감』 편찬을 위해 많은 걸 희생했다. 사마광은 그를 한 장서가의 집으로 파견하여 자료를 수집하게 했다. 요즘 같으면 스캐너를 가지고 가서 유용한 자료를 스캔하거나 아예 외장하드가 달린 노트북컴퓨터를 가지고 가서 자료를 복사하면 되지만 당시는 그런 시대가 아니었다. 유서는 자신의 눈으로 글자를 하나하나 검색해야 했고, 그러다가 유용한 자료를 만나면 하나하나 손으로 베껴야 했다. 가능한 한 많이 그리고 가능한 한 빨리 자료를 얻기 위해 유서는 밤을 새워가며 부지런히 일을 했다. 그러다가 결국 눈병이 나서 거의 실명 상태에 이르고 말았다.

유서는 줄곧 아주 청빈하게 살았다. 사마광이 지금의 카이펑(開封)을 떠나 뤄양(洛陽)으로 간 후 오래지 않아 유서도 지금의 장시 성(江西省) 간저우(贛州)로 부임했다. 『자치통감』 원고를 토론하기 위해 유서는 사마광을 찾아 북상하여 뤄양으로 갔다. 당시에 날씨가 이미 추워졌지만 유서는 아직도 얇은 홑옷만 입고 있었다. 그는 박봉을 받아 집안 식구를 부양하느라 두터운 겨울옷을 살 돈이 없었다. 사마광은 자신을 찾아 천리 먼 길을 달려온 유서가 얇은 홑옷만 입고 있는 것을 보고 매우 마음이 아팠다. 사마광은 자신의 가죽옷 한 벌을 유서에게 주면서 또 다른 한 가지 일을 처리해야 하므로 이 가죽옷을 입고 가라고 했다. 유서는 잠시 사양했지만 결국 은사의 두터운 정을 물리치기 어렵겠다 생각하고 그곳을 떠날 때 가죽옷을 가지고 갔다. 사마광은 그 일이 거기서 끝난 걸로 생각했다. 얼마의 시간이 지난 후 사마광은 누군가에게서 부쳐온 커다란 보따리를 받았다. 그것을 풀어보니 뜻밖에도 유서가 돌려보낸 가죽옷이었다. 나중에 유서는 건강이 나빠져서 젊은 나이에 세상을 떠나고 말았다. 사마광은 그를 기념하는 글에서 이 가죽옷 이야기를 서술하며 슬프게 탄식하고 있다. 유서는 사사로운 물건을 일절 받지 않았다. 심지어 자신과 가장 밀접한 관계에 있던 스승의 오래된 가죽옷조차도 받지 않았다. 당시 유서가 관리 사회나 일반 사회에서 얼마나 청렴하게 처신했는지 알 수 있다.

기실 사마광도 청렴하고 근검하게 산 사람이라 집안이 넉넉하지 않았다. 그처럼 명성이 자자하고 그처럼 벼슬이 높았지만 사마광의 옷상자에는 가죽옷이 고작 두 벌밖에 없었다. 유서의 자아단속을 오늘날 사람들은 틀림없이 도덕 결벽증이라고 여길 것이다. 그러나 이러한 결벽증이야 말로 겉만 화려하고 조급한 이 시대에 우리에게 필요한 품성이 아니겠는 가? 정치 상황의 변화를 거시적으로 바라본다는 점 이외에도 수신(몸을 닦음), 입덕(立德: 덕을 세움), 계사(戒奢: 사치를 경계함), 숭렴(崇廉: 청렴을 숭상 함)을 강조하는 것이 『자치통감』에 포함된 또 하나의 큰 주제다. 이와 관 련된 내용은 본문의 해당 단락에서 자세히 소개하고자 한다. 유서의 이 야기를 하는 김에 여기에 포함된 또 한 가지 의미를 말씀드리고자 한다. 그것은 왜 『자치통감』에서 말하는 삶의 이치가 설득력을 발휘하여 900 년 동안이나 사람들에게 믿음을 줬느냐 하는 점이다. 그 이유는 『자치통 감』 편찬자들이 허위의 도덕 설교자가 아니라 진정한 도덕 실천자였기 때문이다. 그들이 실천자였기에 그들이 이야기하는 처세 이치가 진정으 로 사람들을 깊은 사색으로 이끌 수 있었다.

사마광에게는 또 범조우(范祖禹, 1041~1098)라는 조수가 있었다. 범조 우는 30세부터 사마광을 따르며 『자치통감』 편찬 작업에 참여하기 시작 하여 44세 되던 해 『자치통감』이 완성될 때까지 그 일을 계속했다. 그사 이에 자신을 위한 어떤 다른 마음도 먹지 않았다. 사마광 자신은 어땠을 까? 사마광은 관방(官方)의 도움 아래 『자치통감』 편찬을 주관하면서 모 두 19년 동안 그 일에 종사했는데 매일 처리해야 할 업무량이 매우 많았 다. 여기에는 사마광이 이전에 독자적으로 『자치통감』 편찬을 위해 준비 한 기간은 포함되지도 않았다. 『자치통감』이 완성된 후 사마광은 뤄양에 큰 집 두 채 분량의 초고를 남겨놓았다. 이 초고를 본 적이 있는 황정견 (黃庭堅, 1045~1105) 등의 술회에 의하면 그 원고들은 초고였지만 필적이 모두 반듯반듯했고 한 글자도 초서로 날려 쓰지 않았다고 한다. 이처럼 집중력 있고 성실한 태도로 헌신한 편찬단이 있었기에 『자치통감』이란 위대한 저작이 완성될 수 있었다.

『자치통감』은 우리가 지금 어떤 사회적 위치에 있든 누구나가 읽기에 적합한 저작이다. 나는 현대 어휘 중에서 자주 쓰이는 두 단어로 이 문제에 대해 더욱 진전된 설명을 하려고 한다. 그 단어는 첫째 '품격(格調)'이고, 둘째 '격식(格局)'이다.

역사적으로 유명한 몇몇 학자들은 사서(史書)를 '상작서(相斫書)'라고 비평했다. 말하자면 서로 공격하며 죽인 일과 서로 음모를 일삼으며 해친 일만 기록한 책이라는 뜻이다. 주희(朱熹, 1130~1200)와 량치차오(梁啓超, 1873~1929)도 이와 유사한 관점을 발표한 적이 있다. 이러한 관점은 오늘날까지도 전통문화에 대해 편견을 가진 사람들에게 영향을 미치고 있다. 이들 중 다수는 『자치통감』이나 이와 관련된 경전 저작을 자세히 읽어보지도 않은 채 누가 『자치통감』 같은 책을 언급하면 분노를 터뜨리곤 한다. 즉 이 책들 속에는 하나같이 중국 역사의 음모가 가득 담겨 있으므로 우리의 전통은 전부 쓸데없는 찌꺼기에 불과하다는 것이다. 나는 강의 도중에도 여러 차례 이 같은 상황에 직면하곤 했다. 나는 전통 사학의 충실한 팬으로서 이런 비판을 들을 때마다 답답함과 울분을 금치 못했다. 그러나 나는 또 학자로서 인내심을 갖고 그들에게 그건 잘못된 관점이라고 설명해줘야 했다. 주희와 량치차오가 그렇게 발언할 때 그들은 특수한 상황에 처해 있었다. 즉 둘 모두 논적과 논쟁 중에 있었다. 주희에게는 중량급 논적이 많았다. 그 논적들은 당시에 모두 절강(浙江) 지역을 중심으로 활동했고 그들에 의해 남송(南宋) 시기 매우 중요한 학파인 절동학파(浙東學派)가 형성되었다. 계속해서 절동학파 아래에 금화(金華), 영가(永嘉), 영강(永康) 등의 지파가 생겨났다. 이 학파 학자들의 공통 특징은 모두 역사 연구를 중시하고 역사학의 경세치용 기능을 중시한다는 점이다. 또 이들은 역사 속의 정치나 제도 연구를 통해 사람들의 현실 인식을 높이고 아울러 이들 지식을 현실의 잘못된 정치를 개혁하는 데 운용하고자 한다. 주희와 이들은 지식론과 정치적 관점에서 많은 차이를 보인다. 이 때문에 주희는 항상 사학에 빠져 있는 절동학파를 비평하곤 했다. 량치차오가 전통 사학에 제기한 비평은 청나라 말기와 중화민국 초기의 지식 갱신에 바탕을 두고 있다. 그는 역사에 대한 인간의 인식을 개혁하여 민족의 진보를 추동하려고 시도했다. 사실 주희든 량치차오든 그들 자신은 모두 전통 사학을 정밀하게 연구했을 뿐 아니라『자치통감』에 대해서도 지극히 높은 평가를 내렸다. 주희는 일찍이『자치통감』을 개편하여 『자치통감강목(資治通鑑綱目)』을 편찬했다. 그는 이 책을 통해 자신의 역사의식과 정치이념을 전달하려 했다. 량치차오도『자치통감』을 중국 역사상 가장 성공적인 정치 교과서라고 찬양했다.

여기에서 주희와 량치차오의 학술 관점에 대해 토론을 벌일 생각은 없다. 다만 우리가 단편적으로 유명 인사의 말 한 조각을 이해하고는 그 것을 몇몇 중대한 문제에 적용하여 극단적 판단을 내리는 건 매우 위험한 일이라고 독자들을 일깨우고 싶을 뿐이다. 예를 들면『자치통감』과 같은 전통 사학 저작을 어떻게 대할 것인가의 문제도 바로 이와 같은 경우에 해당한다.『자치통감』은 역사적으로 중대한 정치 사건을 망라한 책이므로 이 저작 속에는 물론 정치적 분쟁을 다룬 부분이 많다. 그러나『자치통감』을 자세하게 읽어본 독자라면 이 책 속에 '음모론'의 흔적은 조금도 없고, 오히려 시종일관 사람들을 잘 이끌어 반드시 정도(正道)를 걷게 하려 한다는 사실을 깨닫게 될 것이다. 사악한 생각이나 작은 꼼수는, 때로 눈앞에서 약간의 이익을 가져다줄 수도 있지만, 장기적으로 보면 반드시 실패하기 마련이다.『자치통감』은 역사의 장강 속에 드러난 무수한 사례로 이 점을 증명했다. 광명과 영원한 성공을 향해 나아가는 길은 단 한 가지뿐이다. 그것은 바로 정도다. 무엇이 정도인가? 모든 일에 사리사욕을 도모하지 않는 것, 작게는 개인의 행동거지에서 크게는 국가 정책에 이르기까지 모두 공공성에 부합하도록 힘쓰는 것 등등이 정도다. 물론 구체적인 내용은 이보다 더 풍부할 수 있다. 우리는 이 책의 각 장에서 이 문제와 관련된 『자치통감』의 내용을 선택하여 구체적으로 설명할 것이다. 이것이 바로 우리가 이야기하고자 하는 첫 번째 단어 '품격'이다. 『자치통감』은 아주 품격이 높은 책이다. 『자치통감』은 독자 여러분께 역사 속에서 쌓아온 인류의 진정한 지혜가 작은 꼼수나 작은 음모 이야기를 모은 게 아니라는 사실을 알려줄 것이다.

두 번째 단어는 '격식'이다. 인류는 줄곧 진보해왔다. 특히 현대사회에서 계속되고 있는 과학기술의 발전에 의지하여 우리의 일상생활은 나날이 새롭게 변모하고 있다. 그러나 인간의 본성이나 인성의 핵심에 기반을 두는 인류의 활동을 가지고 말해보면, 그 기본적이고 본질적인 내용은 인류가 문명을 일군 이래로 그리 크게 변화하지는 않은 듯하다. 우리가 자주 말하는 "태양 아래에 새로운 일이란 없다"라는 격언이 바로 이러한 층위에서 인류의 역사를 이해한 것이다. 바로 이와 같기 때문에 이미 과거가 되어버린 역사에 의지해야만 현재를 살아가는 사람들에게 차감의 의미를 전달할 수 있다. 왜냐하면 우리가 보고 느낄 수 있는 인간의 기본 감정, 사상, 행위는 거의 모두 옛날 사람들에게서 이미 발생한 적이 있기 때문이다. 상이한 점이라면 오늘날 사람들은 더욱 선진적인 기술 여건에 의지하여 자신을 표현할 수 있다는 것뿐이다. 그러나 풍부한 인류의 역사에서 가장 정채로운 부분을 선택하여 두서를 갖춘 체계로 다시 편성하는 것은 매우 복잡한 일이다. 특히 중국처럼 역사가 유구하고 연속성이 강한 국가의 경우에는 더욱 그러하다. 이와 같은 업무를 완성하려면 방대한 학식, 심오한 사상, 풍부한 사회 경력, 탁월한 통찰력 및 조금도 빈틈없는 정신과 오래 지속할 수 있는 의지력이 필요하다.

의심할 것도 없이 모든 전통 사서 중에서 진정으로 이러한 경지에 도

달한 책으로는 오직 『자치통감』이 있을 뿐이다. 독자의 입장에서 말해
보더라도 책을 읽은 후 그 어떤 책도 『자치통감』처럼 1,000여 년의 역사
변천과 흥망성쇠를 가슴속에 명쾌하게 정리해주지 못한다. 이 점이 바로
『자치통감』의 힘이다. 옛사람들은 늘 "가슴속에 시서(詩書)를 품고 있으
면 기상이 저절로 환해진다(腹有詩書氣自華)"라고 했다. 시서는 사람의 성
정을 길러줄 수 있고 사람의 기상을 도야해줄 수 있다. 그럼 『자치통감』
같은 역사책은 어떤가? 틀림없이 사람의 판단력을 길러줄 수 있을 것이
다. 이미 발생한 역사의 복잡한 변화가 사람의 가슴속에 무수한 지식으
로 쌓이면 사람의 사고력과 판단력을 높일 수 있게 된다. 일군의 위대한
사람들이 자신의 생명을 소진하며 1,000여 년의 지혜가 침전된 역사책
을 써냈고, 독자들은 이를 읽음으로써 더욱 광활한 시야와 더욱 드높은
격식을 가질 수 있을 것이다.

5

사마광은 『자치통감』을 편찬한 후 예기치 못한 사실을 발견했다. 즉
자신은 온 힘을 다해 역사를 농축했지만 이 책이 여전히 294권 300만
자에 달하는 거질이어서, 일반 독자들은 이 책을 그림의 떡처럼 바라만
본다는 사실이었다. 사마광은 이렇게 토로한 적이 있다. "내가 『자치통감』
을 편찬한 이후 많은 사람들이 읽어보고 싶어 했다. 그러나 그들은 한 장
도 다 읽지 못하고 하품을 하며 졸기 일쑤였다. 이 책을 끝까지 읽은 사
람은 오직 왕승지(王勝之, 1015~1086)가 있을 뿐이다."("自吾爲『資治通鑑』, 人
多欲求觀讀. 未終一紙, 已欠伸思睡. 能閱之終篇者, 惟王勝之耳.", 『송사宋史』 「왕익유
전王益柔傳」) 왕승지는 본명이 왕익유(王益柔)이며, 자(字)가 승지이고, 북송

의 고관 구준(寇準, 961~1023)의 외손이다. 공무가 번잡한 황제나 고관들이 이 책을 편안하게 읽는 건 아주 어려운 일이 되었다. 이에 사마광은 이미 악화된 자신의 건강을 돌보지도 않고 『통감거요력(通鑑擧要歷)』 편집에 착수하여 『자치통감』 거질을 다시 80권으로 축소하려 했다. 애석하게도 『통감거요력』은 이미 실전(失傳)되었다. 지금 중국 국가도서관에 사마광의 필적이라는 매우 유명한 유물이 한 점 소장되어 있다. 이 유물의 내용이 진(晉)나라 편년사를 기록한 것이기에 많은 사람들은 그것을 사마광이 편찬한 『자치통감』 유고로 인식하고 있다. 젠보짠(翦伯贊, 1898~1968) 선생을 포함하여 이 유물에 설명문을 쓴 사람들도 모두 그렇게 인정했다. 이 때문에 오늘날까지도 국가도서관에서는 여전히 이 유물에 『자치통감』 유고라는 명칭을 붙여놓고 있다. 이에 대해서는 이미 상세한 논증을 한 학자가 있으므로 여기에서 더 이상의 언급은 피하고자 한다.

오늘날의 독자 입장에서는 이처럼 80권으로 압축된 『통감거요력』이 지금까지 전해왔다 해도 이 책을 완독할 수 있는 독자는 아마 소수에 그칠 것이다. 왜냐하면 현대인은 옛사람에 비해 더욱 바쁘게 살고 있고 또 고문 독해에도 일정한 장애가 있기 때문이다. 현대의 독자들로 하여금 『자치통감』이란 이 위대한 저작을 더 다양하게 이해하게 하기 위해서는 이 침전된 역사 지혜가 역량을 발휘할 수 있도록 지속적으로 더욱 노력해야 한다. 우리는 지금 사람들에게 더 많은 참고자료를 제공하기 위해 이 작은 책을 출판하여 포전인옥(抛磚引玉: 벽돌을 던져 옥을 얻다)의 효과를 달성하고자 한다. 『자치통감』에서 다루는 내용이 너무 광범위해서 우리는 그 일부분만 정선하여 주제에 따라 다시 편집하고 배열했다. 모든 장에는 『자치통감』이나 각종 유관 전적의 원문을 앞에 배치하고 백화문(白話文) 해독과 분석을 그 뒤에 덧붙였다. 독자들께서는 이 방식을 통해 더욱 편리하게 고대의 전적 속으로 들어가실 수 있을 것이다.

『자치통감』의 편찬 목적은 물론 양호한 정치·사회 환경을 조성하기 위함이었다. 그러나 『자치통감』에서는 치국 목적 이외에도 수양 또한 동일하게 중시하고 있다. 양호한 사회는 반드시 양호한 소양을 가진 인간에 의해 창조되기 때문이다. 따라서 우리는 이 책을 편집할 때 '수신', '제가', '치도'라는 3대 주제에 맞춰서 내용을 배치했다. 이러한 해독이 도덕 정화를 중시해야 하는 오늘날, 광대한 지도층 인사들의 소양을 높이는 데 도움이 되기를 바란다. 마찬가지로 이러한 시도가 생활과 업무 각 부문에서 열심히 노력하시는 오늘날 독자 여러분께도 도움을 드릴 수 있기를 희망한다. 이 작은 책이 독자 여러분을 『자치통감』 독서의 세계로 더 깊이 이끌 수 있다면 이 책은 자신의 사명을 달성한 셈이다. 상하이인민출판사의 출판 약속에 감사드린다. 그들은 가장 먼저 이와 같은 정선 해독의 방식으로 『자치통감』이란 오래된 경전이 오늘날 사회에 건설적인 역할을 할 수 있도록 기획했다. 그것은 매우 훌륭한 생각이었다. 2015년 나는 방문학자로 하버드대학교에 갔다. 그곳에서 나는 국내에 있을 때와는 달리 온갖 잡무와 접대에 시달리지 않아도 되었다. 이 때문에 넉넉한 시간을 이용하여 이 책 원고를 완성할 수 있었다. 이 책에 타당하지 않은 점이 있다면 삼가 전문가와 독자 여러분께서 가르침을 베풀어주시길 바란다.

장펑
2015년 초여름, 보스턴 외국인 숙소에서

수신편

修身篇

몸과 마음을 살핀다

다른 사람을 바로잡으려면 나부터

正己以化人

1. 나로부터 시작하다

─────────── ❦ ───────────

계강자(季康子; ?~기원전 468)가 공자(孔子; 기원전 551~기원전 479)에게 정치
에 대해 물었다. 공자가 대답했다. "정치란 올바름입니다. 공께서 올바르게
이끌면 누가 감히 올바르지 않겠습니까?" 『논어(論語)』「안연(顔淵)」

대학(大學)의 도(道)는 밝은 덕을 밝히는 데 있고, 백성을 새롭게 하는 데
있으며, 지극한 선(善)에서 그치는 데 있다. 그칠 곳을 안 이후에 마음이
정해지고, 마음이 정해진 이후에 고요할 수 있고, 고요해진 이후에 편안
할 수 있고, 편안해진 이후에 생각할 수 있고, 생각한 이후에 얻을 수 있
다. 사물에는 근본과 말단이 있고, 일에는 끝과 시작이 있다. 그 선후를
알면 도에 가까워진다. 옛날에 밝은 덕을 천하에 밝히려는 사람은 먼저
자신의 나라를 잘 다스렸고, 자신의 나라를 잘 다스리려는 사람은 먼저

자신의 가문을 가지런히 했고, 자신의 가문을 가지런히 하려는 사람은 먼저 자신의 몸을 닦았다. 또 자신의 몸을 닦으려는 사람은 먼저 자신의 마음을 바르게 했고, 자신의 마음을 바르게 하려는 사람은 먼저 자신의 뜻을 성실하게 했고, 자신의 뜻을 성실하게 하려는 사람은 먼저 자신의 앎을 지극하게 했고, 앎을 지극하게 하려면 사물의 이치를 잘 탐구해야 했다. 사물의 이치를 잘 탐구한 이후에 앎을 얻고, 앎을 얻은 이후에 뜻이 성실해지고, 뜻이 성실해진 이후에 마음이 바르게 되고, 마음이 바르게 된 이후에 몸이 닦인다. 몸이 닦인 이후에 가문이 가지런해지고, 가문이 가지런해진 이후에 나라가 잘 다스려지고, 나라가 잘 다스려진 이후에 천하가 태평해진다. 천자에서 서민에 이르기까지 모두 한결같이 몸 닦는 것을 근본으로 삼는다. 그 근본이 어지러우면서 말단이 잘 다스려지는 예는 없었고, 두텁게 베풀어야 할 곳에 박하게 하고 박하게 해야 할 곳에 두텁게 하는 예는 아직까지 없었다. 『예기(禮記)』「대학(大學)」

신은 듣건대 대학의 도는 천자에서 서민에 이르기까지 모두 한결같이 몸 닦음을 근본으로 삼는다고 합니다. 가문이 가지런해지는 까닭, 나라가 잘 다스려지는 까닭, 천하가 태평해지는 까닭이 여기에서 말미암지 않은 것이 없습니다. 그러나 몸은 근거 없이 닦일 수 있는 것이 아닙니다. 그 근본을 깊이 탐색해보면 사물의 이치를 잘 탐구하여 자신의 앎을 지극하게 하는 데 달려 있습니다. 대저 격물(格物)이란 사물의 이치를 끝까지 탐구하는 것(窮理)을 이릅니다. 대체로 하나의 사물이 있으면 그 사물의 이치(理)가 있습니다. 그러나 그 이치는 형체가 없어서 알기 어렵지만 자취가 있으므로 관찰하기는 쉽습니다. 이 때문에 사물에 따라 이치를 구하고 그 이치를 마음속에 명확하게 깨우쳐서 털끝만큼의 오차도 없게 하면 어떤 일에 대응할 때 저절로 털끝만큼의 오류도 없게 될 것입니다. 이러한 까닭에 뜻을 성실하게 하고, 마음을 바르게 하고, 몸을 닦는 일에서, 가문을 가지런히 하고, 나라를 잘 다스리고, 천하를 태평하게 하는 일에 이르기까지 모두 이 원리를 들어 적용하면 됩니다. 이것이 소위 대학의 도입니다.

주희(朱熹), 「계미년 수공전에서 올린 주차(癸未垂拱奏箚)」 일(一)

공자는 왜 정치의 기본 정의를 '올바름(正)'이라고 했을까? 그는 정치의 기본적인 뜻이 모든 것을 바르게 하는 것이라고 했다. 모든 일을 정확한 궤도로 나아가게 하고, 모든 사람을 정확한 위치에 있게 하고, 전체 사회를 정상적으로 운행하게 하려면 그에 걸맞은 제도와 정책을 세심하게 설계해야 한다. 중국이나 서구를 막론하고 고대 정치사상에 인간이 모든 사회문제의 근원이고 핵심이라는 이념이 출현한 적이 있다. 이 생각을 논리 사고의 기점으로 삼아 각종 복잡한 문제를 바로잡으려면 먼저 사람을 바로잡아야 한다. 사람을 바로잡는 기본 첩경은 바로 교육과 문화다. 이 때문에 중국의 선인들은 항상 정치(政)와 교화(敎)를 함께 거론하며 한데 묶어서 토론했다. 이러한 관점으로 살펴보면 정치란 더욱 넓은 의미의 교육이며 교화라 할 수 있다.

교육(혹은 교화) 과정에는 반드시 두 주체 즉 교육자와 피교육자가 포함된다. 교육의 목적은 피교육자를 '바로잡기' 위함이다. 여기에서 또 다른 문제가 파생한다. 즉 어떤 인재에게 교육자가 될 자격이 있느냐는 문제다. 어떤 사람에게 피교육자를 맡겨야 '사람을 바로잡으려는' 교육(혹은 교화)의 목적을 확보할 수 있을까? 이 때문에 공자는 "정치란 올바름입니다"라고 정의를 내린 뒤 바로 다른 사람을 바로잡으려면 먼저 자신을 바로잡아야 한다고 언명했다. '정인(正人: 남을 바로잡는 일)'을 목적으로 삼는 교육자는 반드시 자신을 바로잡는 일에서 출발해야 한다. 사람을 핵심으로 삼는 문제로부터 깊이 생각해보면 정치와 교육은 본질적인 면에서 동일하다. 교육자 입장에서도 반드시 자신의 몸을 먼저 바로잡아야 하고 정치가 입장에서도 마찬가지로 자신의 몸을 바로잡는 일을 전제로 삼아야 한다.

유가 경전에는 공자가 자신을 바로잡는 일과 남을 바로잡는 일의 관계를 언급한 대목이 상당히 많다. 공자가 계강자의 질문에 대답한 앞의 인용문도 그중 하나의 사례일 뿐이다. 『논어』 「자로(子路)」편에도 다음과 같은 기록이 있다. "선생님께서 말씀하셨다. '자신의 몸을 바로잡았다면 정치를 함에 무슨 어려움이 있겠느냐? 자신의 몸도 바로잡을 수 없으면서 어떻게 남을 바로잡겠느냐?'"("子曰, '苟正其身矣, 於從政乎何有. 不能正其身, 如正人何?'", 『논어』 「자로」) 이것은 공자가 계강자에게 대답한 "공께서 올바르게 이끌면 누가 감히 올바르지 않겠습니까?"라는 말과 똑같은 의미다. 계강자는 공자와 같은 시대에 노(魯)나라에서 가장 중요한 정치인의 한 사람이었다. 그가 공자에게 정치의 도를 자문하자 공자는 당신 자신이 솔선수범하는 것이 가장 중요한 일이고, 그렇게 되면 모든 일이 바로잡힐 것이라고 했다. 공자의 대답에는 은근하게 계강자를 비판하는 의미가 들어 있다. 즉 계강자가 예법의 기본적인 요구에 근거하여 자신을 먼저 바로잡지 않았다고 비판한 것이다. 그러나 남을 바로잡으려면 자신을 먼저 바로잡아야 한다는 생각은 공자가 계강자만을 겨냥하여 일시적으로 토로한 관념이 결코 아니다. 그것은 공자의 일관된 정치 이념이다. 유가의 또 다른 경전 『예기』에서 또한 이와 유사하면서도 더욱 깊이 있는 언급을 찾아볼 수 있다.

공이 말했다. "감히 묻겠습니다. 무엇을 일러 정치라 합니까?" 공자가 대답했다. "정치란 올바름입니다. 군주가 바르게 하면 백성은 정치에 따르고, 군주가 하는 일을 백성은 따를 것이지만, 군주가 하지 않는 일을 백성이 어떻게 따르겠습니까?"

『예기』「애공문(哀公問)」

이 대화는 『대대예기(大戴禮記)』와 『소대예기(小戴禮記)』에 모두 기록되어 있다. 『대대예기』는 한(漢)나라 유학자 대덕(戴德)이 전한 책이고, 일반적으로 지금 우리가 『예기』로 부르는 책은 대덕의 조카 대성(戴聖)이 전한 『소대예기』다. 위 인용문에서 공자에게 질문을 던진 '공'은 당시 노나라 군주 애공(哀公, ?~기원전 468)을 가리킨다. 공자는 이 대목에서 자신의 대답을 군주와 백성의 관계로까지 밀고 올라간다. 군주의 행위는 만민의 표상이고 풍향이라는 의미다. 무엇이 정확한 것이고 무엇이 부정확한 것인지 백성이 알지 못할 때 그들은 군주의 행위를 관찰한다. 군주가 행하는 일을 옳게 여기면 백성은 그것을 자기 행동의 근거로 삼는다. 이 때문에 군주가 된 몸으로 어떻게 자신을 단정하게 바로잡지 않을 수 있으며, 어떻게 언행을 삼가지 않을 수 있겠는가? 자신을 단정하게 바로잡고 자신의 몸으로 가르침을 행하는 것, 이것이 바로 공자가 견지한 정견(政見)의 기본 출발점이다.

남송의 대(大)유학자 육구연(陸九淵, 1139~1193)도 유명한 말을 남겼다. "동해에 성인이 태어났다 해도 그 마음도 같고 그 이치도 같다. 서해, 남해, 북해에서 성인이 태어났다 해도 그렇지 않은 경우가 없다."("東海有聖人出焉, 此心同也, 此理同也. 至西海南海北海有聖人出, 亦莫不然.", 『송사』「육구연전 陸九淵傳」) 이 말을 보통 줄여서 "동해나 서해나 마음도 같고 이치도 같다(東海西海, 心同理同)"라고 한다. 중국과 서구의 문화는 아주 큰 차이가 있지만 우리는 양자 사이에 놀랄 만큼 비슷한 디테일을 발견하곤 한다. 영국 런던 소재 유명 사원 웨스트민스터(Westminster Abbey)에는 무명씨의 묘비가 하나 있다. 전하기로, 그 묘비에 전 세계에서 가장 유명한 비문이 새겨져 있다고 한다. 서구인들은 이 작자 미상의 묘비를 인용할 때 항상 "자신에게서 출발하라(Start with Yourself)"라는 제목을 붙인다. 그 비문을 아래에 인용하고자 한다.

> 내가 젊고 자유롭고 상상력에 제한이 없었을 때, 나는 세계를 바꾸는 꿈을 꾸었다.
> 내가 점점 나이가 들고 좀 더 현명해졌을 때, 나는 세계가 바뀌지 않을 것이란 사실을 알게 되었다. 그래서 나는 시야를 좁혀 우리나라만이라도 바꾸기로 결심했다.
> 하지만 그것 역시 불가능해 보였다.
> 나는 황혼기로 접어들어 마지막 간절한 희망으로, 나와 가장 가까이 있는 우리 가족만이라도 바꾸려 했으나, 맙소사, 그들 역시 바뀌지 않았다.
> 이제 임종의 자리에 누워서야, 나 자신만이라도 먼저 바뀌었다면 그럼 그것을 모범으로 우리 가족을 바꿀 수 있었으리라고 문득 깨닫는다.
> 그들의 영감과 격려를 바탕으로, 나는 우리나라를 더 좋게 만들 수도 있었을 것이다. 누가 알겠는가? 내가 어쩌면 세계도 변화시켰을지.

중국 철학의 언어 환경을 잘 알고 있는 독자라면 이 영어 묘비문을 읽은 후 '남을 바로잡기 위해서는 자신을 먼저 바로잡아야 한다(正人先正己)'는 중국 철학의 아주 오래된 명제를 쉽게 떠올릴 것이다. 어쩌면 육구연이 말한 사해(四海) 사람은 모두 '마음도 같고 이치도 같은(心同理同)' 듯하다. 서구 전통에서는 이런 사상이 체계화되지 않았고 또 그것을 정치철학의 가장 중요한 기반으로 삼지도 않았다. 그러나 중국의 유가 정치사상 전통에서 이 이념은 줄곧 매우 핵심적인 지위를 차지해왔다. 『시경(詩經)』 제1편 「관저(關雎)」에는 다음과 같은 시구가 있다. "꾸룩꾸룩 물 수리는 황하 모래톱에 있네. 아리따운 아가씨는 군자의 좋은 짝일세(關關雎鳩, 在河之洲. 窈窕淑女, 君子好逑)." 이 구절은 중국에서 어린이들도 모두 암송할 수 있다. 현대 학자들은 이 작품을 고대 청춘 남녀의 애정시로 인식한다. 그러나 지난날 유학자들의 해석은 그렇게 간단하지 않았다. 유학자들의 인식에 따르면, 이 시는 주(周) 문왕(文王, 기원전 1152~기원전 1056)이 부부간의 윤리를 바로잡은 내용이라고 한다. 즉 유가의 이상적인 성군 주 문왕이 자신의 행동으로 부부 관계를 어떻게 올바르게 다루는지 밝혔고, 그것을 다시 시인이 시로 읊어서 그 일정한 의미를 표현했다는 것이다. 부부간 윤리를 먼저 바로잡아야 가족 구성원 사이 각종 관계 및 자손의 번영 등의 문제를 언급할 수 있다. 『시경』 '15국풍(國風)'[1]의 가장 앞에 배치된 두 부분 즉 「주남(周南)」과 「소남(召南)」에 선록된 시들은 모두 이러한 논리에 맞춰서 편집되었다고 한다. 왜일까? 옛 유학자들은 주 문왕이 나라 다스리는 일을 먼저 가정에서 시작했고, 가정을 가지런하게 다스리는 일은 먼저 부부의 윤리를 바로잡는 데서 시작했기 때문이라고 인식했다. 먼저 부부 관계를 조화롭게 유지해야 가정 안의 각종 문제를 순조롭게 처리할 수 있고, 또 자신의 가정을 순조롭게 다스리고 잘 정리한 이후에야 스스로 본보기 역할을 할 수 있다는 것이다. 그럼 주위 사람들이 그를 따라 배우며 모방하게 되므로 모든 가정이 질서 정연하게 다스려지고 이에 자연스럽게 국가 안정이라는 목적도 달성할 수 있다고 한다.

현대인들은 아마도 이러한 논리가 지나치게 유토피아적이고 단순하다

---

1   『시경』 중에서 15국의 민요를 모아놓은 부분. 주남, 소남, 패풍(邶風), 용풍(鄘風), 위풍(衛風), 왕풍(王風), 정풍(鄭風), 제풍(齊風), 위풍(魏風), 당풍(唐風), 진풍(秦風), 진풍(陳風), 회풍(檜風), 조풍(曹風), 빈풍(豳風)이 그것이다.

고 비판할 것이다. 주 문왕이 부부간 윤리를 바로잡음으로써 국가 안정의 목적을 달성했는지 여부는 커다란 의문이 아닐 수 없지만, 이와 같은 비판은 옛사람을 너무 가혹하게 질책하는 일이라 할 수 있다. 우선 유형화에는 반드시 단순화의 경향이 동반되게 마련이다. 현대인들은 수리 공식을 만들 때도 유형의 구분과 거기에 상응하는 데이터를 반드시 단순화해서 처리한다. 옛사람들이 이상적인 정치 모델을 탐색할 때도 당연히 이와 유사한 수단을 채택하여 불확정적이거나 추상적인 요소를 제거하고 더욱 분명하고 직접적으로 이념을 표현했다. 다음으로 상고시대에는 인구가 희박하여 큰 부족이라 해도 인구가 밀집된 현대 중국의 향(鄕)이나 진(鎭)에도 미치지 못했다. 이런 한정된 사람들 속에서는 몸소 교화를 행하여 도덕과 윤리 규범을 추진하고, 또 이를 통해 정치 안정이란 목적을 달성하는 일이 결코 불가능한 일이 아니었다. 이것은 매우 분명한 고금의 차이다. 따라서 우리는 현대인의 입장에서 일괄적으로 옛사람을 비판할 수는 없다.

물론 자신을 바로잡는다고 해서 반드시 다른 사람을 바로잡을 수 있는 것도 아니다. 현대사회도 이와 같을 뿐 아니라 옛사람들도 기실 사정이 그처럼 단순하지 않다는 사실을 분명히 알았다. 그렇더라도 자신을 바로잡아야 한다는 정당성은 전혀 약화되지 않는다. 말하자면 다른 사람을 바로잡는 목적에 도달할 수 있느냐 여부에 상관없이 자신을 바로잡는 건 인간의 삶에 필수적인 일이다. 더욱 많은 엘리트 계층을 확보하기 위해서는 자신이 사회에 대해서 관리 책임을 지든(전통적 관념) 복무 의무를 지든(현대적 관념) 반드시 자신의 행위에 정당성을 확보해야 한다. 그렇지 않으면 대중에 대한 설득력이 부족하게 되어 관리나 복무의 기대 효과를 달성하기가 어려워진다. 이것이 바로 '자신을 바로잡는 일'이 시공간의 한계를 초월하여 가치를 발휘할 수 있는 점이다.

역대로 많은 학자들이 중국 전통 사상의 하나인 이 관념에 끊임없이 주석을 달았다. 그러다가 송나라 유학자들이 그것을 집대성하여 '수신, 제가, 치국, 평천하'의 순서로 전개되는 정치철학으로 완성했다. 이 정치철학은 유가의 전통 경전인 『예기』「대학」편을 이론 근거로 삼고 그중에서 '격물치지(格物致知)와 성의정심(誠意正心)'을 입문 경로로 삼아 합리적 사회질서 건설을 위한 일련의 건의사항으로 작동해왔다. 옛날과 지금은 시대가 다르다. 우리는 고인의 발자취를 곧이곧대로 따르며 옛날에 존재했던 이념을 찾아 그것을 지금 사회의 문제를 해결하는 방법으로 삼을 수는 없다. 현대 문명이란 환경에서는 이처럼 오래된 사상에 어떻게 새로운 주석을 달아 전 인류의 공동 발전에 다소라도 공헌할 수 있느냐가 아주 큰 문제라 할 수 있다. 맹자(孟子, 기원전 372?~기원전 289?)가 공자를 가장 간단하게 평가한 말은 "성지시자야(聖之時者也: 성인 중에서 시대 변화에 통달한 분)"란 다섯 글자다. 이 구절의 핵심 글자는 바로 '시(時)'이고, 『맹자(孟子)』「만장 하(萬章下)」에 나온다. 맹자는 해당 단락에서 백이(伯夷), 이윤(伊尹), 유하혜(柳下惠), 공자 이 네 사람을 평가했다. 이들은 당시 사람들에게 성인으로 인정받고 있었다. 맹자는 공자의 최대 특징이 형세의 변화를 잘 이해한 데 있다고 인식했다. 따라서 공자는 상이한 현실 상황에 근거하여 상이한 행동 전략을 마련했다. 바로 이와 같기 때문에 맹자는 공자를 모든 성인의 '집대성자'라고 평가했다. 확실히 공자의 시대는 주공(周公)의 시대와 달랐고, 주희의 시대는 공자의 시대와 달랐다. 시대마다 새로운 사상을 집대성한 사람은 모두 "시대에 따라 빼고 보탤 것을 잘 알아(因時損益)" 옛 사상에 새로운 생명을 불어넣었다. 산업혁명, 과학기술혁명 및 그에 수반하는 사회구조의 변화와 상업 모델의 전환 그리고 거대한 사회변혁으로 인해 현대사회를 살아가는 사람과 옛사람 간에는 엄청난 갭이 생겨나고 있다. 그러나 현대사회가 여전히 인간을 근본으로 삼고 있고 또 인간이 여전히 사회의 가장 핵심적인 요소란 사실을 인정한다면 우리는 또 옛사람들의 사상 속에도 우리가 거울로 삼을 만한 정밀한 내용이 있다는 사실을 인정하지 않을 수 없다. 이러한 옛 사상에 현대적 주석을 다는 것은 이 책이 감당할 수 있는 일도 아니고 또 필자의 능력을 넘어서는 일이기도 하다. 하지만 어떻게 기존의 전통을 계승하고 장차 미래를 창조할 것인지 또 이 두 과제 사이의 관계를 어떻게 파악할 것인지에 대해서는 여기에서 몇 가지 원칙적인 관점 정도는 제시할 수 있을 듯하다. 무엇이 계승인가? 계승은 단순한 복고가 아니므로, 시대 변화에 적응하여 새로운 피를 주입할 필요가 있다. 무엇이 창조인가? 창조가 제 마음대로 지껄여대는 거짓말은 아니므로 현실적인 근거가 있어야 한다. 따라서 민족적이면서도 세계적인 변증법적 관계를 구현해야 한다.

우리는 옛것을 헤아려 새것을 창조하는 담화 능력을 갖기 전에 옛사람의 지혜를 체계적으로 정리해야 한다. 이것이 지금 우리에게 필요한 기본 임무다. 이제 옛사람들이 구체적인 현실 상황에서 어떻게 자신을 바로잡은 후 또 다른 사람을 바로잡았는지 그 실례를 통해 우리의 논의를 시작하고자 한다.

『자치통감』 저자 사마광 | 『**고궁도상선췌**(故宮圖像選萃)』(국립고궁박물원國立故宮博物院 간, 타이베이, 1971).

소아격옹도(小兒擊壅圖) 우표 | 사마광이 어렸을 적에 친구가 항아리에 빠졌다. 같이 놀던 다른 아이들은 당황
해 어쩔 줄 몰랐는데 사마광은 침착하게 돌로 항아리를 깨뜨려 친구를 구해낸다. 어릴 적 사마광의 기지와 용
기를 보여주는 이 '어린아이가 항아리를 깨뜨리다' 이야기는 이후 중국 민화로도 자주 그려졌으며 현대에는
어린이 책에도 많이 등장하고 있다. 조선 초 학자 권근(權近 1352~1409)도 이를 소재로 "어찌할 사이 없이 급
한 때에 사람을 건졌으니 [사마광의] 생각이 이미 깊었네(倉卒全人慮已深)"라는 한시를 짓기도 했다.

중국 북송 제6대 황제(1048~1085, 재위 1067~1085) 신종 | 성은 조(趙), 이름은 욱(頊)이다. 신종은 『자치통감』 서문에서 이렇게 말했다. "지난 일을 거울로 삼아 치도에 도움을 받을 수 있을 것이다(鑒於往事, 有資於治道)." 이 것이 바로 '자치통감(資治通鑒)'이란 제목의 유래다. 치국의 경험 제공을 목적으로 삼아 정치가의 안목으로 역 사를 새롭게 선택하고 새롭게 해석하는 것, 이것이 바로 기왕의 모든 사학 저작과 구별되는 『자치통감』의 가 장 큰 특징이다.

2. 본보기와 체감

북위(北魏) 동청하군(東淸河郡)에 산적 떼가 일어나자 조정에서 제주장사(齊州長史)[1] 방경백(房景伯, ?~?)에게 조서를 내려 청하태수(淸河太守)[2]로 삼았다. 군민 유간호(劉簡虎)는 일찍이 방경백에게 무례한 짓을 한 적이 있어서 전 가족을 이끌고 도망을 갔다. 경백은 그를 끝까지 찾아 체포해 가뒀다. 그리고 그의 아들을 서조연(西曹掾)[3]으로 삼고 산적을 효유하게 했다. 산적들은 경백이 옛 원한에 마음 쓰지 않는 것을 보고 모두 군사를 이끌고 나와 항복했다. 경백의 모친 최씨는 경전에 통달한 데다 식견이 밝았다. 그때 패구(貝丘)의 어떤 부인이 자기 아들의 불효를 나열하며 호소했다. 경백은 그 일을 자기 모친에게 이야기했다. 모친이 말했다. "내가 듣건대 이름을 듣는 것은 얼굴을 보는 것보다 못하다고 한다. 산촌 백성은 아직 예의를 모르니 어찌 심하게 책망할 수 있겠느냐?" 이에 불효자의 모친을 불러 함께 상을 마주하고 식사를 하면서 그 불효자는 마루 아래에 시립하게 하고 경백이 모친의 식사 시중 드는 것을 지켜보게 했다. 열흘도 되지 않아서 그 불효자는 잘못을 뉘우치며 돌아가겠다고 했다. 최씨가 말했다. "이번에 얼굴에는 부끄러운 빛이 있으나 그 마음은 아직 뉘우치지 않았으니 그대로 잡아둬야겠다." 무릇 20여 일이 지나자 그 불효자는 머리를 땅에 찧으며 피를 흘렸고 그 모친도 울면서 돌아가기를 청했다. 그런

---

1   장사는 제후국이나 지방 장관의 비서다.

2   태수는 군(郡)의 장관이다.

3   본래 한나라 때 승상(丞相)과 태위(太尉) 아래에 소속된 각 부서 장의 하나였다. 위(魏)나라 때는 승상, 대장군(大將軍), 사도(司徒), 사공(司空), 태수 등의 관직 아래에 서조연을 두어 각종 문서 업무를 담당하게 했다.

후 [최씨는] 그들의 말을 들어주었다. 그 불효자는 마침내 효행으로 명성을 날렸다.

『자치통감』권151

───────────◆───────────

북위 시대의 동청하군은 지금의 산둥 성(山東省) 경내에 있었고 당시 제주(지금의 산둥 성 지난濟南 일대)에 속해 있었다. 방경백은 청하군 현지 사람으로 조상과 친척 중에는 남조(南朝)와 북조(北朝) 모두에 벼슬한 명관이 많았다. 방경백은 성장 환경이 비교적 어려웠다. 부친이 일찍 세상을 떠나 집안이 청빈했다. 방경백은 다른 사람을 위해 문서를 베껴주고 박한 보수를 받아 노모를 봉양했다. 그러나 그는 벼슬아치 집안 출신이었으므로 경제적인 어려움에도 불구하고 책을 많이 읽어서 예절에 통달했다. 특히 그는 효성으로 원근에 명성이 자자했다. 나중에 그는 자신의 노력과 가문의 사회적 관계에 의지하여 제주장사가 되었다. 이는 제주 지역의 최고 장관인 제주자사(刺史)를 돕는 가장 중요한 보좌관의 한 사람이다.

당시 산둥 일부 지역은 남북 전쟁의 요충지였기 때문에 민중들도 비교적 성격이 사나워서 산림에 모여 산적이 되는 일이 수시로 발생했다. 방경백이 제주장사를 맡고 있는 기간에도 산적들이 아주 심하게 날뛰었다. 조정에서는 방경백을 고향으로 돌려보내 청하군 태수직을 맡기고 산적 소탕과 지역 안정을 책임지게 했다. 방경백이 고향으로 부임한다는 소식이 청하군에 전해지자 그곳 주민 유간호라는 자가 대경실색했다. 유간호는 아마도 그다지 교양이 있는 사람은 아닌 듯하다. 일찍이 방경백이 고향에 거주할 때 유간호가 그에게 무례한 짓을 한 적이 있다. 그런데 이제 방경백이 출세하여 고향의 최고 장관으로 부임하게 된 것이다. 유간호는 자신의 무례한 행위가 좀 심했음을 깨닫고 후회를 했다. 그리고 방경백이 이번 기회에 자신에게 복수를 할까 겁이 나서 온 가족을 데리고 도주했다.

　방경백은 부임 후 이 소식을 듣고 사람을 보내 유간호 일가를 잡아들이게 했다. 유간호 일가는 더욱 겁이 나서 도망쳐 숨기에 급급했다. 그러나 결국 유간호 일가는 방경백이 보낸 사람에게 잡혀와 그의 처분을 기다리게 되었다. 주민들은 모두 새로 부임한 태수가 원한을 갚을 것이라고 생각했다. 그런데 방경백의 행동은 사람들의 예상을 벗어났다. 그는 복수를 하지도 않았을 뿐 아니라 오히려 유간호의 아들에게 벼슬까지 줬다. 그런 후 유간호의 아들을 시켜 산적들을 잘 타일러 항복하게 했다. 패거리를 지어 횡행하던 산적들은 이 소식을 듣고 방경백이란 사람에게 흥미가 생겼다. 오늘날의 도적은 바로 지난날의 백성이다. 편안하게 밥을 먹을 수 있으면 종신토록 얼굴도 못 드는 도적질에 종사할 사람이 몇 명이나 되겠는가? 문제는 일단 도적의 길로 들어서면 다시 마음을 바꾸기가 어렵다는 점이다. 이 때문에 수많은 백성이 계속 도적질을 하다가 파멸하고 만다. 그런데 새로 부임한 태수는 흥미롭게도 원수를 잡아들인 후 복수는커녕 그 아들에게 벼슬까지 줬다. 이번 태수는 이처럼 옛 원한을 염두에 두지 않고 덕을 베푸는 사람이므로, 잠시 범죄의 길로 빠져든 사람에게 새로운 길을 열어주지 않을까? 분명히 일부 산적들은 이런 생각에 마음이 움직였고 그 후 그들은 한 무리씩 소굴을 빠져나와 방경백에게 투항했다. 마침내 방경백은 덕화(德化)의 방식으로 청하군의 산적 문제를 해결했다. 강력한 포위 공격으로 관민 간의 모순을 격화시키지 않고 이 문제를 평화롭게 해결했다.

　옛사람들은 늘 "덕을 닦으면 먼 곳 사람도 감복해서 온다(修德以來遠人)"라고 말했다. '먼 곳 사람'은 문화가 낙후된 지역의 부족을 가리킨다. 방경백이 군을 다스린 방식은 이와 같은 전통 방식과 유사하다. 다만 '먼

곳 사람'이 생계 문제로 산적이 된 백성으로 바뀌었을 뿐이다. 방경백의 도량과 다스림 방식은 감탄할 만하다. 그러나 이것은 '자신을 바로잡은 후 다른 사람을 바로잡는다'는 방법과는 약간 차이가 있다. 기실 역사책에 기록된 방경백 이야기 중에서 '자신을 바로잡은 후 다른 사람을 바로잡는' 대목은 방경백의 모친과 연관되어 나타난다. 방경백의 사적(事迹)은 『자치통감』에 단 한 차례만 나오기 때문에 사마광은 방경백이 동청하군을 다스린 사적을 서술한 후 바로 이어서 방경백의 모친이 어떻게 '자신을 바로잡은 후 다른 사람을 바로잡았는지' 이야기하고 있다.

방경백의 어머니 최씨는 독서량도 많고 예절에 통달한 현모양처였다. 방경백이 어릴 때 부친을 여의고 이처럼 뛰어난 인물이 된 것도 모친의 교육과 관련이 크다. 소개한 바와 같이 방경백은 청소년 시절부터 효자로 명성이 높았다. 그가 동청하군을 다스리는 기간에 그곳 속현인 패구현(지금의 산둥 성 라이우來蕪 일대)의 어떤 노파가 자신의 아들이 불효막심하다고 고소했다. 방경백은 고소장을 접한 후 이 일을 모친에게 이야기했다. 그의 모친은 시골 사람은 예의를 모르므로 가혹하게 질책해서는 안 된다고 했다. 그리고 그들 모자를 집으로 데려와서 우리 생활을 좀 체험하게 해주자고 했다. 방경백은 모친의 명에 따라 정말 그들 모자를 집으로 데려왔다. 식사 때마다 방씨댁 마나님은 패구에서 온 노파와 함께 식사를 하고 아들 방경백에게 식사 시중을 들게 했다. 패구현에서 온 불효자는 그 곁에 서서 이 광경을 구경했다. 그렇게 10여 일이 가까워오는 동안 패구 불효자는 날마다 태수 나으리께서 어떻게 모친의 식사를 시중드는지 관찰하게 되었다. 나중에 이 남자는 노마나님과 방경백에게 자신의 잘못을 뉘우치고 모친과 함께 집으로 돌아가 모친을 잘 모시겠다고 했다. 노마나님은 선뜻 보내려 하지 않고 방경백에게 말했다. "이 젊은이가 지금 입으로는 뉘우친다고 하지만 마음속에는 아직 진정한 효심이 없다. 모친을 데리고 집으로 가려는 건 이곳 생활에 싫증이 난 때문인 것 같다." 노마나님은 계속해서 그들을 집 안에 잡아놓고 자신들 모자의 언행을 하나하나 지켜보게 했다. 그렇게 또 10여 일이 흘렀다. 앞뒤를 합하면 패구에서 온 모자는 방씨 집에서 20여 일을 머물게 되었다. 마침내 어느 날 그 불효자는 노마나님과 방경백에게 머리를 조아리며 간청했다. 자신은 지금 진정으로 잘못을 반성하고 있고 또 어떻게 하면 모친에게 효도할 수 있는지 알았다고 했다. 노마나님은 그 불효자가 확실히 후회하고 있고 또 머리를 땅에 찧어 피를 흘리는 것을 보고 그들 모자를 집으로 돌려보냈다. 신기한 것은 그 불효자가 집으로 돌아가 정말 방경백의 언행을 본보기 삼아 자신의 모친을 모셨고 점차 효행으로 이름을 날렸다는 점이다.

그 패구 남자의 효행이 단순한 모방인지 진정한 실천인지를 막론하고 방경백은 자신의 행위를 통해 당시의 윤리 규범을 성공적으로 전달했다. 백성의 부모로서 한 고을 수령이 20여 일 동안 자신의 모친에게 어떻게 효도하는지 직접 보여주고, 또 자신의 행동을 통해 이렇게 하는 의미가 어디에 있는지 몸소 시범을 보인 것은 하찮은 백성의 입장에서는 정말 감동적이고 호소력 있는 일이었다. 그러나 이 같은 호소력이 효과를 발휘하려면 먼저 관찰자에게 시범자의 행위가 조작이 아닌 진실임을 체감하게 해야 한다. 물론 이야기 속 방경백의 효행은 진심에서 우러난 것이다. 수십 년 간의 실천이 쌓여서 이루어진 진실한 행위다. 이런 진실한 행위와 임시로 꾸며낸 거짓 언행은 누가 보더라도 한눈에 구별이 가능하다. 이 점에서 우리는 방경백의 모친이 왜 그처럼 강한 자신감으로 자신의 아들에게 효행 시범을 보이라고 했는지 짐작할 만하다. 그녀는 패구현 모자에 대해서는 잘 알지 못했지만 자신의 아들에 대해서는 너무나 잘 알고 있었다. 그녀는 자기 아들의 효행이 호소력을 발휘할 수 있으리라 굳게 믿고 있었다.

다음으로 우리가 토론해야 할 내용은 노마나님이 선택한 교육 방식이다. 이 점이 바로 이 장의 주제다. 패구현의 노파가 자신의 아들을 고소한 후 방경백은 불효의 죄명으로 그 아들을 처벌할 수 있었다. 고을 수령의 입장에서는 그것이 가장 간단하고도 합리적인 처리 방법이다. 그러나 노마나님이 그를 제지하며 그리하지 말라고 했다. 처벌은 그 불효자를 잠시 굴복시킬 수는 있지만 장기적인 면에서는 오히려 그들 모자간의 대결을 악화시킬 수 있다. 처벌은 본래 목적이 아니다. 사람을 개과천선으로 이끌지 못하는 처벌은 아무 의미가 없다. 이것은 모든 사람이 잘 알고 있는 이치다. 문제는 무엇으로 처벌을 대신할 수 있느냐 하는 점이다. 여기에 바로 중국 옛사람들이 왜 시종일관 예(禮)를 법(法)보다 우선시했는지 그 이유가 담겨 있다. 예는 법보다 훨씬 중요한 사회 관리 시스템이다. 예로써 사람의 행위를 규범화하고 인도하는 것이 효과적인 사회 관리를 위한 가장 우선적인 방법이다. 예를 추진하는 것이 바로 교화를 시행하는 과정이다. 그럼 어떻게 교화해야 하는가? 먼저 자신에게서 시작해야 한다. 이것이 바로 방경백의 모친이 경백으로 하여금 몸소 효도의 시범을 보여 패구현 모자 문제를 해결하게 한 연유다. 사실이 증명한 바와 같이 그녀의 방법은 진정으로 효과를 발휘했다.

이 이야기를 듣고 나서 어떤 이는 '천하는 넓고 사람은 많으므로 모든 일을 이렇게 처리할 수 없다'고 이야기할지도 모른다. 방경백의 행위를 널리 시행하기에는 불편할 수도 있지만 기실 이 이야기는 '자신을 바로잡은 후 다른 사람을 바로잡는다'는 원칙의 효능을 잘 설명해준다.

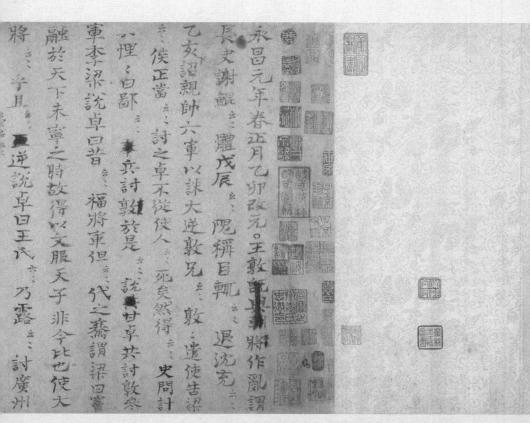

『자치통감』잔권(殘卷) | 『자치통감』은 중국 북송의 사마광이 1065~1084년에 편찬한 편년체(編年體) 역사서다. 주(周)나라 위열왕(威烈王)으로부터 후주(後周) 세종(世宗)에 이르기까지의 113왕 1362년간 역대 군신의 사적(史跡)을 엮었다. 전 294권.

"오로지 국가의 흥망성쇠에 관한 일과 백성의 생사고락에 관계된 일, 그리고 법도로 삼을 만한 선한 일과 경계로 삼을 만한 악한 일을 취했습니다." 『자치통감』은 '다스리는(治) 도리에 자료(資)가 되고 역사(역대 왕조)를 통하여(通) 거울(鑑)이 된다'는 의미다.

『자치통감』 잔권 | "어떤 글에서는 마오 주석이 이 책을 모두 17번이나 읽었다고 지적했다. 기실 나는 또 다른 관점을 갖고 있다. 즉 나는 마오 주석이 이 책을 모두 17.5번 읽었다고 본다. 많은 자료에서 밝혀진 바대로 마오 주석은 생명의 마지막 순간에도 여전히 역사책 특히 『자치통감』 읽기를 그치지 않았다. 이 같은 상황에 근거해서 나는 그가 『자치통감』을 17.5번 읽었다고 보는 것이 더 사실에 접근한 견해라고 생각한다. 마지막 한 번은 아마도 끝까지 읽지 못한 듯하다."

2013년 6월 28일 시진핑 중국 총서기는 「전국 조직공작회의에서의 강화」 등 몇몇 문장에서 "정치의 요체는 사람을 잘 쓰는 것보다 앞서는 것이 없다(爲政之要, 莫先於用人)"라는 고어를 인용한 적이 있다. 국가 간부들이 가져야 할 소양의 중요성을 지적한 말이다. 이 말의 원전이 바로 『자치통감』 제73권이다. 여기에는 삼국시대 위나라에서 벌어진, 어떻게 인재를 선발하고 관리를 임용할 것인가에 관한 토론이 기록되어 있다. 사마광은 이 토론을 평가하면서 "다스림의 요체는 사람을 잘 쓰는 것보다 앞서는 것이 없다(爲治之要, 莫先於用人)"라고 했다.

3. 여지를 남겨두는 것

당시에 흉년이 들어 백성의 생활이 궁핍했다. 어느 날 도적이 밤에 진식(陳寔, 104~187)의 집에 들어와 대들보 위에 숨어 있었다. 진식이 몰래 그것을 보고 자리에서 일어나 스스로 집 안을 정리하면서 자손들을 불러 정색을 하고 훈계했다. "대저 사람은 스스로 힘써야 한다. 악한 사람도 본래는 악하지 않았고 습관이 쌓여 성격이 되면서 마침내 지금의 나쁜 지경에 이르게 된 것이다. 저 대들보 위의 군자(梁上君子)가 바로 그런 자다." 도적은 깜짝 놀라 스스로 바닥으로 뛰어내려 머리를 조아리고 죄를 인정했다. 진식은 천천히 그를 타일렀다. "자네의 모습을 보니 악인은 아닌 듯하다. 자신을 깊이 반성하고 선인(善人)으로 돌아가야 할 것이다. 그러나 이 일은 빈곤 때문에 생긴 것이다." 그리고 비단 두 필을 주게 했다. 이때부터 그 현(縣)에서는 다시는 도적질이 발생하지 않았다.

『후한서』「진식전(陳寔傳)」

진식은 동한(東漢)[1] 후기의 유명한 사림(士林) 영수로서 절의(節義)로 이름이 높았다. 환관 정치에 반대하는 투쟁에 참여했다가 '당고지화(黨錮之禍)'[2] 때 심한 타격을 받았다. 『자치통감』에서는 진식의 사적을 채록할 때

---

1 중국 한나라는 중간에 왕망(王莽)이 정권을 찬탈하여 잠시 신(新)나라를 세운 일을 경계로 그 앞을 전한(前漢) 또는 서한(西漢), 그 뒤를 후한(後漢) 또는 동한이라고 한다. 전한은 도성이 서쪽 장안(長安)에 있어서 서한이라 하고, 후한은 도성이 동쪽 낙양(洛陽)에 있어서 동한이라고 한다.

그의 관직 생활 및 명사와의 교류 과정에서 발생한 평판을 드러내는 데 중점을 뒀다. 아마도 편폭의 한계 때문이겠지만 자신을 바로잡은 후 다른 사람을 바로잡은 진식의 에피소드는 생략했다. 범엽(范曄, 398~445)의 『후한서』에서 이와 관련된 이야기를 채록하여 보충하고자 한다.

오늘날까지도 사람들은 통상 좀도둑을 '양상군자(梁上君子)'라고 칭한다. 이 전고가 바로 『후한서』「진식전」에서 나왔다. 동한 후기는 정치가 암흑에 빠져 있었고 사회도 상당히 혼란했다. 게다가 홍수와 가뭄 등의 천재지변까지 겹쳐서 백성의 생활은 고난의 연속이었다. 이런 가운데 백성의 성격도 저열하고 사납게 바뀌어 도적질로 빠져드는 자가 상당히 많았다. 한번은 좀도둑 하나가 밤에 진식의 거실(居室)로 몰래 숨어들었다. 이 좀도둑은 사람들에게 발각당하지 않으려고 잠시 대들보 위에서 쉬며 집 안의 돌아가는 상황을 보고 다시 손을 쓸 생각이었다. 그러나 그는 『수호전(水滸傳)』에 나오는 고상조(鼓上蚤) 시천(時遷)[3]처럼 소리도 그림자도 없이 남의 재물을 훔칠 능력을 지니지는 못했다. 이 때문에 그 좀도둑은 진식의 집으로 들어와 대들보에 올라갈 때 이미 진식에게 발각되고 말았다. 진식은 몸을 일으켜 짐짓 좀도둑을 못 본 체하며 자손들을 자신의 방으로 불러 훈계하기 시작했다. "사람이라면 공부를 하여 더 나은 사람이 되어야 한다. 품행이 단정치 못한 사람들도 본성이 악한 게 아니라 나쁜 습관에 물들어서 고치려 하지 않았기 때문에 점점 악이 쌓여 되돌리기 어렵게 되었고 그것이 나쁜 성격으로 굳어진 것이다. 지금 우

---

2 동한 환제(桓帝)와 영제(靈帝) 때 발생한 당쟁. 당시 사대부와 귀족들이 환관들의 전횡에 불만을 품고 당쟁을 일으켰다. 환관들은 그들에게 '사사로운 파당(黨人)'을 만들었다는 죄명을 씌워 종신토록 금고(禁錮)에 처해야 한다고 주장했다. 이 때문에 '당고지화'라 부른다. 이들 환관들은 나중에 호족들의 반격으로 대부분 주살당했다.

3 중국 전통소설 『수호전』에 나오는 108호걸의 하나. 본래 지붕 위를 날아다니고 벽을 타며 도둑질을 했다. 그래서 북 위의 벼룩 즉 뛰어다니는 벼룩이란 의미의 고상조란 별명을 얻었다. 양산박에 들어간 후 비밀 정보를 전달하는 임무를 맡았다.

리 집 대들보 위에 웅크리고 있는 저 친구처럼 말이다."

대들보 위의 좀도둑은 그 말을 듣고 깜짝 놀랐다. 그제야 그는 자신이 이미 발각된 사실을 알고 대들보에서 뛰어내려와 진식에게 머리를 조아리며 용서를 빌었다. 뜻밖에도 진식은 그를 전혀 질책하지 않고 조용히 타일렀다. 그리고 더욱더 예상하지 못한 일은 진식이 그에게 비단 두 필을 하사한 점이다. 비단 두 필이 그리 큰 품목은 아니지만 진식의 입장에서는 아주 후한 선물을 내려준 것이다. 왜냐하면 진식은 줄곧 아주 청렴하게 살았기 때문이다. 그는 오랫동안 벼슬살이를 했지만 집안 형편이 전혀 넉넉하지 않았다. 사실이 증명하고 있는 바와 같이 진식의 비단 두 필은 헛되이 내버린 게 아니었다. 이 사건이 두루 알려지자 놀랍게도 진식이 거주하는 그 고을에서는 모든 도적질이 깨끗이 사라졌다.

진식이 도적을 교화한 이야기에는 두 관점이 존재한다. 먼저 진식이 범죄자인 좀도둑을 본성이 악한 사람으로 정의하지 않았다는 점이다. 이는 기실 좀도둑에게 개과천선하여 새 삶을 살 수 있도록 새 출구를 열어준 것이다. 교육은 사람으로 하여금 남의 좋은 점을 배우게 하고 좋은 사람은 더욱 좋게 변화시키는 것이다. 처벌은 범죄자로 하여금 나쁜 행위와 습관을 버리게 하여 범죄자를 점점 좋은 사람으로 바꾸기 위한 조치다. 따라서 처벌의 목적은 교육과 마찬가지로 사람을 좋은 쪽으로 변화시키려 함이지 범죄자를 더욱 악하게 바꾸려는 게 아니다. 따라서 범죄자에게 개과천선의 여지를 남겨주는 일이 매우 중요하다. 어떤 교화 형식이든 우리가 가장 피해야 할 일은 사람이 선한 길로 나아갈 여지를 끊는 것이다. 진식은 심지어 대들보 위에 쭈그리고 있던 좀도둑을 '군자'로 불렀다. 물론 진정한 군자는 대들보 위에 쭈그리고 있지 않는다. 이 점은 바로 청소년 교육 과정에서 행하는 칭찬과 격려가 그들로 하여금 자아반성을 촉진하는 것과 유사하다.

다음으로 또 자신을 바로잡는 일과 다른 사람을 바로잡는 일의 관계에 대해 이야기하고자 한다. 진식은 양상군자를 발견한 후 즉각 그를 질책하지 않았다. 자손들을 자신의 방으로 부른 것도 그들을 동원해 도적을 잡기 위한 목적이 아니었다. 오히려 그들에게 사람이 행할 도리를 가르치면서 자신의 말을 양상군자도 듣게 했다. 이는 '다른 사람을 바로잡기 위해서는 먼저 자신을 바로잡아야 한다'는 방법의 변형이다. 다른 점은 여기에서 '자신'은 진식 본인이 아니라 진식에게 가장 가까운 가족 즉바로 그의 자손들이다. 그러나 그 본질은 마찬가지다. 다른 사람의 범죄를 목도하고 나서 그 사람을 직접 질책하는 것이 아니라 자신의 가족을바로잡고 교육하면서 정확한 인생관을 피력하고 있다. 이 또한 가까운곳에서 먼 곳으로 그리고 자신에게서 다른 사람으로 미루어나가는 교화방식이다.

진식은 이 두 점에 의지한 이외에도 비단 두 필을 흔쾌히 선물하는 방식도 썼다. 이를 통해 진식은 양상군자를 성공적으로 감화시키고 그 고을에 평화를 가져왔다.

『삼재도회(三才圖會)』에 수록된 사마천상(像, 위쪽)과『사기』「하본기(夏本紀)」(명 만력 26년 1598, 북감간본北監刊本, 아래쪽) | 『사기』는 역사가 사마천이 쓴 문학성이 강한 역사서다.『사기』와『자치통감』의 차이를 구별해야 한다면,『사기』는 문학가가 쓴 역사이고『자치통감』은 정치가가 쓴 역사라고 할 수 있다.『자치통감』이 완성된 이후 이 책을 모방하고 이어 쓴 저작은 많았지만 그 중 어느 하나도『자치통감』처럼 성공을 거두지 못했다. 그 원인은, 바로 그들 작가들이 사마광처럼 풍부한 정치 경험 및 예민한 정치적 관찰력을 가지지 못했기 때문이다.『삼재도회』는 1607년에 중국 명나라 왕기(王圻, 1529~1612)가 편찬한, 삽화가 들어 있는 백과사전이다. 북감간본은 북경의 국자감(國子監)에서 간행된 책을 말한다.

홀로 있을 때

君子愼獨

1. 암실 속의 자율

━━━━━━ ✿ ━━━━━━

『시경』에 이르기를 "잠긴 것이 비록 숨어 있지만, 또한 엄청나게 밝게 드러
나네"라고 했다. 이 때문에 군자는 안으로 살펴보아 병폐가 없어 마음이
지향하는 바에도 부끄러움이 없다. 군자의 언행 중에서 다른 사람이 미칠
수 없는 점은 오직 다른 사람이 보지 않는 곳에서 혼자 지키는 언행이다.
『시경』에 이르기를 "그대가 방 안에 있는 모습을 살펴보니, 방 모퉁이에도
부끄럽지 않네"라고 했다. 이 때문에 군자는 움직이지 않아도 공경을 다하
고, 말하지 않고도 믿음을 다한다.   『예기』「중용(中庸)」

양진(楊震, ?~124)은 어려서 부친을 여의고 가난하게 살았지만 학문을 좋
아했다. 구양씨(歐陽氏)[1]가 전수한 『상서(尙書)』에 밝았고 만사에 통달했으
며 수많은 서적을 두루 읽었다. 유학자들은 그를 일러 '관서공자(關西孔子)

양백기(楊伯起: 백기는 양진의 자字)'라고 했다. 그는 20여 년 학문을 가르치면서도 주(州)와 군(郡)의 초빙에 응하지 않았다. 사람들이 그에게 나이가 만년에 이르렀다고 했지만 양진의 뜻은 더욱더 돈독해질 뿐이었다. 등즐(鄧騭, ?~121)이 소문을 듣고 그를 초빙했을 때는 양진의 나이가 벌써 50여 세였다. [양진은] 연이어 형주자사, 동래태수 직에 임명되었다. [양진이] 부임지 군으로 가는데 길이 창읍을 지나게 되었다. 옛날에 양진이 천거한 형주의 생원 왕밀(王密)이 창읍령(令)으로 있었다. 그가 밤에 황금 10근(斤)을 품고 와서 양진에게 주었다. 양진이 말했다. "옛 친구인 나는 자네를 잘 아는데, 자네는 옛 친구인 나를 모르는구면. 이게 무슨 짓인가?" 왕밀이 말했다. "밤이라 아는 사람이 없네." 양진이 말했다. "하늘이 알고, 땅이 알고, 내가 알고, 자네가 아는데 어찌 아는 사람이 없다고 하는가?" 왕밀은 부끄러운 마음으로 물러나왔다. 나중에 또 양진은 탁군태수(涿郡太守)직으로 옮겼다. 성품이 공정하고 청렴하여 자손들도 항상 채소 음식을 먹고 걸어 다녔다. 친구가 더러 산업을 경영해보라고 했지만 양진은 그렇게 하려고 하지 않았다. 양진이 말했다. "후손들이 청백리의 자손이란 칭송을 받게 된다면 이 명칭을 물려주는 것도 또한 풍성한 유산이 아니겠는가?"

『자치통감』 권49

전통적인 수신 이론 중에 '신독(愼獨)'이라는 매우 유명한 단어가 있

---

1   한나라 때 『금문상서(今文尙書)』를 전한 가문. 진시황의 분서갱유 후 『상서』를 전한 사람은 제남(濟南)의 복생(伏生)이었는데, 복생은 자신의 학문을 장생(張生)과 구양생(歐陽生)에게 전했다. 이로써 구양씨는 한나라 때 대대로 『상서』를 연구하는 유명한 가문이 되었다. 반고의 『한서』 「예문지(藝文志)」에는 당시 『상서』에 관한 저작으로 『구양경(歐陽經)』 32권, 『구양장구(歐陽章句)』 31권이 있었다고 기록되어 있다.

다. 『예기』의 「대학」·「중용」편에 모두 이 개념에 대한 설명이 있다. 이 양 편은 송나라 이후에 『논어』·『맹자』두 책과 합쳐져서 『사서(四書)』라 불리게 되었다. 송 대 학자 주희 및 그 제자들의 주석을 거치면서 '신독'은 의미가 매우 풍부해졌을 뿐 아니라 그 해석도 아주 복잡해졌다. 현대인의 생활과 업무에 적합한 관점에서 취사선택을 해보면 아마도 두 차원에서 의미가 매우 중요하게 인식될 듯하다. 첫째, 군자는 혼자 있을 때즉 타인이 그의 언행을 보거나 들을 수 없을 때도 도덕과 법도의 준칙을 엄격하게 지켜야 한다는 것이다. 이 때문에 남송 학자 진덕수(眞德秀, 1178~1235)는 '신독'의 '독(獨)'을 이렇게 해석했다. "독이란 남들이 보지도 못하고 듣지도 못하는 것이다(獨者, 人之所不睹不聞也)." 둘째, 군자는 자신이 보지 못할 때나 듣지 못할 때도(더러 아직 모르기 때문이기도 하고, 더러는 뚜렷한 구속력이 없기 때문이기도 하다) 경계하고 근신하면서 규범을 엄수하고 망언이나 만행을 하지 말아야 한다는 것이다. '신독'에 내포된 이 두 차원의 의미는 모두 현대문명 속에서 살아가는 사람들이 생활과 업무 과정에서 지켜야 할 행위 준칙과 결합하여 성실하게 사고하고 자세히 음미할 가치가 있다.

그럼 옛사람들의 언행 중에서 '신독'의 의미를 어떻게 이해해야 할까? 동한 시대 유명한 일화에서 이야기를 시작하고자 한다. 학자 양진은 집안이 가난했으나 학문을 좋아했으며 뜻이 굳건했다. 오래도록 명망이 높아서 당시 사람들은 그를 '관서공자'라까지 칭했다. 양진의 고향 화음현(華陰縣: 지금의 산시 성陝西省 웨이난 시渭南市 소속)이 당시에 관서 지방에 속해 있어 이러한 호칭이 통용되었다. 양진이 벼슬길에 나섰을 때는 나이가 이미 50여 세였다. 그러나 품행이 훌륭하고 명망이 높아서 승진이 순조로웠다. 형주(荊州: 지금의 후베이湖北와 후난湖南 일대)자사와 동래(東萊: 지금의 산둥 소속)태수 등 지방 요직을 두루 거쳤다. 동래태수로 부임하는 도중 양진은 창읍현(昌邑縣: 지금의 산둥 성 쥐예 현巨野縣 일대)을 지나게 되었다. 마침 창읍현령으로 있던 왕밀은 양진이 양주자사직에 있을 때 추천해준 친구였다. 왕밀은 이번 기회에 은혜를 갚고 싶어 했다. 양진이 저물녘 수레에서 내려 쉬고 있을 때 왕밀은 갑자기 황금 10근을 꺼내 양진에게 주었다. 그것으로 자신을 알아준 양진의 은혜에 보답할 심산이었다. 그러나 양진은 그 예물을 거절했다. 이것이 바로 '양진거금(楊震拒金)'이란 고사성어의 출처다. 이 대목에서 역사적으로 유명한 대화가 나온다. "하늘이 알고, 땅이 알고, 내가 알고, 자네가 아는데 어찌 아는 사람이 없다고 하는가?(天知, 地知, 我知, 子知, 何謂無知者?)" 양진은 부끄러움을 느끼고 그 황금 10근으로 '사지당(四知堂)[2]이란 건물을 지어 자신과 세상 사람들을 경계하고자 했다. 요행히 남이 모른다 하더라도 도덕과 법도를 어기지 말자는 뜻이다.

이 이야기는 군자 '신독'의 전형적인 사례다. 우리는 옛사람이 늘 언급한 '도(道)'를 가치 이념과 행위 규범으로 해석할 수 있다. 자신의 모든 행위가 윤리 규범에 부합하는 군자가 되려면 '도'를 외재적 규범으로만 간주하지 말고 자신의 일부가 되게 해야 한다. 속담에서도 늘 "군자는 암실에서도 속이지 않는다(君子不欺暗室)"라고 말한다. 이 말을 '신독'에 대한 가장 간명한 해석으로 삼을 수 있다. 정상인이라면 백주대낮 번화한 시장통에서 범죄를 저지르지 못한다. 수많은 눈길이 자신을 지켜보고 있고, 또 모든 범죄행위는 응분의 처벌을 받는다는 사실을 알고 있기 때문이다. 그러나 동일한 인물, 동일한 사안이라도 환경이 바뀌면 상황은 크게 달라진다. 어떤 사람이 아무도 감시하지 않는 환경(암실)에 던져져서 거대한 이익의 유혹에 직면하면 즉 그곳에 금과 옥이 가득하거나 옥 같

---

2   여기서 '사지(四知)'란 '하늘이 알고', '땅이 알고', '내가 알고', '자네가 아는' 것을 가리킨다.

은 육체의 미녀가 가득하다면 과연 백주대낮에 사람들의 이목이 집중될 때처럼 자신을 지킬 수 있을까? 이것이 바로 사람의 진정한 품성을 구분하는 경계선이다.

왕밀이 묘사한 것처럼 양진이 당시에 앉아 있던 공간도 암실로 간주할 수 있다. 그들 두 사람 외에는 누구도 그곳에서 무슨 일이 벌어지는지 모른다. 하물며 왕밀이 바치는 황금은 보은의 성격이 아닌가? 그것은 순수한 의미의 뇌물이라고 할 수 없다. 상황이 이와 같았음에도 불구하고 양진은 조금도 주저하지 않고 황금을 거절했다. 양진의 거절은 누군가 그를 감시해서 나온 행동이 결코 아니고 도덕을 굳게 지키겠다는 자신의 신념에서 나온 행동이다. 그가 "하늘이 알고, 땅이 알고, 내가 알고, 자네가 안다"라고 한 말은 왕밀에게 다음과 같은 사실을 알려주기 위함이었다. "부도덕한 일이 발생하면 남에게 발각당하지 않더라도 그것을 일어나지 않은 일로 간주할 수 없다." 인격이 건전한 사람이 되려면 자신의 내면을 향해 '설령 남을 속일 수는 있을지언정 어찌 자신을 속일 수 있겠는가?'라는 말을 항상 되뇌어야 한다.

진덕수는 '신독'을 해설하면서 "군자는 안으로 살펴보아 병폐가 없어 마음이 지향하는 바에도 부끄러움이 없다(君子內省不疚而無愧於心)"라고 했고, 또 군자는 반드시 "어두운 곳에 있을 때는 마치 밝은 곳에 있는 것처럼 행동해야 하고, 자신의 혼자 있는 모습을 볼 때는 마치 수많은 사람이 자신을 바라보는 것처럼 행동해야 한다(處幽如顯, 視獨如衆)"라고 했다.(『대학연의大學衍義』 권29) 사람이 외재적으로 구속되지 않을 때도 시종 여일하게 도덕과 법도를 굳게 지킬 수 있는 것 그것이 바로 '신독'이다. 군자가 자신의 행위를 도덕과 예법에 합치시키는 건 결코 불가항력의 외재적 구속력 때문이 아니라 일종의 자각적인 의식에 따라 그렇게 하는 것이다. 이 때문에 사람들의 이목이 집중된 장소에 있거나 혼자 암실에 있거나 상관없이 언제나 내면과 외면이 일치된 모습으로 한결같이 행동할 수 있어야 한다. 만약 사람들이 겨우 외재적 구속력 때문에 도덕이나 법도의 금령을 범하지 않는다면 외재적 구속력이 잠시 사라질 때 인간의 욕망은 이성을 제압하고 도덕적 한계를 벗어나서 부적절한 선택을 하게 된다. 더욱 말도 안 되는 상황은 한때의 요행이 더욱 큰 탐욕을 촉발할 수 있다는 점이다. 그러나 인간 사회의 구속 시스템이 영원히 사라질 수는 없다. 구속 시스템이 회복되면 돌이킬 수 없는 범죄들을 어떻게 감출 수 있겠는가?

옛사람들이 '신독'을 이야기한 것은 결코 자아의 도덕적 구속력으로 외부의 법적 구속력을 대체하려 한 것이 아니다. 오히려 자아의 구속력과 외부의 구속력 사이에 상호보완 체제를 마련하기 위한 것이다. 자아의 구속력이 없는 사람은 아마도 외부의 구속력이 힘을 발휘하기 전에 스스로 망가지고 말 것이다. 특히 권력을 가진 사람들은 항상 거대한 유혹에 직면하게 된다. 이 때문에 전통적인 지혜를 살펴보면 관리들의 품성에 대한 요구가 보통 사람들의 품성에 대한 요구보다 훨씬 높게 나타나고 있다.

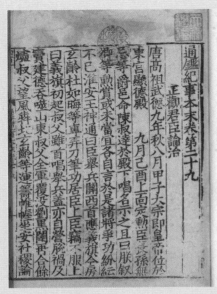

『자치통감』의 요약 | 위쪽은 남송 효종 때 원추(袁樞, 1131~1205)가 연도순(편년체)의 『자치통감』을 사건 중심으로 요약하여 편찬한 『통감기사본말(通鑑紀事本末)』(1175/76). 중국 최초의 기사본말체 사서로 알려져 있다. 전42권. 왼쪽은 중국 남송의 이도(李燾, 1115~1184)가 펴낸 『속자치통감장편(續資治通鑑長編)』(1182). 『자치통감』을 보충하여 북송의 전 시기 167년 동안의 역사를 편년체로 기술하였다. 원본은 1,063권이나 오늘날 전하는 것은 520권이다.

『자치통감』은 무려 294권 100책 300만 자에 달하는 방대한 책이라 이후 이 요약집을 다시 요약하는 일이 이어질 수밖에 없었다. 이로써 『자치통감』은 중국의 대표적인 역사 요약집으로서 지위를 공고히 하게 된다.

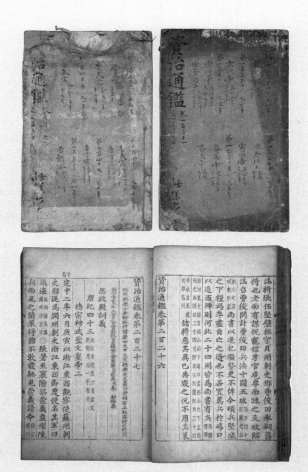

조선시대에 펴낸 『자치통감』 권131~135, 246~250(보물 제1281-2호, 2012. 8. 24, 위) | 세종이 경복궁의 사정전(思政殿)에서 명신·학자들의 훈의(訓義)와 교감(校勘)을 거쳐 『자치통감』의 편찬을 완료하고 유의손(柳義孫)·윤회(尹淮)·권도(權蹈)·설순(偰循)·김말(金末) 등의 서문을 붙여 세종 18년(1436)에 초주갑인자(初鑄甲寅字)로 간행하여 경외(京外)에 배포한 판본이다. 『자치통감사정전훈의(資治通鑑思政殿訓義)』라고도 불린다. 10권 2책. 서울역사박물관 소장.

조선시대에 펴낸 『자치통감』 권226~229(보물 제1281-4호, 2015. 4. 22, 아래) | 세종 18년(1436)에 주자소에서 조선 최고(最高)의 활자인 갑인자로 찍은 금속활자본으로 조선 초기의 출판 인쇄와 서지학 분야에 가치가 있는 책이다. 4권 1책(전 100책 중의 영본 1책). 울산박물관 소장.

세종은 『자치통감』 편찬 과정에서 직접 교정을 보았고 『자치통감』을 경연 교재로 썼다고도 한다. 『자치통감』은 통치자에게 국가 치란흥망(治亂興亡)의 차감(借鑑)을 제공하는 것이 목적이었던 만큼, 조선에서도 국가의 경영에 절대적으로 필요한 서적이었다.

2. 지금 실천이 더 필요한 이유

✦

도라는 것은 잠시도 떠날 수 없는 것이니, 떠날 수 있다면 그것은 도가 아니다. 이런 까닭에 군자는 남이 보지 않는 곳에서도 경계하고 삼가며, 남이 듣지 않는 곳에서도 두려워하고 무서워한다. 숨어 있는 것보다 더 잘 보이는 것은 없으며, 은미한 것보다 더 환하게 드러나는 것은 없다. 이 때문에 군자는 혼자 있을 때 삼간다.   『예기』「중용」

주희의 말은 이렇다. "도란 날마다 쓰는 사물이 당연히 그러한 이치(理)다.[1] 이것은 모두 본성의 덕이며 마음에 갖춰져 있으므로 본성이 없는 사물은 없고 본성이 그렇게 구현되지 않을 때도 없다. 이러한 까닭에 잠시도 떠날 수 없는 것이다. 만약 떠날 수 있으면 사물 바깥이 되므로 그것은 도가 아니다. 따라서 군자의 마음에는 항상 공경하고 두려워하는 마음이 존재하여 비록 남이 보고 듣지 않더라도 감히 소홀히 하지 않는다. 이 때문에 천리의 본연을 잘 보존하여 아주 짧은 순간에도 본성이 떠나지 않게 하는 것이다."   진덕수, 『대학연의』 권29

✦

'양진이 황금을 거절한(楊震拒金)' 이야기는 '신독'의 첫 번째 차원의 의미에 더욱 가깝다. 우리는 이 태도를 '암실 속의 신독'이라 부를 수 있다.

---

1   여기서 당연(當然)은 주희의 『사서집주(四書集註)』에는 당행(當行)으로 되어 있어서, 이 구절의 의미가 "날마다 쓰는 사물에 당연히 행해야 할 이치다"로 해석된다.

그런데 '신독'에는 두 번째 차원의 의미도 내재되어 있다. 즉 '암실' 같은 상황에 처하지 않고 외재적 구속력이 없는 경우에는 어떻게 자신을 단속해야 할까? 이 같은 시각으로 바라보면 '신독'이 관리들의 품행 준수 원칙으로 작용한다는 점을 제외한다 해도, 우리는 신독에서 현실생활 도중 흔히 목도하는 현상에 대해 깊이 있는 사고를 이끌어낼 수도 있을 것이다.

상점에서 흔히 내붙이는 문구 중에 '어린아이나 노인에게도 속이지 않는다(童叟無欺)'라는 말이 있다. 이는 '군자는 암실에서도 속이지 않는다'라는 말과 [곡은 달라도 연주 솜씨는 똑같은] 이곡동공(異曲同工)의 묘가 있다. 이 두 말은 모두 특수한 시각으로 '신독'을 강조하고 있다. 공통점은 둘 다 강력한 구속력이 사라졌을 때 사람이 어떻게 행동해야 하느냐를 강조한다는 점이다. 상이점은 상점에서의 행위가 '암실' 속에서 이뤄지는 것은 아니라는 점이다. 즉 상인들이 '어린아이나 노인을 속이지 않는다'는 원칙을 실천하든 안하든 그들의 행위는 공개된 장소에서 이뤄지는 것이다. 채소 장수들은 물건을 흥정하는 방법을 잘 알고 있지만 매일 시장 보러 나오는 아줌마들에게는 터무니없이 값을 높게 부르지 못한다. 그렇게 했다간 시간만 낭비하고 아줌마들에게 한바탕 훈계만 들을 뿐 아무 효과도 없다는 사실을 너무나 잘 알고 있기 때문이다. 그리고 어떤 장사치가 돈이 무엇인지도 모르는 어린아이나 귀가 먹고 눈이 어두운 노인에게 물건을 팔 때 양심에 전혀 거리끼는 일을 하지 않는다면 우리는 그를 성실하고 신용 있는 사람으로 평가할 수 있을 것이다.

이런 것들은 사람들이 모두 잘 알고 있는 이치이므로 쉽고도 간명하다. 문제는 옛사람들도 항상 말했듯이 "아는 것이 어려운 게 아니라 실천하는 것이 어려운"("非知之艱, 行之惟艱", 『상서』 「열명說命」) 법이다. 앎과 실천은 서로 다른 일이기 때문이다. 우리의 시각을 생활 속에서 모든 사람들이 흔히 맞닥뜨리고 목도하는 일로 옮겨보기로 하자. 일상 속 경험에 의하면 운전자 대부분은 도로 위에 설치된 카메라를 두려워한다. 그 카메라는 교통법규 위반과 도로질서 위반 행위를 기록한다. 어떤 운전자가 언제나 교통법규에 따라 운전하면서 모범 운전을 일종의 인격이나 정신으로 간주한다면 그가 카메라를 두려워할 이유가 있을까? 따라서 운전자 다수가 카메라를 두려워하는 이 현상을 역으로 생각해보면 기실 목전의 중국에서는 아직도 많은 사람들이 자각적으로 교통법규를 지키려하지 않는다는 사실을 알 수 있다. 즉 운전자 다수는 아직도 모범 운전을 자신의 기본 자질로 내면화할 생각을 하고 있지 않다는 것이다.

신호등이 없어도 횡단보도 앞에서는 당연히 행인을 먼저 건너게 해야한다. 카메라가 없어도 빨간 신호등이 켜지면 차를 멈춰야 한다. 눈에 보이는 교통 감시 도구가 없더라도 모범 운전을 할 수 있으면 이것도 일종의 '신독'이 아니겠는가? 따라서 『중용』에서는 "도라는 것은 잠시도 떠날 수 없는 것이다"라고 했다. 주희는 그것을 해석하여 '도'란 일상생활 속에 있는 것이기 때문에 잠시라도 거기서 벗어날 수 없다고 했다. 우리는 현대인으로서 옛사람이 말한 '도'를 공중도덕 준수로 이해해도 무방할 것이다. 그럼 이처럼 '신독'을 지키는 태도는 지위가 높은 관리들의 일에 그치지 않고 우리 같은 보통 시민의 일로 승화될 수 있다.

사람의 본성이 선한지 악한지는 명확하게 밝히기 어려운 문제다. 물론 모든 사람이 악하다고 가정할 수 없지만 모든 사람에게 공중도덕을 자각하게 하는 일 또한 쉽지 않은 일임은 확실하다. 선진국이 경험한 바에 따르면 개인이 공중도덕을 자각하는 수준이 높을수록 사회 관리를 위한 통제 시스템은 훨씬 적어진다. 따라서 사회 관리 비용도 자연스레 줄어들 것이어서 더 많은 돈을 시민들의 복지를 위해 쓸 수 있게 된다. 이것이 공중도덕 자각이 이끌어내는 선순환 작용이다. 이와는 반대로 공중도덕을 자각하는 수준이 낮을수록 사회 관리를 위한 통제 시스템은 더욱 복잡해진다. 사람의 본성으로 말하자면 감시당하고 통제당하는 걸 좋아하는 이는 없다. 그런 통제 조치를 가장 크게 비난하는 사람은 대부분 스스로 공중도덕을 지키려 하지 않는 사람들이다. 이런 사람들은 통제당하고 원망하는 악순환 속에서 끊임없이 돌고 돈다. 이 때문에 사회가 지금 조화를 유지하든 안 하든 상관없이 국가는 공중도덕을 통해 모든 구성원의 행위에 간여할 뿐 아니라 또 그들에게 책임을 다할 것을 요구한다. 이 점이 바로 옛날의 '신독' 사상이 지금까지도 여전히 우리에게 거울이 될 수 있는 원인이다. '신독' 사상은 사람들에게 도덕, 윤리, 법도를 외재적 규범으로 삼는 데 그치지 않고 내재적 정신으로 삼을 것을 요청한다. 우리 현대인의 입장에서는 처벌에 대한 두려움 때문에 공중도덕을 지키는 데 그치지 말고 자기 내면의 요청으로 그것을 생활화해야 한다는 말이다. 우리 모두는 이에 대해 각자가 무거운 책임을 져야 한다.

3. 고요하고 담박하게

———————— ✿ ————————

우천우위장군(右千牛衛將軍)[1] 안평왕(安平王) 무유서(武攸緖, 655~723)는 어려서부터 지조 있는 행동을 했고 담박한 성품에 욕심이 적었다. 무측천(武則天, 624~705)을 수행하여 중악(中嶽)[2]에 봉선례(封禪禮)를 올리고 돌아와 곧바로 벼슬을 버리고 숭산(嵩山) 남쪽에 은거하겠다고 청했다. 무후는 무유서의 말을 속임수로 의심하고 그의 요청을 허락한 후 행동을 관찰했다. 무유서는 바위 동굴에서 한가롭게 소요하며 겨울에는 모옥(茅屋)[3]에 거주하고 여름에는 바위 동굴에 거주하면서 한결같이 산림처사처럼 살았다. 무후가 하사하고 왕공들이 선물한 야복(野服)[4]과 기물을 무유서는 한곳에 미뤄두고 쓰지 않아 먼지가 가득 쌓였다. 땅을 사서 노비를 시켜 농사를 짓는 일도 일반 백성과 다르지 않았다. 『자치통감』권205

주상[당나라 중종中宗]이 장차 안락공주(安樂公主, 684~710)를 좌위중랑장(左衛中郞將)[5] 무연수(武延秀, ?~710)에게 시집보내려고 사자를 시켜 숭산에서 태자빈객(太子賓客)[6] 무유서를 불러오게 했다. 무유서가 곧 당도한다고 하자 주상은 예관(禮官)에게 칙명을 내려 양의전(兩儀殿)에 따로 좌석을 만들고 천자가 현자에게 도를 묻는 예절을 행하려고 했다. 그리고 무유서

———————————

1 당나라 때 황제 근위대 장수.
2 지금의 허난 성(河南省) 덩펑 시(登封市)에 있는 쑹산 산(嵩山).
3 띠나 이엉 따위로 지붕을 인 초라한 집.
4 야인(野人) 또는 평민이 입는 옷.
5 당나라 때 궁궐과 각 부(府)를 방어하고 호위하던 무관. 대장군과 장군 소속으로 부대의 주력군을 이끌었다. 좌위는 그중 왼쪽 주력군이다.
6 당나라 동궁(東宮) 소속 정3품 관리. 모두 4명이었다. 태자를 시종하며 간언을 올렸다.

에게는 마음대로 은자의 옷(山服)을 입고 갈건(葛巾)을 쓰고 들어와 이름을 말하거나 절을 하지 않아도 되도록 했다. 의식을 위한 기물이 들어오자 통사사인(通事舍人)[7]이 무유서를 따로 마련한 자리로 안내했다. 그러나 무유서는 종종걸음으로 사견반(辭見班)[8] 자리로 가서 재배를 올렸는데 보통 예절과 같았다. 주상은 깜짝 놀라 본래 준비했던 의례를 행하지 않았다. 주상은 그를 내전으로 불러들여 빈번하게 은총을 베풀고 선물을 내렸으나 무유서는 일절 받지 않았다. 황실 종친과 귀족들이 그를 찾아와 인사할 때도 추위와 더위에 관한 인사말 외에는 한 마디도 다른 말을 건네지 않았다.

『자치통감』 권209

　사람들은 늘 눈앞의 사물에 의해 혜안이 가려지기 쉽다. 사람의 혜안을 가장 쉽게 가리는 사물 중에는 화려한 물질인 재산보다 더 심한 것이 없다. 『자치통감』 전체 294권에는 거의 1,400년에 가까운 역사가 기록되어 있다. 그중에 성공적으로 거대한 재산을 모아 대대로 자손에게 전해주며 역사에 영향력을 유지한 가문이 얼마나 되겠는가? 한 가문도 없다. 물질적 욕망에 탐닉하다가 급속도로 패망한 가문은 도처에 널려 있다. 다른 나라의 역사도 이와 별 차이가 없을 것이다.

　그럼 재산 축적을 선택하지 않은 양진의 행동은 자기 가문의 운명에 어떤 영향을 끼쳤을까? 역사적 사실이 증명한 바에 의하면 양진의 자손들은 추위나 굶주림으로 목숨을 잃은 것이 아니라 오히려 500년 동안

7　황제의 조칙이나 명령 또는 신하들의 상주(上奏)와 알현 등을 관장하는 관리.
8　조정의 관리가 지방으로 파견되거나, 지방에 재직하는 관리가 조정으로 들어와 임금을 뵙고 인사할 때 서는 자리.

이나 연면하게 이어진 양씨 가문의 신화를 창조했다. 양진은 자손들에게 청백리란 명성뿐 아니라 그의 풍부한 학식과 드넓은 흉금을 물려줬다. 양진의 학문과 청렴함은 자손들에게 본보기가 되었다. 자손들은 그의 가르침을 말과 몸으로 실천하며 가풍을 형성했다. 양진의 아들 양병(楊秉, 92~165), 손자 양사(楊賜, ?~185), 증손자 양표(楊彪, 142~225)는 모두 동한 시대에 대를 이어 탁월한 성취를 이뤘다. 부자와 조손(祖孫)이 서로 이어가며 조정의 삼공(三公)직을 역임했다.(동한의 삼공은 보통 태위太尉, 사도司徒, 사공司空 직을 가리킨다. 관직 사회에서 가장 영예롭고 권위 있는 직위다. 그중 태위가 으뜸을 차지한다. 양진, 양병, 양사, 양표 4세가 다 태위직을 지냈다.) 양씨 가문은 동한 멸망 후 위·진 두 왕조를 거치면서도 여전히 정계에서 막강한 힘을 발휘했다. 수(隋) 문제(文帝) 양견(楊堅)은 수 건국 이후 스스로 홍농양씨(弘農楊氏)를 칭했다.(양진의 고향 화음현이 동한 시대 홍농군에 속했기 때문에 양진의 자손들은 홍농양씨라 칭했다.) 즉 수 문제는 양진의 후예라는 사실을 영광으로 생각한 것이다. 여기에서도 양씨 가문의 영향력을 엿볼 수 있다. 이처럼 몇 세기 동안 여러 왕조의 시련을 거치며 쌓아온 위대한 가문의 명성이 양진에 의해 창시된 가풍 즉 재산을 가벼이 여기고 덕행을 중시한 가풍의 영향이 아니란 말인가?

사람들이 어떤 한 가지 물건에 관심을 가질 때 냉정한 태도를 유지하며 그 본질을 간파할 수 있으면 그것 또한 수준 높은 '신독'이라 할 수 있다. 재산을 경시하고 명예를 중시한 양진의 관점에는 탁월한 식견의 소유자가 부박한 사회 기풍을 비판하는 '신독' 사상이 구현되어 있다. 인간의 시간, 정력, 지혜는 늘 제한적이다. 사람들이 지나치게 재산 축적만 중시한다면 종종 여러 영역에서 더 큰 성취를 이룰 기회를 잃게 된다. 이 점이 바로 양씨 가문이 재산이나 이익을 추구하지 않고 문화 전승과 덕행 준수에 중점을 두면서도 오래도록 명성을 누릴 수 있었던 비밀이다.

따라서 재산만 중시한 여러 가문이 분분히 도산할 때 홍농양씨는 여전히 문벌의 위세를 떨칠 수 있었다.

사람들이 어떤 한 가지 물건에 관심을 가질 때 그것에서 좀 멀리 벗어나 장기적 관점에서 바라보는 것도 괜찮은 접근 방법이라 할 수 있다. 양진이 재산 축적을 멀리한 태도가 바로 이런 사례의 전형에 해당한다. 독자들께서는 『자치통감』에서 이와 동일한 관점으로 권력을 멀리하는 사례를 찾아볼 수 있다.

무유서는 무측천의 오촌조카다. 무유서의 조부 무사양(武士讓, ?~?)은 무측천의 부친 무사확(武士彠, 577~635)의 형이다. 무측천은 당나라 조정을 장악한 후 자신의 지위를 공고히 하려고 무씨 가문의 구성원을 대거 선발하여 요직에 임명하고 그들에게 봉작(封爵)을 수여했다. 그 과정에서 무유서도 안평왕에 봉해졌다. 그러나 무유서는 무측천을 수행하여 숭산에서 봉선례를 행하고(695) 돌아온 이후 벼슬을 버리고 은거하고 싶은 마음이 생겨서 무측천에게 사직서를 제출했다. 무유서의 관직과 지위는 사람들이 꿈속에서도 이룰 수 없는 영예였지만 그는 오히려 그것을 버리려 했다. 무측천은 그의 태도를 믿기 어려웠다. 무측천은 무유서의 요청을 허락하고 행동의 진위를 살펴보려고 했다. 무측천의 윤허를 얻은 후 무유서는 단호하게 벼슬에서 물러나와 숭산으로 들어갔다.

관직은 버렸지만 무측천의 오촌조카라는 신분은 사라지지 않았다. 이 때문에 숭산에 은거한 무유서에게는 여전히 무측천의 포상과 왕공 대신들의 선물이 답지했다. 세상과 인연을 끊었다는 결심을 나타내기 위해 무유서는 이런 진귀한 선물을 사용하지 않고 먼지 더미 속에 팽개쳐두었다. 겨울에는 띠풀 지붕과 산초나무 흙벽으로 만든 집에 거주했고, 여름에는 아예 바위 동굴에 거주하면서 진정한 은자처럼 살았다. 생계 문제를 해결하기 위해 그는 경지를 사서 노비에게 농사를 짓게 했다.

무유서가 벼슬을 버리고 은거할 때의 나이는 41세로 바야흐로 장년기에 들어설 때여서 정치에서도 황금기에 해당했다. 보통 사람의 눈으로 바라볼 때 그가 왜 이처럼 화려한 인생을 버리고 고생스러운 은자의 생활을 시작했는지 이해하기 어렵다. 우리가 역사에 대해 해박한 지식이 있다면 무씨 가문의 운명이 역사의 변화 과정에서 극심한 풍파를 겪었음을 잘 알고 있을 것이다. 따라서 무유서가 권력을 멀리한 일이 일종의 지혜였음을 분명하게 이해할 수 있다.

무씨 가문과 당나라 황실 간 경쟁은 잔혹한 혈투였다. 무측천의 또 다른 조카들 즉 무의종(武懿宗, 641~706), 무삼사(武三思, 649~707), 무승사(武承嗣, 658~698) 등은 이 투쟁에 깊이 연루되었다. 이씨(李氏)의 당나라와 무씨(武氏)의 측천 조정이 마지막 싸움을 벌이는 단계에서 당나라 왕조의 문무 대신 몇 명이 갑자기 힘을 합쳐 노년에 접어든 무측천을 폐위하고 연금했다. 그리고 당 중종(이현李顯, 656~710)을 맞아들여 당나라 조정을 다시 세웠다. 무측천을 둘러싸고 권세를 좇던 그녀의 조카 몇 명 중에서 무승사는 일찍이 권력투쟁에서 실각하여 울분 끝에 죽었고, 무의종은 중종 복위 다음 해에 폄적을 당해 회주(懷州: 지금의 허난 성 친양沁陽 일대)에서 죽었으며, 무삼사는 중종 복위 세 번째 해에 일어난 정변 속에서 피살되었다. 또한 당시에 무삼사의 아들 무숭훈(武崇訓, ?~707)도 함께 피살되었다. 심지어 무삼사는 당 예종(睿宗: 중종의 아우, 662~716)이 보위를 계승한 후 부관참시당하는 비참한 운명에 처했다.

권세의 대가는 붉은 핏자국뿐이었다. 오직 그때 권세를 멀리한 무유서만이 당나라 부활 이후의 살육에서 벗어날 수 있었다. 무측천이 죽기 전까지 무유서는 꼭 10년 동안 숭산에서 내려오지 않았다. 708년, 무측천이 죽은 지 3년 뒤 즉 무삼사와 무숭훈 부자가 피살된 다음 해에 또 한 차례 작은 사건이 발생했다. 본래 무숭훈에게 시집갔던 안락공주는 당 중종의 딸이었다. 무숭훈이 죽은 후 다시 무승사의 아들 무연수에게 개가했다. 중종은 연세도 높고 덕망도 높은 무유서를 이 혼례에 참석하게 하려고 특별한 의식을 준비하게 했다. 아마 무씨 가문이 위기에 처해 있어서 마음이 고요하던 무유서도 당시에 잠깐 하산하지 않을 수 없었던 듯하다. 그러나 그는 중종이 자신을 위해 준비한 특별 대우를 모두 사양했다. 또 조정에서 종친 및 귀족들과 만나서도 의례적인 인사말 외에는 한 마디도 다른 말을 하지 않았다. 무연수도 2년 뒤 당 현종(玄宗, 685~762)이 일으킨 정변 와중에 궁궐 문에서 피살되었다. 무씨 가족의 위기는 여전히 계속되고 있었다.

무유서는 가문을 구할 방법이 없었다. 그러나 그는 자신이 초탈한 태도를 유지함으로써 최소한 가문의 혈맥이 이어지게 했다. 당 현종은 보위에 오른 후 이 외숙(外叔)[9]에게 깊은 존경심을 표시하고 여러 번 관할주와 현의 수령을 보내 그를 위로하면서 외부 사람이 그의 고요한 수도생활을 방해하지 못하도록 했다. 역사책에서는 마지막으로 무유서의 일생을 다음과 같이 평가했다. "무삼사와 무연수 등이 역모에 얽혀 많은 무씨 사람이 연좌되어 죽임을 당했다. 그런데 오직 무유서만 은거 생활을 하며 그 환란에 가담하지 않았으니 당시의 논자들이 그를 아름답게 여겼다."("及三思延秀等構逆, 諸武多坐誅戮. 唯攸緒以隱居不預其禍, 時論美之.", 『구당서』「외척전外戚傳」) 무유서를 도와 그 재난에서 벗어나게 한 것이 바로 '신독'에 뛰어난 그의 지혜였다.

무유서의 지혜는 무씨 가문의 또 다른 인물 무평일(武平一, ?~?)에게 영향을 끼쳤다. 무평일의 부친 무재덕(武載德, ?~?)도 무측천의 가까운 친척으로 영천군왕(潁川郡王)에 봉해졌다.(무재덕과 무측천의 관계에 대해서는 관

---

9   무유서는 무측천의 오촌조카이고, 현종은 무측천의 손자다. 따라서 무유서는 현종의 외숙 항렬에
      해당한다.

련 서적의 기록이 일치하지 않는다. 따라서 여기에서도 따로 자세히 탐색하지 않겠다.) 무평일은 무유서에 비해 젊었지만 무측천이 권력을 잡고 있을 때 숭산으로 숨어들어 은거 생활을 시작했다. 중종이 복위한 후 아마도 당나라 왕실이 무씨 가문과 화해하기 위해 다시 무평일을 하산시켜 그에게 관직을 내렸던 것으로 보인다. 그러나 『자치통감』에는 무평일이 단지 두 차례 하산한 것으로 기록되어 있다. 한 차례는 중종이 무씨 가문에 대한 대우를 낮추려 할 때였고, 또 한 차례는 어떻게 서로 '가문을 화해시킬 것인가(和諧家庭)'의 문제를 두고 중종과 토론을 벌일 때였다. 어쩌면 권력투쟁에 대해서 두려움이 있었지만 중종이 벼슬을 권유하자 본성이 담박한 무평일도 다시 벼슬길에 나서지 않을 수 없었을 것이다. 그러나 그는 권력에 대해서는 심하게 기피하는 태도를 보이며 시종일관 소극적인 모습을 유지했다. 역사에서는 무씨 가족의 운명에 대해 다음과 같은 평가를 내리고 있다. "무씨 일족은 무연수의 죄에 연좌되어 주살되거나 유배 간 사람이 대부분인데 오직 무재덕의 아들 무평일만이 문장으로 이름이 났다. 그는 무유서와 함께 번성한 가문을 피해 살아 참화에서 벗어날 수 있었다."("諸武屬坐延秀誅徒者略盡, 獨載德子平一以文章顯. 與攸緖常避盛滿, 故免.", 『신당서』 「외척전」) 이융기(李隆基: 현종)는 710년 정변을 일으켜 전체 무씨 가문에 최후의 타격을 가하고 무연수를 포위하여 죽였다. 이로써 무씨는 다시 한 번 전체 가문이 숙청을 당했다. 무측천 시대에 무씨 중에서 가장 강성했던 몇 가문은 그 이후 전혀 세력을 떨칠 수 없었다. 그러나 고요하고 담박하게 권세를 떠나 있었던 무유서와 무평일 가족은 생명을 보존했고, 무평일의 손자 무원형(武元衡, 758~815)은 당 헌종(憲宗, 778~820) 때 재상을 지내기도 했다.

역사를 두루 살펴보면 참으로 한심한 일이 많다. 이익은 언제나 사람의 눈을 뒤집게 한다. 막대한 이익이면 더욱 그렇다. "하늘에서 떡이 떨어지는 것처럼(天上掉餡餅)" 전혀 예기치 못한 커다란 이익이 눈앞에 나타나면 인간의 비이성적 탐욕은 더욱 사납게 들끓어 오른다. 많은 사람들은 정신없이 흥분하여 팔뚝을 휘두르며 떡을 탈취해간다. 그렇게 얻는 이익이 정당한지 아닌지 묻지도 않는다. 그러나 시간은 언제나 비이성을 이성으로 돌아가게 만든다. 권력의 열기가 식은 후 흥분해서 날뛰던 사람들이 어떻게 되었는지 자세히 살펴보라. 냉정한 '신독'의 자세로 이익과 거리를 둔 사람들은 이익 투쟁의 와중에서도 전혀 물결에 휩쓸리지 않고 자신의 생명을 평온하게 유지했다. 어떤 인생이 더욱 흠모할 가치가 있을까?

4. 악의 평범함에 대한 경계

내준신(來俊臣, 651~697)이 바야흐로 권력을 휘두를 때, 관리의 심사를 담당하는 이부(吏部)에서 그의 청탁을 받아 품계 순서에 맞지 않게 승진시킨 사람이 수백이나 되었다. 나중에 준신이 패망하자 시랑(侍郞)직에 임명된 자들이 모두 자수했다. 무측천이 질책하자 그들이 대답했다. "신들이 폐하의 기대를 저버렸으니 죽을죄를 지었습니다. 다만 앞서 신들이 국법을 어지럽히면 그 죄가 신들의 한 몸에 그쳤지만 준신의 말을 어기면 즉시 멸문지화를 당해야 했습니다." 이에 무측천이 그들을 용서했다. 상림령(上林令) 후민(侯敏)은 평소에 아첨을 하며 내준신을 섬겼다. 그러자 그의 아내 동씨(董氏)가 충고했다. "준신은 나라의 도적입니다. 오래지 않아 패망할 것입니다. 그자를 멀리해야 합니다." 후민이 아내의 말을 따랐다. 내준신은 화가 나서 그를 무룡현령(武龍縣令)으로 내쫓았다. 후민이 가고 싶어 하지 않자 아내가 말했다. "어서 떠나십시오. 잠시도 머물지 말고!" 내준신이 패망하여 그의 파당이 모두 영남(嶺南)으로 유배되었는데 후민만 홀로 재앙을 면했다. 『자치통감』권206

경신일(庚申日)에 양국충(楊國忠)이 우상(右相)[1]이 되어 문부상서(文部尙書)[2]를 겸임했고 판사(判事)[3]직은 그대로 유지했다. 양국충은 위인이 우기기를

---

1 당 고종(高宗)과 현종 때 중서령(中書令)을 우상이라고 했다. 중서령은 중서성(中書省)의 장관이며, 중서성은 국가의 정책을 결정하는 최고 기구다.
2 당 현종 때 이부를 개칭하여 문부(文部)라 했고, 숙종(肅宗) 때 본래의 명칭을 회복했다. 관리에 대한 임명, 파직, 심사, 전직 등을 담당하는 부서다.
3 옥사(獄事)를 심의하여 형벌을 판단하는 관리.

잘하고 경박했으며 위엄이 없었다. 재상에 임명되어 천하의 일을 자신이 맡아 처리하게 되자 국가의 중요한 일을 결재할 때도 전혀 주저함이 없었다. 조정에서도 소매를 걷어붙이고 팔뚝을 휘두르며 공경대부 이하 관리들을 턱짓과 표정으로 지휘했는데 두려워 떨지 않는 사람이 없었다. 그는 시어사(侍御史)⁴에서 재상이 되기까지 무릇 40여 사(使)직을 두루 겸직했다. 대(臺)와 성(省)의 관리 중에서 재주와 행적으로 당시에 명망이 있던 사람도 자신을 위해 일하지 않는 자가 있으면 모두 내쫓았다. 어떤 사람이 섬군(陝郡) 진사 장단(張彖, ?~?)에게 양국충을 배알하라고 권하면서 말했다. "그분을 만나뵈면 부귀를 바로 도모할 수 있을 것이네." 장단이 말했다. "자네들은 양 우상을 태산처럼 의지하고 있지만 나는 얼음덩이로 여길 뿐이네. 뜨거운 태양이 떠오르면 자네들은 의지할 데가 없을 것이네." 그리고 마침내 숭산에 은거했다.

『자치통감』권216

이 일도 당나라 때 발생했다. 무측천은 통치 기반을 공고히 하기 위해 자신과 의견이 다른 사람을 공격하고 중국 역사에서 악명 높은 가혹한 관리를 임명했다. 그중의 하나가 바로 내준신이다. 내준신은 그물을 펼쳐 죄를 덮어씌우고(羅織罪名) 무측천을 도와 정적을 제거하는 데 뛰어나서 무측천의 총애를 받았다. 그는 비밀을 고발한 죄수에서 조정의 요직으로 승진했다. 그는 전에 어사중승(御史中丞)⁵을 지낸 적이 있어서 나중에 법을 집행하는 관리의 영수로 승진했다. 내준신은 무측천이 추구하는 일을 성사시키기 위해 무뢰한 수백 명을 두루 모아 오직 밀고만을 전담하

---

4 백관(百官)을 감찰·탄핵하고 지방으로 파견되어 지방관의 불법을 조사하는 관직.
5 시어사 바로 위의 관리.

게 했다. 아울러 대형 옥사를 일으켜 온갖 혹형을 만들어냈다. 내준신은 죄명을 날조하고 혹형을 가하여 자백을 받아내는 등 폭압적인 수단으로 수천 왕실 종친과 대신을 억울하게 죽였다. 그는 또 자신의 파당과 함께 『나직경(羅織經)』을 편찬했다. 이 책에는 죄명을 덮어씌워 사람을 사지로 몰아넣는 비결이 담겨 있다. 같은 시대에 또 주흥(周興)이라는 포악한 관리가 거의 내준신과 이름을 나란히 했다. 그러나 주흥은 한바탕 내분 과정에서 내준신의 손에 피살되었다. 유명한 고사성어 '청군입옹(請君入甕)'[6]이 바로 내준신이 주흥을 상대하면서 나온 것이다. 여기에서도 알 수 있는 바와 같이 내준신은 확실히 그들 무리 중에서도 가장 악명 높은 인사였다.

무측천은 내준신과 같은 혹리(酷吏)에 의지하여 자신과 의견이 다른 사람들을 탄압했지만 조정의 관리들 사이에서는 여론이 흉흉해지며 내부 모순이 급격히 악화되었다. 결국 무측천은 거대한 여론의 압력에 못 이겨 내준신을 쫓아내고 사람들의 분노를 무마할 수밖에 없었다. 697년에 발생한 또 다른 내분 과정에서 내준신은 무측천에 의해 사형을 당했고 그 잔당들은 모두 영남으로 유배되었다. 『자치통감』에서는 내준신의 죽음을 이야기하면서 매우 재미있는 에피소드를 덧붙여 놓았다. 사마광은 그 대목에서 두 이야기를 하고 있다. 첫째, 승진 심사 담당 관리가 내준신이 죽은 후 조사를 받은 이야기다. 왜냐하면 이전에 그들이 관리를 심사할 때 내준신의 의도에 맞춰 일을 처리했기 때문이다. 내준신은 늘

---

6 '그대가 항아리로 들어가시오'라는 뜻으로 자신이 쳐놓은 덫에 자신이 걸려드는 상황을 비유하는 말. 무측천은 주흥이 역모를 꾀하고 있다는 밀고를 받고 내준신에게 주흥을 조사하라고 명령을 내렸다. 마침 내준신은 주흥과 식사를 하다가 주흥에게 어떤 사람이 죄를 인정하지 않는데 어떻게 하면 좋으냐고 물었다. 그러자 주흥은 그자를 쇠항아리에 넣고 밖에서 불을 때면 자백하지 않고는 견딜 수 없을 것이라고 했다. 내준신은 주흥의 말대로 쇠항아리를 갖다 놓고는 주흥에게 그대가 항아리 속으로 들어가라고 하여 주흥의 자백을 받아냈다고 한다.

수백 명에 달하는 관리의 명단을 작성하여 그들을 잘 보살펴달라고 요구했다. 심사 담당 관리는 감히 내준신에게 죄를 지을 수 없어서 그 명단에 적힌 사람들을 모두 파격적으로 승진시켰다. 내준신이 사형된 후 심사 담당 관리들은 무측천에게 달려가 자수하고 죄를 자백했다. 무측천이 왜 그랬느냐고 묻자 그들은 "그렇게 해서는 안 되지만 내준신에게 잘못 보일 수가 없었다"라고 솔직하게 얘기했다. 무측천은 심사숙고 끝에 그들을 사면하기로 결정했다.

이 이야기는 무측천과 같은 '비정상적인' 통치자의 패러독스를 드러내고 있다. 그녀는 '비정상적인' 통치자로서 비정상적인 수단으로 통치를 수호해야 했고, 내준신은 그녀의 강력한 정치적 도구였다. 그러나 내준신과 같은 자는 법을 집행하는 관리의 신분이긴 했지만 그들이 수호하고자 한 것은 법률 자체의 존엄이 아니라 권력자의 정치적 이익이었다. 이 점이 그들로 하여금 진정으로 법을 알고 법을 지키는 관리가 될 수 없게 했다. 이와는 상반되게 그들은 어떻게 해서든 법률을 왜곡하여 사적인 목적을 달성하고자 했다. 이런 사람들의 성격이 어떤지는 우리가 쉽게 짐작할 수 있다. 그들은 흔히 사사롭게 악행을 저지르며 앞장서서 법을 어긴다. '24사' 중에는 대부분 「혹리전(酷吏傳)」을 두어 이들의 언행을 전문적으로 기록해놓았다. 이 같은 자들의 신상에서 드러나는 공통적인 패러독스는 바로 군주가 그들을 이용해 통치를 수호하지만 그들은 진정한 법제(法制)를 파괴하거나 국가의 장기적 이익을 해친다는 점이다.

두 번째 이야기는 어떤 여성의 지혜에 관한 것이다. 내준신이 전성기를 구가할 때 수많은 하급 관리들은 그의 힘에 의지하여 승진의 기회를 갖고 싶어 했다. 도성의 하급 관리 후민도 그중 한 사람이었다. 후민은 백방으로 내준신에게 아첨하며 봉사했지만 후민의 아내 동씨는 그와는 달리 식견이 심원한 여성이었다. 동씨는 남편에게 내준신을 멀리하라고 권했다. 비정상적인 모든 사물은 오래갈 수 없고 또 영원한 이익을 가져다줄 수 없기 때문이라는 이유에서였다. 내준신이 권력을 얻은 과정은 분명 비정상적이고 비이성적이었다. 후민은 아내의 말을 듣고 점차 내준신을 멀리하기 시작했다. 이 모습은 자연히 내준신에게 불쾌감을 안겨줬고, 후민은 결국 외지의 지방관으로 쫓겨나게 되었다. 이번에도 도성의 번화한 생활에 미련이 있던 후민은 불쾌하여 부임지로 가고 싶어 하지 않았다. 그러나 동씨는 잠시도 머물지 말고 급히 떠나라고 남편을 재촉했다. 내준신의 파당이 모두 영남으로 유배될 때 오직 아내의 지혜에 의지하여 일찌감치 한 발 물러서 있던 후민만이 그들 파당에 연루되지 않고 재난을 피할 수 있었다. 후민이 평생토록 가장 정확하게 일을 처리할 수 있었던 까닭은 아마도 그처럼 현명하고 식견 높은 아내를 얻었기 때문이었을 것이다. 동씨는 사람들이 모두 취해 있을 때 혼자서 맑은 정신을 유지하며 장차 대세가 반드시 귀의할 지점을 명확하게 간파하고 있었다. 그리하여 그녀는 남편과 가족을 도와 재난에서 피할 수 있게 했다. 이는 수많은 아첨꾼들과는 다른 점이다. 『자치통감』이 우리를 경계하는 의미는 흔히 이처럼 대세가 지나간 후의 작은 에피소드에 감춰져 있는 경우가 많다.

앞에서 예를 든 일화들에 결론을 내리고자 한다. 양진이 황금을 거절한 이야기에는 개인의 고상한 덕성이 구현되어 있다. 무유서와 무평일의 담박한 삶에 대한 일화도 개인의 인품을 묘사한 이야기에 더 가깝다. 동씨가 남편에게 내준신을 멀리하라고 권한 것은 아마도 덕행에 근본을 둔 판단이었고 또 더 장기적인 이해관계를 비교한 고언으로 보인다. 이 일화들에 등장하는 인물은 지위가 높은 사람도 있고 보통 사람도 있지만 모두 '신독' 사상을 개인의 덕성에 구현하고 있다. 모든 사람이 성실하게 개인의 덕성을 닦는다면 당연히 전체 사회 공중도덕의 수준도 높아질 것이다. 그럼 옛사람들의 사적 가운데 완전히 **공중**도덕이란 입장에서 출발하여 '신독'을 선택한 경우가 있을까? 중국 역사는 풍부해서 여기에 부응하는 사례도 물론 찾아낼 수 있다.

양국충(?~756)은 당 현종 때의 유명 인사다. 그는 양귀비(楊貴妃, 719~756)의 육촌오빠로 두 사람은 같은 증조부의 자손이었다. 양귀비가 당 현종의 총애를 받자 양씨 가문에서는 닭이나 개조차 하늘로 날아오를(鷄犬昇天) 지경이었다. 양국충의 지위도 그 덕에 수직 상승 했다. 그는 젊었을 때 술과 도박에만 빠져 살아서 친척들에게 매도당하던 무뢰배였다. 그런 그가 뜻밖에도 재상의 자리에까지 올랐다. 이것이 바로 권력의 공과 사를 명확하게 구분 짓지 못한 중국 고대 황권 정치의 가장 큰 문제였다.

양국충은 재상이 되었을 때 40여 개 직책을 겸임하고 있었다. 이는 정말 탄식을 금치 못할 일이었고 천하의 관직을 양국충 한 사람이 모두 갖고 있는 꼴이었다. 권세가 막강한 양국충은 평소에도 기세등등하게 남들을 능멸했다. 그 무렵 섬주(陝州, 지금의 허난 성 싼먼샤 시三門峽 市) 출신의 장단이란 진사가 있었다. 당나라 때는 과거 시험을 통해 진사에 급제한다고 해서 바로 관직에 임명될 수 있는 게 아니었다. 진사 급제에서 관직 임용까지는 복잡한 과정이 있었고 또 그 사람에게 적합한 관직이 있는지도 찾아봐야 했다. 그때 어떤 사람이 장단에게 양국충을 찾아가보라고 권했다. 장단은 일언지하에 거절하고 숭산으로 은거했다. 장단은 차라리 벼슬살이를 하지 않을지언정 양국충의 대문은 밟지 않겠다는 태도를 보였다.

이 이야기는 본래 당나라 말기에 어떤 사람이 쓴 필기소설(筆記小說)[7] 『개원천보유사(開元天寶遺事)』에 실려 있다. 개원과 천보는 당 현종의 연호(年號)다. 이 책은 당 현종 때의 풍문과 일화를 기록한 필기소설이다. 후

대의 일부 학자는 사마광이 『자치통감』에 이 이야기를 인용한 것에 신랄한 비판을 퍼부었다. 야사나 필기소설에 기록된 일화는 신빙성이 떨어지는데 정사를 표방한 『자치통감』에 이를 인용한 것은 근엄하지 못한 태도라는 것이다.

우리는 『자치통감』을 읽을 때 이러한 작은 병폐만을 찾아내서는 안 된다. 더욱 중요한 것은 『자치통감』이 표방하는 사상의 정수를 파악하는 일이다. 이 이야기에 올바른 이치가 담겨 있는가? 이 이야기가 현실의 문제를 설명할 수 있는가? 이런 측면을 중요시해야 한다. 안사의 난(安史之亂, 755~763)[8]이 폭발한 후 양국충은 당 현종을 따라 중국 서남 지역으로 도망갔다. 중도에 격분한 장졸들은 나라를 망치고 백성을 망친 주범이 양국충이라 생각하고 그를 살해했다. 한결같이 양국충을 추종하던 무리들은 당시에 어떤 결말을 맞았겠는가? 이 같은 시각으로 살펴보면 양국충을 얼음덩이로 비유한 장단의 말이 정확하지 않은가? 너무나 정확한 말이다. 만약 진정으로 장단처럼 양국충에게 아부할 필요가 없다고 생각한 사람이 있었다면 양국충이 권력을 잡고 있을 때는 호의호식할 수 없었을 테지만, 양국충이 권력을 잃었을 때는 그의 파당으로 엮여서 억울하게 죽지 않았을 것이기 때문이다. 한때의 향락보다 언제나 사람의 생명이 중요한 법이다. 『자치통감』의 시각에서 볼 때 장단이 양국충에게 아부하지 않은 이야기를 실은 것은 정밀한 이기주의를 선전하기 위함이

---

7   특정한 형식에 얽매이지 않고 수필식으로 견문, 전설, 감상 등을 자유롭게 기록하는 글. 루쉰(魯迅)의 규정에 따르면, 위진남북조시대의 지인소설(志人小說)과 지괴소설(志怪小說)이 이에 속한다. 이후에도 문인들은 '필기'라는 이름으로 다양한 기록을 남겼다. 소설이라는 명칭은 붙었지만 현대적 의미의 소설은 아니며, 자유로운 견문록이나 감상록에 가깝다.

8   중국 당 현종 말엽인 755년에 안녹산(安祿山)과 사사명(史思明)이 일으킨 반란. 현종은 촉나라에 망명하여 퇴위하고 반란군도 내부 분열로 763년에 평정되었으나 당의 중앙집권제가 흔들리는 전환점이 되었다.

결코 아니다. 그 속에 더욱 깊고 큰 이치가 담겨 있기 때문이다. 말하자면 장단이 얼음덩이에 기대지 않는 이야기는 인간이 견지해야 할 몇 가지 이치를 더욱 깊이 있게 설명해준다. 따라서 상대적으로 말해 이 이야기의 출전이 정사인지 야사인지는 그다지 중요하지 않다. 우리는 『자치통감』이 '차감(借鑒)' 효과에 중점을 두고 있다는 사실에 주의해야 한다. 사마광은 이야기를 통해 세상 사람들에게 정확하면서도 거울로 삼을 만한(借鑒) 이치를 들려주고 있다. 장단은 소박하면서도 매우 변증법적인 이치를 이야기하고 있다. 즉 그것은 사람들이 의지하는 산이 왕왕 얼음덩이일 뿐이라는 사실이다. 고대의 관직 사회에서 자신이 의지할 만한 산(후견인)을 찾으려다 결국 대상을 잘못 골라 곤경에 빠진 이야기는 모두가 이런 경우에 해당한다.

　장단의 행위는 서술한 바와 같이 기실 단순한 이기주의가 아니다. 장단은 세상사에 무심한 사람이 아니었다. 그렇지 않다면 그가 과거 시험에 응시할 리도 없었기 때문이다. 그러나 진사에 급제하고 난 이후의 장단은 조정의 대세를 간파하고 단호하게 돌아와 은거했다. 이 이야기에서 우리는 장단이 양국충을 멀리한 내용과 동씨가 남편에게 내준신을 멀리하라고 권유한 내용에 미묘한 차이가 있음을 발견할 수 있다. 동씨가 그렇게 한 가장 중요한 목적은 가족을 보호하려는 것이었다. 그러나 장단은 처음부터 양국충에게 의지하려 하지 않았다. 이는 '정치적 정의'에 기반을 둔 판단이었다. 장단은 양국충의 성공이 당시 정치 시스템에 심각한 문제가 있음을 폭로한 사태라고 인식했다. 따라서 양국충에게 의지하면 잠시 좋은 관직을 얻을 수는 있겠지만 결국은 그 부패한 시스템에 투항하지 않을 수 없는 일이었다. 장단은 비록 신분은 미천하고 발언권도 미약하여 전체 시스템을 바꿀 힘은 없지만 그들과 함께 악행에 참여하지 않는 길을 선택할 수는 있었다. 이 때문에 그는 관직 포기의 길을 선택했다. 포기에는 용기가 필요하다. 본성은 악하지 않지만 용기가 없는 수많은 사람들이 아마도 저들 틈에 뒤섞여 함께 악행을 저지르는 길로 나아갔을 것이다. 이것은 한나 아렌트(Hannah Arendt, 1906~1975)가 말한 '악의 평범성'(the Banality of Evil: 제2차 세계대전 기간 주관主觀 없이 자신의 기본적 생존 이익을 위해 나치에 협조한 보통 사람들의 악행을 가리킨다)과 유사하다. 이러한 시각으로 바라볼 때 장단의 선택은 '악의 평범성'에 대한 공공연한 도전이며, 공중도덕에 기초한 '신독' 사상의 일종이라 할 수 있다.

대국적 관점

胸有大局

1. 이해득실보다 전체

조왕(趙王)은 귀국하여 인상여(藺相如, ?~?)를 상경(上卿)으로 삼았는데 그 지위가 염파(廉頗, ?~?)의 윗자리였다. 염파가 말했다. "나는 조나라 장수가 되어 성을 공격하고 들판에서 싸워 전공을 세웠다. 인상여는 미천한 자인데 한갓 말재주로 나의 윗자리에 앉게 되었다. 나는 부끄러워서 차마 그자의 아래에 있지 못하겠다." 그리고 이렇게 공언했다. "내가 상여를 보면 반드시 모욕을 주겠다." 인상여는 그 소문을 듣고 그와 만나려 하지 않았다. 조정에서 조회가 있을 때도 늘 병을 핑계로 대열의 차례를 다투려 하지 않았다. 외출했다가도 멀리서 염파가 보이면 즉시 수레를 이끌고 피해 숨었다. 인상여 휘하의 사인(舍人)들은 모두 치욕으로 생각했다. 인상여가 말했다. "자네들은 염 장군과 진왕(秦王) 중에서 누가 더 위세가 있다고 보는가?" 대답했다. "염 장군이 진왕보다 못합니다." 인상여가 말했

다. "대저 진왕의 위세에도 나는 그들의 조정에서 진왕을 꾸짖고 신하들을 모욕했네. 내가 비록 둔한 사람이지만 유독 염 장군만 겁내겠는가? 진실로 내가 생각해보니 저 강한 진나라가 감히 우리 조나라에 군사를 보내지 못하는 까닭은 오직 우리 두 사람이 건재하기 때문일세. 지금 호랑이두 마리가 싸우면 틀림없이 함께 살 수 없을 것이네. 내가 지금 이처럼 행동하는 까닭은 국가의 위급을 먼저 생각하고 사사로운 원한은 뒤로 미루기 위한 연유일세. 염파는 그 소문을 듣고 나서 웃통을 벗고 회초리를 짊어진 채 인상여의 문 앞에 와서 사죄했다. 두 사람은 마침내 문경지교(刎頸之交)를 맺었다. 『자치통감』 권4

정사일(丁巳日)에 당 덕종(德宗, 742~805)은 전 산남동도절도사(山南東道節度使)[1] 남피(南皮) 사람 가탐(賈耽, 730~805)을 공부상서(工部尙書)로 삼았다. 이보다 앞서 가탐은 행군사마(行軍司馬)[2] 번택(樊澤, 749~798)을 임금의 행재소(行在所)[3]로 보내 보고를 올리게 했다. 번택이 임무를 마치고 돌아오자, 주연을 크게 베풀었다. 그때 급보가 도착해서 가탐 대신 번택을 절도사로 삼는다고 했다. 가탐은 품속에 급보 공문을 품고 여전히 주연을계속하며 안색을 바꾸지 않았다. 주연이 끝나고 나서 가탐은 번택을 불러그 사실을 알리고 장수와 관리들에게 번택을 배알하라고 명령을 내렸다. 아장(牙將)[4] 장헌보(張獻甫, 736~796)가 화를 내며 말했다. "행군사마는 상서 대감을 위해 천자의 안부를 물으러 파견되었는데 감히 스스로 절도사

---

1 산남동도는 당나라 때의 행정구역이다. 소재지는 양주(襄州: 지금의 후베이 성湖北省 상양襄陽)에 있었고, 지금의 후베이 성 창장 강(長江) 이북, 허난 성 남부 및 충칭 시(重慶市) 동부 완저우(萬州) 지역을 포괄했다. 절도사는 그 지방의 군사권과 행정권 등을 모두 장악한 최고 장관이다.
2 당나라 때 출전 장수와 절도사 밑에 설치된 관직. 군대의 참모장 역할을 수행했다.
3 임금이 궁을 떠나 멀리 나들이할 때 머무르던 곳.
4 당나라 때 절도사 밑에서 5,000명의 군사를 지휘하던 장수.

의 부월(斧鉞)⁵을 도모하여 상서 대감의 봉토를 빼앗았습니다. 사람을 섬김에 불충한 짓을 했으니 죽이십시오!" 가탐이 말했다. "그게 무슨 말인가? 천자께서 명령을 내려 절도사로 삼으셨네!" 그리고 그날 바로 그곳 번진(藩鎭)을 떠나면서 장헌보에게 자신을 따르게 했다. 군부(軍府)가 마침내 안정되었다.

호삼성(胡三省) 주(注): 그날 바로 번진을 떠났다는 것은 '어명으로 소환하면 수레에 말을 메우기를[출발을] 미루지 않는다(君命召, 不俟駕)'라는 의미다. 이 또한 혼란의 근원을 막기 위한 조치다. 장헌보를 따르게 한 것은 번택이 거리낌이 없으므로 장헌보를 온전히 보호하기 위한 조치다.

『자치통감』 권230

송 대 철학자 소옹(邵雍, 1011~1077)은 바둑으로 철리(哲理)를 비유하기 좋아해서 일찍이 「바둑을 관전하며 길게 읊다(觀棋長吟)」란 시를 지었다. 그중 두 구절이 다음과 같다. "바둑돌의 생사는 두 대국자가 부딪치는 일, 대국의 승부는 모두 한 수에 달려 있네(死生共抵兩家事, 勝負都由一著時.)" 세상사도 바둑과 같다. 속담에서 "한 수를 잘못 두면 전체 판을 패배한다(一著不愼, 滿盤皆輸)"라고 하는 말이 바로 이러한 의미다. 이 말은 사람들에게 반드시 신중하게 일처리를 해야 한다고 경고하고 있다. 발걸음 하나하나마다 전체 대국의 성패가 달려 있을 수 있기 때문이다. 그러나 우리가 고수의 바둑을 관전해보면 왕왕 눈앞의 돌 하나에 집착하지 않고 전체 포석을 중시하면서, 물러나야 할 곳에서는 물러나고 양보해

---

5   출정하는 대장에게 통솔권의 상징으로 임금이 손수 주던 작은 도끼와 큰 도끼. 정벌, 군기(軍器) 등을 뜻한다.

야 할 곳에서는 양보한다는 사실을 알 수 있다. 위의 두 시각은 상호 모순인 것 같지만 공통 키워드가 있다. 바로 '대국(大局)적 관점'이다. 이런 시각들을 결합하여 다음처럼 이해해야 한다. 나아갈 때나 물러설 때나 눈앞의 득실에 대해서는 그것을 버리든 잡든 대국적 관점에서 바라봐야 한다. 오직 가슴에 대국적 관점을 품고 있어야 눈앞의 한 수 한 수를 최후의 성공과 연결시킬 수 있다.

대국적 관점은 일을 주관하는 사람이 반드시 갖춰야 하는 소양인데 그 차원도 상당히 다양하므로 여러 부문에 구현될 수 있다. 대국적 관점이란 일종의 **덕성**이면서 **능력**이며 또 **책임**이기도 하다. 이 장에서는 『자치통감』에 기록된 역사 사건을 결합하여 서로 다른 시각으로 '대국적 관점'에 포함된 여러 차원의 의미를 밝혀보고자 한다.

먼저 덕성으로서의 대국적 관점이다. 인상여가 염파를 피한 이야기는 남녀노소 누구나 다 알고 있다. 이 이야기는 먼저 『사기』에 기록되었고 이후 『자치통감』에도 물론 채택되었다. 또 이 이야기는 중학교 교과서에도 실려 있고, 연환화(連環畵)[6]로도 제작되어 널리 알려져 있다. 1950년대에 경극계(京劇界)의 감독과 공연 예술가들은 이 이야기를 바탕으로 새로운 역사극 「장상화(將相和)」를 만들었다. 이 경극은 중화인민공화국 건국 이후 가장 성공한 신편 전통극의 하나로 자리 잡았다. 따라서 이 이야기의 내용에 대해서는 여기에서 다시 소개하지 않겠다. 다만 인상여가 말한 "차라리 염파에게 양보하기를 원하지, 조나라 망국은 원하지 않는다"("情願讓廉頗, 不願亡趙國", 경극 「장상화」에 나오는 인상여의 대사)라는 정신이 바로 도덕적 차원에 가장 훌륭하게 구현된 대국적 관점임을 지적하고자 한다. 국가의 안위와 견주어 개인의 은원 관계는 그리 대수로운 것이

---

6 연속된 그림으로 이야기를 서술하고 인물을 묘사하는 중국 전통 문예 서사 양식.

아니다. 재상과 장수의 불화로 인해 조나라가 강력한 진나라에 멸망당한다면 어디에 인상여와 염파가 용납될 여지가 있겠는가? 인상여가 사람들에게 존경을 받을 만한 점은 바로 이처럼 대국적 관점으로 자신을 굽히고 나라를 보전하려 했다는 점이다.

인상여가 세상을 떠난 후 조나라 정국에는 변화가 발생했다. 염파는 성격이 강직하여 소인배들에게 용납되지 못하고 결국 추방되고 말았다. 초왕(楚王)이 소식을 듣고 서둘러 많은 예물을 보내 염파를 초빙했다. 염파는 초나라로 가서 초나라 군대를 이끌고 한 차례 전투를 치렀으나 공적을 세우지 못했다. 그는 사람들을 슬프게 만든 한마디 말을 남겼다. "나는 조나라 군사를 부리고 싶다!"("我思用趙人!", 『자치통감』 권6) 몇십 년 동안 조나라 장수로 재직한 염파는 조나라 군사의 특성에 대해서는 속속들이 파악하고 있었다. 그러나 낯선 초나라 군사를 지휘하게 되자 더이상 일대 명장으로서의 풍모를 보여줄 수 없었다. 전화(戰禍)는 여전히 사납게 피어올랐지만 전장에서는 옛날 질풍노도처럼 전진하던 염 장군을 다시 볼 수 없었다. 몇 년 후 염파는 초나라에서 암울하게 세상을 떠났다. 염파의 결말도 당초 인상여의 판단이 옳았음을 증명하고 있다. 만약 조나라가 존재하지 않으면 염파와 같은 뛰어난 장수도 진정하게 무용을 발휘할 땅을 찾기 어렵게 되는 것이다.

중국 역사에는 인상여처럼 대국적 관점을 중시하고 개인의 이해득실을 따지지 않은 인물이 적지 않다. 당나라의 가탐도 그런 사람 중의 하나다. 가탐은 중당 시기 명신이며 지리학에 정통했다. 당 현종 천보 10년(751), 가탐은 명경과(明經科)에 급제하여 벼슬살이를 시작했다. 이후 당 덕종 때 재상에 올랐다가 헌종 초년에 세상을 떠났다. 이 기간 그는 당시 모든 사람과 마찬가지로 안사의 난으로 촉발된 일련의 전쟁과 재난을 겪었다. 763년 사조의(史朝義, ?~763)[7]의 사망으로 명목상 안사의 난은

경극 「장상화(將相和)」의 한 장면 | "차라리 염파에게 양보하기를 원하지, 조나라 망국은 원하지 않는다." 재상 인상여의 '공사분별'과 '선공후사'의 뜻을 알게 된 장수 염파는 웃통을 벗고 회초리를 짊어진 채 인상여의 문 앞에 와서 사죄한다. 나라의 두 분야에서 주축으로 자칫 나라를 백척간두의 위기로 빠트릴 수 있었던 둘은 갈등을 풀고 문경지교(刎頸之交)를 맺는다. '서로를 위해서라면 목이 잘린다 해도 후회하지 않을 정도의 사이'라는 '문경지교'는 바로 이 고사에서 유래한다. '장수와 재상이 화해하다'라는 뜻의 이 경극은 중화인민공화국 건국 이후 가장 성공한 신편 전통극의 하나로 이야기된다.

종말을 고했다. 그러나 사실상 안사의 난이 남겨놓은 반란군과 번진의 할거 문제에 대해서는 계속해서 타당한 해결 방법을 찾지 못하고 있었다. 하북삼진(河北三鎭)[8]을 대표로 하는 반군 잔존 세력은 명목상 조정에 귀순했지만 사실은 줄곧 중앙 조정에 대항하며 독립을 추구했다. 이 때문에 당나라 말기에는 중앙 조정과 지방 군벌 간의 전쟁이 끊임없이 계속되었다.

당 덕종(742~805, 재위 779~805) 시기에 하북에서 다시 반란군이 일어났다. 조정에서는 본래 재정이 궁핍하고 인력이 부족하여 장수 주도(朱滔, 746~785)를 파견한 뒤 반란을 평정하는 흉내만 낼 계획이었으나 나중에 주도는 아예 반란군의 대오로 투항하여 스스로 기왕(冀王)이라고 칭했다. 당나라 조정으로서는 설상가상이었지만 불행한 일이 여기에서 그치지 않았다. 하북의 반란군과 멀리서 호응하던 회서절도사(淮西節度使: 관할 구역이 대략 지금의 허난 성 남부와 안후이 성安徽省 북부 일대다) 이희열(李希烈, ?~786)도 반군의 기치를 들었다. 조정에서는 경원절도사(涇原節度使: 관할 구역이 대략 지금의 간쑤 성甘肅省과 닝샤후이족자치구寧夏回族自治區 접경 지역 일대다)의 군대에 명령을 내려 회서 전장으로 이동하여 반란을 평정하라고 했다. 그런데 예상치 못하게 그들은 조정에서 하사한 포상이 적어 장졸들이 동사하거나 아사하고 있다면서 행군 도중 소요 사태를 일으켰다. 그들은 반란을 평정하러 가지도 않았을 뿐 아니라 오히려 방향을 돌려 당나라 도성 장안을 공격했다. 장안에 거주하고 있던 옛 군벌 주비(朱泚, 742~784)는 주도의 형이었다. 그는 장안으로 쳐들어온 경원 반군에 의

---

7   사사명의 맏아들로, 안사의 난으로 세워진 연(燕)나라의 마지막 황제.
8   범양절도사(范陽節度使), 성덕절도사(成德節度使), 위박절도사(魏博節度使) 관할 구역을 합쳐서 부르는 말. 대체로 지금의 허베이 성(河北省) 전역, 베이징 시(北京市), 산둥 성 북부, 산시 성(山西省) 동쪽 일부 지역을 포괄한다.

해 두령으로 추대되었다. 창졸지간에 도성의 요충지에서 참화가 일어나서 아무런 방비도 할 수 없었던 덕종은 낭패를 당한 끝에 봉천(奉天: 지금의 산시 성陝西省 간 현乾縣)으로 도망칠 수밖에 없었다. 역사에서는 이 사건을 '경원병변(涇原兵變)'이라고 부른다. 이로써 당나라 조정의 체면은 땅바닥에 떨어지고 말았다.

이 사건은 783년에 발생했고 당시에 가탐은 산남동도절도사로 재직하면서 조정에 충성을 바치고 있었다. 가탐은 조정의 안위와 형편을 탐색하기 위해 다음 해 부하 번택을 봉천으로 파견하여 덕종을 알현하게 했다. 번택은 임무를 완수하고 양양으로 돌아왔다. 가탐은 번택을 위해 모든 부하가 참석하는 주연을 베풀었다. 주흥이 무르익을 무렵 조정의 사자가 번택을 새로운 절도사로 임명한다는 급보를 보내왔다. 가탐은 주흥을 깨지 않기 위해 조정에서 보내온 공문을 품속에 감추고 계속 부하들과 주연을 즐겼다.

연회가 끝나고 가탐이 부하들에게 조정의 명령을 선포하자 장헌보라는 장수가 불평을 터뜨리며 번택을 죽이려 했다. 그러나 가탐은 장헌보를 말리며 사태를 무마하고 부하들에게 번택에게 절을 올리라고 시켰다.

가탐은 번택이 마음 놓고 조정의 명령을 받을 수 있게 그날 바로 관할 지역을 떠나 봉천으로 갔다. 그리고 장헌보의 신변 안전을 보장하기 위해 그를 데리고 떠났다. 이 같은 점을 보더라도 가탐의 생각이 주도면밀함을 알 수 있다. 만약 장헌보를 양양에 남겨두면 그와 번택 사이에 갈등이 다시 폭발할 가능성이 있기 때문이었다. 번택이 자신의 권위를 강화하기 위해 장헌보를 죽이든 아니면 장헌보가 세력을 규합하여 번택을 축출하든, 모두가 좋지 않은 결과로 치우치기 십상이었다. 가탐이 장헌보를 데리고 감으로써 번택도 보호할 수 있었고 장헌보도 보호할 수 있었다.

당 덕종은 좀 소심해서 후세 역사가에 의해 "지나치게 꼼꼼하게 살핀다(察察爲明)"는 비난을 들었다. 그는 사소한 일에서 대신들을 시기하고 견제했으며 또 매우 자질구레한 잡무에 간여하길 좋아했다. 갑자기 명령을 내려 가탐 대신 번택에게 절도사의 임무를 맡긴 것도 이러한 시기심에서 비롯한 일이 분명했다. 그러나 가탐은 전혀 개의치 않고 평온하게 조정의 결정을 받아들여 태연하게 그곳을 떠났다. 가탐의 충성과 지혜는 시간의 시련을 거치며 갖가지 고난을 통과해야 했다. 그러다가 가탐은 마침내 793년 덕종에 의해 조정의 재상으로 임명되었다. 가탐이 대국적 관점을 품고 개인의 득실을 따지지 않은 풍모는 완전히 인상여의 미담에 비견할 만하다.

2. 판세 읽기

9월에 조조(曹操, 155~220)는 허도(許都)로 돌아와 군사를 나눠 관도(官渡)를 지켰다. 원소(袁紹, ?~202)는 사자를 보내 장수(張繡, ?~207)를 초빙하게 했고, 아울러 장수의 모사 가후(賈詡, 147~223)에게도 서찰을 보내 교분을 맺으려 했다. 장수가 초빙에 응하려 하자 가후는 장수와 함께한 좌석에서 대놓고 원소의 사자에게 소리쳤다. "원본초(袁本初: 본초는 원소의 자字)에게 돌아가 고맙다고 전하시오. 형제[원술袁術]간에도 서로 용납하지 못하면서 천하의 선비를 받아들일 수 있단 말이오?" 장수는 깜짝 놀라 두려워하며 말했다. "어찌 사자를 이처럼 심하게 대우한단 말인가?" 그리고 장수는 몰래 가후에게 말했다. "이렇게 하고 나서 누구에게 귀의해야 하는가?" 가후가 말했다. "조공(曹公: 조조)을 따르는 것이 더 좋습니다." 장수가 말했다. "원소는 강하고 조조는 약하다. 또 [나는] 앞서 조조와 원한을 맺은 적이 있는데 그를 어찌 따를 수 있겠는가?" 가후가 말했다. "그 점이 바로 조공을 따라야 하는 까닭입니다. 대저 조공은 천자를 받들고 천하에 명령을 내리고 있으니 이것이 조공을 따라야 할 첫 번째 이유입니다. 원소는 강성하므로 우리가 적은 군사로 그를 따르면 틀림없이 우리를 귀중하게 여기지 않을 것입니다. 조공은 군사가 약하므로 우리 군사를 얻으면 틀림없이 기뻐할 것입니다. 이것이 조공을 따라야 할 두 번째 이유입니다. 대저 천하의 패왕이 되고자 마음먹은 사람은 진실로 사사로운 원한을 풀고 사해에 덕을 밝히고자 할 것입니다. 이것이 조공을 따라야 할 세 번째 이유입니다. 바라옵건대 장군께서는 의심하지 마십시오." 겨울 11월에 장수는 군사를 이끌고 조조에게 투항했다. 조조는 장수의 손을 잡고 기쁘게 연회를 열었다. 그리고 자신의 아들 조균(曹均)에게 장수의 딸을 아내로 맞게 했다. 또 장수를 양무장군(揚武將軍)[1]에 임명하고 다시 상소문을 올려 가후를 집금오(執金吾)[2]에 임명하고 도정후(都亭侯)에 봉했다.

『자치통감』 권63

대국적 관점을 장악함과 아울러 이를 행동 지침으로 삼기 위해서는 앞서 살펴본 덕성 이외에도 능력이 필요하다. 동한 말년에 일어난 관도 전투는 배경이 복잡한 싸움이었다. 모두들 잘 알고 있는 조조와 원소의 실력이 대조적이었다는 점 말고도 한 헌제(獻帝, 181~234)의 권위 및 각 지역 대소 군벌의 거취 문제도 얽혀 있었다. 당시에 완성(宛城: 지금의 허난 성 난양南陽)과 양성(穰城: 지금의 허난 성 덩저우鄧州)에 할거하고 있던 장수는 원소와 조조가 경쟁적으로 연합하고 싶어 하던 대상이었다. 자신의 거취 문제에서 장수는 유보적인 태도를 보이고 있었지만 전체적으로 원소에게 마음이 기울고 있었다. 왜냐하면 그는 앞서 조조의 아들을 죽이는 일을 저질러서 조조가 자신을 용납하지 않을까봐 두려워하고 있었기 때문이다.

장수가 조조와 원한을 맺게 된 것은 197년에 일어난 전투 때문이었다. 당시에 한 헌제는 이미 허도(許都: 지금의 허난 성 쉬창許昌)에 자리를 잡고 있었고, 조조는 조정의 명의(名義)로 군사를 동원하여 반역자들을 토벌하면서 육수(淯水: 지금의 바이허 강白河, 허난 성 난양에 있음)에까지 이르렀다. 그곳은 바로 장수의 근거지였다. 본래 유표(劉表, 142~208)에게 의탁했

---

1   동한 때 설치되어 당나라 때까지 이어진 무관직. 주로 외부 정벌 임무를 맡았다.
2   서한 말 설치된 금군(禁軍) 장수. 도성과 궁궐을 호위했다.

던 장수는 아무런 저항도 받지 않고 조조의 배후에 있는 한 헌제의 조정에 귀순할 마음을 먹고 있었다. 그러나 아직 초기의 창업 단계에 머물러 있던 조조는 뒷날처럼 그렇게 치밀한 계책을 수립하지 못했고 이 과정에서 중대한 실수를 범하고 말았다. 그는 뜻밖에도 과부가 된 장수 숙모의 미색을 탐하여 그녀를 자신의 여인으로 맞아들였다. 장수의 군대와 기반은 사실상 자신의 숙부 장제(張濟, ?~196)에게서 물려받은 것이었다. 장제가 세상을 떠난 후 홀로 남게 된 그의 처는 상당한 미모로 소문이 났고 마침내 조조의 눈에 들었다.(장제의 부인은 정사에 그 성명이 전하지 않는다. 소설 『삼국연의』에서는 그녀의 성을 추씨鄒氏라고 했는데 근거는 알 수 없다.) 장수는 그 사실을 알고 심한 불만을 품었다. 그는 본래 순리에 따라 거취를 결정하고 조정에 귀순했다. 결과적으로, 귀순한 이후 자기 집안의 숙모조차 보호하지 못하게 되었다. 한 명의 전사로서 장수는 극심한 치욕을 느꼈다. 조조는 장수가 불만을 품고 있다는 사실을 알고 나서 장수를 꺼림칙하게 여기기 시작했다. 조조와 장수 사이의 불화는 마침내 장수의 반란을 불러왔다. 장수는 조조의 진영을 습격했고, 조조의 맏아들 조앙(曹昂), 조조의 조카 조안민(曹安民), 조조의 애장(愛將) 전위(典韋)가 모두 혼전 중에 피살되었다. 조조는 중대한 손실을 입고 허도로 철수했다.

원소와 조조가 관도에서 대치하자 장수의 거취가 다시 관심사로 떠올랐다. 원소는 자발적으로 장수에게 사자를 보내 그와 힘을 합한 후 함께 조조를 치고 싶어 했다. 장수는 완성 전투에서 조조와 원한을 맺었고, 또 원소의 세력이 강한지라 원소에게 마음이 기울어 있었다. 그러나 원소의 사자를 접견할 때 장수의 모사 가후가 함께 자리에 있다가 원소의 사자에게 모욕을 줘서 결국 장수가 원소와 연합할 길을 끊어버리고 말았다. 장수가 이제 어떻게 할 거냐고 묻자 가후는 조조에게 귀의해야 한다면서 위 인용문에서 제시한 세 이유를 들었다.

문제는 완성 전투 때 생긴 깊은 원한이었다. 조조가 과연 자신의 아들을 죽인 원수를 기꺼이 받아줄 수 있을까? 이 점이 바로 장수의 마음속에 도사리고 있던 가장 큰 의심이자 우려였다. 이 문제에 대한 가후의 분석은 조조라는 사람을 어떻게 볼 것인가에 초점이 맞춰져 있다. 가후는 조조가 대업을 성취하려는 사람이고 또 대업을 성취할 능력이 있는 사람이라고 보았다. 이런 사람이 만약 개인적 은원 관계만 따진다면 그는 자신의 원대한 이상에 걸맞지 않은 소인배일 뿐이다. 이 같은 사람은 천하의 선비를 받아들일 드넓은 흉금을 갖고 있으므로 무슨 까다로운 요구 조건을 내걸지 않고도 반드시 원수를 받아들일 수 있다는 것이다. 이러한 사람에게 진정한 어려움은 일찍이 자신의 적이었던 사람을 용납할 수 있느냐에 놓여 있다고 할 수 있다. 즉 한 고조 유방(기원전 256~기원전 195)이 옹치(雍齒, ?~기원전 192)를 제후에 봉한 것과 같은 행동을 할 수 있느냐가 가장 큰 관건인 셈이다.(옹치는 일관되게 유방을 업신여겼고 심지어 유방을 배신한 적도 있다. 유방은 황제가 된 후 정국을 안정시키기 위해 장량의 건의를 받아들여 가장 먼저 옹치를 제후로 봉했다. 이 조치로 유방은 민심을 모으는 효과를 달성했다.) 가후는 조조가 진정으로 원대한 미래를 꿈꾸고 있다면 지난날의 원한을 따지지 않을 것이라고 판단했다.

가후의 설득으로 장수는 마침내 조조에게 귀의할 결심을 했다. 과연 가후의 예상대로 조조는 장수를 환영했다. 조조는 장수의 손을 잡고 잔치를 베풀었을 뿐만 아니라 장수의 딸을 며느리로 맞아 장수와 서로 사돈이 되었다. 이런 방식으로 완성 전투 때 맺은 원한이 풀리자 장수는 안심하고 조조의 진영에 남았다.

모두들 잘 아시는 바와 같이 관도 전투에서 조조는 마침내 원소를 격파했다. 장수도 이 유명한 전투에서 큰 공을 세웠다. 원소가 죽은 후 장수는 또 조조를 따라 출병하여 원소의 아들 원담(袁譚, ?~205)을 격파했다. 원씨 집단이 철저하게 소멸된 후 조씨 집단은 안정적으로 역사의 무대 중심으로 진입해 들어갔다. 장수는 조조가 가장 어려울 때 귀의해온 만큼 조조는 줄곧 그에게 감사하는 마음이 있었다. 원담을 격파한 후 조조는 헌제에게 상소문을 올려 장수의 식읍(食邑)을 2,000호로 늘려달라고 청했다. 해마다 이어진 전쟁과 흉년으로 동한 말기에는 천하의 호구수가 격감했다. 중앙 정부에서 관리하는 납세 호구도 한나라 전성 시기에 비해 10분의 1 내외로 감소했다. 그런데 조조 휘하에도 혁혁한 전공을 자랑하는 명장이 적지 않았지만 식읍 1,000호를 넘는 사람은 드물었다. 오직 장수만이 그 같은 특별한 영예를 누렸다. 이는 아마도 가후도 말한 것처럼 귀의의 시점이 매우 중요했기 때문일 것이다.

이 역사 사건을 살펴보면 정국 전체를 파악한 모사 가후의 능력에 감탄이 우러난다. 상대의 강약을 판단할 때 단지 눈앞의 현상에만 집착해서는 안 되는 경우가 상당히 많다. 현재의 강약은 형세에 따라 순식간에 바뀔 수도 있다. 관건은 현상의 배후에 감춰진 실질을 간파하고 파악하는 능력이다. 가후는 분명히 이를 파악하는 능력을 갖고 있었다. 원소는 목전에 강력한 병력을 보유하고 있었지만 가후는 원소의 행동 특히 형제간에도 서로 포용할 수 없는 상황을 보고 원소가 대업을 이룰 인물이 아니라고 판단했다. 이어서 가후는 목전에 약한 것처럼 보이는 조조는 한 헌제와 중앙 조정에 의지하여 정확한 정치적 입장을 견지하고 있는 점 이외에도 그의 이상과 행동 스타일로 판단해볼 때 지난 원한을 따지지 않을 것으로 보았다. 가후의 입장에서는 조조가 잠재력이 풍부한 인물로 파악되었으므로 그가 강해진 후에 그에게 귀의하기보다는 그가 곤경에 빠졌을 때 도움을 주는 것이 더 효과적이라고 생각했다. 강한 세력을 추종만 하는 효과가 어찌 강한 세력으로 직접 만들어주는 효과와 같을 수 있겠는가? 가후는 미래의 발전 추세를 대국적 관점으로 관찰했기 때문에 장수가 조조에게 귀의하도록 강력하게 주장했다. 이후 상황의 발전은 모두 가후의 예상과 맞아떨어졌다. 가후의 안목은 대국적 관점이 능력 차원에 구현된 것이라 할 수 있다.

3. 위기일수록 다해야 하는 책임

───────────✿───────────

평로유혁사(平虜游奕使)[1] 무척(武陟) 사람 유객노(劉客奴, ?~825), 선봉사(先鋒使)[2] 동진(董秦, 716~784) 및 안동도호부(安東都護府)[3] 장수 왕현지(王玄志, ?~759)가 함께 모의하여 여지회(呂知誨)를 토벌하여 죽이고, 사자를 파견하여 바다를 건너 안진경(顔眞卿, 709~784)에게 알린 후 범양(范陽)을 함락하는 데 스스로 힘을 다 바치겠다고 했다. 안진경은 판관 가재(賈載)를 시켜 군량미 및 군사들의 옷을 싣고 가서 유객노를 돕게 했다. 안진경에게는 당시에 단 하나뿐인 아들 안파(顔頗)가 있었는데 나이가 겨우 10여 세였다. [안진경은] 그 아들을 시켜 유객노를 배알하고 그곳에서 인질이 되게 했다. 조정에서 그 소식을 듣고 유객노를 평로절도사(平虜節度使)로 삼고 정신(正臣: '바른 신하'라는 뜻이다)이란 이름까지 내렸다. 또 왕현지를 안동부대도호(安東副大都護)로 삼고, 동진을 평로병마사(平虜兵馬使)[4]로 삼았다.

『자치통감』 권217

건원(乾元) 원년(758) 무술년(戊戌年), 9월의 초하루는 경오일(庚午日)인데 9월 3일 임신일(壬申日)에 십삼숙(十三叔),[5] 은청광록대부(銀靑光祿大夫), 사지

───────────────────────

1 당나라 중기 이후 전쟁이 빈번하고 땅이 넓은 곳에 유혁사를 설치하여 관할 지역을 순행하며 적의 준동을 방비하게 했다. 유혁사는 임시직의 성격이 강하다. 당나라 때 평로유혁사는 주로 지금의 허베이 성 북동부 지역을 관할했다.
2 적을 평정하기 위해 선봉장의 개념으로 파견하는 장수.
3 당나라가 신라와 연합하여 고구려를 멸망시킨 후 그 옛땅에 설치한 도호부. 평양에 설치했다가 나중에 요동(遼東)으로 옮겼다.
4 변방 접경지대의 행정구역에서 군사권을 총괄하는 최고사령관. 혹은 특수 목적을 위해 임시로 파견한 군대의 최고사령관.

절포주제군사(使持節蒲州諸軍事), 포주자사(蒲州刺史), 상경거도위(上輕車都尉), 단양현개국후(丹陽縣開國侯) 진경은 맑은 술과 제수를 갖춰 세상을 떠난 조카 증찬선대부(贈贊善大夫) 계명(季明)[6]의 영전에 제를 올린다. 아, 너는 태어난 이후로 일찍부터 어린 나이에도 덕성을 높이 드러냈다. 종묘의 귀한 제기(祭器)처럼 재주가 뛰어났고, 또 우리 집 안 뜰에서 향기로운 난초와 옥 같은 나무처럼 자랐다. 너는 늘 사람들의 마음에 위안이 되었고, 우리는 네가 바야흐로 큰 복락을 누리리라 기대했다. 그런데 역적들이 틈을 타 반란을 일으키고 군사를 동원하여 순리를 거스를 줄 누가 생각이나 했겠느냐? 네 아버지[안고경顔杲卿]께선 정성을 다해 상산(常山)에서 태수직을 수행하셨고, 나도 그때 어명을 받들고 역시 평원(平原)에서 일을 하고 있었다. 어진 형님[7]께선 나를 사랑하시어 너를 보내 소식을 전하셨고, 너는 다시 돌아가 토문(土門) 길을 열었다. 토문 길이 열리자 간흉[안녹산安祿山]의 위세가 크게 꺾였는데, 역적[왕승업王承業]이 구원에 나서지 않아 외로운 성이 급박하게 포위되었다. 아버지와 아들이 모두 목숨을 잃었고 둥지가 엎어져 알이 모두 깨지고 말았다. 하늘은 이런 참화를 후회도 않고 누구를 위해 맹독을 뿌리는가? 네가 잔혹한 참변을 당한 걸 생각하니 내 몸이 백 개라 해도 어찌 이제 대신할 수 있겠느냐? 아아! 애통하다! 나는 천자의 은혜를 입고 하관(河關) 고을로 임지를 옮겼다. 천명(泉明)이 근래에 다시 상산으로 갔다가 네 머리가 담긴 상자를 가지고 이번에 함께 돌아왔다. 가여운 심정 갈가리 찢어지고 마음과 얼굴은 슬픔으로 떨린다. 이제 뒷날을 기다려 네 유택(幽宅: 무덤)을 마련해줄 테니, 영혼이여 내 마

---

5   중국 전통 사회에서는 같은 가문 같은 항렬의 사람은 태어난 순서에 따라 번호를 붙여 호칭으로 삼았다. 여기에서 십삼숙은 안진경이 자기 항렬에서 13번째 태어났다는 말이고 조문 대상인 안계명의 숙부 항렬이므로 숙(叔)을 붙인 것이다. '열세 번째 아저씨(숙부)'란 뜻이다.

6   안진경의 오촌조카(堂姪).

7   안진경의 사촌형 안고경(顔杲卿)으로 안계명의 부친.

음 안다면 오래 원혼으로 떠돌지 말게나! 아아! 애통하다! 이 제수를 흠
향하시게!

안진경, 「조카를 위한 제문 원고(祭姪文稿)」

인상여와 가탐의 대국적 관점은 개인의 은원 관계나 이해득실을 따지
지 않는 덕성에 구현되어 있고, 가후의 대국적 관점은 전체 형세의 방향
을 파악하는 판단 능력에 구현되어 있다. 그러나 사회의 엘리트 계층에
대해서 말하자면 이 두 가지보다 더 중요한 것이 최종적으로 대국적 관
점이 개인의 책임으로 귀착되어야 한다는 점이다. 특히 국가가 위기에 처
했을 때는 위기에 대처할 능력이 있든 없든 모두들 가능한 한 최대의 노
력을 기울여 자신의 책임을 다해야 한다.

중당의 명신 안진경이 오늘날 사람들에게 알려지게 된 것은 대부분
그의 서예 업적 때문이다. 그는 당나라 해서(楷書)의 집대성자로 서예사
에서 왕희지(王羲之, 303~361)에 다음가는 지위를 차지하고 있다. 『자치통
감』에서도 중당 시기 복잡한 역사 장면을 이야기할 때 안진경을 중점 인
물로 묘사하고 있다. 그러나 그의 서예에 대한 언급은 한 마디도 없다.
사실 안진경이 당시에 드높은 명성을 누린 이유는 결코 서예 때문이 아
니라 국가에 대한 그의 뜨거운 충성심과 온몸으로 확립한 그의 정의감
때문이었다.

안진경은 문화적 향기가 짙은 명문가에서 태어났다. 그의 가문은 육
조(六朝)시대 이래로 유명한 인물을 많이 배출했다. 남조의 저명한 문학
가 안연지(顔延之, 384~456), 『안씨가훈(顔氏家訓)』의 저자 안지추(顔之推,
531~595), 초당(初唐) 시기 대학자 안사고(顔師古, 581~645)가 모두 그의 가
문 출신이었다. 안진경의 모친도 대대로 서예를 가학(家學)으로 이어온

또 다른 명문가 은씨(殷氏) 가문 출신이었다. 이 때문에 안진경은 어려서부터 우수한 문화 유전자를 계승할 수 있었다. 안진경이 벼슬길에 나선 것은 당 현종 시기였고, 그는 오래지 않아 양국충의 전횡을 만났다. 성격이 곧은 안진경은 다른 정직한 관료들과 마찬가지로 양국충의 배척을 받아 외직인 평원군(平原郡) 태수로 쫓겨났다.(평원군 옛 유허지는 지금의 산둥 성 더저우德州 링 현陵縣에 있다. 그러나 당나라 때는 평원군도 넓은 의미의 하북河北 지역에 있었고, 안녹산의 근거지와 멀지 않았다.) 안진경이 평원군에 부임한 것은 753년이었고 2년 후에 중국 역사를 뒤바꾼 안사의 난이 일어났다.

평원에 부임하고 나서 오래지 않아 안진경은 안녹산(703~757)이 벌이는 갖가지 수상한 행적을 발견했다. 그는 홍수 방비를 명목으로 성벽을 높이 쌓고 성벽 밖의 해자(垓子/垓字: 성 주위에 둘러 판 못)를 넓게 팠으며, 아울러 몰래 식량을 비축하고 군사를 불러 모았다. 안녹산의 의심을 사지 않기 위해 안진경은 밖으로 한가한 모습을 가장하고 항상 빈객들과 뱃놀이를 즐기며 술을 마셨다. 과연 안녹산은 안진경을 염려하지 않고 아무런 방비도 취하지 않았다.

755년 안녹산은 황제의 비밀 조칙을 받들고 양국충을 토벌한다는 핑계를 대고 범양(지금의 허베이 성 베이징 일대)에서 군사를 일으켜 반란을 도모했다. 반란군의 기세는 사나웠지만 조정에서는 평소에 아무런 방비도 하지 않았기 때문에 지방의 관리들은 도망치고 항복하기에 급급했다. 그러는 사이 하북 대부분 지역이 순식간에 반란군의 수중에 들어가게 되었다. 오직 안진경만이 평원을 지키며 반란군에 적지 않은 골칫거리를 안겨주고 있었다. 안진경이 조정으로 보고를 올리기 전에 당 현종은 하북 24군이 모두 적에게 항복했다고 여기고 실망감에 젖어 탄식했다. "24군에 의사(義士)가 한 사람도 없단 말인가?"("二十四郡, 曾無一人義士邪!", 『자치통감』 권217) 안진경의 보고를 받은 후 현종은 위안감을 느끼며

나라에 아직도 충신 의사가 남아 있음을 알고 다음과 같이 말했다. "짐은 안진경의 모습이 어떤지 기억나지 않는다. 어찌 이처럼 충성스러울 수 있는가!"("朕不識顔眞卿作何狀, 乃能如是!", 『자치통감』 권217) 당시 현종은 아마도 진정한 충신과 의사는 온종일 자신의 곁을 둘러싸고 기분 좋은 말만 하는 사람이 아니라는 사실을 깊이 깨달았을 것이다.

안녹산의 군대는 신속하게 동도(東都) 낙양을 점령했다. 안진경과 당시 상산(지금의 허베이 성 스자좡石家莊 일대)태수로 재직하던 그의 사촌형 안고경(692~756)은 힘을 합쳐 하북의군동맹(河北義軍同盟)을 결성했다. 안씨 형제의 호소하에 앞서 반란군에 점령되었던 많은 성에서 안녹산의 부하 장수를 참수하고 반정(反正)에 성공했다. 조정을 지지하는 하북 지역의 군(郡)이 신속하게 17개로 확장되었고, 군사도 모두 20만에 달하게 되었다. 사람들은 모두들 안진경을 맹주로 추대했고, 안진경은 마침내 하북 지역 의병의 영수가 되었다. 이 의병은 이미 낙양에 당도한 안녹산의 반군과 그들의 소굴 범양을 양단하고 반군의 교통로를 끊었다. 이로써 반란군의 군수품 공급과 병력 보충에 심각한 문제가 발생했다. 게다가 안고경은 또 안녹산의 장수 이흠주(李欽湊, ?~755)를 죽이고 당나라 왕실을 위해 태항산(太行山)의 가장 중요한 관문인 정형관(井陘關: 속칭 토문土門, 지금의 허베이 성 서쪽 타이항 산맥太行山脈 기슭)을 굳게 지켰다. 수치가 분노로 변한 안녹산은 군사를 보내 정형관을 공격했다. 안고경은 패배하여 포로가 되었으나 굴복하지 않고 적을 꾸짖다가 피살되었다. 이 전투로 인해 전체 안씨 가문은 참혹한 손실을 입었다. 우리는 지금까지 전해지는 안진경의 서예 명품들 속에 토문 전투가 반복해서 언급되고 있음을 목도할 수 있다. 안진경은 토문 전투를 마음속 깊이 새기고 있으며 또 그것을 줄곧 자기 가족사의 가장 찬란한 한 페이지로 기록하고 있다. 원 대의 저명한 서예가 선우추(鮮于樞, 1246~1302)가 '천하 두 번째 행서(天下第

二行書)'라고 일컫은 「조카를 위한 제문 원고」는 안진경이 이 전투에서 목숨을 잃은 어린 조카 안계명(안고경의 어린 아들로 당시 화를 당할 때 겨우 10여 세에 불과했다)을 애도하기 위해 쓴 글이다.(천하 최고의 행서는 왕희지의 「난정집서蘭亭集序」다.) 원본에는 얼룩얼룩한 눈물 자국이 남아 있어서 진실한 감정이 그대로 드러난다.

그러나 그런 참극도 안진경을 결코 후퇴시키지 못했다. 반란군의 뒷마당에서 진압의 불길이 솟아오르자 본래 안녹산을 따르던 평로유혁사 유객노가 갑자기 깃발을 바꿔 달고 조정에 충성을 바치려 한다면서 사람을 보내 안진경에게 연락을 해왔다. 안진경은 조정에 충성하려는 유객노의 마음을 굳건히 하기 위해 부하를 시켜 10만 군사의 경비 및 옷과 군량미를 그에게 보내줬다. 또 안진경은 그것도 부족하다고 생각하고 자신의 진실한 마음을 표시하기 위해 당시에 아직 독자였고 겨우 10여 세에 불과한 자신의 어린 아들 안파를 유객노의 진영에 인질로 보냈다. 이를 통해 유객노가 조정을 배신하지 않으면 안진경 자신도 유객노를 결코 배신하지 않겠다는 마음을 표시했다. 이처럼 가문의 멸망을 감수하고 나라를 위해 헌신한 안진경의 위대한 충정은 천고의 역사 동안 사람들의 감탄을 그치지 않게 하고 있다.

안진경 등의 노력하에 하북 의병은 반란군과 벌인 대결에서 기세를 떨치며 일정한 성과를 거두기도 했지만, 의병 영도자들이 모두 노련한 장수가 아니었고, 모집해온 군사도 훈련이 부족했으며, 각지의 행정 조직도 제각각으로 움직이고 있어서 진정한 의미의 통합 지휘는 할 수 없었다. 이러한 상황에서 안녹산의 정예군과 전면 대항을 벌인다는 건 정말 엄청난 어려움이 따르는 일이었다. 안진경은 하북 전장에서 더욱 큰 전과를 얻기 위해 전체 대국을 바라보는 책임감으로 가족을 버리고 나라를 위하는 장엄한 행동을 실천했을 뿐 아니라 협소하게 자신만 보전하지 않고 기개 있게 인근 고을까지 지원하는 결단을 내렸다. 아래에서 우리는 당읍(堂邑: 지금의 산둥 성 랴오청聊城 인근) 전투를 예로 들어 이 점을 설명하고자 한다.

4. 패싸움과 대마싸움

청하(淸河)에서 온 손님 이악(李萼)이라는 사람은 나이가 20여 세로 청하군 사람들을 위해 안진경에게 군사를 빌리러 왔다. 그가 말했다. "공께서 앞장서서 대의를 제창하시자 하북의 여러 군(郡)은 공을 의지하며 마치 장성(長城)처럼 여기고 있습니다. 지금 청하는 공의 서쪽 근교입니다. 국가에서 평소에 강수(江水: 창장 강長江), 회수(淮水: 화이허 강淮河), 하남(河南)의 돈과 비단을 그곳에 모아 북쪽 군대에 넉넉하게 공급하기 때문에 사람들은 그곳을 일러 천하의 북쪽 창고(天下北庫)라고 합니다. 지금도 베 300여만 필, 비단 80여만 필, 돈 30여만 민(緡: 민은 본래 엽전을 꿰는 줄이다. 화폐단위로 쓰일 때는 1,000문文이 1민이다), 식량 30여만 곡(斛: 당나라 제도에서 1곡은 10두斗다. 대체로 120근에 해당한다)이 보관되어 있습니다. 옛날 돌궐 목테즈(默啜: Ashana Mocktez, ?~716)를 토벌할 때 갑옷과 무기를 모두 청하 창고에 보관했고 지금도 50여만 건(件)이나 남아 있습니다. 호구는 7만이고 인구는 10여만입니다. 몰래 계산해보건대 재물은 넉넉히 평원(平原)의 세 배이고, 무기는 넉넉히 평원의 두 배입니다. 공께서 진실로 병졸을 보내 도와주시고 그곳을 어루만져 소유하시어 평원과 청하 두 군을 가슴과 배로 삼으시면 나머지 군은 팔다리와 같이 될 것이니 공의 지휘에 따르지 않는 곳이 없을 것입니다." 안진경이 말했다. "이곳 평원은 군사를 새로 모집하여 아직 훈련을 시키지 못했소. 스스로 보전하기도 부족할까 두려운데 어느 겨를에 이웃 고을까지 도와줄 수 있겠소? 그렇다 해도 그대의 요청과 같이 군사를 빌려주면 장차 어떻게 할 작정이오?" 이악이 말했다. "청하에서 저를 시켜 공에게 명령을 전하게 함은 그곳의 힘이 모자라 공의 군사를 빌려 도적과 싸우려는 게 아니라 대현(大賢)의 분명한 대의를 보려는 것입니다. 지금 공의 높으신 뜻을 우러러보니 아직 결심을 못하신 듯한데, 제가 어찌 감히 앞으로 행할 바를 바로 말씀드릴 수 있겠습니까?" 안진경은 기특하게 생각하며 그에게 군사를 빌려주려 했다. 그러나 주위의 부하들은 이악의 나이가 어리고 사려가 부족하다 여겼으며 또 병력을 분산하면 틀림없이 아무것도 이루지 못할 것이라 생각했다. 안진경은 부득이하게 그의 요청을 사절했다. 이악은 객관(客館)으로 돌아가서 다시 서찰을 보내 안진경에게 말했다. "청하는 역적을 버리고 조정에 귀순하여 곡식, 비단, 무기를 바쳐 관군을 도우려 했는데, 공께서는 이를 받지 않고 오히려 의혹을 품고 있습니다. 저는 수레를 돌려 돌아가지만 이후로도 청하는 외롭게 존재하지 않고 반드시 의탁할 곳을 찾을 것입니다. 청하가 장차 공의 서쪽 강적이 된다면 공은 후회하지 않을 수 있습니까?" 안진경은 깜짝 놀라 급히 객관으로 가서 군사 6,000을 빌려주겠다 하고 군의 경계까지 전송한 후 손을 잡고 작별했다. 안진경이 물었다. "군사가 이미 떠났으니 그대가 장차 하고자 하는 일을 말해줄 수 있겠소?" 이악이 말했다. "소문을 듣건대 조정에서 정천리(程千里, ?~757)를 시켜 정예병 10만을 거느리고 곽구(崞口)로 나가 적을 토벌했는데 적이 험한 요새에 의지하여 항거하고 있어서 앞으로 나갈 수 없다고 합니다. 이제 군사를 이끌고 먼저 위군(魏郡)을 공격하여 안녹산이 임명한 태수 원지태(袁知泰)를 사로잡고 옛날 태수 사마수(司馬垂, 698~756)를 복귀시켜 서남쪽 주인으로 삼겠습니다. 그리고 군사를 나눠 곽구를 깨뜨리고 정천리의 군사를 출동시킬 것입니다. 이어서 급군(汲郡)과 업군(鄴郡) 이북을 토벌하면서 유릉(幽陵)의 군현 중에서 아직 항복하지 않은 곳까지 가겠습니다. 평원과 청하 두 군이 여러 동맹군을 거느리면 그 병력을 합친 수가 10만에 이를 것입니다. 이후 남쪽으로 맹진(孟津)에 이르러 군사를 나눠 하수(河水: 황허 강黃河) 연안을 따라 요충지를 지키며 북쪽으로 가는 길을 통제할 것입니다. 계산해보면 동쪽으로 토벌에 나선 관군이 20만 이하로 내려가지는 않을 것이고, 하남의 의군 중 서쪽으로 진격하는 군사도 10만에서 더 줄지는 않을 것입니다. 공께서는 다만 조정에 상소문을 올리고 성벽을 굳게 지키며 전투에 나서지 마십시오. 그럼 한 달도 되지 않아 적군은 반드시 안으로부터 무너져 서로가 서로를 죽이는 변고가 일어날 것입니다." 안진경이 말했다. "좋소!" 그리고 녹사참군(錄事參軍)[1] 이택교(李擇交) 및 평원령(平原令) 범동복(范冬馥)에게 명하여 군사를 거느리고 청하의 군사 4,000 및 박평(博平)의 군사 1,000과 연합하게 한 후 당읍 서남쪽에 주둔하게 했다. 원지태는 자신의 장수 백사공(白嗣恭) 등을 파견하여 2만여 군사를 거느리고 그들을 맞아 싸우게 했다. 세 군(郡)의 병력은 하루 종일 전투를 했다. 위군의 군사가 대패했다. 적군 1만여 명의 수급을 벴고, 1,000여 명을 포로로 잡았고, 군마 1,000필을 얻었으며, 군수품도 매우 많이 노획했다. 마침내 위군을 함락하고 군대의 기세를 크게 떨쳤다. 『자치통감』 권217

────────❖────────

청하군(지금의 허베이 성 칭허 현(淸河縣) 동남쪽)은 안진경이 지키던 평원군의 서북쪽에 있고, 당나라 시대 군대의 중요한 물자 집하장의 하나였다. 매년 남방 지역 강수와 회수 지역에서 운송해온 직물, 돈, 식량을 청하에 모았다가 다시 북쪽 지역을 지키는 장졸들에게 공급했다. 당시 청하에 모이는 물자는 그 액수가 거대했는데 다행히 안녹산의 반란군 수중에 들어가지 않았다. 이 때문에 청하군의 관리와 백성은 적극적으로 안

---

1 지방 행정단위나 각급 군대에 설치된 감찰 관직. 주로 문서를 관장하며 관리들의 불법이나 비리를 감찰하고 탄핵했다.

진경에게 연락하고 그의 지원을 받아 전투 준비를 하려고 했다. 청하군에서는 이악이라는 젊은이를 안진경에게 파견했다. 당시 이악은 겨우 20세에 불과했다. 이악의 계산에 의하면 청하현의 재물은 평원군의 세 배에 달했고 인구는 평원군의 두 배에 달했다. 말하자면 청하군은 본래 재물은 넉넉하지만 현재의 문제는 첫째, 군사력이 부족하고, 둘째, 방어 '조직'이 필요하다는 점이었다. 반란군이 눈앞에 닥쳐온 상황에서 천 리 밖 조정의 지휘를 받는다는 건 분명 실제적이지 못한 일이었다. 당시에 안진경은 이미 높은 명망을 얻어 하북 전선의 맹주로 추대되어 있었다. 그들은 안진경의 지원을 희망했다.

평원군도 자체 상황이 결코 안심할 단계가 아니었다. 안진경은 이악에게 휘하의 군사가 모두 방금 모집해온 신병이라 아직 훈련이 부족하여 현지 성을 지키기도 어렵다고 했다. 그러나 위 인용문의 내용처럼 안진경은 이악의 말에 설득되어 청하로 군사를 파견했고 마침내 평원과 청하의 군사가 힘을 합쳐 위군을 탈환하기로 약속했다.

안진경은 이악의 계책을 듣고 매우 만족했다. 안진경은 당초에 이악의 재능을 알아보지 못했지만 이제 보니 그는 장래가 촉망되는 젊은이였다. 이악은 계속해서 하북 지역 동맹군과 조정의 군대가 힘을 합쳐 북쪽으로 안녹산의 소굴인 하북 북부 지역을 소탕하고 남쪽으로 황하의 요충지를 장악하여 이미 중원으로 진입한 반란군의 귀로를 차단하자고 했다. 이렇게 하면 몇 달도 지나지 않아 반란군이 스스로 무너지고 만다는 것이었다.

형세는 이악의 예상처럼 그렇게 간단하지 않았다. 안녹산의 반란군은 몇 달이 지나도 곤경에 빠지지 않았다. 그러나 이악이 계획했던 전반부 즉 몇 군의 의병이 연합하여 위군을 공격하려는 일은 분명히 절실하게 시행해야 할 대책이었다. 이 대책에 따라 안진경은 평원과 청하 등의 군민을 이끌고 당읍 전투에서 큰 승리를 거뒀다.

안진경은 자신의 부하 이택교와 범동복에게 명하여 평원군에서 출동한 6,000여 군사를 이끌고 본래 청하군에 있던 4,000군사와 힘을 합친 후 다시 인근 박평군(지금의 산둥 성 랴오청聊城 일대)의 1,000군사를 이동시켜 당읍 서남쪽에 주둔하게 하고 위군을 공격할 준비를 했다. 안녹산을 위해 위군을 지키던 2만 반란군은 성을 나와 전투에 나섰다가 안진경 휘하의 의병에게 대패하고 과반의 군사가 죽거나 부상을 입었다. 안녹산이 임명한 위군 태수 원지태는 위군을 버리고 급군(汲郡: 지금의 허난 성 쉰현浚縣 일대)으로 도주할 수밖에 없었다. 의병은 순조롭게 위군을 수복했다. 당읍 대첩은 안진경이 이악의 건의를 받아들여 협소한 지역 관념을 타파하고 하북 전선 전체를 하나의 바둑판으로 간주하여 얻은 결과다. 안진경은 모든 군사들의 마음을 하나로 모아 혁혁한 전과를 얻었다. 그러나 당시 당나라 조정을 위해 반란군 토벌에 나섰던 관리나 장수 중에서 안진경처럼 드넓은 흉금을 가진 사람은 많지 않았다. 아래에 소개하고자 하는 하란진명(賀蘭進明: 728년에 진사에 급제했고 생졸년은 미상임)이 바로 안진경과 상반된 인물의 전형이다.

5. 꼼수와 나를 희생하는 한 수

이때 북해(北海)태수 하란진명도 [반란군 토벌을 위해] 군사를 일으켰다. 안진경은 서찰을 보내 그를 불러 힘을 합치자고 했다. 진명은 보병과 기병 5,000명을 이끌고 황하를 건너왔고 안진경은 군사를 벌려 세우고 그를 환영했다. 두 사람은 말 위에서 서로 읍(揖)을 하며 울었고 그 슬픔이 군사들의 마음을 감동시켰다. 진명은 평원성 남쪽에 주둔하고 군사와 군마를 쉬게 했고, 안진경은 모든 일을 그에게 자문을 구했다. 이 때문에 군권(軍權)이 다소 진명에게 기울게 되었지만 안진경은 전혀 개의치 않았다. 안진경은 당읍의 전공을 진명에게 양보했고 진명은 조정에 장계를 올릴 때 당시의 전공을 마음대로 취사선택했다. 황제의 칙명으로 진명에게 하북초토사(河北招討使)[1]의 벼슬이 더해졌고, 이택교과 범동복은 품계가 조금 올랐을 뿐이었다. 청하와 박평의 유공자는 모두 공신록에 오르지 못했다.

『자치통감』 권217

수양(睢陽)의 병졸은 죽거나 부상을 당하고 겨우 600명만 남았다. 장순(張巡, 708~757)과 허원(許遠, 709~757)은 성을 나누어 지켰다. 장순은 동북쪽을 지키고 허원은 서남쪽을 지키며 병졸들과 함께 찻잎과 종이까지 삶아 먹었다. 이로써 더 이상 성은 함락되지 않았다. 장순이 반역과 순리의 논리로 적을 향해 유세하자 왕왕 반란군을 버리고 투항해오는 자도 생겨났고, 장순을 위해 전장에서 죽은 사람도 이 시기를 전후하여 200여 명이

---

1 초토사는 변경 지역 이민족의 반란이나 침략을 토벌하기 위해 설치한 관직이다. 주로 조정의 대신, 장수, 절도사 등 지방 군정장관이 겸직한다.

나 되었다. 이때 허숙기(許叔冀)는 초군(譙郡)에 있었고, 상형(尙衡)은 팽성(彭城)에 있었으며, 하란진명은 임회(臨淮)에 있었지만 모두 자신의 군사만 끌어안고 구원에 나서지 않았다. 성안의 상황이 나날이 어려워지자 장순은 남제운(南霽雲, 712~757)에게 명령을 내려 기병 30명을 이끌고 포위를 돌파하여 임회의 하란진명에게 위급함을 전하게 했다. 남제운이 성을 나오자 적병 수만 명이 그를 가로막았다. 남제운은 적의 무리를 향해 곧추 진격했고, 좌우로 말을 달리며 화살을 쏘자 적들이 흩어졌다. 남제운의 군사는 기병 둘만 잃었을 뿐이다. 임회에 이르러 진명을 만나자 진명이 말했다. "지금 수양은 그 존망을 알 수 없는 지경인데 군사를 보내봐야 무슨 이익이 있겠는가?" 남제운이 말했다. "수양이 함락되면 이 제운이 죽음으로써 대부께 사죄하겠습니다. 또 수양이 함락되면 위험이 임회에까지 미칠 것입니다. 이는 비유컨대 가죽과 털이 서로 의지하는(皮毛相依) 것과 같은 상황인데 어찌 구원에 나서지 않으십니까?" 진명은 남제운의 용기를 아껴서 그의 말은 듣지 않았지만 억지로 그를 그곳에 잡아두었다. 그리고 음식과 음악을 마련하고 남제운을 맞아들여 함께 자리에 앉아 즐겼다. 그러자 남제운은 비분강개하여 울면서 말했다. "저는 이곳에 와 있지만 수양성 사람들은 음식을 먹지 못한 지 한 달이 넘었습니다. 제가 혼자 음식을 먹으려니 목구멍으로 넘어가지 않습니다. 대부께서는 강병(强兵)을 끼고 앉아 수양성의 함락을 관망하며 재난을 분담하고 환란을 구할 마음을 먹지 않으시니 이 어찌 충신과 의사가 할 수 있는 행동이란 말입니까?" 그리고 바로 손가락 하나를 물어뜯어 진명에게 보여주며 말했다. "저는 우리 주장(主將)의 마음을 제대로 전달하지 못했으니 손가락 하나를 남겨 제 신의를 표시하고 돌아가 우리 주장께 보고하겠습니다." 좌중에서도 눈물을 흘리는 사람이 많았다. 남제운은 진명이 끝내 군사를 보낼 생각이 없음을 알고 마침내 그곳을 떠났다. 영릉(寧陵)에 이르러 영릉성사(城使)

염탄(廉坦)과 함께 보병과 기병 3,000명을 이끌고 윤달 무신일(戊申日: 초3일) 밤에 적의 포위망을 뚫고 한편으로 싸우면서 한편으로 행군하여 성 아래에 도착했다. 거기에서 또 큰 전투를 치르고 적의 진영을 괴멸했다. 죽고 부상당한 사람을 제외하고 겨우 1,000명이 성으로 들어갔다. 성안의 장수와 관리들은 구원병이 없음을 알고 모두 통곡했다. 적병도 구원이 끊어졌음을 알고 더욱 급박하게 성을 포위했다. 애초에 방관(房琯, 697~763)은 재상이 되자 하란진명을 미워하며 그를 하남절도사(河南節度使)에 임명하고 허숙기를 진명의 도지병마사(都知兵馬使)로 임명했으며 두 사람 모두 어사대부(御史大夫)[2]를 겸임하게 했다. 허숙기는 자기 휘하의 정예병을 믿었고 또 관직 품계가 진명과 같았기에 진명의 제재를 받지 않았다. 따라서 진명이 감히 군사를 나누려 하지 않은 것은 장순과 허원이 공을 세울까봐 시기했기 때문만이 아니라 허숙기에게 기습을 당할까봐 두려워했기 때문이다.

『자치통감』권219

하란진명을 『자치통감』에 싣게 된 것은 안진경이 거둔 당읍 대첩과 관계가 있다. 하란진명은 당시 신분이 북해군(지금의 산둥 성 이두益都와 린쯔臨淄 일대) 태수였다. 안진경은 군사를 일으킨 후 서신으로 하란진명에게 연락하여 함께 반란군과 맞서기를 희망했다. 안진경의 서신을 받은 하란진명은 기병 5,000명을 이끌고 안진경을 만나러 왔다. 하란진명이 도착했을 때가 마침 당읍 대첩을 거둔 지 얼마 지나지 않는 시점이었다. 안진경은 하란진명에게 존경을 표시하기 위해 중요한 일이 있을 때마다 하란진

---

2   백관의 죄악을 규탄하고 형벌을 관장하는 관직.

명에게 자문을 구하고 상의했다. 하란진명은 수시로 안진경의 결정권을 다투며 주인의 지위를 넘보는 행위도 서슴지 않았다. 안진경은 하란진명과 단합하여 반란군에 저항하기 위해 이 같은 행위를 따지지 않았고 당읍 대첩의 공로까지 하란진명에게 조정에 보고하도록 했다. 하란진명은 사실대로 보고하지 않고 자신의 공로를 부풀려 장계를 올렸다. 하란진명의 이러한 행위는 사람들을 실망시켰다. 『자치통감』에는 하란진명의 형상이 이처럼 기록되어 있다.

사실대로 말하자면 안진경은 문신이어서 군사 지휘와 정치 판단은 그의 장기가 아니었다. 진정한 군사가나 전략가에 비해서 그런 능력이 크게 뒤떨어졌다. 안진경을 대표로 하는 하북 의병은 안녹산에게 눈엣가시와 같았으므로 안녹산은 안진경을 반드시 제거하려 했다. 이 때문에 사사명(史思明, 703~761)과 윤자기(尹子奇, ?~?) 같은 주요 장수를 파견하여 안진경이 지키는 평원군 및 그 주변 지역에 전력으로 맹공을 퍼붓게 했다. 당시에 전쟁은 이미 복잡한 상황으로 진입하고 있었다. 하북의 의병은 앞서 몇 차례 좌절을 겪었기 때문에 군사들의 사기가 전과 같지 않았다. 안진경은 피아간의 형세를 따져본 후 적에게 이기기 어렵다고 생각하고 남아 있는 역량을 보전하기 위해 결국 후퇴를 결정했다. 그는 황하를 건너 영무(靈武: 지금의 닝샤후이족자치구 링우 시靈武市 일대)로 가서 당 숙종(肅宗, 711~762)을 배알하고 다시 대책을 마련하려고 했다. 나중에 복고회은(僕固懷恩, ?~765)이 적극적으로 모반을 준비할 때 안진경은 덕종에게 복고회은이 모반하지 않을 것이라고 보증하면서 그를 회유하여 무마할 것을 권했다. 그러나 이 판단은 실수였다. 이것은 문신 안진경이 장수로서 지략과 정치적 수완에 결함이 있음을 분명히 드러낸 사건이었다. 안진경의 가장 고귀한 점은 국가에 대한 충성심과 조속한 질서 회복을 바라는 책임감에서 감히 일개 서생의 몸으로 국난에 맞서 대의를 제창했다는 것이다. 그는 난관에 부딪쳐서도 물러나지 않았고, 전공을 세우고 서도 기꺼이 양보했다. 책임감에다 겸양까지 갖춘 고귀한 정신은 안진경이 자신과 하란진명의 관계를 처리하는 과정에 뚜렷하게 표현되어 있다. 당시에 안진경이 하란진명에게 권력을 양보한 것은 꼭 정확하다고 할 수는 없지만 대국을 위해 겸손을 실천한 측면에서는 고품격의 행동이라 할 만하다. 그러나 하란진명의 행동은 사람들에게 실망을 안겨줬다. 『자치통감』에서는 하란진명이 수양으로 구원병을 보내지 않으려는 사실을 중점적으로 서술하여 군사를 나눠 청하를 지원한 안진경의 행적과 비교해볼 수 있게 했다. 또 안진경과 하란진명의 인품도 판단할 수 있게 했을 뿐 아니라 국가와 사회에 더욱 필요한 인재가 어떤 유형인지도 명확하게 간파할 수 있게 했다.

수양(지금의 허난 성 상취 시商丘市에 속함) 전투는 당나라 군대와 백성이 안사의 난에 항거하는 과정에서 일어난 놀라운 사건이었다. 수양 전투의 지도자 장순과 허원은 당시 기층 관료 속에서 두각을 나타낸 반란 평정 영웅이었다. 재능이 매우 뛰어난 장순은 양국충에게 빌붙지 않았다는 이유로 오랫동안 승진할 수 없었다. 안사의 난이 일어났을 때 그는 진원현(眞源縣: 지금의 허난 성 루이鹿邑)의 현령이었다. 안녹산의 군대가 쳐들어오자 그의 상사 초군(譙郡: 지금의 안후이 성 보저우亳州 일대)태수 양만석(楊萬石)은 앞장서서 안녹산에게 투항했다. 그러나 장순은 그곳 군사와 백성을 이끌고 반항의 기치를 높이 들었다. 아울러 저항을 주장하는 다른 관리들과 회합을 갖고 오래지 않아 반란군이 점령하고 있던 옹구성(雍丘城: 지금의 허난 성 치 현杞縣)을 함락했다. 강력한 적군이 여러 차례 옹구성을 공격했지만 장순은 그곳에서 1년여를 버텼다. 다음 해(당 숙종 지덕至德원년, 756) 12월 결국 옹구성 안에 물자가 점차 소진되었고, 적의 공격도 나날이 치열해졌으며, 주변의 주요 성곽도 거의 함락되어서, 장순은 자발적으로 옹구를 버렸다. 이후 그는 허원 등과 힘을 합쳐 간고하고도 탁월하게 수양성 보위 전투를 전개했다.

수양태수 허원은 무측천 시대의 재상 허경종(許敬宗, 592~672)의 현손(玄孫)이다. 그는 문벌에서나 벼슬 품계에서나 모두 장순보다 지위가 높았다. 그러나 장순은 허원보다 병법에 정통했고 전투 지휘에 뛰어났다. 이 때문에 허원은 아무 거리낌 없이 군사 지휘권을 장순에게 양보하고 자신은 주로 군량미 운반과 전쟁 물자 보급을 책임졌다. 허원이 안진경에 비해 행운이었던 것은 하란진명과 같은 인물을 만나지 않고 자신과 똑같은 마음의 충의지사 장순을 만났다는 점이었다. 장순과 허원은 아주 긴밀하게 협조하면서 수양성을 10개월 내외 동안 어렵게 지키며 반란군과 400여 차례 전투를 벌였다. 장순은 수양으로 철수할 때 자기 휘하에 군사 3,000명과 전마 300~400필만 보유하고 있었다. 허원 등의 군사와 합쳐도 병졸은 대략 7,000명 내외일 뿐이었다. 이 기간 수양성으로 끊임없이 보충되어 온 반란군은 모두 18만 명에 달했다. 수양성은 최종적으로 성안에 군량미가 떨어져 군사와 백성이 쥐를 잡아 식량으로 삼는 지경에까지 이르렀다. 그런데도 외부에서는 구원병이 도착하지 않았다. 겨우 수천 명의 장졸들은 계속해서 벌어진 크고 작은 전투에서 부상을 입거나 전사했다. 마지막까지 남은 수백 명의 상황은 더욱 참혹했다. 수양성이 결국 함락되자 장순과 허원은 모두 항복하지 않고 죽었다.

수양성 보위전은 안사의 난을 저지하는 과정에서 일어난 가장 비장한 장면일 뿐 아니라 중국 역사 속 정의를 위한 전투 가운데 가장 칭송할 만하면서도 가장 비애로운 장면의 하나다. 수양은 남북 교통 요지에 위치해 있어서 장강과 회수의 병풍이 되는 지역이다. 수양은 끝내 함락되고 말았지만 그곳에서 벌어진 격렬한 전투로 반란군은 많은 시간과 역량을 소모해야 했다. 이 때문에 반란군은 남쪽으로 내려가 장강과 회수 지역을 공략할 힘이 없어서 당나라 정부는 중요한 조세 지역을 보존할 수 있었다. 그곳은 나중에 안사의 난을 평정하고 당나라 왕실을 재건하는 기반이 되었다. 중당 시대 문단의 맹주 한유(韓愈, 768~824)는 지극히 장엄한 필치로 수양 전투를 다음과 같이 찬양했다. "성 하나를 지켜서 천하를 지탱했다. 점점 스러져가는 수백 수천의 병졸이 나날이 불어나는 백만 대군과 싸웠다. 장강과 회수를 차단하고 적의 세력을 가로막았다. 천하가 멸망하지 않은 것이 그 누구의 공적인가?"("守一城, 捍天下. 以千百就盡之卒, 戰百萬日滋之師. 蔽遮江淮, 沮遏其勢. 天下之不亡, 其誰之功也?", 한유, 「장중승전 후서張中丞傳後敍」)

그러나 수양성 보위전에서 하란진명은 또 입에 담기도 싫은 행태를 보였다. 수양성이 위급할 때 장순은 하란진명에게 사람을 보내 구원을 요청했다. 당시에 수양성 안에는 아직도 전투력이 강한 전사가 600여 명 남아 있었다. 성안에 식량이 떨어지자 장순과 허원은 전사들과 고락을 함께 하며 찻잎과 종이까지 삶아 먹으며 허기를 채웠다. 두 사람은 수양성과 생사존망을 함께하겠다는 결심을 보이기 위해 전사들과 더불어 수양성이 함락되기 전까지도 성루에서 내려오지 않았다. 이때 하란진명과 상형, 허숙기는 모두 수양에서 남쪽 혹은 남동쪽으로 그리 멀지 않은 곳에 있었다. 이들은 모두 강력한 군사를 보유하고 있으면서도 수양을 구원할 마음을 먹지 않았다.

장순은 맹장 남제운을 시켜 성 밖 포위망을 뚫고 하란진명에게 급보를 전하게 했다. 그러나 하란진명은 함락의 위기에 처해 있는 수양성에 구원병을 보내지 않았을 뿐 아니라 남제운을 자기 곁에 잡아두려까지 했다. 남제운은 자신의 손가락을 물어뜯으며 눈물로 호소했으나 진명이 말을 듣지 않자 영릉(지금의 허난 성 동남쪽)으로 가서 장졸 3,000을 이끌고 수양성으로 돌아왔다. 귀환 도중 다시 반란군과 치열한 전투를 벌여 그중 2,000이 희생되고 1,000명만 수양성에 입성했다. 수양성의 군사와 백성은 절망에 빠졌지만 장순과 허원의 독려하에 끝까지 반란군에 저항했다. 그러나 중과부적으로 수양성은 결국 반란군에게 함락되었고 장순과 허원을 비롯한 모든 장졸이 전사했다.

『자치통감』에서는 하란진명의 행위를 다음과 같이 분석하고 있다. 당초에 하란진명이 하남절도사로 임명되었을 때 재상 방관과 관계가 나빴다. 방관은 허숙기를 하남으로 파견하여 하란진명과 함께 일을 하게 했지만 기실 그것은 하란진명을 통제하기 위한 조치였다. 수양에서 급보를 보내왔을 때 허숙기의 군대가 하남에서 멀지 않은 곳에 주둔해 있었다. 따라서 하란진명이 군대를 나누어 수양을 구원하지 않은 것은 두 심리를 갖고 있었기 때문이다. 첫째, 장순과 허원이 공적을 세울까봐 시기한 것이 가장 중요한 원인이다. 당시에 천하의 선비들은 거의 모두 장순과 허원의 충의와 능력을 알고 있었다. 만약 수양의 포위망이 풀리거나 수양 방어 전투가 성공을 거두면 그들의 명망과 품계는 순식간에 하란진명을 훨씬 뛰어넘게 된다. 이것이 하란진명이 수양을 구원하지 않은 가장 중요한 원인이다. 또 하나의 원인이 있다. 그것은 바로 하남에서 멀지 않은 곳에 주둔해 있는 허숙기가 군사가 분산된 틈을 이용하여 자신의 본거지를 기습할까봐 하란진명이 두려워한 때문이다.

이후 2년도 지나지 않아 하란진명은 조정의 당쟁에 휘말려 진주(溱州: 지금의 충칭 시重慶市 치장 현綦江縣 일대) 원외사마(員外司馬)라는 낮은 품계의 지방 한직으로 폄적되었다. 이와 같이 보면 꼼수에 밝았던 하란진명의 인생이 결코 화려하지 못했다는 사실을 알 수 있다. 관직 사회에서 낙오되어 우울하게 삶을 마친 후 마른 해골이 되어버린 그의 영혼은 이 세상과 작별할 때 어떤 갈채도 받지 못했다. 이와는 반대로 그와 함께 일을 했던 안진경 및 그가 구원하지 않은 장순과 허원은 모두 천추의 역사를 빛낸 인물이 되었다. 안진경의 공명정대한 정신 및 장순과 허원의 강인한 의지를 귀감으로 삼아 사람들은 이들을 마음속 영웅으로 존경한다. 오늘날까지도 사람들은 이 세 사람을 존중하고 기념한다. 청사(靑史)에 묻혀 있던 하란진명을 역사학자들이 발굴하여 반면(反面) 교재로 삼지 않았다면 그를 언급하는 사람이 더욱 드물었을 것이다. 공명과 지위와 타인에게 존중받는 일은 자신의 노력과 희생으로 얻어지는 것이지 시기와 꼼수로 얻어지는 것이 아니다. 안진경이든 장순과 허원이든 아니면 남제운이든 자신을 희생하여 한 시대의 책임을 떠맡으려 했다. 이런 행동의 배후에는 숭고한 '대국관(大局觀: 전체 국면을 고려하는 거시적 관점)'뿐 아니라 숭고한 시비관(是非觀: 잘잘못에 대한 올바른 관점)도 바탕에 깔려 있다. 민심과 역사는 모두 공평하다. 마침내 영원히 존경을 받게 된 사람은 안진경, 장순, 허원이다. 부질없이 삶을 허비한 사람들과 마찬가지로 하란진명은 그 어떤 영예나 이익도 얻지 못했다.

정신'과 책임감

貞信與擔當

1. 올바른 일에는 오롯하게

───── ✿ ─────

'원·형·리·정(元·亨·利·貞)'은 「건괘(乾卦)」의 네 가지 덕이다. 원(元)은 인
(仁: 어짊)이고, 형(亨)은 예(禮: 예의)이고, 리(利)는 의(義: 대의)이고, 정(貞)
은 신(信: 진실)이다. 지(知: 지혜)를 거론하지 않은 것은 이 네 가지 덕을 행
할 때 바로 지에 바탕을 두기 때문이다.

송(宋) 이형(李衡), 『주역의해촬요(周易義海撮要)』 「건괘」

최호(崔浩, ?~450)가 수감되자 태자 탁발황(拓跋晃, 428~451)은 고윤(高允,
390~487)을 동궁으로 불렀고, 부른 김에 그날 밤 유숙하게 했다. 다음 날

───────────

1 마음이 올곧고 진실하다는 뜻. 하나의 단어로 번역하기가 어렵다. 특히 곤경에 처해서도 강직하게
진실을 고수하는 사람 또는 그러한 품성을 가리킨다. 이 번역본에서는 '정신'이란 말을 그대로 써
야 할 경우를 제외하고는 대체로 '강직하다', '진실하다'로 번역했다.

아침 함께 입조하려고 궁궐 문에 이르자 태자가 고윤에게 말했다. "들어가서 지존을 알현할 때 내가 직접 경을 인도하겠소. 만약 지존께서 물으시면 내 말에만 따라 대답하시오." 고윤이 말했다. "무슨 일입니까?" 태자가 말했다. "들어가면 저절로 알게 되오." 태자가 황제를 알현하며 말했다. "고윤은 소심하고 신중하며 또 지위가 미천합니다. 앞서의 글은 최호가 지은 것입니다. 죽음만은 면하게 해주십시오." 태무제(太武帝, 408~452)가 고윤을 불러 물었다. "『국서(國書)』를 모두 최호가 썼느냐?" 고윤이 대답했다. "「태조기(太祖記)」는 전 저작랑(著作郞) 등연(鄧淵, ?~403)이 썼고, 「선제기(先帝記)」와 「금기(今記)」는 신과 최호가 함께 썼습니다. 그러나 최호는 관장하는 일이 많아서 일을 총괄했을 뿐입니다. 신이 최호보다 더 많이 썼습니다." 황제가 노하여 말했다. "고윤의 죄가 최호보다 심한데 어찌 살 수 있겠느냐?" 태자가 두려워하며 말했다. "폐하의 위엄이 엄중한 데다 고윤은 소신(小臣)이라 생각이 헷갈려 순서를 잃은 듯합니다. 신이 지난번에 물었을 때는 모두 최호가 썼다고 했습니다." 황제가 고윤에게 물었다. "진실로 동궁이 말한 바와 같으냐?" 고윤이 대답했다. "신의 죄는 멸문지화에 해당하지만 감히 거짓을 아뢸 수는 없습니다. 동궁 전하께서는 신이 모시고 학문을 강의한 지 오래라 신을 불쌍히 여기고 신의 목숨을 구해주려 하시는 것입니다. 진실로 신에게 묻지 않으셨으면 신도 이런 말씀을 드리지 못했을 터인데 이제 감히 폐하를 혼란스럽게 할 수 없습니다." 황제가 태자를 돌아보며 말했다. "이 말이 정직하다! 이는 인정상 하기 어려운 말인데 고윤은 정직하게 말했다. 죽음에 임해서도 말을 바꾸지 않았으니 진실하다(信)고 할 만하고, 신하 된 자로서 임금을 속이지 않았으니 곧다(貞)고 할 만하다. 특별히 죄를 사면하고 표창해야 할 일이다." 그리고 마침내 고윤을 용서했다.

『자치통감』 권125

136

『역경(易經)』의 첫 번째 괘는 「건괘」다. 옛사람들은 '원·형·리·정' 네 글자로 건(乾)이 갖춰야 할 덕성을 개괄했다. '원', '형', '리', '정' 각 글자의 의미에 대해서는 옛사람들의 견해가 모두 같지는 않다. 이 중 '정' 자에 대한 해석은 보편적으로 '신(信)' 자와 연결시켜 이해하려는 경향이 있다. 우리가 통상적으로 말하는 '성신(誠信)'이란 단어는 일상생활 속의 성실과 신의를 가리킨다. 전통적인 중국의 정치 윤리에서는 '정신(貞信)'이란 단어가 '성신'에 비해 더욱 복잡한 의미를 포함하며 또 더욱 높은 수준의 도덕적 요구를 담고 있다. 중국 고대의 정치 사건에서 '정신'이란 말은 흔히 극심한 곤경이나 위험에 직면해서도 여전히 진리를 견지하는 사람을 찬양하는 경우에 쓰였다. 이들은 차라리 도의를 위해 목숨을 바칠지언정 참화를 피하려고 잘못된 길로 들어서지 않았다. 이처럼 고상한 품성을 지닌 사람들은 흔히 어떤 사건을 당했을 때 강한 책임감을 발휘한다. 여기에서는 북위(386~534)의 저명한 학자이자 관리인 고윤을 예로 들어 옛사람들의 '정신'과 책임감을 상세하게 서술하고자 한다.

『자치통감』에 실린 고윤의 이야기는 같은 시기 저명한 학자이자 관리 최호의 사례에서 이끌려 나온 것이다. 북위 역사에는 그 유명한 '국사안(國史案)' 사건이 있다. 이 사건의 주인공은 최호다. 고윤이 처음으로 『자치통감』에 등장하는 것은 바로 이 '국사안' 사건과 관련한 대목에서다. 최호는 당시에 가장 유명한 학자이자 정치가였다. 그는 내리 세 조정에서 벼슬을 하며 국가의 중요한 논의에 참여했고 벼슬은 사도직에 이르렀다. 또 그는 북위 왕조의 안정과 북방 민족의 융합에 아주 큰 공을 세웠다. 북위는 소수민족 군사 귀족인 선비족(鮮卑族) 탁발씨(拓跋氏)가 세운 정권이었다. 그들은 자신의 역사를 기록하는 전통이 없었다. 북위는 중원 지역에 정권을 세운 이후 한족의 문화 전통을 모방하여 자신의 역사 기억을 기록하려 했다. 당시 제도에 따르면 반드시 재상급의 대신이 국사를 감수해야 했다. 학식이든 정치적 지위에서든 최호가 가장 적임자였다.

어떤 사람이 큰 성공을 거두면 그 신변에는 성공의 열매를 나눠 가지려는 소인배들이 들끓기 마련이다. 최호 주변에도 그런 자들이 적지 않았다. 이들 중에 민담(閔湛)과 치표(郗標)란 자가 있었다. 이 둘은 본래 최호에게 아첨을 해서 잘 보이려 했고 또 자신을 위해 이익을 얻으려고만 했다. 그러나 그들이 최호를 '국사안' 사건의 소용돌이로 떠밀어 넣을 줄은 전혀 생각지도 못했다. 최호는 고위직에 있었지만 그의 바탕은 여전히 학자였다. 그는 역사 기록의 의의가 매우 크다는 사실을 알았기 때문에 국사를 감수할 때 담당 관리들에게 사실대로 기록하고 왜곡이나 분식(粉飾)을 하지 말라고 요청했다. 당시에 고윤은 벼슬이 그리 높지 않은 문관(文官)으로 국사 편찬에 참여하고 있었다.

사실대로 역사를 기록하는 것은 본래 좋은 일이지만 민담과 치표는 그 점을 이용하여 문장을 써서 최호에게 잘 보이려 했다. 그들은 최호에게 이처럼 아무런 은폐 없이 직필로 쓴 역사책을 사고(史庫)에 넣어두고 제한된 사람만 보게 하는 것은 너무나 애석한 일이라고 말했다. 그러므로 이 역사책을 돌에다 새겨 큰길가에 세워두고 지나다니는 사람이 볼 수 있게 하여 국사 편찬의 업적을 널리 알리자고 아첨했다. 최호는 이 건의를 흔쾌히 받아들였다. 그는 바로 사람을 시켜 편폭이 방대한 국사를 돌에 새겨 그것을 사람들이 왕래하는 큰길 옆에 세우게 했다. 이 일은 공사가 방대하여 누계로 300만 명의 백성이 동원되었다.

최호는 이렇게 함으로써 자신의 위신과 명망을 높일 수 있다고 생각했다. 그러나 고윤은 이 일의 후과를 매우 우려했다. 그는 몇몇 동료에게 민담과 치표가 이런 방법으로 최호에게 아첨하는 것은 자신의 이익을 위해 파리나 개처럼 살아가는 태도이므로 최호에게 큰 재난을 안겨줄 수 있다고 말했다. 그리고 함께 국사 편찬에 참여한 사람들도 그 재난에 연루될 수 있다고 보았다. 고윤의 우려는 역사 사실이 증명하는 바와 같이 매우 일리 있는 생각이었다. 석비가 세워지고 나서 시간이 얼마간 흐른 후 과연 골치 아픈 일이 발생했다.

국사에는 자연히 보통 백성이 모르는 일도 많이 기록되어 있다. 최호가 그런 내용까지 모두 새겨 사람들의 왕래가 빈번한 도로 곁에 석비를 세우자 사람들은 그 석비에서 '조정의 비밀'을 읽고 그것을 화젯거리로 삼기 시작했다. 더욱 중요한 것은 북위 통치 계층에 속하는 선비족은 유목민족 출신이어서 건국 초기의 문화가 매우 낙후해 있었다는 점이었다. 거기에는 공개하기 난처한 옛 풍속이나 입으로 말하기 어려운 사건들도 포함되어 있었다. 물론 통치 계급 내부의 추악한 정치적 내막도 적지 않게 들어 있었다. 최호는 국사에 이 같은 일들까지 일일이 기록했을 뿐 아니라 이제 그것을 사람들에게 공개해버렸다. 이 일은 유목민족 출신 군사 귀족들을 매우 난처하게 했다. 이 때문에 그들은 분분히 태무제에게 달려가 하소연을 하며 분통을 터뜨렸고, 최호에게 '폭양국악(暴揚國惡)'이란 죄명을 뒤집어씌웠다. 나라의 추악한 면을 폭로하고 퍼뜨렸다는 뜻이다. 태무제도 그들의 이야기를 듣고 대로하여 이 사건을 철저히 조사하게 했다. 이것이 바로 '국사안' 사건의 발생 원인이다.

그럼 최호의 행위를 어떤 성격으로 규정해야 할까? 객관적으로 말해서 최호가 역사를 사실대로 기록하라고 한 것은 결코 잘못이 아니다. 잘못은 바로 국가의 여러 모습을 언급한 국사를 마음대로 사람들에게 공개해버렸다는 점에 있다. 즉 최호는 공개해서는 안 되는 내용을 돌에다 새겨 대대적으로 공표해버렸다. 옛사람들은 친구를 사귈 때 두 가지 점에 매우 유의했다. 첫째, 사람들에게 쟁우(諍友)가 되기를 요청했다. 즉 친구의 잘못을 거리낌 없이 지적해야 진정한 친구가 될 수 있다는 것이다. 그러나 옛사람들은 또 군자는 다른 사람의 선한 점을 널리 알리고, 다른 사람의 악한 점은 숨겨줘야 한다고 했다. 즉 남의 장점은 널리 알려야 하지만 남의 결점은 공개적으로 토론해서는 안 된다는 것이다. 이 두 교제법은 모순이 아닌가? 전혀 아니다. 친구가 심각한 잘못을 저질렀을 때 우리는 그의 미래를 위해 잘못을 지적해줄 책임이 있다. 그러나 잘못을 지적할 때는 그가 쉽게 받아들일 수 있는 방식으로 몰래 이야기해줘야지 공개된 장소에서 대중에게 잘못을 폭로하여 그를 웃음거리로 만들어서는 안 된다. 옛사람들은 군신(혹은 상하) 관계를 강조할 때도 이처럼 서로 모순되는 것처럼 보이면서도 상호 보완적인 방법을 썼다. 즉 옛사람들은 한편으로 정직한 대신(혹은 부하)에게 쟁신(諍臣) 역할을 맡겨 과감하게 직간할 것을 요청하면서도 다른 한편으로는 대신(혹은 부하)에게 직간하는 목적이 군주(혹은 상관)를 보좌하여 잘못을 고치게 하고 국가(혹은 기타 기관)의 중대한 손실을 막기 위한 것임을 분명하게 인식하도록 했다. 직간의 목적은 간쟁을 통해 자기가 정직한 사람임을 드러내는 것도 아니고 군주(혹은 상관)의 단점을 만천하에 폭로하는 것도 아니라는 말이다. 따라서 군주의 면전에서 직간을 하면서도 "군주에게 악행의 결과를 귀착시켜서는 안 된다(不歸惡於君)"라고 했다. 오류를 피하고 손해를 만회하면 되지 외부 사람이 나의 노력을 알아주든 안 알아주든 전혀 개의치 말아야 하는 것이다. 또 자신의 노력을 크게 떠벌리며 자신의 총명함과 군주(혹은 상관)의 어리석음(단점)을 밖으로 드러나게 해서도 안 된다. 만약 어떤 대신이 간쟁을 통해 자신을 정직한 신하의 표본으로 내세우려 한다면, 이는 옛사람들이 말한 바와 같이 "임금을 팔아 자신의 정직만 추구하는(賣君邀直)" 행위에 그칠 뿐이다. 이런 사람은 겉으로 보기에 정직한 듯하지만 기실 도적적 경지는 전혀 높다고 할 수 없다. 최초의 잘못은 바로 정직한 사필(史筆)을 공개적으로 드러내어 국가의 체면을 전혀 돌보지 않았다는 점에 있다. 이것이 바로 고윤이 처음부터 최초의 행동에 근심을 표명한 원인이다.

'국사안' 사건이 일어나자 그 영향이 역사 편찬 영역에만 그치지 않았다. 최호의 행위는 조정과 황족에 대한 비방으로 인식되었고 죄명은 더욱 확장되어 조정에 불만을 품고 모반을 획책한 것으로 귀결되었다. 결국 '국사안' 사건은 최호를 수괴로 한 모반 사건이 되었다. 고대에는 법률이 가혹하여 모반죄의 연좌 범위가 매우 넓었다. 이 때문에 '국사안' 사건에 연좌된 사람은 국사 편찬에 참여한 사관의 범위를 훨씬 뛰어넘었다. 가장 큰 타격을 받은 사람들은 물론 최호의 가족이었다. 그리고 최호의 동족인 청하최씨(淸河崔氏)가 참화를 당한 외에도 최씨 가문과 혼인을 맺은 범양노씨(范陽盧氏), 태원곽씨(太原郭氏), 하동류씨(河東柳氏) 등 북방의 명문거족이 모두 멸문지화를 당했다.

'국사안' 사건의 진상에 대해서는 역대로 분분한 학설이 제기되어 있다. 따라서 지금까지도 어느 한 가지가 옳다고 하기는 어렵다. 어떤 역사학자는 최호가 국사 편찬을 하면서 확실히 선비(鮮卑) 귀족의 금기를 범했기 때문에 멸문지화를 당했다고 한다. 또 어떤 역사학자는 최씨, 노씨, 곽씨, 류씨 등 북방 한족 명문대가의 세력이 강대해져서 선비 귀족의 통치에 위협이 되었기 때문에 북위 통치자들이 '국사안'을 구실로 대대적인 숙청을 벌였다고 여긴다. 또 다른 역사학자는 최호가 분명히 비밀 계획을 세워 선비족 정권을 전복하고 북방 지역에 한족 정권을 다시 세우려 했다고 인식한다. 이들 학설 중 어느 것이 더 합리적이고 또 '국사안' 사건의 진상이 도대체 무엇인지 등등의 문제에 대해서는 여기에서 토론할 필요가 없을 것이다. 『자치통감』 기록에 근거하여 이 사건의 뼈대를 분명하게 파악하는 일 외에도 우리는 고윤이 어떻게 이 사건에 대처했고 또 어떤 방식으로 자신의 강직함과 책임감을 표현했는지를 파악하는 것이 매우 중요하다.

'국사안' 사건이 터진 후 고윤은 당시 국사 편찬에 참여한 관리의 한 사람으로서 반드시 조사를 받아야 했다. 그래도 고윤이 일반 관리들보다 행운이었던 것은 그가 태자 탁발황에게 유가 경전을 가르치는 스승의 신분이었다는 사실이다. 태자는 국사 편찬의 책임을 가리는 문제에서 고윤을 위해 이 사건을 무마해보려고 했다. 최호가 체포된 후 태자는 고윤을 불러 태자궁에 머물게 했다. 이로써 고윤은 최호 등 '국사안' 사건 연루자들이 잡혀갈 때 바로 체포되는 화를 피할 수 있었다. 다음 날 태자는 고윤을 데리고 태무제를 알현하면서 국사 편찬의 죄가 모두 최호에게 있고 고윤은 낮은 직급으로 미미한 일만 한지라 죄가 없다고 아뢰었다.

  그러나 고윤은 뜻밖에도 자신이 오히려 최호보다 더 많은 일을 했고 최호는 국사 편찬의 일을 총괄하는 데 그쳤다고 진술했다. 그러자 태자는 고윤이 지금 황제 앞이라 정신이 혼란하여 말에 두서가 없다고 아뢰었다. 황제가 다시 고윤에게 진상을 묻자 그는 태자가 사제지간의 인정 때문에 자신을 비호하려 하지만 기실 국사 편찬의 책임은 전적으로 고윤 자신에게 있다고 당당하게 아뢰었다.

  곁에서 듣고 있던 태자는 틀림없이 당황하여 어쩔 줄 몰랐을 것이다. 그러나 뜻밖에도 황제는 고개를 돌려 태자를 보며 말했다. "이러한 신하는 정말 얻기 어렵다. 다른 사람은 이처럼 진실하기가 어렵다. 도끼를 목에 대도 태도를 바꾸지 않으니 이것이 바로 '신(信)'이다. 조금도 기만하거나 은폐하지 않으니 이것이 바로 '정(貞)'이다. 이와 같은 인재는 정말 아껴야 하고, 이와 같은 성품은 표창받아 마땅하다." 황제는 바로 고윤을 특별 사면 하라고 어명을 내렸다.

2. 인사기하학의 원리

―――――❀―――――

당초에 요동공(遼東公) 책흑자(翟黑子)[1]는 태무제에게 총애를 받아 어명을 받들고 병주(幷州)로 사신을 갔다. 그곳에서 베 1,000필을 뇌물로 받았다가 일이 발각되자 흑자가 고윤에게 대책을 논의했다. "주상께서 내게 물으시면 사실대로 아뢰어야 하오, 아니면 감춰야 하오?" 고윤이 말했다. "공은 주상의 측근 총신이므로 죄가 있으면 먼저 사실대로 아뢰어야 혹시라도 사면받을 수 있을 것입니다. 다시 또 주상을 기만해서는 안 됩니다." 중서시랑(中書侍郞)[2] 최람(崔覽)과 공손질(公孫質)이 말했다. "먼저 사실을 자백하면 그 죄를 헤아릴 수 없게 됩니다. 감추는 것이 더 낫습니다." 그러자 흑자가 고윤에게 원망을 터뜨리며 말했다. "그대는 어찌하여 사람을 유혹하여 사지(死地)로 몰아넣소?" 그리고 들어가 황제를 알현하고 사실대로 대답하지 않았다. 황제는 대로하여 그를 죽였다. 황제는 고윤으로 하여금 태자에게 경전을 가르치게 했다.

......

다른 날 태자는 고윤을 나무라며 말했다. "사람은 기미를 잘 살필 줄 알아야 하오. 나는 경을 사지에서 벗어나게 하려고 단서를 마련했는데 경은 끝내 나를 따르지 않고 황제 폐하를 그처럼 격노하게 했소. 그 일을 생각할 때마다 심장이 떨리오." 고윤이 말했다. "대저 역사란 임금의 선악을 기록하여 장래에 경계로 삼기 위한 방책입니다. 이 때문에 임금은 언행에 꺼리는 것이 있게 되고 거동을 신중하게 유지하는 것입니다. 최호는 성은

―――――――――――

1   '翟'은 성으로 쓰이면 발음이 '책'이다.
2   중서성의 장관 중서령은 명예직이었고 실제로 차관인 중서시랑이 중서성의 모든 업무를 관장했다.

을 저버리고 사욕으로 자신의 청렴결백을 묻어버렸으며, 개인의 애증으로 공무상의 올곧음을 가리고 말았습니다. 이는 최호의 책임입니다. 조정에서 황제의 일상을 기록하고 국가의 득실을 말하는 것은 역사 기록의 큰 틀이므로 최호는 이 부문에서는 많은 잘못을 범하지 않았습니다. 신과 최호는 사실 그 일을 함께 했으니 생사와 영욕을 도의상 유독 다르게 할 수 없습니다. 신은 진실로 태자 전하께서 다시 살려주시는 은혜를 입었지만 양심을 어기고 구차하게 죄를 피하는 일은 신이 원하는 바가 아닙니다." 태자는 감동하여 감탄했다. 고윤은 물러나와 사람들에게 말했다. "내가 동궁의 지시를 받들지 않은 것은 전에 책흑자에게 한 말을 저버릴까 두려웠기 때문이오."

『자치통감』 권125

아마도 이 이야기는 특수성이 너무 강하여 보편적 의미가 부족하다고 지적하는 사람도 있을 것이다. 만약 태무제가 고윤을 사면하기로 결정하지 않았다면, 당시 고윤의 행동은 자신을 사지에 몰아넣고 태자까지 모반죄에 연루시키는 모험이 아니었겠는가? 기실 『자치통감』에서는 '국사안' 사건의 전모를 이야기할 때 이 문제에 해답을 제시하고 있다.

사마광은 태자가 고윤을 데리고 입궁하기 전 대목에 일화 하나를 더 삽입해 넣었다. 즉 태무제에게는 책흑자라는 총신이 있었고 그는 당시 요동공에 책봉되어 있었다. 한번은 책흑자가 황제의 명령을 받들고 지금의 산시 성(山西省) 지방으로 출장을 갔다가 그곳에서 베 1,000필을 뇌물로 받았다. 당시에는 베가 식량이나 돈과 마찬가지로 부의 상징이었다. 이 세상에 바람이 뚫지 못하는 담장은 없듯이 이 일은 황제의 귀에까지 들어가게 되었다. 책흑자는 걱정이 되어 고윤과 상의했고, 고윤은 사실대로 아뢰어야 한다고 권유했다.

그러나 책흑자는 최람과 공손질의 말을 듣고 태무제에게 거짓을 아뢰고 말았다. 태무제는 이미 이 일의 시말을 확실하게 파악하고 있었다. 그는 책흑자가 불성실한 태도로 거짓을 아뢰자 크게 실망했다. 당시 태무제에게 이 일은 단순한 뇌물 사건에 그치지 않았다. 왜냐하면 책흑자는 자신이 총애하는 대신이었기 때문이다. 태무제는 책흑자가 불성실하고 어리석은 사람임을 비로소 알게 되었다. 인재를 선발하고 등용하는 황제의 안목이 이 일로 인해 심각한 도전을 받게 되었다. 이 때문에 태무제는 더욱 분노하여 책흑자를 엄격하게 처벌할 결심을 하게 되었다. 결국 책흑자는 극형에 처해졌다.

이것은 태자가 고윤을 데리고 궁궐로 들어가기 전 서술에 삽입된 일화다. 그리고 두 사람이 황제를 알현한 후 물러나와 나눈 대화가 『자치통감』에 기록되어 있다. 태자는 자신이 고윤의 목숨을 살려주기 위해 황제에게 선의의 거짓말을 했는데 고윤이 자기의 말에 따르지 않고 고지식하게 사실을 말해서 목숨이 위험할 뻔했다고 원망의 말을 늘어놓았다. 그러나 고윤은 태자의 말에 직접 대답을 하지 않고 '국사안' 사건을 어떻게 인식할 것인가의 문제로 화제를 옮겼다. 즉 국사를 편찬하는 까닭은 바로 황제와 통치자의 언행을 모두 기록하여 후세 사람들에게 어느 게 옳고 어느 게 그른지 알게 하려는 것이라고 했다. 또한 이를 빌려 황제와 통치자들에게 신중하게 말하고 조심스럽게 행동해야지 그렇지 않으면 청사에 오명을 남길 것이라고 경고했다. 최호는 명예와 이익에 두뇌가 마비되어 뜻밖에도 국사를 개인의 저작으로 간주하고 대중에게 공개하여 결국 조정의 주요 업무를 [거리나 항간에 떠도는 뜬소문인] 가담항설(街談巷說)로 전락시켰다는 것이다. 이것은 최호가 나라의 은혜를 저버린 행태이므로 당연히 옳지 못한 일이다. 그러나 최호가 실사구시를 원칙으로 삼아 역사를 편찬하려고 한 것은 결코 잘못된 일이 아니다. 따라서 고윤은 나라의 추악한 면을 드러냈다는 죄명으로 최호에게 벌을 주는 건 당연한 일이지만, 이로 인해 그 여파가 역사 기록 원칙에까지 파급되어 진실하게 기록한 역사까지 모두 삭제하는 건 절대로 받아들일 수 없는 일이라고 정중하게 지적했다. 이 점이 바로 그가 황제의 면전에서 당당하게 자신의 입장을 진술할 수 있었던 원인이다. 고윤이 옹호하려 한 것은 역사 기록의 엄숙성이었다.

이처럼 정의롭고 늠름한 대답에 태자는 감복할 수밖에 없었다. 사실 고윤의 마음속에는 태자에게 설명하기 어려운 한 가지 일이 감춰져 있었다. 태자와 헤어지고 난 후 고윤은 주변 사람들에게 자신의 심정을 털어놓았다. 고윤은 자신이 태자의 배려에 따르지 않고 황제의 면전에서 솔직하게 진실을 털어놓은 까닭은 만약 그렇게 하지 않으면 지하에서 책흑자를 만날 면목이 없기 때문이라고 했다.『자치통감』을 읽다가 이 대목에 이르면 독자들께서 사마광이 책흑자 이야기를 앞쪽에 삽입한 의도가 바로 여기에 있다는 사실을 분명하게 깨달을 수 있을 것이다.

'책흑자에게 한 말을 저버릴까 두려웠다'고 한 고윤의 탄식은 참으로 음미할 가치가 있다. 어떤 사람이 올바른 이치를 잘 알고 있는가의 여부를 판단하려면 그가 다른 사람을 가르칠 때 어떤 행동을 하는가가 아니라 자기 자신에게 어떻게 하느냐를 봐야 한다. 공자는 다음처럼 말했다. "그의 말을 듣고 그의 행실을 살핀다."("聽其言而觀其行.",『논어』「공야장公冶長」) 우리는 고윤이 책흑자에게 건의한 말만 보고는 그가 솔직하고 진실하게 처신했다는 결론을 내릴 수 없다. 말 따로 행동 따로인 사람이 너무나 많기 때문이다. 책흑자의 입장에서도 고윤이 자신의 일이 아니라고 쉽게 말을 내뱉는 사람으로 보였을 것이다. 어쩌면 마음속으로 생각은 할 수 있겠지만, 고윤 자신이 책흑자와 같은 경우를 당하면 자신이 말한 것을 그대로 실천할 수 있을까? 만약 고윤이 남에게는 그렇게 행동하라고 가르쳐놓고 자신은 그 가치관을 몸소 실천할 수 없었다면 그는 평범하기 이를 데 없는 사람에 불과했을 것이다. 그러나 고윤은 행동으로 자신이 그런 사람이 아니라는 사실을 증명했다. 그는 보통 사람이 미칠 수 없는 표리일체(表裏一體), 지행합일(知行合一)의 정신을 실천했다.

책흑자의 일화를 중요한 기준으로 삼아 고윤의 언행 및 그에 따른 부대 효과를 자세히 살펴보면 『자치통감』 편찬자가 이 대목에서 서술하려는 것이 결코 특수하고 우연한 옛날이야기가 아님을 알 수 있다. 그와는 다르게 책흑자와 고윤의 대비를 통해 인간이 준수해야 할 몇 가지 원칙을 제시하고 있다. 사람들은 보편적으로 지름길을 좋아하지만 가장 기본적인 원칙 즉 두 점 사이의 가장 가까운 거리는 직선이라는 사실을 흔히 망각하곤 한다. 사마광은 물론 기하학자가 아니다. 그러나 그가 기록해놓은 상반된 이야기는 어쩌면 '인사기하학(人事幾何學)'의 원리를 보여주는 듯하다. 책흑자는 자신이 범한 잘못을 은폐하다가 오히려 목숨을 잃고 말았다. 고윤은 자신이 맡아야 할 책임을 회피하지 않아서 황제의 사면도 받고 사람들의 존경도 받게 되었다. 사마광은 이 같은 대비를 통해 사람들에게 솔직하고 용감하게 문제에 직면하는 것이 가장 고귀하다는 사실을 깨닫게 하려고 했다.

편할 때는 탐욕을 부리며 요행을 바라다가 후과가 닥쳐올 때는 과감히 책임을 지려 하지 않는 것이 보통 사람의 마음가짐이다. 위의 두 이야기는 우리에게 자신이 짊어져야 할 책임과 후과를 직시하는 것이 가장 효과적으로 문제를 해결하는 방안임을 알려주고 있다. 어떤 회피나 은폐도 사태 발전의 불확정성과 불예측성을 가중할 뿐이다. 당연한 이야기지만 책흑자가 뇌물을 수뢰한 것과 같은 사건에 대해서도 마찬가지로 '직선'의 원칙을 적용하여 사전에 그 후과를 고려해야 한다. 만에 하나 요행을 바라는 심정으로 자신의 행동을 이끌어서는 안 된다. 요행을 바라는 어떤 심리도 '인사기하학'의 직선 원리에 위배된다. 고대 중국에서는 직선으로 길을 간다 해도 일정 부분 예측할 수 없는 일이 벌어질 수도 있었지만 문명화가 나날이 강화되고 법률제도가 나날이 진보하여 거짓말과 악법이 용납될 공간이 더욱 줄어든 오늘날의 경우에는 옛사람들보다 더욱 직선으로 문제를 인식하고 직선으로 문제를 처리할 수 있어야 한다. 이러한 사유를 통해 우리는 옛사람의 '정신(貞信)' 품격을 우리 사회의 운영비용을 줄이는 요소로 바꿀 수 있을 것이다.

3. 덕이 있어야 책임감도 강하다

"곧고 단단하니(貞固) 일을 주관할 만하다." 하타(何妥)가 말했다. 정(貞)은 진실함(信)이다. 군자는 굳세고 곧으므로 진정으로 일을 맡길 수 있다. 따라서 『논어』에서는 "일을 공경하고 진실하게 처리한다(敬事而信)"라고 했다. 이 때문에 일을 주관하며 진실함을 갖춰야 한다.

당(唐) 이정조(李鼎祚), 『주역집해(周易集解)』「건괘」

이에 최호를 앞으로 오게 불렀다. 그가 이르자 꾸짖으며 물었다. 최호는 당황하여 제대로 대답을 하지 못했다. 고윤은 모든 일을 분명하게 아뢰었고 모두 조리가 있었다. 태무제는 고윤에게 조서를 쓰라고 어명을 내리고, 최호 및 동료 종흠(宗欽), 은승근(殷承根)부터 아래로 시동(侍童)과 말단 관리에 이르기까지 모두 128명을 주살하라 했고, 또 그들의 오족(五族)[1] 까지 모두 죽이라고 했다. 그러자 고윤은 머뭇거리며 더 이상 조서를 쓰지 않았다. 태무제가 사자를 보내 재촉하자 고윤은 다시 한 번 황제 뵙기를 청했다. 태무제는 그를 이끌어 탑전으로 오게 했다. 고윤이 말했다. "최호의 일에 연좌된 사람에게 또 다른 죄가 있는지 신은 감히 알지 못하겠습니다. 단지 황실의 금지사항만 어겼다면 그 죄가 죽일 정도는 아닙니다." 태무제가 노하여 무사(武士)에게 고윤을 포박하라고 명령을 내렸다. 태자

---

1 유가에서는 혈연 친척 범위에 따라 사람이 죽었을 때 다섯 가지 상복(喪服)을 입는데, 이를 '오복 (五服)'이라고 한다. 오족은 바로 이 오복을 입는 친척의 범위를 말한다. 동성 친척의 경우는 대체로 8촌 이내의 혈친이 이에 속한다. 따라서 오족을 멸한다고 하면 대개 모든 친척을 죽이는 것을 가리킨다.

가 그를 위해 엎드려 용서를 청하자 황제의 마음이 풀렸다. 그리고 [황제가] 말했다. "이 사람이 없었다면 수천 명을 죽일 뻔했다."

6월 기해일(己亥日)에 조서를 내려 청하최씨와 최호 일족을 모두 죽이면서 촌수의 멀고 가까움을 따지지 않았다. 최호의 인척인 범양노씨, 태원곽씨, 하동류씨도 그 동족까지 모두 죽였다. 나머지 연루자는 당사자를 주살하는 데 그쳤다. 최호는 포박된 채 함거(檻車)에 실려 도성 남쪽으로 압송되었다. 호위 무사 수십 명이 최호의 머리에 오줌을 누자 최호가 아이고아이고 울부짖었고, 그 소리가 한길까지 들렸다. 종흠은 사형에 임박하여 감탄하며 말했다. "고윤은 아마도 성인인 듯하다!"　　　『자치통감』 권125

───────────────◆───────────────

'국사안' 사건에 대한 정식 심문이 시작된 후에도 고윤은 여전히 역사 기록 자체의 진실성에 대해서 올바른 이치에 근거를 두고 힘써 간쟁했다. 그는 다량의 증거를 이용하여 국사에 기록된 사안의 신빙성과 진실성을 증명했다. 아울러 간쟁을 통해 이 기록들은 오직 실사구시적으로 역사를 다루고 있지 의식적으로 통치계층을 비방하려는 것은 아니라고 해명했다. 만약 그 기록에 귀족들이 불쾌해할 내용이 있다면 그건 악언과 악행을 기록해서 그들을 경계하고 타이르기 위함일 뿐이라는 것이다. 그것도 역사 기록자의 직책에 속한다. 고윤이 이처럼 정확한 태도를 견지하자 선비족 군사 귀족을 핵심으로 하는 북위 통치 계층은 일정 부분 양보심을 발휘해야 했다. 이 때문에 고윤은 국사 편찬자 가족의 생명을 구할 수 있었다.

고윤이 사리에 근거하여 힘써 간쟁을 하기 전에 황제를 위시한 핵심 통치 계층의 의견은 최호를 포함한 국사 편찬 인원 128명을(그중에는 국사 편찬에 공동으로 참여한 사관뿐만 아니라 심지어 심부름하는 시동까지 포함되어 있었다) 모두 죽이고 그들의 오족까지 몰살해야 한다는 것이었다. 그 명령에 따라 형을 집행할 경우 거의 수천 명이 연루되어 모두 사형당하게 될 상황이었다.

사관직을 수행했던 고윤은 황제가 그의 올곧고 진실한 태도를 알아줬기에 128명 안에 포함되지 않았을뿐더러 오히려 황제를 위해 조서를 쓰는 일을 맡아 자신의 의견을 제시할 수 있었다. 이 과정에서 고윤의 강직하면서도 책임감 있는 일면이 다시 드러난다. 조서 쓰는 일을 맡은 후 고윤은 시간을 늦추며 붓을 들려 하지 않고 다시 황제에게 알현을 요청했다. 황제를 알현한 후 고윤은 최호에게 다른 죄가 있다면 변명을 할 수 없지만 단지 진실하게 역사를 기록한 일 때문에 황제의 심기를 건드렸다면 국사 편찬에 참여한 사관들의 죄는 사형시킬 정도는 아니므로 그들 가족까지 연루시켜서는 안 된다고 했다. 당초에 태무제는 고윤이 자꾸 자신의 뜻을 거스르자 매우 불만이었지만 평정심을 회복한 후에는 마침내 그와 타협하게 된다. 태무제는 사관의 가족까지 처벌하겠다는 뜻을 바꾸어 최호와 그의 오족을 주살하는 외에 나머지 127명은 당사자만 죽이라고 했다. 이로써 수천 명의 연루자가 목숨을 구할 수 있게 되었다.

고윤과 함께 사관으로 재직했던 종흠은 그 자신이 당시의 액운에서 벗어나지 못했지만 형벌을 받기 전에 고윤은 정말 성인에 가까운 사람이라고 감탄했다. 최호가 국사를 돌에 새겨 공개하겠다고 결정할 때 고윤은 그 일이 야기할 심각한 후과를 의식하고 종흠에게 자신의 의견을 피력한 바 있다. 아마도 당시에 고윤만이 그 일의 후과를 예견했을 것이다. 결국 그 일을 저지할 방법은 없었고, 정말로 심각한 후과가 박두했을 때도 고윤만이 과감하게 당시의 재난을 직시하며 진실하게 역사를 기록해야 한다는 원칙을 위해 몸을 던져 항변했다. 고윤은 전형적으로 쓸데없는 일을 벌이기 싫어하는 사람이었지만 그렇다고 일을 겁내는 사람은 아니었다.

또 고윤의 올곧고 진실한 정신은 봉건적이고 교조적인 신념이 결코 아니었다. 그는 솔직하게 황제의 질문에 대답했고 도끼를 목에 들이대도 조금도 두려워하지 않았으며 누차 황제의 뜻을 거스르는 행동도 서슴지 않았다. 이를 통해서도 우리는 그의 진실함이 결코 황제만을 대상으로 하지 않았을 뿐 아니라 또 단지 황제에게 거짓말을 하지 않는 일에 그치지 않았다는 사실을 알 수 있다. 고윤이 충성을 바친 대상은 우선 일을 처리하는 올바른 이치였다. 그에게 진실을 추구하는 태도는 인간 되기와 업무 처리의 기본 원칙이었다. 고윤은 이 부문에서 조금도 타협하지 않고 원칙을 견지했다. 역사 편찬 원칙에 대한 견지였든 황제 면전에서 솔직하게 모든 걸 책임지려 한 태도였든 그것은 모두가 실사구시적 태도를 견지하는 데서 출발한 행동이었다. 이러한 시각에서 살펴보면 고윤의 올곧고 진실한 정신은 결코 우둔한 충성이나 우둔한 효도가 아니었다. 즉 황제 개인에 대한 충성이 아니라 그것보다 더 차원 높은 덕성의 발현이었다. 이처럼 올곧고 진실한 정신을 덕성으로 갖춘 사람은 왕왕 책임감이 강한 인물인 경우가 많다. 이 때문에 고윤은 자신이 호랑이 아가리에서 탈출한 이후에도 결코 멀리 도망가거나 다시 이 사건에 연루될까봐 두려워하지도 않고 다시 용감하게 앞으로 나서서 무고한 사람들의 목숨을 구하려고 헌신했다. 곁에서 바라보는 사람들은 고윤을 정말 눈치 없는 사람으로 여겼을 것이다. 황제가 이미 그의 체면을 세워줘서 가까스로 목숨을 구했는데 어찌하여 또다시 황제에게 죄를 지으려 한단 말인가? 만약 고윤이 당시의 행운을 유지하려고만 했다면 흔쾌히 어명에 따라 붓을 들고 황제를 위해 자신의 동료 및 그들의 가족을 사형에 처하라는 조서를 썼을 것이다. 그럼 고윤은 사마광의 시선을 사로잡지 못하여 당연히『자치통감』에서 중점적으로 칭송하는 인물이 될 수 없었을 것이다.

옛사람들이 항상 이야기하던 한마디 교훈이 있다. "자신만을 위해 대책을 세우는 것도 좋지만 그럼 우리 임금과 우리나라는 어떻게 할 것인가?"("爲身謀則善, 如吾君吾國何?", 송 방대종方大琮) 즉 봉건시대의 관리들도 자기 욕심만 따지며 국가의 원대한 이익은 생각하지 않고 또 역사적 책임을 지지 않으려는 인물을 비천시했다. 공자는 이렇게 말했다. "사람이 도(道)를 넓힐 수 있지, 도가 사람을 넓히는 것은 아니다."("人能弘道, 非道弘人也.",『논어』「위영공衛靈公」) 현대인들에게 익숙한 사유방식으로 이 말을 이해하면 다음처럼 해석할 수 있다. "정의란 자신의 자리에서 다른 사람이 가져오기를 기다리는 것이 아니라 자신의 행위를 통해 실현하는 것이다." 실사구시의 진리를 고수하는 것이 목표였던 고윤에게는 자기 행동의 목적이 겨우 자신의 목숨을 유지하는 것에 그칠 수 없었다. 우리는 다음 같은 가설까지 세워볼 수도 있다. 만약 고윤이 자신의 목숨만 유지하려 했다면 그는 태자가 황제의 면전에서 자신의 목숨을 구해주려 할 때 태자의 말에 따라 자신의 책임을 모두 최호에게 모조리 전가했을 것이다. 고윤이 애초부터 태자의 뜻에 따르려 하지 않은 까닭은 바로 자신이 사건의 진상을 분명하게 해명할 책임을 지려 했기 때문이다. 그는 차라리 깨끗하게 죽음을 선택할지언정 애매모호한 태도로 살아남으려 하지 않았다. 이에 고윤은 위험에서 벗어난 후에도 진리를 향한 발걸음을 멈추지 않았다. 그렇지 않았다면 대도(大道)와 정의에 대한 책임감을 구현할 수 없었을 것이고 뿐만 아니라 역사 기록자들에 의해 구차하게 살아남은 자로 조소를 받았을 것이다.

수나라 학자 하타는『역경』「건괘」에서 '정(貞)'을 이렇게 해석했다. "올곧고 진실(貞信)한 품성을 갖춘 사람은 반드시 뛰어난 재능과 강한 책임감을 갖고 있다." 이 해석은 당나라 학자 이정조에게 반박을 당했지만 나는 고윤의 예로 살펴볼 때 하타의 견해에 일리가 있다고 생각한다. '죽음도 사양하지 않는' 진실한 품성이 있으면 역시 아주 강한 책임감을 지닐 수 있다고 고윤은 자신의 행동으로 증명했다.

『자치통감』의 이 단락을 종합해보면 사마광이 정말 옛날이야기를 매우 잘하는 사람임을 알 수 있다. 북위의 '국사안' 사건을 서술하면서 갑자기 책흑자 이야기를 삽입한 것은 진정으로 기묘한 신필(神筆)이라 할 만하다. 언뜻 보면 주제와 완전히 무관한 이야기를 하는 듯하다. 그러나 다시 자세히 음미해보면『자치통감』의 모든 문장이 정밀하게 다듬어져 있으며 그렇게 실린 이야기에 모두 깊은 의미가 담겨 있음을 알 수 있다. 전체 '국사안' 사건에 대한 서술 관점을 선택할 때도 사마광은 독창적인 서술 기법을 운용했다. 일반 역사서와는 달리 사마광은 서술의 중점을 '국사안' 사건의 핵심 인물인 최호의 신상에 두지 않았고, 더더욱 '국사안' 사건의 진상과 본질이 도대체 무엇인지에도 얽매이지 않았다. 그는 오히려 이 이야기를 배경으로 가볍게 다루면서 '국사안'의 조연 고윤을 부각시키고 선양하기 위해 힘을 쏟았다. 고윤의 품격과 가치관이야말로 사마광이 이 이야기를 통해서 전달하고자 하는 진정한 역사의 의미라 할 수 있다.

4. 이상과 현실

고종(高宗: 탁발준拓跋濬)이 등극할 때 고윤도 그 모의에 참여했다. 육려(陸麗) 등은 모두 후한 상을 받았지만 고윤은 받지 못했다. 그러나 고윤은 평생토록 아무 말도 하지 않았다.

호삼성 주(注): 고윤은 자신의 공적을 말하지 않았지만 사후의 위상은 높고 두터웠으니 하늘이 어찌 이 사람에 대한 보답에 인색했다 하겠는가?

『자치통감』 권126

북위 광록대부 함양문공(咸陽文公) 고윤은 역대로 다섯 황제를 섬기고 삼성(三省)[1]에 출입하면서도 50여 년 동안 견책(譴責)을 받은 일이 없었다. 풍태후(馮太后, 442~490)와 효문제(孝文帝, 467~499)는 고윤을 매우 중시하여 항상 환관 소흥수(蘇興壽)에게 명하여 그를 모시게 했다. 고윤은 성품이 인자하고 관대하고 간명하고 고요했다. 지위가 고귀했지만 그 마음은 소박한 선비와 같았다. 책을 잡고 읽을 때는 밤낮으로 손에서 놓지 않았다. 사람들에게 선행을 가르칠 때는 정성을 다하며 싫증을 내지 않았다. 친척에게 도탑게 대하고 친구를 염려하며 한 사람도 소홀히 대하지 않았다. 헌문제(獻文帝, 454~476)가 남조 송나라의 청주(靑州)와 서주(徐州)를 평정할 때 그곳의 명문가를 모두 대(代) 땅으로 옮겼다. 그들 대부분은 고윤의 인척으로 고향을 떠나 배고픔과 추위에 고통을 당했다. 고윤은 집안의 재산을 기울여 그들을 구제하고 모두 자리를 잡을 수 있게 해주었다. 또 그들

---

1   상서성(尙書省), 중서성, 비서성(秘書省).

을 재능과 품행에 따라 조정에 추천했다. 조정의 논자들은 대부분 그들이 처음 귀의해온 사람들이라고 거리를 두고 대했다. 그러자 고윤이 말했다. "현인을 임용하고 유능한 사람을 쓰는 데 어찌 새로 귀의해온 사람과 옛 날에 귀의해온 사람을 구분하는가? 반드시 필요한 사람이라면 어찌 이러 한 이유로 그들을 억압하는가?" 고윤의 몸에는 평소에 병이 없었고, 이 무렵에 이르러 조금 불편함을 느꼈는데 기거하는 모습은 평상시와 같았 다. 그러다가 며칠 후에 세상을 떠나니 나이가 98세였다. 조정에서는 시중 (侍中), 사공 직을 추증하고 묘혈의 부장품도 매우 풍성하게 하사했다. 북 위 건국 이래로 살아 있는 사람이나 죽은 사람에게 내린 하사품 중에서 고윤의 경우에 미칠 사람은 아무도 없었다.　　　　　　　『자치통감』 권136

———————————✦———————————

고윤을 보호했던 태자 탁발황은 수명이 길지 못해서 24세에 세상을 떠나 황제의 보위를 계승하지 못했다. 다음 해에 당초 '국사안' 사건을 조사하라고 명했던 북위 태무제 탁발도(拓跋燾)가 포악하게 많은 사람을 주살하다가 결국 측근 인사에게 시해되었다. 이에 북위 황위 계승 문제 를 둘러싸고 혼란이 발생했다. 한바탕 내란과 살육이 지나간 후 탁발황 의 아들이며 탁발도의 장손 탁발준(448~465)이 대신들의 도움으로 황위 에 등극했다. 그러나 당시 탁발준은 겨우 5세여서 독립적인 통치행위를 할 수 없었다.(여기에서는 탁발준의 출생 연도에 대해서 『자치통감』의 견해를 따르 고자 한다. 『위서魏書』의 견해에 따르면 탁발준은 440년에 태어났고 따라서 등극할 때 나이는 13세가 된다. 종합적으로 살펴보면 『자치통감』의 견해가 더 합리적이다.) 내란을 평정하고 역적을 토벌하고 탁발준을 보위에 올린 사람은 모두 유 능하고 충성스러운 몇 명의 대신들이었다.

내란을 평정하고 탁발준을 보위에 올릴 때 고윤도 그 모의에 참여하여 큰 공을 세웠다. 그러나 논공행상을 할 때 조정에서는 고윤을 망각했다. 나이 어린 황제는 국가대사를 기억하지 못해서 근본적으로 누구에게 상을 주고 누구에게 벌을 줘야 하는지 알지 못했다. 따라서 어린 황제가 고윤을 망각했다고는 말하기 어렵다. 탁발준을 보좌하여 보위에 올린 일로 고관대작에 승진한 공신들조차 고윤에게 응분의 포상을 내려야 한다고 생각하지 않은 것을 보면 그들이 고윤을 진정으로 망각한 것인지 아니면 거짓으로 망각한 척한 것인지 알 수 없다. 그런데도 고윤의 행동은 정말 대범했다. 그는 동료들과 함께 큰 공을 세웠다. 다른 사람들은 모두 후한 상을 받았지만 오직 그만 내버려졌다. 그러나 고윤은 그들에게 달려가 포상을 요청하지 않았을뿐더러 평생토록 그 일을 거론하지 않았다.

이 일을 통해 우리는 춘추시대 개자추(介子推, ?~기원전 636)의 이야기를 쉽게 연상할 수 있다. 진(晉) 헌공(獻公, ?~기원전 651) 말년에도 역시 보위 계승 문제로 나라에 큰 혼란이 발생하여 여러 공자(公子)들이 국외로 뿔뿔이 도주했다. 그중에는 나중에 크게 명성을 떨친 진 문공(文公) 중이(重耳, 기원전 671~기원전 628)도 있었다. 중이가 19년 동안 국외를 유랑하는 동안 충성스러운 사람들이 시종일관 그의 신변을 잠시도 떨어지지 않고 수행했다. 그들은 중이와 함께 풍찬노숙(風餐露宿)하는 동안 굶주림과 추위를 겪으며 온갖 고난을 이겨냈다. 개자추도 바로 그런 충신들 중 한 사람이었다. 한번은 양식이 없어서 굶주릴 때 중이가 어떤 농부에게 밥을 구걸했지만 밥을 얻지 못했다. 오히려 그 농부는 밥 대신 흙을 퍼주며 중이를 조롱했다. 낭패를 당한 중이를 보고 개자추는 자기가 할 수 있는 한 가지 일을 생각해냈다. 그는 아무도 없는 곳으로 가서 자신의 허벅지 살을 한 덩이 베어낸 후 그것을 야채와 섞어 국을 한 그릇 끓여

냈다. 그리고 그 국을 중이에게 바치고 허기를 면하게 했다. 중이는 자신이 먹은 것이 개자추의 살점인 줄 알고는 너무나 감동했다. 그는 이후에 반드시 개자추에게 보답하리라 맹세했다.

나중에 중이는 진(秦) 목공(穆公, 기원전 682~기원전 621)의 도움으로 진(晉)나라로 귀국하여 보위를 계승했다. 이로부터 그는 웅대한 뜻을 펼치며 왕실을 바로잡고 천하 제후의 패자(覇者)로 일컬어졌다. 중이를 수행하여 망명했던 사람들은 후한 보상을 받았을 뿐 아니라 진(晉) 정계의 중요 인물이 되었다. 그러나 적지 않은 사람들은 잊히고 말았다. 아마도 19년 동안 겪은 일이 너무 많아서 일일이 기억할 수 없었기 때문이었을 것이다. 잊힌 사람들 중에 개자추가 포함되어 있었다. 진 문공은 품성이 결코 인색하지 않았다. 잊힌 사람들 중에서 적지 않은 공신들은 직접 진 문공에게 달려가서 자신의 공로를 설명했고, 진 문공은 이들에게 모두 응분의 보답을 했다. 그러나 개자추는 성품이 맑고 고고해서 공로를 자랑하며 보상을 얻으려 하지 않았다. 그는 염량세태(炎涼世態)를 따라 권세를 좇는 무리를 백안시하며 마침내 진 문공을 떠나 은거 생활을 하기로 결정했다.

이어지는 이야기는 전설이다. 진 문공이 다른 사람의 일깨움으로 개자추를 다시 상기했을 때 개자추는 이미 면산(綿山: 지금의 산시 성山西省 중남부)으로 은거한 뒤였다. 진 문공은 자신의 맹세를 어기지 않으려고 직접 신하들을 데리고 개자추를 찾으러 면산으로 갔다. 그러나 면산은 구절양장 오솔길이 수십 리에 달했고 첩첩산중에 계곡이 깊고 숲이 우거져서 개자추의 종적을 찾을 방법이 없었다. 진 문공은 개자추 생각이 간절한 나머지 결국 수행원이 제시한 어리석은 계책을 채택하고 말았다. 그것은 면산 삼면(三面)에 불을 질러 개자추를 나오게 하여 군신 간의 만남을 주선하려는 시도였다. 큰불이 사흘 밤낮 면산을 태웠으나 시종(始終) 개자추의 모습은 보이지 않았다. 불길이 잦아든 후 사람들은 불에 탄 산버들 아래에서 두 모자의 시신을 발견했다. 개자추가 자신의 어머니를 업고 있는 모습이었다. 또 다른 전설에 의하면, 개자추는 진 문공이 찾아오리란 사실을 분명히 알고 있었지만 산을 나가려 하지 않았고 큰불이 몰아닥치는 것을 보고는 자신의 어머니와 함께 큰 나무를 안고 죽었다고 한다. 진 문공은 개자추의 시신을 보고 너무나 슬퍼서 불에 탄 산버들을 잘라 와서 신을 만들고 그것을 항상 신고 다녔으며, 매일 신을 마주 보고 "슬프도다! 족하여!(悲哉足下!)"라고 탄식했다고 한다. 또 다른 학설에 의하면, 이 말이 바로 중국 고대에 상대방을 존칭하는 어휘인 '족하(足下)'란 말의 기원이라고도 한다. 진 문공은 또 이후 매년 개자추가 죽은 날이 돌아오면 온 나라 상하(上下) 사람들에게 불을 피우지 못하게 명령을 내렸다. 이 때문에 백성들은 그날이 되면 찬밥을 먹을 수밖에 없었다. 이 이야기가 바로 중국 민간에 전해오는 전통 명절 '한식절(寒食節)'의 유래다.

　먼 옛날 면산에서 일어난 이 이야기는 현대인에게 이성적으로 인정을 받기가 매우 어렵다. 그 시대의 불 끄기 기술이 어떠했기에 산림에서 발생한 불길이 사흘 밤낮을 타다가 때맞춰 순식간에 잡힐 수 있단 말인가? 그렇게 강한 불길에도 불구하고 개자추 시신의 얼굴은 또 어떻게 진 문공이 확인할 수 있을 정도로 멀쩡했단 말인가? 우리가 정말 현대적인 이성으로 전설들을 검토해보면 너무나 이해할 수 없는 광경이 많다. 그러나 전설의 의의는 결코 그 내용의 진실 여부에 달려 있지 않고 옛사람들이 그것을 통해 무엇을 말하려는지에 달려 있다.

　개자추는 은거를 위해 면산으로 떠날 때 진 문공에 대해서 어떤 마음이었을까? 민간 전설에는 두 시각이 존재한다. 그 한 해석에 의하면 개자추는 진 문공을 전혀 원망하지 않았다고 한다. 즉 개자추에게 은거는 부귀를 탐하지 않고 고상한 품행을 실천하는 행위였을 뿐이라는 것이다. 그러나 또 한 해석은 이와 다르다. 개자추가 부귀를 탐하지 않았다면 왜 일찍 떠나지 않고, 진 문공이 논공행상을 한 이후에야 떠났냐는 것이다. 그것도 자신이 완전히 버려진 이후에야 말이다. 이는 개자추가 마음속으로 기실 원망을 품고 있었음을 알려준다. 중국 전통 경극 「면산을 태우다(焚綿山)」에서는 이 이야기를 새롭게 연출하면서 후자의 해석에 가까운 모습을 보이고 있다. 그래서 이 경극에는 "중이는 임금 노릇을 하면서 도량을 베풀지 않네(重耳爲君無度量)"라는 가사가 포함되어 있다. 전자의 해석에는 이상적인 인격에 대한 옛사람들의 소망이 구현되어 있고, 후자의 해석에는 더욱 현실적인 인성(人性)이 반영되어 있다. 이것은 민간 전설이므로 이를 해석하는 두 관점에도 어느 게 더욱 합리적이냐 하는 문제는 존재하지 않는다. 요컨대 옛사람들은 부귀를 탐하지 않는 인품을 지극히 숭배했고 그것을 개자추 이야기로 밝히고자 했을 뿐이다. 전설에 의지해야만 밝힐 수 있는 이치는 왕왕 현실 생활 속에서는 그에 상응하는 사례를 찾기가 어렵다. 이상화된 전설이 빚어낸 인물과 상황은 결국 현실에 비해 더욱 아름답기 마련이다.

우리가 역사 속 진실로 존재하는 고윤 이야기와 전설 속 개자추 이야기를 비교해보면 역사가 전설보다 더 아름다운 희귀 사례 속한다는 사실을 발견할 수 있다. 위기가 눈앞에 닥쳤을 때 고윤은 위기를 해결하는 현장에 있었다. 위기를 해결한 이후 아무도 자신에 대한 이야기를 하지 않자 조용하게 물러나 어떤 악감정도 갖지 않았고 어떤 극단적인 행동도 하지 않았다. 여전히 평소대로 관직 생활을 하며 자신의 직무를 수행했다. 개자추는 평소 공명(功名)에 담담하게 대처했지만 그의 은거 행위를 보면 자신이 당한 불공평한 대우에 여전히 불만을 품고 있었음을 알 수 있다. 이에 비해 고윤은 개자추와 유사한 대우를 받았지만 아무런 반응도 보이지 않았다. 그의 마음속에는 근본적으로 불공평한 대우가 존재하지 않았다. 이 점에 근거하여 판단해보면 현실 버전의 고윤이 이상 버전의 개자추보다 훨씬 수준이 높다고 말하지 않을 수 없다. 고윤은 책임감이 강했지만 강경하지 않았고, 곧은 성품의 소유자였지만 부드러운 성품도 유기적으로 결합되어 있었다. 고윤은 중국 고대 관료 중에서 가장 완벽한 형상에 가깝다고 할 수 있다.

남송 말년의 호삼성(1230~1302)은 『자치통감』에 주석을 단 학자 중에서 가장 뛰어난 성취를 남긴 인물이다. 호삼성은 근엄한 학자로 그가 『자치통감』에 단 주석은 대부분 고대의 지리·기물·제도 등이며 역사에 대한 감탄은 드문 편이다. 그러나 호삼성은 고윤의 생애에 주석을 달 때 감탄을 토하지 않을 수 없었다. "고윤은 그렇게 고상한 사람이었고, 또 자신의 공로조차 한 마디도 내비치지 않았는데 하늘이 그를 박하게 대우할 수 있겠는가?" 호삼성의 감탄은 충분한 근거가 있다. 고윤은 자신만의 견해를 갖고 그것을 과감하게 견지했지만 전혀 난폭하게 굴지 않고 평화롭고 편안하게 98세까지 살았다. 오늘날에도 98세면 엄청난 장수로 치는데 하물며 그 시절이야 더 말해 무엇하랴? 더욱 놀라운 것은 고윤이 세상을 떠나기 며칠 전까지 평상시처럼 행동하다가 몸이 조금 불편함을 느낀 후 며칠 만에 숨을 거뒀다는 사실이다. 이것은 현대인들조차 선망하는 호상(好喪)에 속한다. 호삼성은 고윤의 아름다운 종말을 하늘의 뜻으로 해석했다. 그러나 아마도 현대 독자들은 그의 해석에 그리 만족하지 못할 것이다. 우리는 '과학적 입장에' 조금이라도 부합하는 관점으로 새로운 해석을 시도해볼 필요가 있다. 고윤은 화를 낼 줄 모르는 무골호인이 아니었다. 그에게는 자신만의 신념과 집념이 있었다. 우리는 그에게서 흔들림 없는 정신을 목도할 수 있고 또 관대한 마음까지 확인할 수 있다. 흔들림 없는 정신을 견지할 때는 죽음도 두려워하지 않았고,

관대한 마음을 펼칠 때는 담담하고 조용한 모습을 보였다. 더욱 중요한 것은 고윤이 평생토록 정정당당하게 처신하며 어떤 사람에게도 부끄럽지 않게 행동했다는 점이다. 이런 점이 어쩌면 그가 편안하게 장수할 수 있었던 근본 원인인지도 모른다.

고윤이 세상을 떠나자 북위의 황제와 황태후도 그의 장례에 깊은 관심을 기울였다. 고윤의 품성을 흠모해온 황제와 황태후는 고윤의 영전에 엄청난 영광을 바쳤다. 『자치통감』에서는 고윤이 누린 사후의 영예가 사실 북위 개국 이래 누구도 받지 못한 특전이었다고 기록하고 있다.

자기절제력

1. 공은 공, 사는 사

형남절도사(荊南節度使) 유준(庾準, 732~782)은 재상 양염(楊炎, 727~781)의 뜻에 영합하기 위해 조정에 상소문을 올려 충주자사(忠州刺史) 유안(劉晏, 716?~780)이 주차(朱泚, 742~784)에게 서찰을 보내 구원을 요청했는데 원망하는 말이 많았다고 아뢰었다. 또 유안이 충주의 군사를 불러 자신의 군사를 보충하고 조정의 명령에 항거하려 한다고 아뢰었다. 양염은 유준의 말을 보증했다. 당 덕종은 비밀리에 궁궐 사자(中使)를 충주로 보내 유안을 교살하게 하려 했다. 기축일(己丑日)에 조서를 내려 자결하게 했다. 천하 사람들이 모두 유안의 죽음을 원통하게 생각했다. 『자치통감』 권226

최우보(崔祐甫, 721~780)는 병에 걸려서 국사를 살피지 못하는 날이 많았다. 따라서 양염 혼자 국가대사를 도맡아 처리하며 오로지 보은과 복수를 자신의 일로 삼았다. 그는 원재(元載, ?~777)가 남긴 계책을 써서 원주(原州)에 성을 쌓아야 한다고 아뢰었다. 또 장안과 낙양 및 관내(關內)의 인부를 징발하여 풍주(豊州) 능양거(陵陽渠)를 준설하고 둔전(屯田)을 일으키려고 했다. 덕종은 궁궐 사자를 경원절도사(涇原節度使) 단수실(段秀實, 719~783)에게 보내 이 일의 장단점을 알아보게 했다. 단수실은 "지금 변방의 방비가 아직도 허술한데 공사를 일으켜 도적을 불러들여서는 안 된다"라고 여겼다. 양염은 화를 내며 단수실이 자신을 가로막는다고 여기고 단수실을 불러들여 사농경(司農卿)[1]에 임명했다. 『자치통감』권226

기유일에 덕종은 고고(高固, ?~?)를 빈녕절도사(邠寧節度使)로 임명했다. 고고는 경험이 많은 노장(老將)으로 성품이 관후(寬厚)하여 사람들의 신망을 얻었다. 다른 절도사들이 그를 시기하며 한직으로 내쫓았고 같은 서열의 관리들도 대부분 그를 경멸했다. 그러나 고고는 장수로 기용되고 나서 한 사람에게도 보복하지 않아 군영이 마침내 편안해졌다. 『자치통감』권236

당 덕종 때의 재상 양염은 양세법(兩稅法)[2]을 건의한 인물로 널리 알려져 있다. 『자치통감』에는 양염이 권력을 잡았던 기간의 행적을 기록해놓았는데 그 속에 다양한 차원의 의미가 포함되어 있다. 사마광이 묘사한 양염은 직무를 제대로 수행하지 못하면서도 자신의 파당을 만들어 다른 사람을 공격하고 사사로운 복수를 즐긴 재상이었다. 그가 실시한 다

---

1 농사를 관장하는 관리. 당나라 초기에는 사가경(司稼卿)이라고도 했다.
2 당 덕종 때 처음 시행된 세법의 일종. 본래 양곡과 직물 등을 위주로 납부하던 세금을 금전 위주로 1년에 두 번 납부하도록 개정했다.

양한 정책도 결코 현실성 있게 국가의 수요를 고려한 것이 아니라 자기 파당의 주장을 옹호하는 데 중점을 둔 것이었다. 우리는『자치통감』기록에서 양염과 관련된 전형적인 사건 두 가지를 살펴볼 수 있다. 첫째, 자신과 다른 파당에 속한 재정 관리 유안에 대한 박해다. 둘째, 원주(지금의 닝샤후이족자치구 구위안 시固原市) 지역에서 군사와 관련된 공사를 일으킨 일이다.

양염은 관직 생활과 승진에서 이전 재상 원재에게서 많은 도움을 받았다. 당 대종(代宗, 726~779) 때 재상을 지낸 원재는 중국 역사상 유명한 탐관오리에 속한다. 사후에 그의 재산을 몰수할 때 발견된 후추가 무려 800석(石)에 달했다. 이를 오늘날의 도량형으로 환산하면 거의 60톤에 가깝다. 게다가 당나라 시대의 후추는 중국 본토 물산이 아니어서 장안에서 9,000리나 떨어진 인도 중부 지역에서 운송해 와야 했다. 당나라 시대에는 항공 운수가 없었으므로 이렇게 많은 후추를 장안으로 운송하려면 혀를 내두를 정도로 비싼 비용을 치러야 했다. 후추는 일상에서 소비하는 양이 매우 적어서 몇 알만 사용해도 사람들의 혀를 마비시키고 얼굴에 열을 나게 할 수 있다. 그런데 원재는 왜 그토록 많은 후추가 필요했을까? 후추는 많은 사람이 먹지도 않고 팔지도 않는 조미료인데 말이다. 참으로 이해하기 어려운 점이다. 그러나 기실 이 같은 상황에 바로 탐욕자의 기본 심성이 반영되어 있다는 사실을 알아야 한다. 고금을 통틀어보더라도 거의 예외가 없다. 탐욕이란 열차는 한번 출발하면 브레이크를 밟을 수 없을 뿐 아니라 이성적으로 통제할 수도 없게 된다. 이른바 탐욕은 메울 수 없는 깊은 계곡과 같아서 이 길로 들어선 자는 기본적으로 도대체 얼마나 많은 탐욕을 채워야 되는지 절대 묻지 않는다. 그리고 부패의 기회를 제공하는 자도 지금 당신에게 도대체 재물이 얼마나 부족한지 절대 묻지 않는다. 고관이 되어 일단 탐욕과 부패 시스템을 작동시키면 시종일관 혼자서는 부패 관련 업무를 모두 처리할 수 없기 때문에, 신변에는 늘 형형색색의 '부패 인물군'이 모여들어 마침내 후추를 800석이나 쌓는 일까지 벌어지게 된다. 짐작컨대 원재는 죽을 때까지 자신의 집 안에 도대체 이런 뇌물을 얼마나 많이 쌓아뒀는지 분명하게 알 수 없었을 것이다. 그러나 부패의 죄명은 오직 원재 혼자서 뒤집어써야 했다.

양염은 일찍이 문학적인 재능으로 원재에게 인정을 받았고 원재가 재상직을 수행하는 동안 요직에 발탁되었다. 원재와 관련된 부정부패 사건이 일어나자 양염은 원재의 파당으로 간주되어 도주(道州: 지금의 후난 성 남부) 사마(司馬)로 폄적되었다. 당 덕종은 즉위 후 재능 있는 사람을 뽑아 재상을 맡기고 경제 분야를 정돈하려 했다. 당시의 명신 최우보가 양염을 추천했다. 마침 당 덕종은 태자 시절 양염의 명성을 들은 적이 있어서 양염은 순조롭게 재상직에 발탁되었다. 양염은 문장을 잘 지었기에 그의 명망은 확실히 일반 벼슬아치와는 달랐다. 그가 지은 「이해락비(李楷洛碑)」는 당시 문인들이 모두 암송하는 명편이었다. 일찍이 중서사인(中書舍人)[3]을 지낼 때는 조정의 문서를 기초했는데 개원 시기에 그와 비견할 사람이 없다는 칭송을 들었다. 양염이 새 재상에 임명되었다는 소식이 전해지자 사람들은 모두 옛날 사림에 명망이 높았던 그가 정치를 일신하고 일대의 현명한 재상이 될 것이란 기대감을 가졌다.

그러나 양염이 재상직에 임명된 후 시행한 많은 조치를 보고 사람들은 실망감을 금치 못했다. 당시에 양염에게 큰 기대감을 가졌던 사람들은 양염이 사소한 원한에도 반드시 복수를 하는 소인배임을 전혀 알지 못했다. 더욱 악랄한 일은 그가 자신의 성격을 재상 업무에까지 연결시

---

3   당나라 중서성 소속 관리. 황제의 조칙 작성과 어명을 전달 업무를 담당했다.

컸다는 점이다. 당시 양염은 또 다른 저명한 재정 관리 유안과 일찍이 상하 직급으로 함께 일한 적이 있다. 유안이 이부상서(吏部尚書)로 재직한 기간 양염은 그의 보좌관인 이부시랑(吏部侍郎)직을 맡아보았다. 그러나 둘의 관계는 전혀 원만하지 못했다. 나중에 유안은 황제의 명령으로 원재 사건 조사 업무에 참여한 적이 있었고, 양염은 바로 이때 원재의 파당으로 간주되어 지방직으로 폄적되었다. 양염은 재상직에 임명된 후 원재를 대신해 복수를 하려고 자기 수중의 권력을 모두 이용하여 유안을 공격했다. 그리하여 매우 가공할 죄명을 엮어 젊은 덕종의 면전에서 유안을 모함했다.

당 덕종은 즉위 초에 매우 민감한 정치 사건을 처리한 적이 있다. 덕종의 부친 대종이 보위에 있을 때 병부시랑(兵部侍郎) 여간(黎幹)이 환관 유충익(劉忠翼)과 내통하여 대종에게 다른 왕자를 태자로 세우라고 권했다. 두 사람의 음모는 성공하지 못했고 나중에 덕종이 순조롭게 보위를 계승했다. 덕종이 즉위한 후 여간은 불안감을 느끼고 비밀리에 유충익을 방문하여 장차 어떤 대책을 세워야 할지 상의했다. 이 일은 어떤 사람에 의해 고발되었고 둘은 덕종에게 불리한 짓을 해왔다는 이유로 마침내 엄한 형벌을 받아 사형에 처해졌다. 그 무렵 양염은 유안을 공격하면서 덕종에게 지난 일을 다시 거론했다. 즉 유안이 여간의 비밀 모의에 참여했는데도 처벌을 받지 않았으므로 유안을 심문해야 한다고 모함한 것이다. 당시에 또 다른 재상 최우보는 양염의 모함에 동의하지 않고 그의 말이 전혀 근거 없는 소문과 거짓말이라고 인식했다. 그러나 양염은 또 이틈을 타서 중앙 행정의 핵심 부서인 상서성이 천하대사를 관장해야지 따로 직책을 설치하여 재정 업무를 분담해서는 안 된다고 주장했다. 양염의 이 건의는 분명 유안을 겨냥한 조치였다. 왜냐하면 당시 유안의 관직이 바로 가장 중요한 재정 기구에 소속되어 있었고 상서성에는 소속되어 있지 않았기 때문이다. 양염을 의심하고 있었던 덕종은 여간과 유안을 다시 조사하자는 건의에는 즉시 응답하지 않았지만 유안의 재정권을 박탈해야 한다는 요청은 받아들여 유안을 파직했다.

양염의 첫 번째 목표는 실현되었다. 여간과 유충익 사건은 황위 계승과 관련된 민감한 문제여서 덕종은 유안을 즉시 처리하지는 않았지만 마음속으로는 여전히 의심을 떨치지 못하고 있었다. 오래지 않아 덕종은 또 양염의 의견을 듣고 유안의 아룀이 부실하다는 이유로 다시 그를 지방으로 폄적했다. 유안은 결국 충주(지금의 충청 시 중부)자사로 쫓겨나 형남절도사 관할로 예속되었다. 당시 형남절도사 유준은 양염에게 잘 보이려고 유안을 고발했다. 즉 유안이 실력 있는 지방 절도사에게 편지를 보내 그의 도움으로 중앙 관직에 복귀하려 한다는 내용이었다. 유준은 또 유안이 자신의 관할 지역에서 군사를 모집하여 조정에 항거하려 한다고 모함했다. 유준이 황제에게 보낸 고발 편지는 양염의 인정을 받았다. 덕종의 면전에서 양염은 유준의 말이 사실임을 극력으로 보증했다. 이에 덕종은 비밀리에 환관을 충주로 보내 유안을 교살했다. 이 소문을 들은 사람들은 모두 유안이 너무 억울하게 죽었다고 불만을 토로했다.

이처럼 사소한 일에도 반드시 보복하는 양염의 만행은 그가 벼슬살이에 나선 초기부터 그 단서를 드러냈다. 양염이 벼슬에 오르기 전에 이대간(李大簡)이라는 현령이 술에 취해 양염을 모욕한 적이 있다. 양염은 관직 생활을 시작한 이후 하서절도사(河西節度使: 지금의 간쑤 성 우웨이武威 일대) 여숭분(呂崇賁)의 막부에서 비서 일을 담당한 적이 있다. 마침 이대간도 그곳에서 일을 하고 있었다. 양염은 옛날에 받은 모욕을 복수하기 위해 자신의 부하를 거느리고 이대간을 습격하여 쇠몽둥이로 200여 차례나 때려 끝내 그의 목숨을 끊어놓고 말았다. 여숭분은 양염의 재능을 아낀 터라 이 일을 끝까지 추궁하지 않았다. 이 사건에서도 속 좁고 흉악한 양염의 성격을 엿볼 수 있다. 이후 그에 의해 조작된 유안 사건도 사사로운 복수에 공권력을 동원한 전형적인 사례에 해당한다. 대신의 신분으로 국가를 위해 재능을 쓰지도 않고 개인적 원한으로 나라의 동량을 꺾었으니 양염이 자격 미달의 재상임을 어찌 부정할 수 있으랴?

유안은 중당과 만당 시기 경제 분야에 큰 공헌을 남긴 재정 명신이다. 대종 초기에 유안은 전운사(轉運使)⁴의 임무를 맡았다. 당시에 조정이 장악한 납세 호구는 겨우 200여만 호에 불과했고, 중앙 정부의 재정 수입도 엽전 400만 꿰미(緡) 내외에 지나지 않았다. 그러나 유안의 노력으로 대종 말기에는 천하의 호구가 300만 호로 늘어났고, 중앙 정부의 재정 수입도 매년 1,300만 꿰미로 증가했다. 중국은 전통적으로 농업 국가여서 경제구조와 중앙 정부의 재정 수입이 비교적 단순한 편이었다. 따라서 역대 왕조의 재정 수입도 대부분 백성들의 세금 부담을 더 늘리는 방식으로 문제를 해결했다. 그러나 유안이 재정을 담당한 기간에는 정부가 백성의 조세 부담을 가중시키지 않으면서 더 많은 백성들이 편안하게 생업에 종사할 수 있게 했다. 그런데도 정부의 재정 수입은 두 배 이상 늘어났다. 이는 전적으로 유안의 뛰어난 경제 정책과 재정 수단에 의지한 결과였다. 이에 『자치통감』에서는 유안이 "재정 정책을 펼칠 때 백성 사랑을 가장 우선시했다(理財以愛民爲先)"라고 칭찬하고 있다. 이는 중국 고대사에서 매우 보기 드문 사례에 속한다. 더욱 희귀한 것은 유안이 몇십 년 동안 재정 관직에서 일을 하면서도 시종일관 공명정대하게 처신하여 양 소매에 맑은 바람이 일어날 정도(兩袖淸風)로 청렴했다는 사실이다. 재정 관리를 담당하면서도 재물을 탐하지 않아서 사후 그의 집안에는 단지 책이 두 수레, 쌀과 보리 몇 섬만 남아 있었다고 한다. 이 때문에 유안

---

4   중앙이나 지방의 운수를 관장하는 관리.

을 모함하고 박해한 양염은 청사에 지울 수 없는 오명을 남기게 되었다.

양염이 사적인 감정으로 공무를 해친 또 하나의 전형적인 사례는 원주에 방어용 성곽을 건설하면서 벌어진 논란이었다. 당시 당나라와 토번(吐蕃)은 관계가 악화되어 수시로 무력 충돌이 벌어졌다. 오늘날 닝샤후이족자치구 관할하에 있는 일부 지역이 당나라와 토번 사이에 자주 무력 충돌이 발생한 핵심 지역의 하나다. 원재가 재상직에 있을 때 원주 지역에 성곽과 보루를 건설하여 토번의 공세를 막아내려 했다. 그러나 이 계획은 실행되지 못했다. 양염은 재상직에 오른 후 원재가 구상한 이 계획을 계속 추진하려 했다. 덕종은 이 일 때문에 원주 일대를 주관하는 절도사 단수실에게 사자를 보내 의견을 구했다. 단수실은 당나라 역사에서 관대하고, 정직하고, 실무에 뛰어난 관리로 유명하다. 단수실의 견해에 의하면, 지금은 변방 수비력을 더욱 강화해야 할 때인데 만약 인력과 물력을 차출하여 성곽과 보루를 새로 건설하게 되면 오히려 실제적의미의 방어 역량을 약화시키게 되거니와 토번에도 공격의 빌미를 줄 수있다고 했다. 그리고 성곽 건설 도중 토번이 공격해오면 성곽을 짓지도 못하고 오히려 땅만 크게 뺏길 것이라고 우려했다. 이런 이유로 단수실은 그 시점에 새로운 원주 성곽을 건축하는 일에 찬성하지 않았다.

양염은 단수실의 의견을 알고 난 후 매우 화가 났고 그가 고의로 자신의 계획을 가로막는다고 생각했다. 이에 양염은 단수실의 경원절도사직을 박탈하고 도성의 사농경직으로 전근시켜 그에게 농업 조세 관리 책임을 맡겼다. 경원의 군대는 단수실이 이끌 때 본래 조정을 지탱하는 주요 역량의 하나였다. 그러나 단수실이 떠난 후 경원절도사가 자주 바뀌자 군대 관리에 혼란이 발생하여 3년 후에는 심각한 반란이 일어났다. 이 사건은 후과가 매우 심각하여 결국 덕종은 장안을 버리고 봉천으로 도피해야 했다. 이와 관련된 상황은 앞의 「대국적 관점」 장에서 자세히 소개한 바 있다. 당시에 장안에 머물던 단수실은 조정을 호위하며 일찌 감치 반란을 평정하고 싶었지만 자신에게 병권이 없는 상황이라 형세를 만회할 방법이 없었다. 그는 결국 반란을 일으킨 장수와 충돌하는 과정 에서 피살되어 순국의 길을 걸었다. 경원 병란은 양염이 직접 일으킨 것 은 아니지만 그가 단수실을 전직시킨 일이 간접적 원인으로 작용하지 않았다고 말하기 어렵다. 양염은 재상의 신분으로 깊이 있는 통찰과 원 대한 식견은 고사하고 자신과 다른 의견조차 조금도 용납하지 못한 채 결국 심각한 후과를 초래하고 말았다. 이런 점에서 양염이 우리에게 주 는 교훈은 정말 중대하다고 할 수 있다.

공자는 네 행위를 하지 않았다. "사사로운 뜻을 펼치지 않았고, 기필 코 어떤 일을 하려 하지 않았고, 고집을 부리지 않았고, 나의 주관만을 내세우지 않았다."("毋意, 毋必, 毋固, 毋我.", 『논어』「자한子罕」) 모든 일을 추진 할 때 자신이 옳다고 생각하는 점만 옳게 여기고, 자신이 그르다고 생 각하는 점만 그르게 여기면서 다른 사람의 상이한 의견은 돌아보지 않 고 자기 고집에 얽매어 반성할 줄 모르면 필연적으로 좋지 않은 결과를 초래하게 된다. 공자는 또 이렇게 말했다. "사람을 유익하게 하는 세 벗 이 있고, 사람을 손해나게 하는 세 벗이 있다. 정직한 사람을 벗하고, 진 실한 사람을 벗하고, 견문이 넓은 사람을 벗하면 유익하다. 편벽된 사람 을 벗하고, 우유부단한 사람을 벗하고, 아첨 잘하는 사람을 벗하면 손해 다."("益者三友, 損者三友. 友直, 友諒, 友多聞, 益矣. 友便辟, 友善柔, 友便佞, 損矣.", 『논어』「계씨季氏」) 정직하고 진실하고 지식이 넓은 사람을 벗해야지 자신 의 의견에 칭찬만 늘어놓으며 잘 보이려는 사람을 벗해서는 안 된다는 의미다. 몸은 고관대작이고 권력은 사람의 생사를 좌우할 정도여서 자신 의 일거수일투족이 모두 국가의 안위에 영향을 미칠 수 있는 사람들은 특히 이 몇 가지 점을 실천할 수 있어야 한다. 그러나 양염은 분명 이 몇 가지 덕목에 도달하지 못했다. 이것이 최악의 상황은 아니었다. 옛사람들은 항상 "인간은 배우지 않을 수 없다"라고 했다. 여기에서 배움은 물론 올바른 이치를 밝게 습득함을 말한다. 관직에 올라 재상이 되었다면 공권력 행사와 사사로운 복수를 명확하게 구분해야지, 개인의 은원 관계를 공공 업무 속으로 옮겨와서는 안 된다. 이것이 가장 기본적인 '이치'다. 양염은 문장으로 세상에 이름을 떨쳤으므로 '배움'의 중요성에 대해서도 몰랐을 리가 없다. 그러나 가장 중요한 점은 '배움'의 진정한 의미를 행동으로 전환하는 일 즉 올바른 이치를 현실 속에서 밝게 실천할 수 있느냐에 달려 있다. 이 같은 차원에서 말하자면 양염의 '배움'은 문장의 수사(修辭)를 갖춘 것에 불과하고 올바른 이치를 밝게 실천하는 일은 배우지 못했다고 할 수 있다. 양염은 유안 사건을 조작할 때도 자신의 행위가 올바른 이치에 부합하는지 여부는 근본적으로 고려하지 않았다.

양염과 거의 같은 시대에 고고라는 장군이 있었다. 그는 무인이라 독서량은 틀림없이 양염보다 많지 않았을 것이다. 그러나 고고는 올바른 이치에 밝아서 『자치통감』에 그의 사적이 긍정적으로 기록되어 있다. 고고는 빈녕절도사 휘하에서 일을 했다. 그는 인품이 관대한 장수여서 병졸들로부터 깊은 사랑을 받았다. 고고가 병사들 속에서 명망이 높아지자 절도사가 그를 질투했다. 이 때문에 절도사는 고고를 한직으로 쫓아내고 그에게 군대의 실권을 주지 않았다. 동급의 다른 장수들도 고고가 승진할 희망이 없자 그를 경시하고 능멸했다. 그러나 덕종 정원(貞元) 17년(801) 절도사 양조성(楊朝成, ?~801)이 죽자 조정에서는 마침내 고고를 후임 절도사로 임명했다. 임명장이 내려진 후 이전에 고고를 능멸했던 장수들은 그가 보복을 할까봐 하루 종일 전전긍긍했다. 그러나 기실 고고는 절도사에 취임한 후 그런 의심을 불식하고 지난날의 동료들에게 어떤 보복도 하지 않았다. 이른바 '시간이 오래돼야 인심을 안다(日久見人

心'는 말처럼 장수들의 불안한 정서는 점차 안정을 찾았고 군대 업무도 양호하게 관리되었다.

당나라 역사에서 고고는 결코 중요한 인물이 아니다. 그런데도『자치통감』에서 고고의 이 훌륭한 일화를 기록한 것은 양염처럼 중요한 지위에 있으면서도 마음 씀씀이가 협소한 인물과 선명하게 대비하기 위해서라고 할 수 있다. 역사를 읽는 사람들은 이를 통해 누구를 경계로 삼아야 하고 누구를 법도로 삼아야 할지 분명하게 알 수 있다.

2. 사욕을 앞세우면

당초에 한황(韓滉, 723~787)은 유현좌(劉玄佐, 730~787)를 추천하여 그에게 군사를 거느리고 가서 하황(河湟)[1]을 수복하게 했다. 덕종이 유현좌에게 의견을 묻자 그도 찬성했다. 한황이 죽자 유현좌가 상소문을 올려 아뢰었다. "토번이 바야흐로 강성해져서 아직 그들과 다툴 수 없습니다." 덕종이 궁궐 사자를 파견하여 현좌를 위로하자 현좌는 누워서 어명을 받았다. 장연상(張延賞, 726~787)은 현좌를 임용해서는 안 된다는 사실을 알고 하황의 일을 이포진(李抱眞, 733~794)에게 맡겨야 한다고 상소문을 올렸지만 이포진은 굳게 사양했다. 이 모두는 장연상이 이성(李晟, 727~793)의 병권을 빼앗자 무신들이 분노하여 마음이 냉랭해져서 조정의 관직 임용을 받으려 하지 않았기 때문이다.

호삼성 주(注): 역사에서는 장연상이 다른 사람의 공을 시기하고 유능한 사람을 미워한지라 이런 죄과를 받았다고 한다. 『자치통감』 권232

장연상은 제영(齊映, 747~795)과 사이가 좋지 못했다. 제영이 여러 재상 중에서도 과감한 직언으로 명성이 높아지자 덕종은 점점 불쾌하게 생각했다. 장연상은 제영이 재상 그릇이 아니라고 말했다. 임자일(壬子日)에 제영은 기주자사(夔州刺史)로 폄적되었고, 유자(劉滋)는 좌산기상시(左散騎常侍)[2]로 좌천되었다. 병부시랑 유혼(柳渾, 714~789)은 동평장사(同平章事)[3]에

---

1 황허 강과 황수이 강(湟水) 유역의 비옥한 삼각지대.

2 궁궐에서는 황제에게 간언을 올리고, 황제가 밖으로 나갈 때는 말을 타고 황제를 수행하는 측근 관리. 당나라 때는 문하성 소속으로 실권이 없는 명예직인 경우가 많았다. 좌산기상시, 우산기상시(右散騎常侍)를 두었다.

임명되었다. 한황은 성격이 가혹하고 포악했는데 덕종은 그를 임명하자마자 그의 말을 따르지 않는 것이 없어서, 다른 재상들은 자리나 차지하고 있을 뿐이었고, 백관들이 그의 지나친 점이나 부족한 점을 구제했다. 유혼은 비록 한황에 의해 추천되었지만 정색을 하고 한황을 나무랐다. "전임 상공(相公)은 편협하게 국사를 살피다가 상공이 된 지 1년도 되지 않아 파직되었습니다. 지금 공께서는 그보다 더 심하게 행동하십니다. 어찌하여 성(省)⁴ 안에서 관리를 매질하다가 사망자가 생기는 일까지 벌어집니까? 또 복을 짓고 위엄을 부리는 일(作福作威)을 어찌 신하가 할 수 있단 말입니까?"⁵ 한황은 부끄러움을 느꼈고, 이 때문에 이후로 위엄을 조금씩 줄였다.

『자치통감』 권232

당초에 병부시랑 동평장사 유혼은 장연상과 함께 재상이 되었다. 유혼은 국사를 의논할 때 자주 의견을 달리했다. 장연상이 친한 사람을 보내 유혼에게 말했다. "상공께선 덕망을 갖춘 구신(舊臣)이지만 조정에서 말씀을 적게 하시면 고위 관직을 오래 보전할 수 있을 것이오." 그러자 유혼이 말했다. "나 대신 장공에게 고맙다는 말씀을 전해주시오. 나 유혼의 목은 자를 수 있어도 혀는 막을 수 없다고 말이오." 이때부터 [유혼과 장연상] 사이가 나빠졌다.

『자치통감』 권233

---

3 동중서문하평장사(同中書門下平章事). 명의상 중서성과 문하성을 관장하는 최고 장관이나, 실제로는 재상을 맡은 관리에게 명예직으로 수여하는 경우가 대부분이었다.
4 중서성이나 상서성과 같은 고위 관청.
5 『서경(書經)』「홍범(洪範)」에 나오는 "오직 임금만이 복을 만들고, 오직 임금만이 위엄을 만들고, 오직 임금만이 옥식을 먹는다. 신하는 복과 위엄을 만들어서는 안 되고 옥식을 먹어서는 안 된다. 신하로서 복과 위엄을 짓는다면 그 해가 집안에 미치고 그 흉함이 나라에 미친다(惟辟作福, 惟辟作威, 惟辟玉食, 臣無有作福, 作威, 玉食, 臣之有作福, 作威, 玉食, 其害于而家, 凶於于國)"가 그 출전이다.

양염보다 조금 늦게 당나라 역사에 장연상이라는 재상이 등장한다. 그도 양염과 마찬가지로 공과 사를 구분하지 못하고 사적인 은원 관계를 공무에 끌어들여 국가에 큰 손실을 초래했다. 경원 병란의 평정은 이성, 혼감(渾瑊, 736~800), 마수(馬燧, 726~795) 세 대장의 힘에 의지했다. 이 세 사람은 모두 초인적인 능력으로 국가에 충성을 바쳤고, 이로써 이들은 당 덕종 시대에 국가의 안정과 안전을 수호하는 가장 중요한 군사 지도자가 되었다. 경원 병란이 평정된 후 오래지 않아 재상에 임명된 장연상은 이성과 자주 알력을 빚었다. 장연상의 이 개인적인 은원 관계가 당과 토번의 교류에 직접적으로 막대한 손실을 끼치게 되었다.

장연상과 이성 사이의 알력은 한 가지 작은 사건에서 비롯되었다. 이성은 궁궐을 지키는 중앙 금군인 신책군(神策軍)의 장수였다. 그는 일찍이 군사를 거느리고 성도(成都)에 주둔했다가 고씨(高氏) 성을 가진 그곳 관기와 눈이 맞았다. 그는 나중에 어명을 받들고 장안으로 돌아갈 때도 그 관기를 데리고 가려 했다. 성도는 서천절도사(西川節度使)의 근거지였고, 당시 서천절도사는 바로 장연상이었다. 장연상은 매우 진지한 태도로 이성이 지방의 관기를 데려가서는 안 된다고 생각하고 사람을 보내 그 관기를 다시 데려왔다. 장연상과 이성의 원한은 이렇게 생겨나게 되었다.

장연상은 지방의 행정을 주관하면서 조정을 위해 비상한 힘을 발휘했다. 나중에 중앙 정부의 재상직에 결원이 생기자 덕종은 장연상을 데려오고 싶어 했다. 그러나 당시에 이미 큰 공을 세워 지위가 높아진 이성은 자신의 눈앞에서 그런 일이 벌어지는 걸 보고 싶어 하지 않았다. 그는 덕종에게 장연상의 온갖 결점을 고해바쳤다. 덕종은 이성의 말을 기껍게 생각하지 않았지만 그가 경원 병란을 평정하고 자신을 장안으로 돌아오게 한 중요 공신인지라 그의 체면을 봐서 장연상을 재상으로 임명하지 않았다. 호삼성은 『자치통감』이 대목에 주석을 달아 "이성이 한 여자 때문에 조정에서 임용하려는 사람을 가로막은 것은 분명히 잘못된 일이다"라고 비판했다. 호삼성의 비판은 매우 정확하다. 이성은 분명 먼저 오류를 범하여 장연상과의 갈등 심화에 원인을 제공했다.

당시는 바로 당나라와 토번의 군사적 충돌이 빈번하던 때였다. 토번은 여러 차례 군사를 일으켜 당나라 변경을 기습했지만 전혀 이득을 챙기지 못했다. 당시에 토번의 병권을 장악하고 있던 대상(大相) 상결찬(尚結贊, ?~796)은 이렇게 말했다. "당나라의 명장으로는 이성, 마수, 혼감이 있을 뿐이다. 계략으로 이들을 제거해야 한다."("唐之良將李晟,馬燧,渾瑊而已, 當以計去之.", 『자치통감』 권232) 토번에서 이성을 제거하기 위해 쓴 계략이 바로 이간계(離間計)였다. 상결찬은 재차 군사를 이끌고 당나라 변경으로 들어와 직접 변방을 수비하는 장수들에게 말했다. "이성이 우리를 오게 해서 천 리 먼 길을 달려왔다. 그런데 너희들은 어찌하여 술과 고기로 우리를 대접하지 않느냐?" 이 이간계는 매우 졸렬하여 머리가 있는 사람이라면 당연히 쉽게 믿지 않을 것이다. 그러나 이 소식이 장연상의 귀에 들어간 후로는 효과가 달라졌다.

장연상은 토번의 졸렬한 이간계를 조정에서 크게 떠들었다. 그리고 기회가 있을 때마다 그것을 사람들에게 반복해서 이야기했다. 역사에는 다음과 같이 기록되어 있다. "조정에서 마구 비방을 늘어놓으며 못하는 말이 없을 정도였다."("騰謗於朝, 無所不至.", 『자치통감』 권232) 장연상이 멍청해서 적의 계략을 몰랐을까? 당연히 그건 아니다. 이익이 사람의 두뇌를 멍청하게 만들었고, 마찬가지로 원한이 사람의 두뇌를 멍청하게 만들었기 때문이다. 장연상이 보기에 사실이 어떤가는 중요하지 않았고, 중요한 것은 그것이 이성에게 타격을 가할 수 있는 아주 좋은 기회였다는 점이다.

덕종도 멍청하지 않았다. 덕종도 이성이 억울하게 모함당하고 있다는 사실을 분명하게 알고 있었지만 이번 기회를 빌려 강대한 공신의 기세를 누르고 그 기세가 뒷날 통제 불능의 상태에 이르는 걸 막으려 했다. 이런 이유로 덕종은 장연상에게 일정한 비방 공간을 제공해줬다. 물론 사태를 너무 경직되게 끌고 갈 수는 없었다. 이성이란 인재는 여전히 크게 쓸모가 있었기 때문이다. 이성이 자발적으로 병권을 내놓고 덕종에게 삭발승이 되겠다고 윤허를 청했을 때 덕종은 이성의 기세를 누르려던 목적을 이미 달성했다고 여겼다. 그래서 덕종은 직접 나서서 이성을 위로하고 아울러 명망 있는 다른 대신들에게 이성과 장연상 간의 갈등을 화해시켜달라고 요청했다.

대신(大臣) 한황이 당시에 명망도 있었고 이성과 관계도 좋았다. 덕종은 그와 또 다른 장수 유현좌에게 이성과 장연상의 갈등을 풀어달라고 부탁했다. 한황은 이를 위해 상당한 애를 썼다. 그는 먼저 이성에게 가서 장연상과의 지난 감정을 모두 털어버렸으면 좋겠다고 한 후 장연상을 이성의 저택으로 데리고 가서 주연을 베풀었다. 한황은 이성과 장연상에게 결의형제를 맺게 하고 지난 원한을 깨끗이 씻어버리자고 제의했다. 이어서 한황과 유현좌는 또 각자 자신의 집에서도 주연을 베풀고 이성과 장연상을 한자리에 불러 환대했다. 분위기가 부드럽게 풀어지자 한황은 이성에게 바로 그 자리에서 황제에게 상소문을 써서 장연상을 재상직에 추천해달라고 청했다. 이성은 바로 승낙했다. 이로써 다음 해 정월 장연상은 재상이 되었다.

사태가 여기에서 그쳤다면 이 이야기는 관직 사회의 인사 갈등에 초점이 맞춰졌을 것이다. 장연상이 사사로운 울분을 풀기 위해 적을 도와 유언비어를 퍼뜨린 것은 당연히 옳지 못한 행위다. 동시에 이성도 먼저 잘못을 저질렀다. 즉 여색을 탐하느라 조정의 재상 임용을 가로막지 말아야 했다. 하지만 어떻든 이미 황제와 대신들이 직접 나서서 두 사람간 화해를 주선했고 장연상도 소망대로 재상이 되었으므로 상황을 거기에서 마무리해야 했다. 그것이 바로 재상의 신분과 도량에 부합하는 일이었다. 게다가 이성은 장연상을 재상으로 추천한 후 더욱 적극적인 태도로 화해하려는 모습을 보이며 장연상에게 사돈을 맺자고 제의했다. 그러나 그의 이 요청은 장연상에게 거부되었다. 이성이 사람들에게 말했다. "무인은 성격이 화통하여 술자리에서 지난 원한을 풀면 더 이상 마음에 담아두지 않는다. 이는 범접하기 어려운 문인들과는 다르다. 문인들은 밖으로 화해를 했더라도 속으로는 여전히 감정을 품고 있다. 내가 두려워하지 않을 수 있겠는가?"(武夫性快, 釋怨於杯酒間, 則不復貯胸中矣. 非如文士難犯, 外雖和解, 內蓄憾如故, 吾得無懼哉?", 『자치통감』 권232) 말하자면 술자리에서 화해를 한 후 이성은 장연상과 진정으로 지난 원한을 풀었다 생각하고 마음속에 더 이상 아무 감정도 품지 않았다. 그러나 장연상은 사돈을 맺자는 이성의 제의를 거절한 행동에서도 알 수 있듯이 겉으로 지난 감정을 버렸다고 대답했지만 속으로는 이성에게 여전히 적의를 품고 있었다. 이는 이성이 예상하지 못했던 일이라, 그는 장래의 사태를 깊이 두려워하게 되었다. 이제 다시 장연상이 기회를 잡고 자신에게 반격을 가해올지도 모를 일이었기 때문이다.

이성의 걱정은 뒷날의 사태가 증명하는 바와 같이 절대 기우(杞憂)가 아니었다. 사태는 여전히 토번에서 시작되었다. 당 덕종 건중(建中) 4년(783) 당나라는 토번의 사신과 청수현(淸水縣: 지금의 간쑤 성 남부)에서 맹약을 맺고 쌍방 간에 장기적으로 평화를 유지하자고 약속했다. 이 맹약을 역사에서는 '청수지맹(淸水之盟)'이라고 부른다. 당나라 조정에서는 성의를 표시하기 위해 서부 지역의 광대한 땅을 토번에 할양했다. 그러나 토번은 진정으로 평화를 유지할 마음이 없어서 오래지 않아 계속 군사를 보내 당나라 변경을 침략했다. 그러다가 정원 2년에서 정원 3년

(786~787)까지 당나라의 염주(鹽州: 지금의 산시 성陝西省 딩벤 현定邊縣 일대)와 하주(夏州: 지금의 산시 성 징벤 현靖邊縣 일대) 등지를 점령했다. 그러나 당시 토번 군대도 주위 상황이 매우 좋지 못했다. 왜냐하면 기후와 기타 원인으로 인해 군사들이 방목하던 소와 양의 사망률이 매우 높았고, 후방의 식량도 제때에 공급되지 못해서 군사들의 전투력이 급격히 약화되고 있었기 때문이다. 그 무렵 당나라의 세 대장군 이성, 마수, 혼감 등이 모두 힘을 발휘하여 토번군을 향해 강력한 위협을 가하고 있었다. 어쩔 수 없는 상황하에서 토번의 통치 계층은 다시 당나라에 화의를 제의했다. 당시에 이 화의 문제를 둘러싸고 세 대장군 사이에 의견이 충돌했다. 이성은 토번이 신의를 지키지 않고 오직 이익만을 위하는 집단이고, 또 세력이 강할 때는 전쟁을 하고 세력이 약화되면 강화(講和)를 청해오므로 이번에 철저하게 그들을 공격하여 쉽게 담판을 입에 담지 못하게 해야 한다고 주장했다. 그러나 마수는 토번의 화의 요청을 받아들이자는 입장에 기울어 있었다.

조정 대신 및 다른 장수들도 의견이 둘로 갈렸다. 한황 등은 토번의 군대가 아직 당나라 경내에 머물며 철군하려는 모습을 내보이지 않으므로 지금 화의를 청해온 것도 틀림없이 저들의 속임수라고 인식했다. 한황은 특히 군량미를 잘 모으는 것으로 유명했다. 그는 일찍이 당나라 조정의 재정 확보를 위해 혁혁한 공을 세운 적이 있다. 당시에도 한황은 덕종을 향해 조정에서 토번 정벌군을 일으켜 이전에 할양한 땅을 회복하려 한다면 자신이 다시 군량미 조달 책임을 지고 임무를 완성하겠다고 장담했다. 덕종은 애초에 이성과 한황의 의견에 따라 화의론을 기각했다. 그러나 공교롭게도 얼마 지나지 않아 한황이 세상을 떠나고 말았다. 주전파 진영에서 역량이 있는 인물은 이성 한 사람만 남게 되었다. 장연상은 이번이 이성을 타도할 절호의 기회로 여기고, 주화파 장수 마수가 이

성과 관계가 좋지 못한 점을 이용하여 장연상 자신은 마수 편에 섰다.

덕종의 태도는 이번에도 변덕스러운 모습을 보였다. 왜냐하면 당시 당나라에 신용을 지키지 않은 나라는 토번뿐만 아니라 회흘(回紇)도 있었기 때문이다. 덕종이 아직 친왕(親王)의 신분일 때 그의 부친 대종의 명령을 받들고 하북으로 가서 회흘의 가한(可汗)을 만난 적이 있었다. 회흘의 관리들은 덕종에게 가한을 알현할 때 배무지례(拜舞之禮)를 행하라고 요구했다.('배무지례'란 무릎을 꿇고 머리를 조아린 후 춤을 추며 물러나는 예절을 말한다. 고대의 신하가 군주를 알현하는 예절의 일종이다.) 덕종의 수행원들은 그들의 요구에 단호히 반대하며 논쟁을 벌였다. 회흘의 장관은 덕종의 주요 수행원 세 명에게 각각 100대씩 채찍질을 가했다. 그중 둘은 그날 밤을 넘긴 후 목숨이 끊어지고 말았다. 당시 덕종의 주둔지가 섬주(陝州)에 있어서 이 사건을 '섬주지욕(陝州之辱)'이라고 부른다. 덕종은 종신토록 이 일을 떠올릴 때마다 이를 갈았다. 회흘은 덕종이 즉위한 후에도 걸핏하면 변덕을 부리며 신의를 지키지 않았다. 그들은 늘 당나라의 내란을 틈타 속임수를 써서 양국 관계는 줄곧 경직되어 있었다. 덕종 개인의 입장에서는 '섬주지욕'이 우선이었고 회흘과 토번 두 나라를 비교했을 때 회흘에 대한 원한이 더욱 뼈에 사무쳐 있었다. 덕종은 한황이 세상을 떠났고 장연상과 마수도 모두 토번과의 화의를 주장하고 있었기에 차라리 토번과 연합하여 회흘을 치는 것이 더 나은 방책이라 생각했다. 토번과 화의를 맺는 정책이 결정되자 주전파 대장 이성은 전선에서 중무장한 병력을 거느릴 필요가 없어졌다. 장연상은 적시에 덕종에게 이성의 병권을 해제하라고 건의했다.

「대국적 관점」 장에서 가탐 사건을 소개하면서 서술한 바와 같이 덕종은 시기심이 강했다. 덕종은 줄곧 이성에게 의지하고 그를 존중하면서도 그의 권위와 명망을 견제하려는 마음도 품고 있었다. 이것은 덕종의 성격 탓이었다. 장연상은 덕종의 이러한 약점을 잘 파악하고 있었다. 장연상이 이성의 병권을 해제하라고 제의하자 덕종은 장연상의 의견을 순순히 받아들여 이성을 도성으로 돌려보낸 뒤 그에게 많은 혜택을 베풀면서 그가 더 이상 외지에서 군대를 거느리지 못하게 했다. 이성은 조정에서 자신에 대한 오해를 야기하지 않기 위해 매우 순순히 덕종의 조치를 수용하고 병권을 반납했다. 그러나 이성은 이전에 토번 문제에서 자신이 견지한 입장을 포기하지 않았다.

덕종과 장연상은 또 다른 대장 혼감에게 명령을 내려 토번과 맺은 맹약을 책임지라고 했다. 이성은 혼감에게 토번의 군신들은 변덕이 심하고 속마음을 짐작할 수 없기 때문에 반드시 사전에 주도면밀한 대책을 세워 토번의 허위 맹약에 대비해야 한다고 주의를 줬다. 장연상은 이 일을 알고 나서 덕종에게 말했다. "혼감이 사전에 철저하게 방비책을 세우면 토번은 우리에게 맹약을 맺을 의사가 없다고 여길 것이고, 심지어 우리가 몰래 군사를 배치하여 자신들을 기습할 것이라고 생각할 것입니다. 이렇게 해서야 어떻게 담판을 진행할 수 있겠습니까? 이성이 혼감에게 그런 말로 주의를 준 것은 틀림없이 맹약을 성공시키지 못하도록 하여 자신의 선견지명을 자랑하려는 의도입니다." 이에 덕종은 직접 혼감에게 이번 맹약은 반드시 성의를 갖고 진행해야 하므로 토번이 의심할 행동은 하지 말라고 경고했다.

혼감은 약속한 날짜에 사신단을 이끌고 회맹 장소로 갔다. 그는 토번 사절단 대표 상결찬의 제의에 따라 겨우 3,000명의 갑사(甲士: 갑옷을 입은 병사)만 데리고 회맹에 참여했다. 그러나 기실 토번은 일찌감치 회맹단 서쪽에 수만 정예병을 매복해두고 있었다. 혼감 등이 회맹 예복으로 갈아입고 기다리자 토번은 전투용 북을 세 번 울렸고, 그러자 수만 명의 정예병이 동시에 쏟아져 나왔다. 혼감은 창졸지간에 기습을 당하자 날랜

말 한 필을 뺏어 타고 10여 리를 미친 듯이 달아났다. 혼감을 수행하여 회맹에 참여한 당나라 관리와 장졸들은 거의 수백 명이 피살되었다. 당나라에서 파견한 부사(副使) 겸 병부상서 최한형(崔漢衡, ?~795)도 토번에 포로가 되었다. 다행히 혼감을 구원하기로 한 장수 낙원광(駱元光)이 토번의 태도를 믿지 않고 회맹장에서 그리 멀지 않은 곳에 군사를 주둔한 채 대기하고 있었다. 혼감은 도주하다가 낙원광의 진영으로 들어가서야 다시 대오를 정비하고 토번에 대응할 기회를 갖게 되었다.

이때 천 리 밖 장안의 조정에서는 덕종, 장연상, 마수 등이 토번과의 맹약이 이루어지길 기다리며 기쁨에 들떠 있었다. 그러나 또 다른 재상 유혼은 토번은 변덕이 심하여 이번 회맹은 틀림없이 성공하지 못할 것이라고 주장했다. 이성도 유혼의 말에 일리가 있다며 그의 입장에 동조했다. 덕종은 심하게 화를 내며 유혼은 일개 서생일 뿐이므로 변방의 일을 잘 모른다고 힐난했다. 그리고 이성에게는 당신 같은 장수가 어떻게 이처럼 대세를 파악하지 못하느냐고 꾸짖었다. 이 논란은 결국 유혼과 이성이 땅에 엎드려 사죄하는 것으로 마무리되었다. 그런데 그날 밤 변방의 첩보가 조정으로 날아들었다. 덕종은 대경실색하며 토번이 과연 허위 맹약을 맺었음을 비로소 알게 되었다. 게다가 허위 맹약을 맺은 토번군이 아직 당나라 경내에 있었으므로 당황한 덕종은 다시 토번군을 피해 달아날 생각까지 했다. 덕종은 대신들이 나서서 여러 번 제지하고 나서야 도주할 마음을 버렸다.

토번의 대상 상결찬은 자신의 계책을 성공시켰지만 아직도 미진한 마음이 남아 있었다. 그는 생포한 최한형 등에게 말했다. "나는 본래 순금으로 형틀을 만들어 혼감을 사로잡은 후 그를 형틀에 묶어 우리 주상께 바치려 했다. 그런데 그는 도주하고 너희 졸개들이나 사로잡을 줄 누가 짐작이나 했겠느냐?" 당시에 마수의 조카 마엄(馬弇)도 포로로 잡혀 있었다. 상결찬은 또 마엄에게 말했다. "이번에 내가 성공한 것은 네 숙부 덕택이다. 네 숙부는 우리가 곤란을 당할 때 우리를 멸망시키지 않았을 뿐 아니라 당나라 황제가 이번 맹약에 나설 수 있도록 우리를 도와줬다. 그러니 내가 너를 이곳에 잡아두는 것은 네 숙부에게 참 미안한 일이다." 그러고는 마엄을 돌려보냈다. 이때 함께 귀환한 사람으로 덕종이 매우 신임하는 환관 한 명도 포함되어 있었다.

상결찬의 이 말이 전해지자 덕종은 매우 분노하며 마수에 대해서도 지극히 혐오하는 마음을 갖게 되었고 오래지 않아 마수의 병권까지 박탈했다. 마수는 물론 화의를 주장했지만 정책 결정은 혼자서 할 수 있는 일이 아니었다. 장연상 등을 제외하고도 덕종이 바로 이 화의를 이끈 최고 결정권자였다. 일이 실패한 후 먼저 스스로 반성하지 않고 책임을 다른 사람에게 떠넘긴 것이 덕종이 범한 첫 번째 잘못이었다. 다음으로 이 일을 깊이 생각하는 과정에서 덕종은 또다시 상결찬의 음모에 걸려들고 말았다. 상결찬은 일찍이 계략으로 당나라 세 장수를 제거해야 한다고 말한 적이 있다. 앞서 그는 이성과 덕종을 이간하는 데 성공했고 이번에는 또 일부 사람을 고의로 돌려보내 마수에게 불리한 말을 전하게 했다. 이는 앞서의 계략과 마찬가지로 덕종과 마수의 군신 관계를 이간하려는 음모였지만 덕종은 과연 그의 음모에 말려들었다. 만약 혼감이 요행으로 탈출하지 않았다면 상경찬의 계획은 일거삼득의 효과를 발휘하여 세 장수를 모두 제거할 수 있었을 것이다. 이 때문에 호삼성은 『자치통감』에 주석을 달아 다음과 같이 말했다. "마수는 상결찬의 말을 믿고 화의를 요청하다가 그의 계책에 빠져들었다. 덕종도 상결찬의 말을 믿고 마수를 미워했으니 또다시 그의 계책에 빠져든 것이다."("馬燧信尙結贊之言而爲之請和, 旣墮其計矣. 德宗又信尙結贊之間而惡馬燧, 又墮其計焉.", 『자치통감』 권232, 호삼성 주)

당나라는 당시에 동아시아 지역 최강국이었고 조정에 인재도 많았다. 그러나 임금과 신하가 신중하지 못한 결정을 내린 탓에 손쉽게 외국의 계략에 말려들었다. 이 때문에 군사와 장수를 잃었을 뿐 아니라 조정의 체면까지 땅에 떨어졌다. 일이 이런 결말에 이를 줄은 물론 장연상 또한 예상하지 못했을 것이다. 만조백관에게 얼굴을 들 수 없게 된 장연상은 부끄러운 나머지 병을 핑계로 더 이상 국사를 돌보지 않다가 두 달 후 사망했다. 이 일로 인해 그는 큰 타격을 입고 울화병에 걸려 우울하게 생을 마쳤다. 장연상의 죽음은 당나라의 체면을 회복하는 데 아무 도움도 되지 못했다. 역사를 읽는 독자의 입장에서 더욱 중요한 점은 장연상의 근본적 오류가 어디에 있는지 분명하게 따져보는 일이다.

　동일한 사안에 대해서 상이한 사람들이 상이한 견해를 표명하는 건 매우 정상적인 일이다. 인간관계가 더욱 복잡한 관직 사회에서 상호 간에 마찰과 갈등이 빚어지는 것 또한 아주 정상적인 일이다. 여기에서 나는 장연상이 반드시 이성과 의견일치를 이뤄야 했다고 말하려는 것이 아니라, 그가 재상의 신분으로 공무를 처리할 때 이성을 어떤 사람으로 간주했느냐를 보려는 것이다. 장연상은 이성을 의견이 상이한 동료로 봤는가 아니면 원수로 봤는가? 만약 전자라면 국가 이익을 중심으로 이 문제를 신중하게 따져봐야 한다. 즉 그는 국가대사를 먼저 생각한 것이지 개인을 상대한 것이 아니기 때문이다. 장연상은 또 선한 구석이라고는 조금도 없는 저속한 불량배가 아니다. 그의 부친 장가정(張嘉貞, 665~729)은 현종 때의 명재상으로 당시에 자식 교육을 중시하여 매우 명망이 높았다. 만약 당시에 상이한 의견을 제시한 사람이 이성이 아니고 다른 사람이었다면 장연상이 과연 극단적으로 주화파 노선에 동조했을까? 아마도 반드시 그렇게 하지는 않았을 것이다. 문제는 상의한 의견을 제기한 사람이 이성이었고, 장연상의 최종 목적은 이성을 타도하는 것이었다. 그들이 토론한 것은 공무였지만 전체 과정에서 장연상은 오히려 이성을 자신의 원수로만 간주했다. 이것이 바로 직무와 권력의 공과 사를 구분하지 못한 전형적인 사례에 해당한다. 개인의 은원 관계를 주요 참고 항목으로 삼아 공무를 처리하다가 나라도 망치고 자신도 망친 것이다. 개인의 은원 관계에서 철저하게 벗어나 모든 일을 지공무사(至公無私)의 자세로 처리하기란 참으로 어려운 일이다. 그러나 공직을 맡은 사람 특히 고위 공직을 맡은 사람이라면 공과 사의 한계를 분명하게 구분하려고 노력해야 하고, 이것이야말로 모든 선진 정치에서 요구하는 가장 기본적인 덕목의 하나다.

이 점에서 살펴보면 장연상과 동시에 재상직에 올랐던 유혼은 매우 탄복할 자세를 보여줬다. 유혼이 재상직에 오를 수 있었던 것은 한황의 추천 때문이었다. 그러나 유혼은 재상이 된 후 자신의 올바른 뜻을 굽히지 않았으며 또 잘못된 관계에 얽히지도 않았다. 그는 사사로이 한황에게 보답하려 하지 않았고 오히려 한황에게 잘못을 직언하는 쟁우가 되었다. 당시에 한황, 장연상, 유혼은 모두 재상이었다. 한황은 능력은 있었으나 성격이 포악하고 조급했다. 그의 휘하에서 일하는 사람들은 조금만 실수를 해도 심한 징벌을 받았다. 그래서 유혼은 위 인용문에서도 드러나는 것처럼 한황의 포악한 성격을 직접 지적했고, 이에 한황은 부끄러움을 느끼고 자신의 행동을 고쳤다.

유혼은 황제 면전에서도 과감하게 직언을 했고, 때때로 다른 재상의 체면을 마구 깎아내리기도 했다. 장연상은 이에 대해 매우 불쾌하게 생각하고 다른 사람을 시켜 유혼에게 말을 전했다. "말을 좀 적게 해야 재상직을 오래 유지할 수 있을 것이오." 그러나 유혼은 "내 목은 자를 수 있어도 내 혀는 자를 수 없다"라고 대답했다. 유혼의 성격은 좀 강경했지만 일처리를 보면 그는 재상 직무를 어떻게 수행해야 하는지 진정으로 이해한 인물이었고 또 공과 사를 분명하게 구분할 줄 아는 인물이었다. 장연상과 유혼이라는 상반된 인물 형상을 읽으면서 우리는『자치통감』서술자가 이 일단의 역사를 통해 매우 간단하면서도 늘 무시되어온 기본 원칙을 제시하고 있음을 알 수 있다. 그것은 바로 권력은 복수의 도구도 아니고 보은의 도구도 아니라는 사실이다. 공직자가 된 사람은 어떤 사적인 감정도 공무를 결정하는 과정에 개입시켜서는 안 된다. 이것이 바로 공권력이 지켜야 할 가장 기본적인 경계선이다.

3. 공을 세우고도 오만하지 않다

―――――― ✤ ――――――

12월에 양조(楊肇, ?~?)는 자신의 계책이 좌절되자 밤에 도주했다. 육항(陸抗, 226~274)은 양조를 추격하고 싶었으나, 보천(步闡, ?~272)이 힘을 비축하고 있다가 틈을 노릴 때, 자신의 병력을 둘로 나눠 대처할 수 없을까봐 염려했다. 그래서 그는 단지 북을 울려 적에게 겁을 주며 막 추격할 것처럼 가장했다. 양조의 군사들은 겁을 먹고 모두 갑옷을 벗어 던지고 줄행랑을 놓았다. 육항은 경무장을 한 군사를 시켜 추격하게 했고, 양조의 군사들은 대패했다. 양호(羊祜, 221~278) 등은 모두 군사를 이끌고 귀환했다. 육항은 마침내 서릉(西陵)을 함락하고 보천 및 그와 함께 공모한 장졸 수십 명을 주살했으며 그들의 삼족까지 몰살했다. 그리고 그 나머지 군사 수만 명의 사면을 요청했다. 육항은 동쪽 낙향(樂鄉)으로 돌아와서도 얼굴에 뻐기는 기색이 없었으며 여전히 평상시처럼 겸허하게 처신했다.

『자치통감』 권79

이때 전연(前燕)에서는 새로 큰 살육전이 벌어져 주살당한 시체가 도처에 가득하자 궁궐 안팎이 모두 두려움에 떨었다. 그러나 태재(太宰) 모용각(慕容恪, 321~367)의 행동거지는 평상시와 같았다. 사람들은 그에게서 두려운 기색을 찾아볼 수 없었다. 그는 매번 출입할 때 한 사람의 시종만 걸어서 따라오게 했다. 혹자가 그에게 스스로 엄격하게 방비해야 한다고 하자 모용각은 다음처럼 말했다. "민심이 지금 두려움에 떨고 있으므로 편안하고 진중하게 처신하며 민심을 진정시켜야 한다. 어찌하여 스스로 놀라 소란을 떠는가? 사람들이 장차 무엇을 우러러보겠는가?" 이로부터 민심이 조금씩 안정되었다. 모용각은 비록 국가대사를 총괄하고 있었지만 조정의 의례를 집행할 때는 조심스럽고 근엄하게 행동했고 모든 일을 반드시 사도(司徒) 모용평(慕容評)과 상의하면서 독단으로 결정하지 않았다. 허심탄회한 자세로 선비들을 대우하며 훌륭한 대책을 자문하고 그들의 재능을 헤아려 임무를 맡긴 뒤 그 직분의 범위를 넘지 못하게 했다. 관리들이나 조정 대신이 혹시 잘못을 저질러도 그 죄상을 드러내지 않고 타당한 절차에 따라 다른 부서로 옮겨주고 본래의 품계는 잃지 않게 하면서 단지 이러한 조치로 질책을 삼았다. 당시 사람들은 [자신의 잘못을] 아주 부끄럽게 생각하고 감히 법을 어기는 자가 없었다. 사소한 잘못을 범하면 스스로 질책하며 말했다. "너는 또 태재 공에 의해 관직이 옮겨지고 싶으냐?" 동진(東晉) 조정에서는 당초에 전연의 열조(烈祖) 모용준(慕容儁, 319~360)이 죽었다는 소문을 듣고 모두들 이제 중원을 도모할 수 있을 것이라 생각했다. 그러나 환온(桓溫, 312~373)은 이렇게 말했다. "모용각이 아직 건재하니 우환이 바야흐로 더 커졌습니다."　　　　　　　　　　　　　『자치통감』 권101

우리는 공직자의 신분으로 관련 사무를 처리하면서 때때로 외부 사람들과 각종 관계를 맺게 되는데, 그 과정에서 자기 수중의 권력을 잘 관리해야 한다. 위의 인용문 사례가 모두 이 같은 이치를 설명해준다. 권력의 자기절제력은 본질적으로 관리의 자기절제력에 바탕을 두어야 한다. 이것이 중국 고대의 노련한 정객들이 항상 이야기하던 주제 즉 '관리의 도덕성 함양'이란 주제다. 권력이 막강한 고위 공직자든 신분이 미미한 말단 관리든 모두 이 문제를 진실하게 고민해야 한다. 거듭해서 밝혀야 할 것은 중국의 고대 정치 윤리에서 관리들의 도덕적 수양을 강조할 때 결코 법률제도와 외재적 구속력을 배척하지 않았다는 사실이다. 외재적 구속력은 언제 어디서나 존재하지 않을 수 없다. 그러나 인간 의식의 모호한 부분까지 통제할 수는 없다. 예를 들면 양염과 장연상이 자신과 생각이 다른 사람들에게 보복할 때도 모두 공무를 명분으로 삼았다. 일이 진행될 당시에는 법률제도의 척도로 그들의 공무 집행 동기를 헤아릴 방법은 없다. 오직 사후에 전체적으로 일을 되돌아보는 과정에서 비로소 본래 그들이 공무를 명분으로 사사로운 원한을 갚았다는 사실을 발견할 수 있다. 이런 의미에서 말하자면 역사 서술은 모두 사후 약방문이지만 그것이 거짓이라고는 할 수 없다. 우리는 고금 중외의 어떤 정치체제를 막론하고 모두 권력 의지가 통제할 수 없는 부분이 있음을 인정해야 한다. 고대 중국인들은 덕으로 법을 보완했고 더 나아가 덕으로 법을 인도하려 했다. 이는 모두 도덕성 함양과 권력의 자기절제력이 정비례한다는 사실을 의식하고 도덕적 역량으로 정치적 수준을 높이려는 시도였다. 이러한 시각으로 역사 속의 긍정적·부정적 사례를 자세히 관찰해보면 유익한 점을 많이 발견할 수 있다. 역사의 가장 큰 실용 기능은 아마도 미래를 비춰볼 수 있다는 점일 것이다.

위에서 인용한 두 이야기를 통해 『자치통감』에서 내세운 이상적인 고위 공직자 형상이 어떤지 설명해보고자 한다. 첫 번째 이야기는 삼국시대 오(吳)나라 명장 육항에 관한 것이다. 육항은 혁혁한 명성을 자랑하는 육손(陸遜, 183~245)의 아들이다. 이릉(夷陵) 전투(222)에서 육손은 일대 영웅 유비(劉備, 161~223)를 격파했다. 이 일로 육손은 역사에 이름을 떨쳤다. 육항은 분명 부친의 유전자를 받아서 그 또한 군사적 천재로 유명했다. 육항이 동남 지역 오나라 주력군의 대장이 되었을 때 북방의 왕조는 역사를 새롭게 쓰는 과정에 있었다. 272년 오나라의 서릉(西陵: 지금의 후베이 성 이창 시宜昌市 일대) 독장(督將) 보천은 자신의 주군 손호(孫皓,

242~284)와 갈등 관계에 있었기 때문에 서릉성을 들어 북방의 진(晉)나라에 투항했다. 진 무제 사마염(司馬炎, 236~290)은 형주자사 양조에게 군사를 거느리고 가서 보천을 도와주라고 했다. 그리고 서윤(徐胤)에게는 수군을 이끌고 건평(建平: 지금의 후베이 성 쯔구이秭歸 위안현原縣 일대)으로 진격하라고 했으며 북방의 노장 양호에게는 5만 군사를 감독하여 강릉(江陵: 지금의 후베이 성 징저우 시荊州市 일대)으로 내려가서 보천과 호응하며 서릉을 지원하라고 했다. 당시 오나라를 대표하여 방어에 나선 사람이 바로 육항이었다.

육손이 죽었을 때 육항은 겨우 20세에 불과했지만 작전 스타일은 확실히 그의 부친과 유사한 면이 있었다. 육항도 방어에 주력하며 정(靜)으로 동(動)을 제압하는 데 뛰어났다. 진나라 대군이 당도하기 전에 육항은 오나라 각 부대에 명령을 내려 서릉성 주위에 높은 담장을 쌓게 하고 안으로는 보천을 고립시키면서 밖으로는 진나라 군사를 방어하게 했다. 그는 서릉성 공격을 전혀 서두르지 않았다. 당시 전선에 있던 오나라 장수들은 거의 모두 서릉이 고립되어 구원을 받지 못하는 틈에 병력을 집중하여 강공을 펴부으면 틀림없이 진나라 구원군이 당도하기 전에 성을 함락할 수 있다고 생각했다. 그런데 어찌하여 군사와 백성을 이처럼 고생시키며 높은 담장을 쌓는단 말인가? 여러 장수가 서릉을 공격하려는 계획에 육항은 전혀 신경 쓰지 않았다. 서릉성 공격에 대한 의견이 많아지자 육항은 그들에게 반문했다. 만약 진나라 대군이 당도하기 전에 서릉성을 함락하지 못하면 어쩔 것인가? 앞으로의 형세 전개에 대해 아무런 확신도 없는 상황에서 부질없이 낙관적인 계획에만 의지할 수는 없다. 육항은 또 그들에게 말했다. 그 내용은 대략 다음과 같았다. 서릉성의 방어 시설과 수성(守城) 장비는 모두 육항 자신이 당년에 직접 계획을 짜서 설치한 것이다. 모두 매우 정밀하고 완벽하다. 이러한 사실을 자신이 잘 알고 있다. 그러므로 서릉성에 강공을 퍼붓더라도 절대 짧은 시간 안에 성을 함락할 수 없다. 만약 진나라 대군이 당도했을 때 서릉성을 아직 함락하지 못했으면 앞에는 서릉성이 있고 뒤에는 양호의 대군이 공격해올 것이므로, 이는 머리와 꼬리에서 동시에 적을 맞는 꼴이 된다. 이 때문에 먼저 높은 담장을 쌓아 진나라 군사에 대비하면서 패배하지 않을 대책을 세운 후 다시 기회를 보아 공격에 나서야 한다. 육항은 시종일관 이 같은 판단에 불복하며 서릉성을 공격하자는 장수들에게 한 차례 공격 기회를 줬다. 과연 육항의 예상대로 서릉성 공격에 나선 오나라 군사는 큰 손상을 입었다. 그리하여 육항은 다시 명령을 내려 담장을 계속 쌓게 하면서 반드시 진나라 군사가 당도하기 전에 담장을 완공하라고 독려했다.

오나라 장수들은 양호가 거느린 진나라 군사가 곧 강릉으로 진격해온다는 소식을 듣고 육항에게 강릉으로 가서 싸우자고 건의했다. 그들은 마음속으로 양호야말로 진정한 강적이라고 생각했다. 그러나 육항은 여전히 미동도 않고 서릉을 굳게 포위한 채 서릉이 그 어떤 진나라 원군 및 기타 불확정 요소와 결합하는 것도 방지했다. 강릉에 이르러 육항은 그곳을 지키는 장수 장함(張咸)에게 강에 제방을 쌓아 물을 가두라고 시켰다. 양호의 부대가 당도하면 적당한 시기에 제방을 터뜨려 진나라 군영을 수몰시키기 위한 계책이었다. 그러나 양호는 과연 고수였다. 그는 오나라 정보를 염탐한 후 전혀 개의치 않고 오히려 적의 작전을 역이용할 계획을 세웠다. 즉 그는 오나라가 만든 대형 물길을 이용하여 군량미를 운반하게 하고, 진나라 대군이 당도하기 전에 한 발 앞서 군량미를 일정한 지점에 수송하게 했다. 수로 운송은 육로 운송에 비해 훨씬 순조로워서 험한 산을 넘을 필요도 없고 적의 복병에게 공격당할 염려도 줄어든다. 따라서 주력 부대의 수송 부담을 크게 줄일 수 있다. 양호는 자신의 진정한 의도를 숨기려고 대외적으로 거짓 정보를 흘렸다. 즉 그는 장함이 막아놓은 강물이 진나라 군사의 안전을 심각하게 위협하고 있어서 반드시 제방을 파괴할 것이라고 선전했다.

육항은 당초에 양호가 자신의 작전을 역이용하리라고는 전혀 짐작을 못했다. 그러나 양호가 제방을 파괴하려 한다는 소식을 전해들은 후 육항은 양호의 진정한 의도를 간파하고 서둘러 장함에게 제방을 터뜨려 수로를 이용한 양호의 수송로를 끊으라고 명령했다. 오나라 장수들은 육항이 왜 제방을 쌓았다가 다시 터뜨리는지 전혀 이해하지 못했지만 오직 진나라 장수 양호만이 자신의 진정한 맞수를 만났다고 생각했다. 본래 자신의 진정한 의도를 감추기 위해 퍼뜨린 유언비어가 오히려 자신의 꼬리를 드러낸 꼴이 되고 만 것이다. 고수들이 적을 공격하는 초식(招式: 무용이나 무술, 싸움 등의 형型 또는 기본 틀)은 정말 절묘하다고 할 수 있다. 제방이 파괴되자 양호는 육로로 군량미를 운반할 수밖에 없어서 엄청난 시간과 힘을 허비해야 했다. 이로써 진나라 주력군의 전진 속도는 매우 느려질 수밖에 없었다.

양조가 거느린 또 다른 진나라 부대가 서릉에 도착했을 때 육항은 이미 튼튼하게 쌓아놓은 높은 담장에 의지하여 진나라 군사와 길게 대치했다. 그사이에 뜻밖의 사건이 발생했다. 즉 오나라의 노련한 장수 한 명이 진나라 진영으로 투항해간 것이다. 육항은 그가 오나라의 내막을 자세히 알고 있기 때문에 틀림없이 적군을 인도하여 오나라의 약점을 공격해올 것이라고 예상했다. 육항은 몰래 방어 부대를 바꾸어 전투에 뛰어난 정예병을 오나라 진영에서 가장 허약한 곳에 배치했다. 과연 진나라 군사는 다음 날부터 오나라 진영의 약점을 집중 공격 했다. 그런데 그들이 어찌 예상이나 했겠는가? 그곳에 일찌감치 완벽한 준비를 한 오나라 군사가 지키고 있을 줄을.

첫 단계 대치가 시작된 후 양조는 오나라의 포위망을 돌파하고 서릉성 안의 보천과 합세하려던 전략 목표를 이룰 수 없었다. 보천도 성안에서 곤경에 처해 전투도 할 수 없고 돌파도 할 수 없는 상황이라 무료하기 이를 데 없는 상황이 계속됐다. 육씨 집안의 전통적인 전투 방법 즉 적극적인 방어 전략이 점차 강력한 힘을 발휘하기 시작했다. 양조는 쥐꼬리만 한 재주마저 바닥난 상황이라 자신이 결코 육항의 적수가 되지 못한다는 사실을 알고는 어느 날 밤 몰래 철군하기로 결정했다. 육항은 정보를 입수한 후 양조를 추격하려 하다가 성안 보천의 부대가 여전히 강한 전투력을 보유하고 있어서 바로 추격에 나서면 자신이 불리하다고 생각했다. 이에 육항은 군사들에게 크게 북을 울리며 거짓으로 추격하는 모습만 보이라고 지시했다. 양조의 부대는 뒤에서 들려오는 북소리를 듣고 공포에 질려 아무것도 돌아보지 않고 줄행랑을 놓았다. 이때 육항은 가볍게 무장한 군사로 추격에 나서 전투 의지가 완전히 꺾인 진나라 군사를 궤멸했다. 육항의 전투 기술 및 작전 시기는 처음부터 끝까지 매우 정확했다. 양호가 패주한 후 양호의 부대가 다시 강릉에 주둔했지만 아무 의미가 없었다. 다른 진나라 부대들도 각자 알아서 철군했다. 진나라 구원군이 모두 철수한 후 육항은 그제야 서릉성에 강공을 퍼부었다. 이미 외부의 구원병을 잃고 정신력이 피폐해진 서릉의 방어군은 육항의 공격을 한 차례도 견뎌내지 못하고 금방 무너지고 말았다.

전투가 시작되기 전에 육항이 만약 다른 장수들의 공성(攻城) 주장에 따랐다면 서릉성 공격도 완수하지 못한 채 오히려 진나라 군사의 포위망에 빠져들었을 것이다. 육항의 정확한 판단, 단호한 의지, 충분한 인내심이 오나라에 승리를 안겨주었다. 사람들은 모두 육항이 오나라의 마지막 명장이라는 사실을 잘 알고 있다. 육항이 세상을 떠난 후 양호는 즉시 진 무제에게 남방 정벌을 건의했지만 대신들의 반대로 무산되었다. 양호는 죽기 전에 자신의 자리에 두예(杜預, 222~285)를 추천했다. 나중에 두예는 대군을 이끌고 오나라를 멸망시켰는데, 이는 양호가 남긴 계책을 시행한 결과였다. 달라진 상황은 오나라에 더 이상 두예와 겨룰 만한 육항 같은 장수가 없었다는 것이다.

오나라 정권에서 육항이 차지하고 있던 비중은 위 서술을 통해서도 그 일단을 짐작할 수 있다. 그러나 이것이 결코 우리가 여기에서 육항을 소개하는 목적도 아니고, 『자치통감』에서 육항이란 인물 형상을 그려낸 초점도 아니다. 서릉 전투를 서술한 후 『자치통감』에서는 관심의 초점을 육항 개인의 품성 소개로 옮겼다. 아주 간단한 여덟 자로 개괄하고 있다. "貌無矜色, 謙冲如常(얼굴에 뻐기는 기색이 없었으며 여전히 평상시처럼 겸허하게 처신했다)." 그러나 이 여덟 자가 담고 있는 무게는 결코 가볍지 않다. 이는 화룡점정(畵龍點睛)과 같은 필치일 뿐 아니라 앞쪽의 전쟁 서술은 배경에 불과하고 이 여덟 자에 전체 문장의 서술 의도가 압축되어 있다고 말할 수 있을 정도다. 『자치통감』의 이 대목 문장을 분석해보면 중요한 의미가 담긴 전투를 다룬 후 결론 부분에서 서술의 초점을 전투 자체에 두지 않고 육항 개인의 인품에 치중하여 그가 큰 전공을 세운 후 어떻게 처신했는가를 그려내고 있음을 알 수 있다. 사마광이 우리에게 중점적으로 이야기하려는 정보가 틀림없이 이 부분에 담겨 있을 것이다.

재능이 뛰어난 사람은 많지만, 재능이 뛰어나면서도 오만하지 않고 자기만 옳다고 여기지 않는 사람은 드물다. 자신의 재능과 공로에 담박한 태도를 유지하며 특별하게 행동하지 않는 자세는 정말 고귀한 품성이다. 이러한 품성의 본질은 자신이 다른 사람보다 더 우수한 재능을 갖고 있다고 특권이나 특별대우를 요구하지 않는 태도에서 기인한다. 이를 유추해보면 이런 품성을 지닌 사람은 공직자 신분이 되었을 때도 자신이 높은 권력과 관직을 가졌다고 자신을 특수화하지 않는다. 이 같은 품성은 강력한 자기통제력과 자기절제력으로 구현되고 또 명철한 처세 지혜로 구현된다. 양염과 장연상은 자신의 직권을 이용하여 공무에 기대어 사욕을 채웠다. 이는 육항과 선명하게 대비되는 점이다. 양염과 장연상은 자기절제력이 부족하여 결국 수중의 권력을 주체하지 못했다.

일상생활 속에서도 작은 성과를 올린 사람에게 오만하지 말고 자랑하지 말라고 요구하기란 참으로 쉬운 일이 아니다. 육항처럼 한 정권의 흥망을 쥐고 있는 사람이 오만하지 않고 특별하지 않기란 더더욱 어려운 일이다. 그러나 중국 역사를 살펴보면 육항만이 그런 사람이었던 것은 아니다. 『자치통감』에서는 또 다른 인물을 소개하고 있다. 그는 바로 오호십육국(五胡十六國) 시대 전연(337~370) 정권의 태재 모용각이다.

모용각은 선비족 귀족이다. 모용각의 부친 모용황(慕容皝, 297~348)은 북방 민족들이 혼전을 벌일 때 전연 정권을 세웠다. 모용각의 부친이 세상을 떠난 후 그의 형 모용준이 보위를 계승했다. 모용준이 병이 위중하여 생명이 위태롭던 마지막 해에 태자 모용위(慕容暐, 350~384)는 겨우 11세였다. 혼란하고 복잡한 전쟁 시기임을 고려하여 모용준은 본래 보위를 아우 모용각에게 선양하려 했지만 모용각은 보위를 사양했다. 이에 모용준은 임종 전에 모용각에게 자신이 죽은 후 조정의 섭정을 맡아달라고 부탁했다. 동시에 그는 또 숙부 모용평과 귀족 모여근(慕輿根, ?~360) 등에게 조정의 정사를 잘 보좌해달라고 고명(顧命)했다.

모용각은 선비족 군사 귀족 가문 출신으로 15세에 군사적 재능을 드러내어 군대를 통솔했고 이후 남북 정벌 전쟁에서 여러 차례 큰 전공을 세웠다. 모용준이 세상을 떠난 후 모용각은 태재의 신분으로 섭정직을 수행했다. 참으로 고귀한 것은 그가 조정의 대권을 자신이 가져갈 수 있었음에도 추호의 사심도 보이지 않았다는 점이다. 그는 내란을 평정하고 관직 사회의 부패를 일소하고 전심전력으로 어린 조카 모용위를 보좌하면서 전연 정권 후반기의 기둥이 되었다. 모용각이 세상을 떠난 후 전연은 빠르게 쇠약해져서 겨우 3년 만에 전진(前秦, 350~394) 정권의 부견(苻堅, 338~385)에게 멸망하고 만다. 이러한 시각으로 보더라도 역사 속에서 모용각이 담당한 역할이 오나라 육항의 역할과 매우 닮아 있음을 알 수 있다. 그러나 정권 내에서 지위는 모용각이 육항보다 훨씬 높았다.

모용준이 죽자 남방의 동진 정권 대신들은 이때가 북진하여 중원을 탈환할 절호의 기회라고 생각했다. 그러나 당시에 동진의 정권을 주관하던 환온은 오히려 그들에게 모용각이 아직도 북방의 정권을 장악하고 있으므로 그것이 진정으로 걱정스러운 점이라고 말했다. 환온도 일대의 영웅인데 그런 사람이 모용각을 높이 평가하기란 결코 쉬운 일이 아니다. 환온은 왜 그처럼 모용각을 중시하며 강적으로 간주했을까? 『자치통감』에 명확한 설명이 있다.

모용준이 죽은 후 얼마 지나지 않아 또 다른 대신 모여근이 자신의 공적을 내세우며 반란을 도모했다. 정국을 혼란에 몰아넣기 위해 모여근은 먼저 모용각 면전에서 모용준의 부인이며 당시 황태후였던 가족혼씨(可足渾氏, ?~386)를 비방했다. 모여근은 그녀가 지나치게 정사에 많이 간섭한다고 하면서 그것이 섭정인 모용각에게는 불리한 일이라고 했다. 모여근은 모용각에게 어린 조카 모용위 대신 직접 황위에 오르라고 권했다. 이 제의는 물론 모용각에게 거절당했다. 모용각의 형제, 자식, 조카들은 모여근의 속셈을 간파하고 일찌감치 모여근을 죽이라고 모용각에게 권했다. 그러나 모용각은 지금 안으로는 국상 중이고 밖으로는 강적이 할거해 있는 상황이므로 재상 간에 살육전을 벌일 수는 없다고 했다. 나중에 모여근은 또 가족혼 태후에게 가서 모용각을 이간질했다. 즉 모용각은 어린 황제에게 불리한 존재이며, 또 중원을 버리고 선비족의 발상지인 요서(遼西)로 돌아가려 한다고 모함했다. 그의 행동은 전연 정권의 기반을 뒤흔들었다. 그제야 모용각은 마음을 굳게 먹고 모여근 및 그 일당을 일망타진하지 않을 수 없었다.

　모여근을 주살한 후에도 모용각이 이전부터 우려하던 상황이 발생했다. 즉 임금이 어려서 민심이 조정을 믿지 못하고 흉흉해지는 사태가 일어난 것이다. 모용각은 민심을 진정시키기 위해 가능한 한 여유 있게 행동하며 매번 출입할 때도 수행원을 한 명만 데리고 다녔다. 어떤 사람이 모용각에게 신변 안전에 더 신경 써야 한다고 권했지만 모용각은 오히려 지금은 민심이 공포에 질려 있는 때이므로, 신변 안전을 더 엄격하게 하면 사회 분위기는 더욱 얼어붙고 민심은 더욱 불안에 떨 것이라고 대답했다. 얼마간 시간이 지나면서 사람들은 모용각이 시종일관 아무 긴장감 없이 편안하게 행동하는 것을 보고 점차 안정을 되찾았다.

　모용각은 조정의 섭정을 맡고서도 정권을 마음대로 조종하지 않았다. 나이 어린 황제를 대할 때도 엄격하게 군신 간 예절을 지켰으며 다른 국가대사를 처리할 때도 언제나 또 다른 고명대신(顧命大臣: 임금의 유언으로 나라의 뒷일을 부탁받은 대신) 모용평과 허심탄회하게 상의했다. 그러다가 더러 의견이 일치하지 않아도 갈등을 격화시키지 않았다. 보통 관리와 선비들에게도 마음을 비우고 관대하게 대하면서 어떤 교만한 행동도 하지 않았다. 당시 전연 정권의 핵심 인물로서 모용각은 군신 관계에서는 신하로서의 예절을 철저히 지켰고, 동료 간에는 독단적으로 행동하지 않았고, 아랫사람에게는 겸손한 마음으로 부드럽게 처신했다. 이렇게 하여 전연의 통치 집단은 내부의 단결과 안정을 유지할 수 있었다. 중국 역사를 두루 열람해보면 권세에 의지하여 함부로 날뛴 대신들이 이루 다 헤아릴 수 없이 많다. 그들은 작게는 가문을 망치고 크게는 국가에 참화를 초래했다. 모용각처럼 자신을 단속하며 수중의 권력을 절제한 사람은 오히려 소수에 속한다. 이 점이 바로 『자치통감』에서 모용각과 같은 인물을 중점적으로 묘사한 이유이며 또 환온이 모용각을 무서운 적수로 인정한 이유일 것이다.

이 밖에도 지위가 자신보다 낮은 인물을 대하는 모용각의 태도에서 우리는 인간 사회에 보편적으로 적용할 만한 경험을 총괄해볼 수 있다. 어떤 단체의 질과 업무 효율은 흔히 윗사람의 태도에 의해 결정된다. 아랫사람의 태도가 겸손한 것은 자연스러운 일이므로 윗사람이 겸손해야 진정으로 조직의 응집력과 단결력을 강화할 수 있다. 모용각이 세상을 떠난 후 계속 정권을 담당한 모용평은 겸허하고 개방적인 태도를 견지하지 못하고 아랫사람을 백안시했으며 일처리도 독단적으로 시행했다. 이 때문에 3년가량이 지나자 전연은 다른 정권에 멸망당하고 말았다. 육항과 모용각 그리고 이 두 사람이 참여한 정권의 흥망 관계를 살펴보면 지혜롭고 개명한 현자(賢者) 한 사람이 얼마나 중요한지 알 수 있다. 그것은 진실로 사마광이 자신의 또 다른 저서 『계고록(稽古錄)』에서 감탄한 바와 같다. "한 나라에서 현자의 역할이 얼마나 중요한가!(賢者之於國如何哉!)"

제가편

齊家篇

집안의 기풍을 돌아본다

덕이 재능보다 앞선다

德在才先

1. "재상의 뱃속에는 배도 다닐 수 있다"

봄, 1월 경자일(庚子日)에 무측천이 하관시랑(夏官侍郎)[1] 누사덕(婁師德, 630~699)을 동평장사(同平章事)에 임명했다. 누사덕은 성품이 관대하고 청렴하고 신중해서 다른 사람이 그의 기분을 거슬러도 따지지 않았다. 한번은 이소덕(李昭德, ?~697)과 함께 조정으로 들어가는데 누사덕은 몸이 뚱뚱하고 걸음이 느려서 이소덕이 자주 그가 오지 않아 기다려야 했다. 이소덕이 화를 내며 욕을 했다. "이 촌놈아!" 누사덕이 천천히 웃으면서 말했다. "내가 촌놈이 되지 않으면 누가 촌놈이 되겠는가?" 누사덕의 아우가 대주자사(代州刺史)에 임명되어 임지로 떠나려 했다. 누사덕이 말했다. "나는 재상의 자리에 있고, 너는 또 한 고을의 수령이 되었다. 영예와 은총이

---

1   무측천 때 병부(兵部)의 명칭을 하관(夏官)으로 바꿔서, 그 장관인 병부상서를 하관상서, 차관인 병부시랑을 하관시랑이라고 불렀다.

너무 커서 사람들이 질시할 것이다. 너는 장차 어떻게 모면하겠느냐?" 아우가 무릎을 꿇고 말했다. "지금부터 다른 사람이 제 얼굴에 침을 뱉더라도 저는 그것을 닦기만 하겠습니다. 형님께 걱정을 끼치지 않겠습니다." 누사덕이 정색을 하며 말했다. "그것이 바로 내가 걱정하는 까닭이다. 다른 사람이 네 얼굴에 침을 뱉는 것은 너를 분노하게 만들기 위함이다. 그런데 네가 침을 닦으면 그 사람의 뜻을 거스르는 것이니 그것은 그의 분노를 더하는 일이다. 대저 침을 닦지 말고 저절로 마르도록 하여 웃으면서 받아들여야 할 것이다."

『자치통감』 권205

납언(納言),[2] 농우제군대사(隴右諸軍大使)[3] 누사덕이 세상을 떠났다. 누사덕은 하롱(河隴)에서 전후(前後) 40여 년을 재직하는 동안 공손하고 부지런하게 일을 하며 나태하지 않아서 백성이 그를 편안하게 여겼고 성품은 침착하고 관대했다. 적인걸(狄仁傑, 630~700)이 재상으로 조정에 들어간 것도 기실 누사덕이 그를 추천했기 때문이다. 그러나 적인걸은 그 사실을 알지 못하고 속으로 자못 누사덕을 경멸하며 자주 외지로 그를 밀어냈다. 무측천이 그 사실을 알고 적인걸에게 물었다. "누사덕은 현명하오?" 적인걸이 대답했다. "장수로 임명하면 신중하게 변방을 지킬 수 있지만 현명한지는 신이 잘 모르겠습니다." 또 물었다. "누사덕은 사람을 잘 알아보오?" 대답했다. "신은 일찍이 그의 동료로 일했지만 그가 사람을 잘 알아본다는 소문은 듣지 못했습니다." 무측천이 말했다. "짐이 경을 알게 된 것은 누사덕이 경을 천거했기 때문이오. 그 또한 사람을 잘 알아본다고 할 수 있을 것이오." 적인걸이 물러나와 감탄하며 말했다. "누공(婁公)은 성대한 덕을 가

2   임금의 명령을 출납하는 관리.
3   무측천 때 토번과 돌궐의 침략에 대처하기 위해 농서(隴西)와 서역 각지의 군사 업무를 총괄하게 한 관직. 양주(凉州)에 설치되었다가 나중에 하서절도사로 발전했다.

지신 분이다. 나는 그분에게 포용된 지 오래다! 나는 그 끝을 엿볼 수조차 없다." 이때 사람을 법망에 얽어 넣는 일이 분분히 일어났지만 누사덕은 오랫동안 장수와 재상을 지내면서도 홀로 공명을 세운 사람으로 생을 마감할 수 있었다. 이에 사람들이 그를 중시했다. 　　　『자치통감』 권206

무측천 통치기를 포함하여 당나라 전 기간 동안 수많은 인재가 활동했고 명재상도 많이 배출되었다. 이 중 무측천 시대에 재상을 지낸 누사덕은 능력으로 볼 때 재상들 중에서 일류라고 말하기는 어렵다. 그러나 누사덕은 능력 이외에 칭찬받을 면을 갖고 있다. 그것은 바로 관후하면서도 좀 독특한 그의 성격적 특징이다. 이 때문에 당나라 사관이든 『자치통감』 편찬자 사마광이든 막론하고 모두 그를 아주 높게 평가했다. 『자치통감』에서는 누사덕의 품성을 두 곳에서 집중적으로 묘사했다. 첫째는 무측천 장수(長壽) 2년(693) 누사덕이 재상으로 임명되었을 때다. 둘째는 성력(聖曆) 2년(699) 그가 세상을 떠났을 때다.

누사덕의 성품을 처음 언급할 때 사마광은 "관후청신, 범이불교(寬厚淸愼, 犯而不校: 성품이 관대하고 청렴하고 신중해서 다른 사람이 그의 기분을 거슬러도 따지지 않았다)"라는 여덟 글자로 묘사했다. 말하자면 왕왕 동년배나 동급 혹은 자신보다 낮은 신분의 사람이 자신의 기분을 거슬러도 전혀 화를 내거나 따지지 않았다는 뜻이다. 이처럼 관대한 품성은 일상 속 대중들 속에서 더욱 진귀한 가치를 드러낸다. 그러나 『자치통감』 같은 전통적인 전적 속에서도 우리는 관대한 품성의 사람을 적지 않게 발견할 수 있다. 우리는 몇천 년 중국 역사에서 '범이불교'의 고상한 덕성을 갖춘 사람을 적지 않게 찾아볼 수 있다. 따라서 단지 이 점에만 기대서는 누사덕에게 '숭고하다'는 표지를 붙여주기가 어렵다.

이어진 대목에서 『자치통감』 편찬자는 매우 특별한 이야기를 통해 누사덕의 관대함을 설명하고 있다. 고사성어 '타면자건(唾面自乾)'이 바로 이 일화에서 나왔다. 누사덕이 재상직에 취임하고 나서 얼마 후 그의 아우도 대주자사에 임명되었다. 대주는 지금의 산시 성(山西省) 북부 지역으로 옛날부터 농경민족과 유목민족이 교류한 주요 완충지대 중 한 곳이며 당나라 시대에도 변방 요충지에 속해 있었다. 대주자사는 물론 대주를 총괄하는 행정 장관이다. 당(唐) 대에는 인구 등의 요인에 따라 '주(州)'를 상, 중, 하 세 등급으로 나눴다. 대주는 상급 주에 속하지는 않았지만 자사는 4품 고관이 임명되었다. 형제가 모두 벼슬길에서 출세하는 것은 본래 경축해야 할 일이다. 그러나 누사덕은 기뻐하지 않고 오히려 근심에 싸였다. 아우가 부임지로 떠나기 전에 누사덕은 그를 불러놓고 한마디 가르침을 내렸다. 그 중점은 바로 "영예와 은총이 너무 커서 사람들이 질시할 것이다(榮寵過盛, 人所疾也)"라는 말에 놓여 있다. 즉 형제가 함께 고귀한 벼슬에 오른 일을 단순하게 좋다고 생각해서는 안 되고 뭇사람이 품고 있는 복잡한 마음을 알아야 한다는 것이다. 부연하자면, 성공자는 실패자를 만날 수도 있고 또 똑같은 성공자를 만나 질시를 받을 수도 있는데 이는 옛날부터 매우 흔한 일이었다. 인간관계를 원만하게 처리하지 못하여 복이 화로 변하는 일도 비일비재하다. 다른 사람이 아무 이유도 없이 자신을 미워하는 일을 만나면 어떻게 처리해야 할까?

아우는 형의 우려를 심각하게 깨달은 후 형에게 무릎을 꿇고 정중하게 대답했다. "지금 이후로 다른 사람이 만약 제 얼굴에 침을 뱉으면 제 손으로 그것을 닦기만 하고 절대 따지지 않겠습니다." 더없이 신중한 부형(父兄)이라도 아들이나 아우의 이 같은 대답을 들으면 아주 흡족한 표정을 지을 것이다. 그러나 누사덕은 더욱 근심스러운 모습을 드러내면서 아우에게 말했다. "나는 네가 그렇게 할까봐 정말 걱정이다. 다른 사람이 왜 네게 침을 뱉겠느냐? 네게 불만이 있기 때문이다. 네가 다른 사람이 뱉은 침을 그냥 닦는다면 그 사람은 더욱 불만을 품지 않겠느냐? 침이란 그리 대수로운 것이 아니니 저절로 마르게(自乾) 내버려두어라. 왜 그걸 닦으려고 하느냐? 그런 상황을 만나면 미소를 지으며 그냥 받아들여라. 그것이 정확한 태도다!"

이 이야기가 바로 '타면자건'의 출처인데 이를 읽은 후 사람들은 실소를 금치 못한다. 그러나 우리는 "영예와 은총이 너무 커서 사람들이 질시할 것이다"란 경고에서 누사덕이 매우 신중한 인물임을 알 수 있다. 그는 첫째, 세상의 이치를 깊이 터득하여 편안할 때 위기를 생각할 줄 아는 사람이다. 둘째, 재상의 신분으로도 자기단속에 진력하며 자식들을 방종하지 않게 하고 관리로서의 요체를 터득하게 한다. 이러한 태도는 칭찬받을 만하지만 그다지 특별하다고 볼 수는 없다. 독특하고 이채로운 건 형제가 침을 둘러싸고 나눈 대화다. 독자들은 모두 누사덕의 아우가 다른 사람의 침을 얼굴에 맞는 가정이 이미 극단적인 경우에 해당함을 금방 알 수 있을 것이다. 또 독자들은 이 대목을 읽고 나서 누사덕 아우의 가정(假定)이 기실 누사덕의 지극한 인품을 드러내주는 배경으로 작용하고 있음을 발견할 수 있다. '다른 사람의 침을 얼굴에 맞는(唾面)' 상황에 대한 누사덕의 태도는 현대인의 시각으로 봐도 매우 극단적일뿐더러 고대인의 시각으로 봐도 충분히 극단적으로 느껴질 수 있다. 나는 추측컨대 이 이야기를 읽고 나서 많은 독자들이 누사덕에 대해 호기심을 가질 수는 있지만 존경의 마음을 품을 수는 없을 것이라고 생각한다. 다른 사람을 관대하게 대하는 태도는 물론 중요하지만 그 관대함이 무원칙으로 치우쳐서야 되겠는가? 우리는 이 대목에서 누사덕이 무조건 다른 사람에게 죄를 짓지 않으려는 무골호인에 불과하고, 또 관직 사회에서도 명철보신(明哲保身)에만 급급해하는 인물이 아닐까 의심하게 된다. 재상이 된 후에도 누사덕은 다른 사람을 거스르지 않고 남에게 죄를 짓지 않으려는 태도 이외에 다른 원칙은 없지 않은가? 이렇게 해서야 어떻게 고위 관리로서의 책임과 역할을 구현할 수 있겠는가?

서둘러 결론을 내릴 필요도 없이 『자치통감』에서는 우리에게 또 하나의 이야기를 들려주고 있다. 앞의 이야기는 누사덕이 처음 재상이 될 때의 대목에 들어 있어서 마치 중국 전통극의 개장백(開場白)[4]과 유사한 느낌을 준다. 뒤의 이야기는 누사덕이 세상을 떠난 이후를 서술하는 대목에 들어 있다. 이는 『자치통감』에서 인물을 묘사할 때 상용하는 '관 뚜껑을 덮고 인물을 논평하는 개관정론(蓋棺定論)' 수법이다. 어떤 중요 인물이 세상을 떠났을 때 그의 일생에서 가장 특징적이고 전형적인 이야기를 한두 가지 선택하여 그 인물이 독자들의 마음속에 새겨질 수 있도록 그려내는 방법이다. 『자치통감』에서 누사덕을 논평하기 위해 선택한 이야기는 당시 명재상 적인걸과 관련된 일화다.

적인걸의 재능과 공적에 대해서는 많이들 잘 알고 있지만 무측천이 적인걸을 재상으로 등용할 때 기실 누사덕의 역할이 컸다는 사실을 아는 사람은 아주 드물다. 적인걸을 추천한 것을 보면 누사덕이 현인을 알아보는 능력이 있음을 알 수 있지만 이 일은 또 다른 측면으로 언급할 가치가 있다. 누사덕은 무측천에게 적인걸을 추천한 이후 누구에게도 그 일을 발설하지 않았다. 심지어 적인걸 본인까지도 누사덕이 자신의 백락(伯樂)[5]이란 사실을 알지 못했다.

---

4   중국 전통극에서 본격적으로 연극을 상연하기에 앞서 전체 내용을 설명하며 본 연극을 이끄는 부분. 가문(家門) 또는 개종(開宗)이라고도 한다.
5   중국 춘추시대에 천리마 감정에 뛰어난 안목을 가진 사람. 흔히 사람을 잘 알아보는 사람을 비유한다.

적인걸은 분명 재능은 뛰어났지만 때때로 교만한 모습을 보이기도 했다. 적인걸이 보기에도 누사덕은 무골호인에 불과할 뿐 아무런 능력도 없는 사람 같았다. 그때 무측천이 누사덕을 소홀히 대하는 적인걸의 모습을 발견했다. 한번은 무측천이 적인걸과 대화를 나누다가 누사덕이 현인인지 그리고 누사덕에게 사람 보는 안목이 있는지 물었다. 적인걸은 모두 부정적으로 대답했다. 그러자 무측천은 적인걸 그대의 재상 자리를 누사덕이 추천했으니 그가 사람을 알아보는 안목이 뛰어난 사람이 아닌가라고 반문했다. 적인걸은 그 말을 듣고 깜짝 놀라 부끄러움을 느끼며 자신이 이미 누사덕의 포용력에 많은 신세를 지고 있음을 깨달았다.

누사덕의 일생을 되돌아보면 그가 비록 재상을 지내긴 했지만 과감하고 노련하게 대국을 장악하는 면에서는 적인걸과 같은 당나라 명재상에 미치지 못했다. 그러나 누사덕도 단지 인내와 양보만 일삼는 평범한 재상은 결코 아니었다. 누사덕은 본래 문인으로 20세에 진사에 급제했다. 당 고종 의봉(儀鳳) 3년(678)에 토번이 변경을 침범하자 고종은 하남과 하북에서 용사를 모집했다. 당시에 나이가 50세에 가까웠던 누사덕도 모집에 지원하여 나라를 위해 자신의 힘을 다 바치겠다고 했다. 고종은 그에게 조산대부(朝散大夫)의 품계를 주고 군대를 따라 출전하게 했다. 토번과의 교전에서 대장 이경현(李敬玄, 615~682)이 군사 일에 밝지 못해 당나라 군사는 대패했고, 장수 유심례(劉審禮, ?~681)는 토번의 포로가 되었다. 군사들이 도주하는 과정에서 누사덕은 오히려 진지를 구축하고 조하(洮河: 칭하이 성靑海省에서 발원하여 간쑤 성 융징 현永靖縣에 이르러 황허로 합류한다) 연안을 따라 움직이며, 도주 중인 당나라 장졸을 불러 모았다. 나중에 누사덕은 또 당나라 조정의 명령을 받고 토번의 대장과 만나 담판을 진행했다. 누사덕은 당나라 조정의 위신을 세우고 강화와 전투의 이해관계를 설파했다. 토번의 장수들은 누사덕의 강화 조건을 받아들이고 철수했다. 누사덕은 고도의 외교 수단으로 당시의 전쟁 국면을 평화적으로 해결했다.

당 고종 영순(永淳) 원년(682)에 토번이 다시 당나라 변경을 침략했다. 누사덕은 군사를 거느리고 백수간(白水澗: 지금의 칭하이 성 황위안(湟源 남쪽)에서 적을 맞아 여덟 번 싸워 모두 이겼다. 승전 소식이 전해지자 고종은 매우 감탄하며 누사덕을 문무겸전(文武兼全)한 인재로 인정했다. 누사덕이 재상이 된 것은, 이 몇 가지 일이 증명하는 바와 같이, 단순한 운이나 원만한 처세술 때문이 아니라 그의 뛰어난 능력 덕분이었다. 칭찬받을 만한 누사덕의 공로는 여기에 그치지 않는다. 무측천이 권력을 장악한 후 누사덕은 명령을 받고 변방으로 나가 둔전 업무를 관장하게 되었다. 누사덕은 가죽 바지를 입고 자신이 직접 군사를 인솔하여 황무지를 개간했다. 그는 마침내 수백만 섬의 식량 비축 목표를 달성했다. 이로써 군량미를 충분하게 확보하여 국가의 부담을 경감했을 뿐만 아니라 늘 군량미 운반에 차출되는 백성들의 고통을 줄여줬다. 이런 실재적 공적들이 모두 누사덕이 재상으로 임용되는 데 튼튼한 바탕으로 작용했다.

재상직은 관직 생활의 정점이다. 많은 사람들은 재상이 되고 싶어도 될 수 없었고 재상이 된 후에는 쉽게 그만두려 하지 않았다. 이 때문에 역사상 수많은 명신들과 유능한 재상들이 모두 재상직을 쟁취하거나 유지하기 위해 현인을 미워하고 능력자를 질투했다. 그러나 누사덕은 그렇지 않았다. 그에게는 현인을 미워하고 능력자를 질투하는 사심이 전혀 없었고 오히려 현명한 인재를 식별하는 혜안이 있었다. 이에 무측천에게 적인걸을 추천했다. 이것이 누사덕의 첫 번째 차원의 덕성이다. 그 이후 상황에 근거해보면 누사덕이 적인걸을 추천한 일은 무측천을 제외하고는 아무도 몰랐다. 이는 누사덕이 적인걸에게 보은을 바라지 않았음을 밝혀주는 대목이다. 이것이 누사덕의 두 번째 차원의 덕성이다. 나중에 함께 일을 하는 과정에서 적인걸은 뜻밖에도 누사덕을 배척했다. 그러나 누사덕은 여전히 적인걸에게 자신이 그를 추천한 진상을 밝히지 않았고 또 그 일로 적인걸을 원망하지 않았다. 이것이 누사덕의 세 번째 차원의 덕성이다. 누사덕은 일처리가 신중하고 실제적이어서 적인걸 등의 명재상처럼 개성이 선명하거나 예리하지는 않았다. 그러나 누사덕의 덕성은 고요한 연못처럼 그 깊이를 헤아릴 수 없을 정도였다. 바로 이처럼 심후한 덕성 덕분에 안하무인의 적인걸조차도 그에게 깊이 탄복했고 또 무측천도 그를 존경할 수밖에 없었다. 이제 이 일을 끝까지 살펴보았으므로 다시 고개를 돌려 '타면자건' 일화를 검토해보자. 아마도 우리는 이제 누사덕을 소인배식의 무골호인으로 인식할 수는 없을 것이다. 그는 자신의 역할에 맞게 책임을 질 줄 아는 사람이었다. 그는 당시의 국가와 사회를 위해 큰 공헌을 했다. 이 같은 사람이 만약 사람들의 오해에도 불구하고 타인과 다투지 않는 원칙을 고수했다면 그건 그가 나약하거나 소극적이어서 자신의 소신을 지키지 못했기 때문이 아닐 것이다. 『논어』 개권벽두에 "다른 사람이 나를 알아주지 않아도 화내지 않으면 또한 군자가 아니냐?(人不知而不慍, 不亦君子乎?)"라는 말이 있다. 누사덕의 품행은 이미 공자가 말한 군자의 표준을 훨씬 넘어섰다. 속담에 이르기를 "재상의 뱃속에는 배도 다닐 수 있다(宰相腹裏能行舟)"라고 했다. 큰 인물의 드넓은 도량을 형용하는 말이다. 사실 역사 속에 그처럼 많은 재상이 있었지만 진정으로 그런 도량을 펼친 사람은 많지 않다. 따라서 누사덕의 '타면자건' 이야기는 뱃속에 배가 다닌다는 속담의 또 다른 표현으로 간주할 수도 있을 것이다.

　재능으로 말하자면 기실 누사덕도 재능이 없다고 할 수 없다. 『자치통감』에서는 누사덕의 생애와 사적을 논하면서 결코 재능 부문에만 초점을 맞추지 않고 오히려 품성 측면에 초점을 맞추고 있다. 이는 『자치통감』 편집 담당자 사마광의 일관된 사상에 부합한다. 사마광은 품성의 중요성을 언제나 재능 앞에 놓았다. 품성도 재능과 마찬가지로 두 차원으로 나눠볼 수 있다. 앞부분에서 우리는 수신을 이야기했는데, 그 주제는 바로 어떻게 다방면으로 자신의 덕행을 풍부하게 할 것인가였다. 기실 제가(齊家: 집안 다스림)의 문제도 마찬가지다. 제가의 책임을 맡은 가장은 자녀 교육을 시행하거나 가정과 가족의 생활 스타일을 만들어나갈 때 반드시 '덕(德)'이란 글자를 가장 중요한 위치에 자리 잡게 해야 한다. 물론 그 전제는 스스로 덕을 함양하는 것이다. 건강하고 행복한 가정이나 사회적으로 성공한 가족은 다양한 요인을 갖고 있다. 자녀의 재능 양성에 중점을 두면서 어느 정도 재테크에도 주의해야 한다. 또 인간관계나 사회적 네트워크 관리 등등에도 신경을 써야 한다. 덕에 대한 요청이 다른 요소와 충돌을 빚을 때는 어떤 선택을 해야 할까? 이것이 바로 고금 이래로 다수의 가장들이 맞닥뜨리는 가장 중요한 문제였다. 이 문제에 대한 결정이 가족 전체의 운명에 영향을 주는 경우도 종종 있었다. 따라서 우리는 이 '제가편'에서 덕성(德)과 재능(才)의 관계로부터 이야기를 풀어나가고자 한다.

2. 누구에게 나의 뒤를 잇게 할 것인가?

───────◆───────

당초에 지선자(智宣子) 순신(荀申)이 자신의 아들 지요(智瑤, ?~기원전 453)[1]를 후계자로 삼으려 했다. 그러자 친척 지과(智果)가 말했다. "소(宵)가 요(瑤)보다 낫습니다. 요는 남보다 뛰어난 점이 다섯 가지가 있고 남에게 미치지 못하는 점이 한 가지 있습니다. 아름다운 구레나룻이 길게 자라 있으니 이 점이 남보다 뛰어납니다. 활쏘기와 수레 몰기를 할 때 힘이 넉넉하니 이 점이 남보다 뛰어납니다. 다양한 재주를 모두 갖추고 있으니 이 점이 남보다 뛰어납니다. 훌륭한 문장으로 변론을 잘하니 이 점이 남보다 뛰어납니다. 굳세고 용감하니 이 점이 남보다 뛰어납니다. 비록 이와 같지만 매우 어질지 못한 단점이 있습니다. 대저 다섯 가지 뛰어난 점으로 남을 능멸하며 어질지 못한 행동을 하면 누가 능히 그를 대우해주겠습니까? 만약 끝내 요를 후계자로 세우면 지씨 가문이 틀림없이 멸망할 것입니다." 그러나 지선자는 지과의 말을 듣지 않았다. 지과는 태사(太史)[2]에게 씨족을 분리해달라고 하여 보씨(輔氏)가 되었다.

조간자(趙簡子) 조앙(趙鞅, ?~기원전 476)의 아들 중 맏이는 백로(白魯)였고, 막내는 무휼(無恤, ?~기원전 425)이었다. 장차 후계자를 세우려는데 누구를 세워야 할지 몰랐다. 이에 죽간 두 편에 훈계하는 말을 적어 두 아들에게 주면서 말했다. "삼가 기억해두도록 해라!" 3년이 지난 후 죽간의 내용을

───────────────

1   춘추시대 진(晉)나라 지씨(智氏) 가문의 본래 성씨는 순씨(荀氏)였다. 그런데 진 경공(景公)의 하군 대부(下軍大夫) 순수(荀首)가 지(智) 땅에 봉해져서 그 자손들이 지를 성씨로 삼았다. 따라서 순요 (荀瑤)도 흔히 지요라고 부른다.

2   국가의 문서, 역사, 전적, 호적, 천문, 역법, 제사 등을 주관하는 관직. 태사령(太史令)이라고도 한다.

묻자 백로는 그 문장을 열거하지 못했고 죽간을 가져오라 하자 이미 잃어버렸다고 했다. 무휼에게 묻자 그 문장을 암송하며 매우 익숙하게 대답했고, 죽간을 가져오라 하자 소매 속에서 꺼내어 바쳤다. 그리하여 조간자는 무휼을 현명하다 생각하고 그를 후사로 세웠다.

조간자가 윤탁(尹鐸)을 시켜 진양(晉陽)을 다스리게 했다. [윤탁이 임지로 떠나기 전에] 청하여 말했다. "그곳을 양잠하는 곳으로 만들까요? 아니면 장래를 보장하는 성으로 만들까요?" 조간자가 말했다. "장래를 보장하는 성으로 만들도록 하라!" 이에 윤탁이 그곳 호구에서 거두는 세금을 줄여주었다. 조간자가 자신의 후계자 무휼에게 말했다. "진(晉)나라에 환난이 일어나면 윤탁을 하찮게 여기지 말며, 또 진양을 멀다고 여기지 말고 반드시 그곳을 귀의처로 삼아라."　　　　　　　　　　　　　　　『자치통감』권1

───────── ❧ ─────────

옛날부터 지금까지 우리는 인재 등용 문제에서 늘 덕성과 재능이 겸비된 사람을 선발하고 싶어 한다. 진정으로 이 두 가지를 겸비했다면 더이상 좋을 수가 없다. 그러나 현실 상황은 왕왕 이상과 차이가 나는 경우가 많다. 덕성과 재능을 함께 고려할 수 없을 때는 어느 것을 우선해야 하는가?『자치통감』에서는 개권벽두부터 우리에게 덕성과 재능 사이에서 어떤 것을 선택해야 하는가의 문제를 이야기하고 있다.

전국시대가 언제부터 시작되는지에 관해 학자들 사이에 일치된 견해는 없다. 그중 한 가지 유력한 시기 구분 방법은 위(魏), 조(趙), 한(韓)이 진(晉)나라를 셋으로 분할하는 시기를 전국시대의 시작으로 간주하는 견해다. 즉 이 분할 시점이 춘추오패에서 전국칠웅으로 넘어가는 과도기라는 것이다.『자치통감』에서도 공교로이 위, 조, 한 세 가문이 진나라를 분할하는 시점부터 역사를 기록하고 있다. 그러나 기실은 위, 조, 한 세 가문이 진나라를 분할할 역량을 갖기 전에 이 세 가문보다 더욱 강력한 실력을 갖춘 또 다른 가문인 지씨가 군림하고 있었다. 최초로 진나라의 실권을 장악한 세력은 바로 이 지씨 가문이었다. 위, 조, 한 세 가문이 지씨 가문을 멸망시킨 후에야 진나라를 삼분할 가능성이 열리게 되었다. 그럼 그렇게 실력이 막강했던 지씨 가문이 왜 상대적으로 약소했던 위, 조, 한 세 가문에 멸망당했을까? 전체『자치통감』에서 첫 번째로 내세운 이야기에 바로 이 과정에 대한 내용이 담겨 있다. 아울러 사마광은 지씨의 실패를 서술하면서 덕성과 재능 중 어느 것을 우선시해야 하는지에 대해 자신의 종합적인 인재관을 피력하고 있다. 이는 우리가 중시할 가치가 있다.

이야기는 지씨 가문의 후계자를 선발하는 일로부터 시작하고 있다. 지씨 가족의 영도자 지선자는 가문의 후계자를 선발하려고 했다. 그는 최종적으로 자신의 여러 아들 중에서 순요(荀瑤)를 마음에 들어했다. 지선자가 이러한 생각을 피력하자 지씨 가문의 원로에 속하는 지과가 상이한 의견을 제시했다. 지과는 순요보다는 지선자의 다른 아들 순소(荀宵)를 후계자로 선택하는 편이 더 낫다고 말했다. 무슨 이유인가? 지과는 "요는 남보다 뛰어난 점이 다섯 가지가 있고 남에게 미치지 못하는 점이 한 가지 있습니다" 때문이라고 했다. 지과의 반대 이유는 우리를 곤혹스럽게 한다. 속담에 이르기를 '황금 가운데 순금은 없고 사람 가운데 완벽한 사람은 없다(金無足赤, 人無完人)'라고 했다. 순요에게 장점은 다섯 가지고 결점은 한 가지뿐인데, 지과는 왜 그를 지씨 가문의 후계자로 세우는 일에 반대했을까?

이제 지과가 지적한 순요의 장단점이 무엇인지 각각 살펴보기로 하겠다. 먼저 장점으로는 아름다운 구레나룻, 활쏘기와 수레 몰기, 다양한 재주, 훌륭한 문장과 변론, 굳세고 용감한 능력을 들고 있다. 오늘날의 말로 개괄해보면 순요의 다섯 가지 장점은 다음과 같다. 첫째, 외모가 뛰어나다. 둘째, 무예에 뛰어나다. 셋째, 다재다능하다. 넷째, 글솜씨와 말재주가 뛰어나다. 다섯째, 의지력과 결단력이 뛰어나다. 한 사람이 동시에 이와 같은 다섯 장점을 지니기란 매우 어려운 일이다. 정말 초일류 인재라 할 만하다. 그럼 이런 다섯 장점을 무화시켜버릴 단점은 무엇인가? 지과는 순요에게 매우 어질지 못한 단점이 있다고 했다. 즉 순요에게는 사람들이 부러워할 다섯 가지 장점이 있지만 매우 심각한 한 가지 단점이 있는데, 그것은 바로 어진 마음이 전혀 없다는 것이다.

어진 마음이 과연 그렇게 중요한가? 인재를 판별할 때 이 마음이 없으면 다섯 장점조차 돌아보지 않아도 될 정도인가? 보통 사람의 입장에서는 자기 주변의 사람과 사물에 대해서 어진 마음을 가지는 것이 기본적인 처세 자질이라 할 수 있다. 우리가 다른 사람을 어진 마음으로 사랑하게 되면 우리 자신도 유쾌해지고 인간관계도 순조롭게 소통된다. 정치 지도자 입장에서는 어진 마음으로 구현할 수 있는 가치가 보통 사람보다 훨씬 높아진다. 무슨 이유인가? 지씨 가문을 예로 들어보겠다. 지씨는 전체 진나라에서 역량이 가장 강한 가문으로 진나라 정권을 장악하고 있다. 일단 지씨 가문의 장문인(掌門人: 가문의 대표)이 되면 장차 진나라에서 가장 영향력 있는 인물이 되는 동시에 각 제후국 간의 관계도 좌지우지하는 인물이 된다. 따라서 지씨 가문의 영도자는 매우 풍부한 정치, 군사, 재정 자원을 장악할 수 있다. 그는 수시로 수만 많게는 수십만 군대를 이동시킬 수 있는 힘을 갖게 된다. 따라서 그가 잘못된 결정을 내리면 수십만이나 더 많게는 수백만 사람들에게 재난을 가져다줄 수 있다. 이 때문에 이와 같은 지위에 올라야 하는 영도자 후보는 반드시 어진 마음을 매우 중요한 위치에 놓고 모든 일을 헤아려야 한다.

지과는 순요의 단점을 다음처럼 분석했다. "대저 다섯 가지 뛰어난 점으로 남을 능멸하며 어질지 못한 행동을 하면 누가 능히 그를 대우해주겠습니까?" 만약 어떤 사람에게 어진 마음이 없더라도 그에게 강력한 힘이 없으면 나쁜 일을 하려고 해도 할 수 없으므로 파괴력도 떨어진다. 그런데 문제는 순요에게 매우 강력한 힘이 있다는 점이다. 그리고 그는 그렇게 많은 장점을 갖고 있음에도 불구하고 어진 마음은 갖추지 못하고 있다. 만약 그가 자신의 역량과 장점에 의지하여 나쁜 일을 하고 다른 사람을 능멸하면 누가 그걸 감당할 수 있겠는가? 또 누가 그걸 막을 수 있겠는가? 이런 상황이 되면 순요의 어질지 못한 마음은 그의 각종 장점을 파괴력으로 변모시키고 말 것이다. 정말 이와 같이 되면 다른 가문과 실력파 인물들은 모두 분노할 것이고, 그럼 서로서로 일치단결하여 지씨에게 대항할 것이다. 그럼 지씨 가문의 운명은 참으로 우려스러운 지경으로 빠져들 것이다.

순요에 대한 지과의 비판은 남에게 억지로 완벽함을 강요한다거나 남의 결점을 허용하지 않는 태도가 절대 아니다. 그의 태도에서 우리가 보아야 할 것은 사람이 갖춰야 할 각종 자질 가운데 주된 요소와 부차적인 요소의 구분이 있다는 점이다. 물론 '황금 가운데 순금은 없고 사람 가운데 완벽한 사람은 없다'는 속담은 진실로 맞는 말이지만 어느 정도 품격을 갖춘 사람은 기본적인 마지노선을 지켜야 한다. 즉 사람에게는 갖추지 않아도 될 자질도 있지만 꼭 갖춰야 할 자질도 있다. 특히 사회적 책임을 무겁게 진 영도자나 그 후계자 입장에서는 더욱 엄격하게 이러한 요구에 부응해야 한다. 어진 마음은 바로 사람이라면 반드시 갖춰야 할 자질이며, 특히 영도자에게 어진 마음은 더욱더 누락되어서는 안 되는 자질이다. 어진 마음이 없으면 인간의 다른 장점들이 오히려 결점으로 변모될 수 있다. 이것이 지과가 견지한 기본 관점이었다. 그러나 지선자는 지과의 권고를 듣지 않고 여전히 순요를 후계자로 삼았다. 지과는 지선자를 설득할 수 없었지만 자신의 관점은 철저하게 견지했다. 그는 순요가 지선자의 지위를 계승한 후 지씨 가문에 참화가 야기될까봐 자신의 성씨를 더 이상 지씨로 쓰지 않고 보씨로 바꿨다.(옛날에는 성姓과 씨氏의 구별이 있었다. 지씨 가문을 예로 들면 그들은 본래 주周나라 천자와 같은 성인 희성姬姓이었다. 따라서 지씨는 희성에서 분파된 씨다.)

그럼 지과의 판단은 정확했을까? 사마광은 서둘러 정답을 제시하지 않고, 바로 이어서 카메라의 초점을 조씨(趙氏) 가문으로 옮겨서 그들이 어떻게 후계자를 선택하는지 비춰주고 있다. 조씨 가문의 장문인 조간자 조앙에게는 아들 둘이 있었다. 맏이는 백로였고, 막내는 무휼이었다. 조간자는 두 아들 중에서 누가 자신의 지위를 계승하기에 적합한지 확정할 수 없어서 작은 시험을 해보기로 결정했다. 그는 두 아들에게 교훈을 적은 죽간을 주고 그것을 숙독하며 깊이 생각하라고 했다. 그리고 3년 뒤 두 아들을 불러서 확인했다. 맏아들 백로는 그 교훈의 내용을 기억하지도 못했고 죽간까지 잃어버렸지만, 막내 무휼은 교훈을 익숙하게 암송했고 죽간도 소매 자락 속에 넣어 가지고 다녔다. 조간자는 마침내 무휼을 자신의 후계자로 결정했다.

사마광은 지씨와 조씨 두 가문의 후계자 선택 일화를 한곳에 기술하면서 일종의 대비 효과를 얻으려 하고 있다. 지선자가 순요를 선택한 것은 분명 순요의 재능이 마음에 들었기 때문이다. 그러나 조간자의 관찰 방식은 사람의 행동 스타일을 감정하는 측면에 경도되어 있다. 행동 스타일은 단순하게 재능이나 덕성으로 양단할 수 없다. 그것은 한 사람의 재능과 덕성이 전체 행동거지에 반영되어 나오는 종합적인 기풍이다. 따라서 조간자가 사람의 덕성만을 표준으로 삼아 그런 선택을 했다고 말하기는 아주 어렵다. 그러나 조간자가 중시한 것이 적어도 재능에만 그치지 않았다는 점은 분명하게 말할 수 있다. 다음 이야기는 지씨와 조씨 양가 후계자의 행동 방식 서술로 계속 이어지고 있다. 바로 이 두 후계자가 지씨와 조씨 가문의 상이한 흥망성쇠를 결정하게 된다. 이 사태의 모든 변화와 발전 기점은 양가 장문인의 상이한 후계자 선택 관념에서 시작되었다.

3. 재능이 덕성보다 앞서면

지선자가 죽자 지양자(智襄子) 지요가 정권을 잡았다. 그는 한강자(韓康子) 한호(韓虎, ?~기원전 424), 위환자(魏桓子) 위구(魏駒, ?~기원전 446)와 남대(藍臺)에서 연회를 열었다. 지백(智伯)[1]이 한강자를 놀리고 단규(段規)를 모욕했다. 지국(智國)이 그 소문을 듣고 간언을 올렸다. "주군께서 환난에 대비하지 않으면 환난이 반드시 닥칠 것입니다." 지백이 말했다. "환난은 내가 주재하는 것이다. 내가 환난을 만들지 않는다면 누가 감히 환난을 일으키겠는가?" 지국이 대답했다. "그렇지 않습니다. 『상서』「하서(夏書)」에 다음 같은 구절이 있습니다. '한 사람이 여러 번 잘못을 저지르는데 어찌 원망이 드러나지 않으랴? 원망이 드러나지 않을 때 일찍 대비해야 하리라.' 대저 군자는 작은 사물에도 삼갈 수 있기에 큰 환난이 없는 것입니다. 지금 주군께서는 한 번의 연회에서 다른 가문의 주군과 신하를 모욕하고도 대비하지 않으시면서, '저들은 감히 환난을 일으키지 못할 것이다'라고 하십니다. 이 어찌 불가한 일이 아니겠습니까? 파리매, 개미, 벌, 전갈도 모두 사람을 해칠 수 있거늘 하물며 저들 주군과 신하야 말해 무엇하겠습니까?"

지백이 한강자에게 땅을 떼어달라고 하자 한강자는 주지 않으려 했다. 단규가 말했다. "지백은 이익을 좋아하고 성질이 강퍅합니다. 땅을 주지 않으면 장차 우리를 칠 것입니다. 땅을 주는 것이 더 낫습니다. 저들은 땅을 얻음으로써 탐욕이 더욱 심해져서 반드시 다른 사람에게도 땅을 요구할

---

1   지양자 순요. 그의 조상 순수가 지 땅에 봉해졌으므로 흔히 지요라고 불린다. 진(晉) 출공(出公) 때 진나라 정권을 전횡하면서 지백이라고 일컬어졌다.

것입니다. 다른 사람이 땅을 주지 않으면 반드시 군사를 일으켜 그들을 공격할 것입니다. 그럼 우리는 환난에서 벗어나 사태의 변화에 대비할 수 있습니다." 한강자가 말했다. "좋다!" 그리하여 사자를 시켜 1만 호의 고을을 지백에게 바쳤다. 지백이 기뻐하며 또 위환자에게 땅을 요구했다. 위환자가 주지 않으려 하자 임장(任章)이 말했다. "어째서 땅을 주지 않으려 하십니까?" 위환자가 말했다. "아무 까닭도 없이 땅을 달라고 하기 때문에 주지 않으려는 것이다." 임장이 말했다. "아무 까닭도 없이 땅을 달라고 하기 때문에 다른 대부들도 반드시 두려워할 것입니다. 우리가 땅을 주면 지백은 반드시 교만해질 것입니다. 그럼 저들은 교만해져서 적을 가볍게 여기게 되고, 우리는 두려워하면서 서로 친하게 됩니다. 이에 서로 친하여 연합한 군사가 적을 가볍게 여기는 자를 대적하게 되므로 지씨의 운명은 틀림없이 오래가지 못할 것입니다. 『상서』「주서(周書)」에서는 이렇게 말했습니다. '장차 적을 패배시키려면 반드시 잠시 적을 도와주고, 장차 적의 땅을 빼앗고자 한다면 잠시 적에게 땅을 떼어주라.' 주군께서는 땅을 떼어주고 지백을 교만하게 하는 것이 더 낫습니다. 그런 후에 교분을 맺을 사람을 선택하면 지씨에 대해 도모할 수도 있을 것입니다. 어찌 단독으로 우리가 지씨의 인질이 될 필요가 있겠습니까?" 위환자가 말했다. "좋다!" 그리고 또 그에게 1만 호의 고을을 주었다.

『자치통감』권1

지선자는 지과의 권고를 받아들이지 않고 여전히 순요를 후계자로 선택했다. 이로써 지씨 가문의 비극적 운명이 시작됐다. 순요는 지씨 가문의 영도자가 된 후 많은 일을 했다. 『자치통감』에서는 지요의 불인(不仁)한 인성과 부정한 행동을 반영한 몇 가지 사건을 집중적으로 서술하고

있다. 지씨 가문의 멸망은 결국 순요의 행동과 직접적인 연관이 있다고 보는 것이다.

한번은 순요가 한씨 가문의 영도자 한강자 및 위씨 가문의 영도자 위환자와 함께 주연을 열었다. 연회상에서 순요는 한강자와 그의 부하 단규에게 모욕을 줬다. 지씨 가문의 또 다른 원로가 그 소문을 듣고 순요를 비평하며 일찌감치 환난에 대비하라고 했다. 그러나 순요는 세상의 모든 일을 자신이 주재하는데 한씨 따위가 어떻게 환난을 일으키겠는가라고 했다. 이 작은 일화에도 순요의 강퍅하고 오만한 성격이 잘 드러나 있다.

사태는 그걸로 끝나지 않았고 이후 순요는 한강자에게 땅을 요구했다. 한강자는 화가 나서 땅을 주지 않으려 했지만 한강자의 부하 단규는 땅을 떼어주라고 했다. 한강자의 탐욕과 오만을 부추겨 다른 사람과도 원한을 맺게 만들고 그 기회를 이용해 다른 사람과 공동으로 순요에게 대항하자는 의도였다. 한강자는 그의 말이 매우 일리 있다고 여기고 자신이 소유하고 있던 부유한 성읍 한 곳을 순요에게 바쳤다.

순요는 과연 교만에 빠져 위씨 가문에도 계속해서 땅을 요구했다. 위환자도 처음에는 땅을 주지 않으려 했지만 모사 임장의 말을 듣고 순요에게 땅을 떼어주고 순요의 탐욕과 오만을 부추겼다.

연속해서 두 차례나 손쉽게 광대한 땅을 얻게 되자 순요는 더욱 자신감을 갖고 자신의 실력과 재능에 대응할 사람은 아무도 없다고 생각했다. 자신의 가벼운 말 한마디로 부유한 성읍 두 곳이 자신의 수중에 떨어졌기 때문이다. 그러나 순요는 이런 거짓 성공에 탐닉하는 행동이 가장 큰 실패를 부른다는 사실을 모르고 있었다. 반대자들은 이미 한편에서 호시탐탐 몰래 힘을 기르며 반격의 때가 오기만을 기다리고 있었다.

4. 불인(不仁)한 사람

지백은 또 조양자(趙襄子) 조무휼(趙無卹)에게 채(蔡) 땅과 고랑(皐狼) 땅을 달라고 했다. 조양자가 주지 않자 지백은 화를 내며 한씨와 위씨의 갑사까지 이끌고 조씨를 공격했다. 조양자가 탈출하려고 하면서 물었다. "내가 어디로 가면 좋겠느냐?" 시종이 대답했다. "장자(長子) 땅이 가까운 데다 성곽도 튼튼하고 완전합니다." 조양자가 말했다. "백성이 힘을 다해 성을 완공했는데 이제 또 목숨을 바쳐 성을 지키라 하면 누가 나와 함께하겠느냐?" 시종이 또 대답했다. "한단(邯鄲) 땅의 창고가 가득 차 있습니다." 조양자가 말했다. "백성의 고혈을 짜서 창고를 채웠는데, 또 연이어 그들을 전쟁으로 내몰아 죽이면 누가 나와 함께하겠느냐? 아마도 진양으로 가는 편이 좋을 듯하다. 그곳은 돌아가신 주군에게 소속된 땅이었고, 윤탁이 관대하게 다스렸으니 백성이 반드시 내게 화합할 것이다." 이에 진양으로 갔다.

지씨, 한씨, 위씨 세 가문이 백성을 동원하여 진양을 포위하고 강물을 그곳으로 끌어들이자 물에 잠기지 않은 성벽이 위쪽 여섯 자[1]뿐이었다. 물에 잠긴 아궁이에서 개구리가 나올 정도였지만 백성은 반역의 마음을 먹지 않았다. 지백이 물길 속으로 순시를 나서자 위환자가 수레를 몰았고 한강자가 참승(驂乘: 수레 주인의 호위무사)이 되었다. 지백이 말했다. "나는 오늘 물로 남의 나라를 멸망시킬 수 있다는 걸 알았다." 위환자가 팔꿈치로 한강자를 찌르자 한강자는 슬쩍 위환자의 발등을 밟았다. 분수(汾水)로

---

1   원문은 삼판(三版)이다. 판(版)은 옛날 성벽을 쌓을 때 판축 하나의 높이다. 대체로 판축 하나는 두 자(尺) 높이에 해당한다.

위씨의 안읍(安邑)을 수몰시킬 수도 있고, 강수(絳水)로는 한씨의 평양(平陽)을 수몰시킬 수도 있기 때문이었다. 치자(絺疵)가 지백에게 말했다. "한씨와 위씨가 틀림없이 배반할 것입니다." 지백이 말했다. "자네가 그걸 어떻게 아는가?" 치자가 말했다. "저들의 행동을 보고 알았습니다. 대저 우리는 한씨와 위씨 군사의 뒤를 따라 조씨를 공격하고 있고, 조씨가 망하면 환난이 반드시 한씨와 위씨에게 미치게 됩니다. 이에 우리는 조씨에게 승리한 후 그 땅을 셋으로 나눠 갖자고 약속했습니다. 그런데 이제 물에 잠기지 않은 성벽이 여섯 자밖에 남지 않았으며, 사람과 말이 서로 잡아 먹는 상황이 벌어지고, 성이 함락될 날이 멀지 않았는데도 두 사람은 기뻐하지 않고 얼굴에 수심이 가득합니다. 이것이 배반할 조짐이 아니면 무엇이겠습니까?" 다음 날 지백은 치자의 말을 위환자와 한강자에게 말했다. 두 사람이 대답했다. "그자는 사람을 모함하여 조씨를 위해 유세하면서 자기 주군으로 하여금 우리 두 가문에 의심을 품게 하여 조씨에 대한 공격을 늦추게 하려는 수작입니다. 그렇지 않다면 우리 두 가문이 조만간 조씨의 땅을 나눠 받는 이득을 누리지 못하게 하고, [우리 두 가문을] 성공할 수 없는 위험 속으로 빠뜨리려는 행위가 어찌 아니겠습니까?" 두 사람이 나가자 치자가 들어와서 말했다. "주군께선 어찌하여 신의 말을 둘에게 알렸습니까?" 지백이 말했다. "자네는 그걸 어떻게 알았는가?" 치자가 대답했다. "저들이 신과 마주치자 정색하고 급히 나가는 모양을 보고 신이 저들의 상황을 꿰뚫고 있다는 걸 저들이 알아차렸다고 짐작했기 때문입니다." 그러나 지백은 마음을 바꾸지 않았다. 치자는 제(齊)나라로 사신을 가겠다고 청했다.

조양자는 장맹담(張孟談)을 시켜 몰래 성을 나가 위환자와 한강자를 만나게 했다. 장맹담이 말했다. "신은 듣건대 입술이 사라지면 이빨이 시리다고 합니다. 지금 지백은 한씨와 위씨의 군사를 거느리고 조씨를 공격하고 있습니다. 조씨가 망하면 한씨와 위씨가 그다음 차례가 될 것입니다." 두 사람이 말했다. "우리도 마음속으로 그런 사실을 알고 있소. 일을 이루기도 전에 계획이 새어나가서 참화가 바로 닥칠까봐 두렵소." 장맹담이 말했다. "계획이 두 분 주군의 입에서 나와 신의 귀로 들어갔는데 무엇을 근심하십니까?" 이에 두 사람은 몰래 장맹담과 약속하고 거사 날짜를 정한 후 그를 돌려보냈다. 조양자는 밤에 사람을 시켜 제방을 지키는 관리를 죽이고 물길을 터서 지백의 군영을 잠기게 했다. 지백의 군영이 물속에서 사람을 구하느라 어지러워졌다. 한씨와 위씨의 군사가 양쪽 날개에서 공격해 들어가고 조양자가 병사를 이끌고 앞으로 쳐들어가서 지백의 군사를 대패시켰다. 그들은 마침내 지백을 죽이고 지씨 가문 사람들을 모두 죽였다. 오직 보과(輔果)만 살아남았다.

『자치통감』 권1

순요는 사리사욕에 눈이 어두워 곧바로 조씨 가문을 향해서도 땅을 요구했다. 그러나 이번에는 마침내 강경한 저항을 만났다. 당시 조씨 가문의 영수 조양자는 바로 앞서 소개한 조무휼이다. 나이가 젊고 경험이 부족했던 탓인지 당시에 그는 천둥벌거숭이처럼 행동했다. 그의 주위에는 간언을 올리고 일을 계획하는 데 뛰어난 보좌진이 부족했던 듯하다. 조양자는 순요의 요구를 아주 명쾌하게 거절했다. 순요는 격노했다. 순요는 앞서 한씨와 위씨에게 땅을 요구했을 때는 모두 순순히 들어줬는데 조씨는 뭘 믿고 땅을 주지 않을까라고 생각했을 것이다. 당연히 그는 아무 이유도 없이 땅을 요구한 자신의 행위가 무리한 행위라는 사실을 반성하지 않았다. 조양자의 태도도 강경했다. 어떻게 아무 이유도 없이 땅을 떼어줄 수 있단 말인가? 두 가문이 서로의 입장을 굽히지 않자 순요는 군사를 일으켜 조씨를 공격했다.

지씨 가문의 세력이 강력했기 때문에 조양자는 그들과 맞서 싸우지 못했다. 그는 좌우 시종들을 이끌고 진양성으로 도피하여 성을 굳게 지켰다. 순요는 한씨와 위씨에게도 통지하여 그들도 군사를 이끌고 힘을 합쳐 함께 진양성을 포위하자고 했다. 전쟁 승리를 위해 순요는 군사를 진양성 밖으로 보내 수로를 파고 강물을 성안으로 흘러들게 했다. 수공으로 진양성을 함락시키려는 시도였다. 물이 불어나자 마지막에는 성벽 제일 높은 곳에서 여섯 자만 남고 모든 진양성이 물에 잠겼다. 이때 순요는 한강자와 위환자를 대동하고 물의 형세를 순시하면서 말했다. "나는 오늘 물로 남의 나라를 멸망시킬 수 있다는 걸 알았다." 그 말을 들은 후 위환자는 팔꿈치로 곁에 있던 한강자를 찔렀고, 한강자도 발로 위환자의 발등을 슬쩍 밟았다. 둘은 몰래 그런 동작을 하면서 아무 말도 하지 않았지만 이미 순요의 속마음을 짐작하고 있었다. 그럼 둘은 도대체 무슨 꿍꿍이속을 감추고 있었던 걸까? 역사책에서는 이렇게 설명하고 있다. "분수로 안읍을 수몰시킬 수도 있고, 강수로 평양을 수몰시킬 수도 있다." 이 말을 어떻게 이해해야 할까? 안읍은 위씨 가문이 터전으로 삼고 있는 중요한 성이고 평양은 한씨 가문 근거지의 하나다. 안읍 가에는 분수라는 강이 있고 평양 가에는 강수라는 강이 있다. 순요는 자신이 물로 성을 공격하는 방법을 깨달았으므로 이제 다른 가문의 성도 함락시킬 수 있다고 말했다. 지금은 이 방법을 써서 조씨 가문에 대항하고 있지만 장차 한씨와 위씨에게 대항할 때도 똑같이 물길을 파서 안읍과 평양을 수몰시킬 수 있다는 의미다. 순요는 평소에도 기세등등하게 횡포를 부린지라 한강자와 위환자는 본래 그에게 공포심을 갖고 있었다. 그가 악독한 방법으로 조씨에 대항할 때 한강자와 위환자는 금방 자신들의 처지를 연상하고 장차 조씨의 전철을 밟을까봐 걱정이 되었다. 이 때문에 한강자와 위환자는 다른 사람 눈에 띄지 않는 비밀 행동으로 속마음을 전했다. 즉 그것은 '조심합시다! 이자는 똑같은 방법을 우리에게도 쓸 수 있소'라는 의미였다.

시찰을 마친 후 한강자와 위환자는 근심에 젖어서 자신의 군영으로 돌아갔다. 그들은 귀환 도중 순요의 부하 치자를 만났다. 치자는 한강자와 위환자의 표정을 보고 돌아와 순요에게 그들이 장차 배반할 것이니 조심해야 한다고 보고했다. 그러나 순요는 교만한 마음으로 치자의 간언을 듣지 않았다.

당시 순요는 시종일관 천하에 자신의 적수가 아무도 없다고 여겼다. 이 때문에 순요는 아무 대비책도 마련하지 않았을 뿐 아니라 오히려 치자의 말을 한강자와 위환자에게 알려줬다. 두 사람은 펄쩍 뛰며 조씨 가문에서 치자를 매수하여 자신들을 모함한다고 해명했다. 순요가 결국 두 사람의 말만 믿자, 치자는 조만간 순요가 멸망할 것이라 예상하고 일부로 사신으로 가장하여 제나라로 도피했다.

이 무렵 진양성의 조양자는 비밀리에 사자를 한강자와 위환자에게 파견했다. 그는 둘에게 순요가 조씨를 멸망시킨 후 틀림없이 한씨와 위씨를 칠 것이라고 했다. 기실 한강자와 위환자도 마음속으로 똑같은 걱정을 하고 있었으므로 신속하게 조양자의 사자와 의기투합했다. 그들은 계획을 마련하고 날짜를 정하여 공동으로 순요에게 대항하기로 약속했다.

독자 여러분께서는 당시의 상황을 상상해보시기 바란다. 진양성 밖에는 불어난 물이 하늘까지 차올라 있다. 어떻게 하면 이 물을 진양성 사방에 가둬서 진양성을 수몰시킬 수 있을까? 반드시 크고 작은 제방을 막아서 물을 진양성 안으로 모아야 할 것이다. 당시의 광경을 상상해보면 틀림없이 진양성은 중간에 고립되어 있고, 그 주위는 큰물이 넘실대고, 그 밖으로 또 물을 가둔 높다란 제방이 솟아 있었을 것이다. 지씨,

한씨, 위씨의 연합군은 그 제방 밖에 주둔할 수밖에 없었다. 약속한 날짜가 되자 조양자는 비밀리에 헤엄을 잘 치는 군사를 제방 위로 보냈다. 그 군사는 지씨가 파견한 수비병을 죽이고 지씨 진영을 향해 제방을 터뜨렸다. 이렇게 하여 큰물이 오히려 밖으로 쏟아져 나가자 지씨 진영은 금방 붕괴되었다. 한씨와 위씨 두 가문에서도 약속에 따라 동시에 양쪽에서 공격을 개시했다. 전투 도중 순요는 피살되었고 지씨 일족도 멸문지화를 당했다. 지과의 예언은 과연 적중되었다. 그러나 지과는 자신의 예언이 적중되었다 해서 기뻐할 수 없었다. 그에게 더욱 큰 비극은 자신의 가족 이외의 지씨 가문 구성원이 모두 피살된 점이었다. 지과가 살아날 수 있었던 까닭은 바로 당년에 그가 자신의 성씨를 지씨에서 보씨로 바꾼 때문이었다.

5. 소인(小人)보다는 우인(愚人)이 낫다

───────❀───────

신 사마광은 아룁니다. 지백이 멸망한 것은 재능이 덕성보다 뛰어났기 때문입니다. 대저 재능은 덕성과 다른데도 세속에서는 그것을 분별하지 못하고 모두 뭉뚱그려서 현명하다고만 합니다. 이것이 사람을 잘못 보는 원인입니다. 대저 총명하고 강건한 능력을 재능이라 하고, 정직하고 조화로운 품성을 덕성이라 합니다. 재능이란 덕성의 도우미요, 덕성이란 재능의 통솔자입니다. 운몽(雲夢)의 대나무는 천하에서 가장 강하다고 하지만 굽은 부분을 펴고 화살 깃을 꽂지 않으면 견고한 물건을 뚫을 수 없습니다. 당계(棠谿)의 쇠는 천하에서 가장 날카롭다고 하지만 그것을 용광로에 녹여서 숫돌에 갈지 않으면 강한 물건을 격파할 수 없습니다. 이러한 까닭에 재능과 덕성을 모두 갖춘 사람을 '성인(聖人)'이라 하고, 재능과 덕성이 전부 없는 사람을 '우인(愚人: 어리석은 사람)'이라 합니다. 덕성이 재능보다 뛰어난 사람을 '군자(君子)'라 하고, 재능이 덕성보다 뛰어난 사람을 '소인(小人)'이라 합니다. 무릇 사람을 선택하는 방법은 만약 성인과 군자를 얻어 함께 하지 못하면 소인을 얻기보다는 차라리 우인을 얻는 것이 더 낫습니다. 무슨 이유이겠습니까? 군자는 재능을 가지고 선을 행하지만, 소인은 재능을 가지고 악을 행하기 때문입니다. 재능을 가지고 선을 행하면 모든 선행을 다 성취할 수 있지만, 재능을 가지고 악을 행하면 모든 악행을 다 저지를 수 있습니다. 어리석은 자는 악을 행하려고 해도 지혜가 두루 미치지 않습니다. 예를 들면 강아지가 사람에게 달려들어도 사람이 그것을 제압할 수 있는 것과 같습니다. 소인은 그 지혜가 간악한 짓을 충분히 이룰 수 있고, 그 용기는 포악한 짓을 충분히 결행할 수 있습니다. 이는 호랑이에 날개를 달아주는 격입니다. 그 해독이 어찌 많지 않다 할 수 있겠습니까? 대저 덕성을 갖춘 사람을 사람들은 근엄하게 여기고, 재능을 갖춘 사람을 사람들은 사랑합니다. 사랑하는 사람과는 쉽게 친하고, 근엄하게 여기는 사람과는 쉽게 멀어집니다. 이러한 까닭에 인재를 살피는 사람들은 대부분 재능에 가려져서 덕성을 소홀히 합니다. 옛날부터 나라의 난신(亂臣)과 가문의 패륜아는 재능은 넉넉하지만 덕성은 부족하여 결국 나라와 가문을 전복시킨 자가 많습니다. 이 어찌 지백만 그러하겠습니까? 이에 나라를 다스리고 가문을 다스리는 사람이 만약 재능과 덕성의 구분을 자세히 살펴, 그 선후 관계를 안다면 어찌 인재를 잃을까 근심할 필요가 있겠습니까?

『자치통감』 권1

___

지과는 지요가 영도자로는 부적합한 인물임을 분석하면서 순요의 불인한 마음이 그의 모든 장점을 파괴력으로 바꿀 수 있다고 특별히 강조했다. 이 점은 이후의 사태 발전 과정에서 매우 분명하게 드러났다. 순요는 자신이 가진 능력과 실력에 기대 곳곳에서 매우 무리한 일을 자행했다. 다른 가문의 영수를 모욕하고 다른 사람의 체면까지 깎았을뿐더러 남의 땅을 빼앗는 일을 강행하여 그들에게 실제적 손실을 끼쳤다. 특히 순요는 조씨 가문을 강경하게 대하면서 그들을 멸망 직전까지 몰아넣었다. 이 때문에 다른 가문들도 이 곤경에서 발을 뺄 수가 없었다. 마지막에는 순요가 기만하고 압박한 몇몇 가문이 동병상련으로 서로 연합 전선을 구축하여 전투의 형세를 역전시키고 지씨 가문을 몰살했다. 순요가 이끈 지씨 가문은 승리를 손에 쥐려는 찰나에 갑자기 바뀐 형세로 인해 참패의 나락으로 떨어졌다. 언뜻 보기에는 흡사 코미디 같지만 지과가 볼 때는 필연적인 일이었다. 순요의 성격이 이미 지씨 가문의 운명을 결정해왔던 것이다.

『자치통감』 기록으로 살펴볼 때 순요가 만약 조금이라도 자기절제력을 발휘하거나 조금이라고 자기반성을 할 줄 알았다면 철저하게 패망할 운명에서 벗어날 기회가 적어도 두 차례는 있었다. 첫 번째 기회는 순요가 한강자에게 모욕을 준 후에 찾아왔다. 당시에 지국이란 사람이 순요를 비판하면서 이처럼 무례한 행위는 다른 사람의 원한과 보복을 초래할 수 있다고 했다. 순요는 지국의 말을 듣고도 그 일을 전혀 마음에 담아두지 않았고 또 자신이 저지른 실수를 반성하지도 않았다. 두 번째 기회는 진양성을 포위 공격 할 때 찾아왔다. 순요의 부하 치자는 한강자와 위환자가 다른 마음을 품고 있다는 걸 알아챘다. 한강자와 위환자는 순요의 협박에 못 이겨 그를 따라 조씨 토벌에 나서지 않을 수 없었지만 기실 마음속으로는 순요에게 두려움과 원한을 동시에 품고 있었다. 더욱이나 그들은 "교활한 토끼를 잡고 나서, 사냥개가 삶아 먹히는(狡兎死, 走狗烹)" 경우를 당하지 않을까 근심에 젖어 있었다. 이 같은 심리가 그들의 표정으로 나타났기에 치자는 그들의 심리를 쉽게 간파했다. 치자가 이런 정황을 순요에게 알려줬는데도 순요는 대비를 하지 않았을 뿐 아니라 치자의 관찰 결과까지도 한강자와 위환자에게 직접 알려줬다. 이 모두는 평소에 자존망대(自尊妄大)하며 다른 사람을 안중에도 두지 않는 순요의 심리가 그의 행동거지와 일처리 태도에 직접적으로 반영된 결과다. 이처럼 도처에서 적을 만들고도 그 적을 전혀 심각하게 생각하지 않는 사람이 어찌 실패하지 않을 수 있겠는가?

사마광은 『자치통감』에서 매우 직접적으로 순요를 비판하고 있다. "지백이 멸망한 것은 재능이 덕성보다 뛰어났기 때문입니다." 지백은 바로 순요를 가리킨다. 순요는 재능은 뛰어났지만 덕성은 부족했다. 이것이 그가 실패한 가장 근본적인 원인이다. 사마광의 이런 관점은 기본적으로 지과의 견해와 일치한다. 순요 사건을 통해 사마광은 매우 독특한 인재관을 총괄해냈다. 사마광은 뛰어난 인재가 필수적으로 갖춰야 할 자질로 재능과 덕성을 모두 중시했다. 그러나 둘을 비교해보면 덕성이 재능보다 더욱 중요하다. 이 원칙에 근거하여 사마광은 인재를 네 등급으로 구분했다. 제1등급 인재는 덕성과 재능을 겸비한 사람이다. 또한 이 두 자질을 매우 뛰어나게 발휘하는 사람이 바로 '성인'이다. 제2등급 인재는 덕행은 훌륭하지만 재능은 좀 떨어지는 사람이다. 이러한 인재가 '군자'에 속한다. 제3등급 인재는 재능은 아주 우수하지만 덕성이 좀 모자라는 사람이다. 이 같은 인재는 '소인'에 속한다. 제4등급 인재는 덕성도 없고 재능도 없는 사람으로 이런 자가 '우인'이다.

만약 인재 등용 문제에 부딪혔을 때 제4등급 인재는 어떻게 배치해야 할까? 사마광은 이렇게 말했다. "무릇 사람을 선택하는 방법은, 만약 성인과 군자를 얻어 함께 하지 못하면 소인을 얻기보다는 차라리 우인을 얻는 것이 더 낫습니다." 성인은 물론 얻기 어렵다. 몇천 년 역사에서 몇 명밖에 출현하지 않았다. 군자도 있기는 하지만 항상 얻을 수 있는 인재는 아니다. 그러나 사마광은 인재 등용 문제에서 만약 성인이나 군자를 선택할 수 없다면 재능은 뛰어나지만 덕성이 없는 사람을 등용하기보다 재능도 없고 덕성도 없는 우인을 등용하는 편이 더 낫다고 주장했다. 사마광의 관점을 오늘날의 안목으로 살펴보면 매우 기괴한 느낌이 든다. 그의 관점은 현대사회의 주류 사상과 아주 다르다. 오늘날 우리는 창조성과 진취성을 강조한다. 따라서 가장 먼저 사람의 재능을 중시한다. 사마광은 이와는 완전히 상반되게 재능이 결코 가장 중요한 자질이 아니라고 인식하고 있다. 사마광이 그렇게 인식하는 이유는 무엇일까? 사마광은 계속해서 다음과 같이 말했다. "재능을 가지고 선을 행하면 모든 선행을 다 성취할 수 있지만, 재능을 가지고 악을 행하면 모든 악행을 다 저지를 수 있습니다." 순요가 바로 이 같은 사람이 아니겠는가? 이에 사마광은 "재능이란 덕성의 도우미요, 덕성이란 재능의 통솔자다(才者, 德之資也, 德者, 才之帥也)"라는 구호를 제기했다. 재능은 아주 중요하다. 사람들은 재능에 의지하여 각양각색의 성취를 이뤄낼 수 있다. 그러나 재능을 정도(正道)에 올바로 쓰기 위해서는 덕성을 더욱 중시하여 덕성이 재능을 통솔하게 해야 한다. 재능이 덕성의 인도를 받으면 부정적인 역할이 아니라 아주 긍정적인 역할을 발휘할 수 있다.

사마광은 중국 고대의 전형적인 보수주의 사상가다. 보수주의의 가장 중요한 특징의 하나는 바로 어떤 문제를 고민할 때 먼저 그것이 사람들에게 얼마나 많은 혜택을 가져다줄지를 생각하는 게 아니라 그것이 사람들에게 얼마나 많은 손해를 야기할지를 고민한다는 점이다. 이러한 관점은 오늘날 사회와 전혀 어울리지 않는다. 오늘날 사람들은 진취적 사고에 더 익숙해서 어떤 방법을 쓸 때 그것이 우리에게 이익인가 아닌가를 먼저 따진다. 앞으로 닥쳐올 손해에 대해서는 그것이 눈앞에서 직접 드러나지 않는 한 보통 한곳으로 미뤄둔다. 인재 등용에서든 일처리에서든 거의 모두 그러하다. 그러나 기실 좀 더 냉정하게 생각하고 좀 더 안목을 장기적으로 넓히면 언뜻 보기에 고리타분하고 보수적인 사마광의 관점도 전혀 일리가 없다고 할 수 없다. 이런 관점은 재능을 더욱 중시하면서 모두들 목숨 걸고 전진하는 데 익숙한 현대사회에서 우리의 편향을 교정하는 효과를 발휘할 수 있을 것이다.

마지막으로 우리가 제가(齊家)의 시각으로 덕성과 재능의 관계를 살펴보면 지씨의 멸망이 우리에게 큰 교훈을 주는 사례로 작용함을 알 수 있다. 이른바 "옛날 제후에게는 나라(國)가 있었고, 경·대부에게는 가문(家)이 있었다"("古者諸侯有國, 卿大夫有家", 당唐 소단蘇端, 「사도 양관의 시호를 반박함駁司徒楊綰謚議」)라고 할 때의 '가(家)' 자에는 비교적 유구한 의미가 담겨 있다. 즉 이 '가' 자는 오로지 봉건 영주 시대의 귀족 가문 세력을 가리킨다. 지씨·조씨 등의 경·대부 가문이 바로 전형적인 의미의 '가'에 속하며, 이는 제후국 군주가 다스리는 '국'과 상대되는 개념이다. 시대의 발전에 따라 '가'의 개념은 점차 일상화되어 귀족 가문에서 평민 가정으로 그 대상이 전이되었다. 중국 고대의 상이한 시기에는 구체적 사회 환경이 어떻게 변화하든 상관없이 각종 대소 가문이 모두 자신의 연속성 유지나 연속성 확보에 주안점을 두고 가문의 명성과 영예를 향유하려 했다. 만약 가문의 연속성 및 그 명예 유지를 제가의 첫 번째 주요 업무로 간주한다면 자식 교육은 가문의 미래를 의미한다는 사실을 분명하게 인식해야 한다. 따라서 가문의 장문인을 어떻게 선택하느냐 문제가 바로 직접적으로 가문의 운명에 영향을 끼치게 된다. 따라서 우리는 자제 교육과 가풍(家風) 양성 과정에서 덕성과 재능을 어떻게 결합할 것인가의 문제를 깊이 고민해야 한다. 이것은 매우 중요하고 관건적인 문제다. 나는 지씨의 사례가 우리에게 이와 관련된 넉넉한 사유 공간을 제공해준다고 생각한다.

자식 교육

1. 역사가 아버지의 자식 교육

세상의 몇백 년 된 가문 중에 덕을 쌓지 않는 가문은 없고,
천하에서 첫 번째로 꼽아야 할 훌륭한 일은 여전히 독서다.

청(淸) 요문전(姚文田), 「서재에 붙인 대련(自題書房聯)」

반고(班固, 32~92)는 아들들을 교육하지 않아서 그들 대부분이 법도를 지
키지 않았고, 그 때문에 관리들이 그들을 괴롭게 여겼다. 당초에 낙양령
(洛陽令) 종긍(種兢)이 출행을 하려는데 반고의 노복이 수레를 침범했다.
관리들이 매질하며 호통을 치자 그 노예가 술에 취하여 욕설을 퍼부었다.
종긍은 몹시 화가 났지만 두헌(竇憲, ?~92)이 두려워 감히 일을 벌이지 못
하고 마음속에 원한을 품었다. 두헌의 빈객들이 모두 체포되어 심문을 당
하자 종긍은 그 기회를 빌려 반고를 잡아 가두었고 반고는 마침내 옥중에

서 죽었다. 당시 나이가 61세였다. 황제가 조서를 내려 종긍을 꾸짖고 그 일을 주관한 관리에게 죄를 물었다.　　　　　『후한서』「반고전(班固傳)」

─────────────✦─────────────

　사람들은 모두 사마천의 『사기』가 기전체(紀傳體) 역사서의 전통을 열었고 24사의 첫머리에 꼽힌다는 사실을 알고 있다. 그러나 기실 이런 역사서 집필 체제를 표준화하여 진정으로 후세 왕조의 역사 서술 모범을 만든 사람은 동한 초기의 역사학자 반고다. 반고는 『한서』를 썼다. 후대 역사학자들은 사마천과 반고의 장단점을 즐겨 비교한다. 이는 마치 후대의 시 비평가들이 이백(701~762)과 두보(712~770)의 우열 논쟁에 열중하는 것과 유사하다. 반고의 부친 반표(班彪, 3~54)는 『사기』 속편을 쓰기 시작했고, 나중에 반고가 부친이 완수하지 못한 사업을 계승했다. 반고가 역사서를 집필하자 어떤 사람이 그를 "사사롭게 국사를 고친다(私改國史)"는 명의로 고발했고, 반고는 쇠사슬에 묶여 감옥에 갇혔다. 하지만 당시 보위에 있던 동한 제2대 임금 명제(明帝, 28~75, 재위 57~75)가 반씨 부자의 역사서를 읽어보고 원고에 아무 문제가 없다고 인식했을 뿐 아니라 오히려 반고의 글재주에 탄복했다. 명제는 그를 난대영사(蘭臺令史)[1]에 임명하여 관방의 역사서 편찬에 참여하게 했다. 이후 반고는 업무와 생활이 모두 순조로웠고 아울러 동한 제4대 임금 화제(和帝, 79~105, 재위 88~105) 초기의 권력가이며 대장군인 두헌과도 좋은 관계를 맺게 되었다. 이로써 반고는 당시 정계에서 일정한 세력을 형성하게 되었다.

　그러나 반고는 후인들이 비판하는 바와 같이 아주 큰 결점이 있었다.

─────────────────────────

1　한나라 때 국가의 문서와 도서 보관 관청을 난대라 불렀다. 그곳의 책임자가 어사중승이었고, 그 아래에 난대영사를 두어 문서를 관리하고 국사를 편찬하게 했다.

그것은 바로 가정을 잘 다스리지 못했다는 점인데 특히 그는 아들들을 잘 교육하지 못했다. 반고는 자식 교육에 게을렀으므로 당연히 가풍을 바로잡는 데도 힘을 다하지 못했다. 이 때문에 자식들이 반고의 세력을 믿고 악행을 일삼았고 또 집안 노복들도 밖에서 온갖 폭행을 저질렀다. 한번은 반고의 집 노복 하나가 술에 만취하여 낙양령(당시 동한 수도 낙양의 정무와 치안을 담당하는 관리)의 수레에 부딪쳤다. 낙양령의 부하들이 호통을 치며 주의를 주었지만 그 노복은 뜻밖에도 낙양령을 향해 욕설을 퍼부었다. 이는 사회 등급을 엄격하게 따지던 당시에 엄금하던 하극상의 사건이다. 게다가 낙양령이란 벼슬은 결

중국 후한 초기의 역사가이자 문학가 반고(32~92) | 아버지 표(彪)의 유지를 받아 『한서』를 편찬해 기전체 역사 서술의 모범을 만든 역사가다. 하지만 자식 교육과 제가에는 실패하여, 법도를 지키지 않는 아들들과 함부로 처신하는 집안 노복들의 행위는 당시 관청과 백성에게 매우 좋지 않은 인상을 남겼다. 이는 결국 반고 본인에게 커다란 재난을 안겨줬다. 그림은 청 대(淸代) 화가 상관주(上官周, 1665~?)의 인물화집 『만소당죽장화전(晚笑堂竹莊畫傳)』 속 반고상(像)이다.

코 낮은 신분과 지위가 아니다. 그런데 어찌 감히 일개 노복이 마음대로 욕설을 퍼부을 수 있단 말인가? 당시 낙양령은 종긍이었고 그는 계산에 밝은 사람이었다. 그는 욕설을 퍼부은 자가 반고 집안의 노복임을 알았기에 그들 세력의 압력이 두려워 즉시 사건을 확장하지 않았다. 그는 은인자중하며 훗날을 기약했다.

나중에 대장군 두헌이 권력투쟁 과정에서 피살되자 두헌과 밀접하게 왕래하던 사람들 모두가 심한 타격을 받았다. 반고도 이로 인해 자신이

의지하던 산을 잃었다. 두헌은 두태후(竇太后, ?~97)의 오빠여서 당시에 지위와 권력이 막중한 두씨 가문을 공격하는 일은 화제가 직접 결정한 바에 따랐다. 반고는 두헌과 관계가 좋았고 또 두헌의 공덕을 칭송하는 글도 지은 적이 있다. 그러나 아마도 그는 일개 문인에 불과했기 때문에 화제의 살생부 명단에는 들어가지 않았다. 하지만 반고도 이 재난을 피해갈 수는 없었다. 당시에 그를 괴롭힌 사람은 바로 낙양령 종긍이었다. 종긍은 이 기회를 이용해 지난날 반씨 가문 노복에게 당한 치욕을 씻으려 했다. 두헌의 파당이 체포되는 기회를 틈타 종긍은 반고도 감옥에 가뒀다. 황제의 구체적 체포 기준을 잘 모르는 일반인들은 종긍이 반고를 체포하는 행위에 대해 결코 의심을 품지 않았다. 당시 61세였던 반고는 이 일로 감옥에서 사망했다. 화제가 이 일을 알고 추가 조사를 하자 종긍은 그 사건 담당 관리를 잡아서 죄를 뒤집어씌웠다.

고대 역사를 살펴보면 수많은 명인들의 사인(死因)이 비밀에 싸여 있다. 예컨대 동한 말기의 명사 채옹(蔡邕, 133~192)의 경우가 그러한데, 그는 바로 채문희(蔡文姬)의 부친으로 동탁(董卓, ?~192)이 피살되었다는 소식을 듣고 한숨을 쉬었기 때문에 동탁의 파당으로 간주되어 옥중에서 억울하게 죽었다. 반고의 경우도 대개 이와 같은 사례로 간주할 수 있다. 그러나 우리는 무슨 근본 원인이나 심층 원인을 분석하지 않고도 반고가 그런 재난을 당한 직접적 원인이 바로 그가 집안을 제대로 다스리지 못한 일과 관계가 있음을 분명하게 알 수 있다.

이 일화를 읽고 후인들은 물론 음험하게 보복에 나선 낙양령 종긍의 잘못을 질책할 수도 있다. 그러나 모든 일은 인과 관계가 있는 법이다. 종긍이 그렇게 행동한 데에는 원인이 있다. 서한 후기에서 동한으로 넘어가는 과도기에 수많은 가문이 자식 교육의 질을 높임으로써 가문의 명예를 계속 유지하려고 시도했다. 동한 중후기의 명문 세가는 거의 모두

가 문화적 소양이 높은 가문이기도 했다. 반씨 가문도 바로 문화 교육에 의지하여 성공한 전형적인 사례에 속한다. 반고의 조상은 목축업으로 가문을 일으켜 경제적 역량을 갖춘 후 자식들을 교육해 문화 활동에 종사하도록 지원했다. 몇 세대에 걸친 노력이 축적되고서야 그들은 문화적 영향력을 갖춘 반씨 가문으로 그 모습을 드러냈다.(반고의 왕고모가 바로 한 성제成帝의 총비 반첩여班婕妤다. 반씨 가문의 자식 중에는 서한 후기 궁궐 장서 정리에 참여한 사람이 있고, 또 반첩여 덕분에 궁궐 장서 전체 부본副本을 하사받는 은총을 받기도 했다. 이 때문에 반씨 가문은 명성을 크게 떨쳤다. 이런 환경은 반표와 반고 부자가 『사기』 속편을 쓰는 기본 조건으로 작용했을뿐더러 서한 말기에 양웅揚雄과 같은 명유名儒들이 반씨 가문으로 와서 독서하도록 유인 작용을 했다. 이 같은 상황으로 말미암아 반씨 가문은 한나라 시대에 거의 문화 활동 센터 역할을 담당했다.) 이러한 가문 출신의 반고가 표면적 권세에 탐닉하며 결국 교육이 가문의 바탕이라는 사실을 망각한 것은 진정 자신의 근본을 망각했다고 할 만하다. 자식 교육을 중시하지 않은 탓에, 법도를 지키지 않는 반고 아들들의 행위는 당시 관청과 백성에게 매우 좋지 않은 인상을 남겼다. 게다가 가풍이 엄숙하지 않으니 집안 노복들조차도 밖에 나가 함부로 처신했다. 이는 결국 반고 본인에게 커다란 재난을 안겨줬다. 따라서 비록 동정받을 만한 점은 있지만 이 모든 원인은 반고 자신이 제가에 실패함으로써 야기된 일이라 하지 않을 수 없다.

2. 재상 아버지의 자식 교육

———— ✿ ————

황문감(黃門監)[1] 위지고(魏知古, 647~715)는 본래 말단 관리 출신이었는데, 요숭(姚崇, 651~721)의 추천으로 함께 재상직에까지 이르렀다. 요숭은 마음속으로 그를 가볍게 여기고 그에게 이부상서 일을 맡아 동도 낙양으로 가서 관리 선발 업무를 담당해달라고 요청한 후 이부상서 송경(宋璟, 663~737)에게는 문하성(門下省)으로 가서 잠시 일을 처리해달라고 했다. 위지고는 이 일로 불만을 품었다. 당시 요숭의 두 아들이 동도에 설치된 중앙 관청 분소(分所)에서 재직하고 있다가 자신들의 부친이 위지고에게 덕을 베푼 사실을 알고 자못 권세를 부리며 일을 청탁했다. 위지고는 장안으로 돌아와 모든 사실을 당 현종에게 알렸다. 며칠 후 현종이 조용하게 요숭에게 물었다. "경의 아들은 재능과 품성이 어떠하오? 지금 무슨 관직을 맡고 있소?" 요숭은 현종의 의도를 짐작하고 대답했다. "신에게는 아들 셋이 있는데 그중 둘이 동도에 있습니다. 위인이 욕심이 많고 신중하지 못하므로 틀림없이 무슨 일을 위지고에게 청탁했을 것입니다. 신은 그것까지는 아직 물어보지 못했습니다." 현종은 처음에 요숭이 틀림없이 자신의 아들을 위해 일을 숨길 것이라 생각했는데 요숭이 사실대로 아뢰는 말을 듣고 기뻐서 물었다. "경은 어떻게 그 사실을 알았소?" 요숭이 대답했다. "위지고가 벼슬이 미천할 때 신이 그를 품어주고 도와줬습니다. 신의 자식은 우둔하여 위지고가 틀림없이 신의 덕에 감사하고 자신의 비리를 용납

———

1 당 현종 개원 원년(713)에 문하성의 이름을 바꿔 황문성(黃門省)이라 했고, 문하성의 장관 시중을 황문감이라 했다. 개원 5년(717)에 본래 명칭으로 환원했다. 황제의 명령을 출납하고 백관을 총괄하는 관직이다.

해줄 거라 생각하여 감히 청탁을 했을 것입니다." 현종은 이에 요숭을 사사로움이 없는 사람으로 생각했으며, 위지고는 요숭을 배반한 하찮은 인물로 여기고 그를 내치려고 했다. 그러자 요숭이 간청했다. "신의 자식 놈이 추태를 부리며 폐하의 법을 어겼는데도 폐하께서 그 죄를 용서해주시니 이는 이미 은혜를 받은 것입니다. 만약 신 때문에 위지고를 쫓아낸다면 천하 사람들은 틀림없이 폐하께서 신에게 사사로운 총애를 베푼다고 여길 것입니다. 이는 폐하의 성스러운 정치에 누를 끼치는 일입니다." 현종은 오래 생각하다가 요숭의 요청을 허락했다. 신해일(辛亥日)에 위지고의 재상직을 파면하고 공부상서로 삼았다.　　　　　　　　　　　『자치통감』 권211

요숭의 아들 광록소경(光祿少卿)[2] 요이(姚彝, ?~716)와 종정소경(宗正少卿)[3] 요이(姚異, 682~734)는 빈객들과 두루 사귀며 꽤 많은 뇌물을 수뢰하여 당시 사람들에게 비난을 받았다. 또 주서(主書)[4] 조회(趙誨)는 요숭에게 신임을 받았고, 호인(胡人)들의 뇌물을 받아먹다가 일이 발각되었다. 현종이 친히 국문하고 하옥하여 사형에 처해지게 되었다. 요숭이 다시 조회를 구하려 하자 현종이 이 때문에 불쾌하게 생각했다. 마침 도성 장안에 특별 사면을 내리게 되어 칙서에 특별히 조회의 이름을 표시하고 곤장 100대를 친 후 영남으로 유배 보내라고 했다. 요숭은 이때부터 두려움에 떨며 자주 재상 지위에서 물러나겠다고 청했다. 그리고 광주도독(廣州都督) 송경을 추천하여 자신의 자리를 대신하게 했다.　　　　　　　　『자치통감』 권211

2　조정의 연회에 관련된 사무를 담당하는 광록시(光祿寺)의 부장관. 장관은 광록시경(光祿寺卿)이다.
3　황실 종친과 외척의 족보 및 황실 능묘를 관리하는 종정시(宗正寺)의 부장관. 장관은 종정시경(宗正寺卿)이다.
4　중서성에 소속된 문서 담당 관리.

인류 역사상 아들이 아버지를 매장하는 이야기는 끝도 없이 이어져왔고 명사들도 그런 경향에서 벗어나지 못했다. 이제 또 당 현종 초기의 명재상 요숭이 자신의 아들을 잘 가르치지 못한 이야기를 소개하고자 한다. 당 현종은 재위 40여 년 동안 많은 재상을 임용했다. 그중에서 능력이나 실적 등의 시각으로 비교해보면 요숭이 가장 높은 평가를 받는 사람 가운데 하나다. 그는 또 다른 명재상 송경과 함께 흔히 '요·송(姚·宋)'으로 병칭된다. 이 두 사람은 당 현종을 보좌하여 '개원성세(開元盛世)'를 연 중요한 인물로 인정된다. 역사적 평가를 살펴보면 일반적으로 요숭이 일처리 능력에서 송경보다 더욱 뛰어난 사람으로 판단된다. 그러나 요숭의 단점이면서 남에게 비난받는 한 가지 문제가 있었다. 그것은 바로 요숭에게 자제할 줄 모르는 두 아들이 있었다는 사실이다.

　당시 재상 대열에는 위지고라는 사람이 있었다. 말단 관리 출신으로 요숭의 인정과 추천을 받아 재상의 자리에까지 올랐다. 이러한 관계로 요숭은 위지고를 평등하게 대하지 않고 좀 경시했다. 나중에 위지고는 요숭에게 떠밀려 동도 낙양에서 인재를 선발하는 책임을 맡게 되었다. 낮은 직급의 잡무 처리로 배척된 위지고는 당연히 불쾌했다. 그때 마침 요숭의 두 아들이 낙양에서 관리 생활을 하고 있었다. 그들은 위지고와 요숭 사이에 미묘한 변화가 발생했다는 사실을 모른 채, 승진을 노리거나 공명을 얻으려는 사람들에게서 뇌물을 받고 위지고를 찾아가서 이들을 좀 잘 봐달라고 부탁했다. 그러나 어찌 알았으리요? 위지고가 이 같은 상황을 모두 기록하여 장안으로 귀환한 후 둘의 불법행위를 일일이 현종에게 보고할 줄이야.

　현종은 상황을 파악한 후 요숭과 한담을 나누면서 스쳐가는 말처럼 요숭의 아들의 형편이 어떤지, 무슨 관직에 있는지 물었다. 요숭은 매우 총명한 사람이라 황제가 뜬금없이 자신의 아들에 대해 묻자 틀림없이 두 녀석이 일을 저지른 줄 짐작했다. 위지고도 마침 얼마 전에 낙양에서 돌아오지 않았던가? 이런 상황에 근거하여 요숭은 마음속으로 사태의 8~9할을 이미 충분히 예상할 수 있었다. 그래서 요숭은 현종에게 자신의 두 아들이 낙양에 있는데 탐욕이 심하고 신중하지 못하여 틀림없이 위지고에게 불법 청탁을 했을 것이라고 고백했다.

요숭의 대답을 듣고 나서 현종은 의외라고 생각했다. 현종은 요숭이 자기 아들을 위해 일을 숨길 것이라 생각했기 때문이다. 요숭의 말에 현종은 오히려 위지고가 은인을 배반했다 생각하고 그를 배척하려 했다. 그러자 요숭은 만약 그렇게 하면 폐하께서 신에게 사사로운 은총을 내리시는 것이므로 폐하의 명성을 해칠 수 있다고 대답했다. 현종은 오랫동안 고민하다가 요숭의 의견을 받아들였으나 나중에 위지고를 공부상서로 좌천시켰다. 현종은 요숭을 공평무사한 사람이라 여겼지만 결국 요숭의 고단수 은폐 술책에 넘어갔다고 할 수 있다.

요숭과 현종의 대화를 통해 우리는 요숭이 자신의 두 아들에 대해 아주 잘 알고 있고 또 두 아들이 매우 불초하다는 사실도 깊이 인식하고 있었음을 알 수 있다. 요숭은 현종이 자기 아들에 대해 묻자 노련하게도 일부러 그들의 불초함을 드러내는 방식을 써서 겉으로 자신이 성실하고 솔직한 것처럼 꾸몄다. 그러나 기실 그는 절묘한 계책을 숨기고 현종의 동정심을 끌어냈을 뿐 아니라 위지고를 재상에서 축출하는 조치까지 유도했다. 위지고의 행위에는 분명 은인에게 죄를 뒤집어씌우는 소인배의 형상이 드러나 있다. 그러나 그것 때문에 요숭의 잘못된 자식 교육이 가려지지는 않는다. 만약 요숭이 현종의 면전에서 한 말이 목전의 위기를 임기응변으로 벗어나기 위한 방책이었다면, 요숭은 그 이후로는 자식 교육에 마음을 기울이고 가풍을 정돈해야 했다. 이것이 이른바 소 잃고 외양간을 고쳐도 늦은 것이 아니라는 속담의 의미다. 애석한 것은 요숭이 이후에도 자식 교육과 가풍 정돈에 그리 큰 힘을 쏟지 않았다는 점이다. 그래서 『자치통감』에는 이 이후에도 위 일화의 후속편이 계속 실려 있다.

『자치통감』에서 두 번째로 요숭의 불초한 아들을 언급할 때는 직접 그 이름을 거명하고 있다. 즉 요숭의 맏아들 이름은 요이(姚彝)이고, 둘째 아들 이름은 요이(姚異)이다. 둘은 널리 빈객들과 교유하면서 계속 뇌물을 받다가 당시 여론의 비난을 받았다. 게다가 요숭이 신임하는 부하 조회도 뇌물을 받다가 일이 발각되어 현종의 친국을 당하고 사형선고를 받았다. 요숭은 조회를 구명하기 위해 힘을 쓰게 되고 현종은 그의 이런 태도를 매우 불쾌해했다. 당 현종은 총명한 황제라 한 번은 속았지만 절대 두 번은 속지 않았다. 그리고 현종은 요숭의 두 아들이 저지른 범법 행위에 대해서도 틀림없이 소문을 들었을 것이다. 또 현종은 앞서 요숭의 노련한 수법에 속아 위지고를 처리한 일도 다시 생각하게 되었을 것이다. 이에 요숭이 조회를 구명하려고 했을 때 현종은 이번 기회를 빌려 요숭에게 반격을 가하기로 결정했다.

현종은 뒤이어 특별사면 기회를 이용했다. 관례에 따르면 중대한 대역 범죄에 속하지 않는 죄인은 모두 황제가 사면할 수 있었다. 현종은 특별히 조칙을 내려 조회라는 인물을 거명하며 구체적인 형벌을 정했다. 즉 현종의 지시에 따라 조회는 사형을 면했지만 곤장 100대를 맞고 영남 땅으로 유배를 가야 했다. 이 같은 거명 처벌을 통해 현종은 모든 신민들 앞에서 요숭에게 통쾌한 반격을 가했다. 요숭이 '개원 융성기'를 촉진하여 그의 명성이 천하에 진동하자, 세상 사람도 모두 그의 풍채를 우러러보았다. 그러나 자신의 부하가 권력을 남용하여 뇌물을 받은 일로 이처럼 난감한 경우를 당하자 요숭의 명성은 땅에 떨어지고 말았다. 이 일화를 통해 우리는 집안 다스림과 자식 교육 그리고 가문의 절제력 문제를 다시 한 번 돌아보지 않을 수 없다.

요숭에게는 모두 세 아들이 있었다. 그중 막내아들 요혁(姚奕)만이 수신에 힘써서 일처리가 비교적 신중했다. 그는 나중에 예부시랑(禮部侍郎), 상서우승(尚書右丞) 등 고위 관직을 역임했다. 속담에 이르기를 "용이 새끼 아홉을 낳아도, 그 모양이 모두 다르다(龍生九子, 子子不同)"라고 했고, 또 "한 어머니의 자식이라도 모두 현명한 건 아니다(一母之子, 不必皆賢)"라고 했다. 그러나 요숭은 세 아들 중 둘을 제대로 교육하지 못했으므로 실패율이 비교적 높다고 할 수 있다. 게다가 또 자신의 심복 조회가 저지른 일에서도 드러나듯 요숭은 자식과 주변 인물을 단속하지 못했을 뿐 아니라 오히려 일관되게 그들의 단점을 옹호하는 모습을 보여줬다. 이러한 단점 옹호 행위는 그의 자식과 부하의 오만과 불법을 조장하는 결과를 빚었다. 이는 결국 요숭 자신의 명망과 가문의 운명에 나쁜 영향을 끼쳤다. 조회가 현종에 의해 거명 처벌을 받은 후 요숭도 부끄러움을 느끼고 재상직을 사임했다. 요숭은 임종 전에 자손들을 경계하는 유서 한 통을 남겼다. 그 대의는 재산 축적에 연연하지 말고 품성의 향상을 추구하라는 것이다. 이 유서에는 대체로 자식 교육에 실패한 요숭의 회한이 담겨 있다. 그러나 그는 생전에 자기 스스로의 언행을 통해 성실하게 자식을 가르치며 가풍을 바로잡지 못하고, 가풍 교정의 희망을 얇은 유서 한 장에 기탁했으니, 이는 분명 실현할 수 없는 희망에 불과했다. 요씨 자식의 교만하고 법을 무시하는 가풍은 그의 두 아들에게서 더욱 조장된 후 그의 가문에 더욱 커다란 액운을 가져다줬다. 요숭의 자식 중에서 유일하게 신중한 인품을 지닌 막내아들 요혁도 그런 불량한 가풍에 연루되어 결국 앞길이 막히고 말았다.

요혁은 언급한 바와 같이 개원 말기에 예부시랑과 상서우승을 역임했다. 요즘으로 치면 차관급 고위 관직에 오른 것이다. 현종은 사람을 보는 눈이 있고 정이 많은 사람이라 요숭에 대해서도 다소 좋지 않은 관점이 있었지만 요숭의 공적 전부를 말살하지는 않았다. 요혁이 만약 자신의 직위에 맞게 장차 훌륭한 실적을 낸다면 재상의 자식으로서 그의 앞길도 무궁하게 발전할 가능성이 있었다. 그러나 나중에 발생한 한 가지 사건으로 인해 요혁의 벼슬길은 중도에서 끝나고 말았다. 그 일의 발생은 전혀 요혁의 잘못이 아니었다. 그것은 그의 형과 마찬가지로 사고를 일으키기 좋아하는 조카 때문에 일어난 사건이었다. 요혁의 큰형 요이의 아들 요굉(姚閎, ?~742)은 우재상 우선객(牛仙客, 675~742) 휘하에서 일을 하고 있었다. 나중에 우선객이 병이 위중하여 은퇴하자 요굉은 우선객을 졸라 유표(遺表: 유언으로 임금에게 올리는 상소문)를 올려 자신의 숙부 요혁을 우재상으로 추천해달라고 요구했다. 이 일은 우선객의 아내에 의해 관청에 고발되었다. 현종은 소식을 들은 후 진노하여 요굉을 사형에 처했다. 요혁도 이 일에 연루되어 지방의 태수직으로 폄적되었다. 현재 인터넷에서 유행하는 용어로 말하자면 이는 "신과 같은 적수를 두려워하지 말고 돼지 같은 동료를 두려워하라(不怕神一樣的對手, 就怕豬一樣的隊友)"는 경우에 해당한다. 요혁은 바로 이처럼 멍청한 조카 때문에 피해를 당하고 말았다.

본래 요혁은 성실하게 일을 하여 훌륭한 성과를 내는 사람이었으므로 점차 경력이 쌓이면 재상직에 임명될 가능성이 많았다. 그렇게 되면 적어도 세상 사람들에게 요숭의 자식 교육이 완전히 실패하지 않았음을 증명할 수도 있었다. 그러나 요굉의 철없는 행동으로 모든 것이 망가지고 말았다. 떠벌리기 좋아하고 분수를 모르는 요굉의 성격은 아마도 그의 부친에게서 물려받은 듯하지만 그 정도가 훨씬 심했다. 어쩌면 요굉은 성장 과정에서 절제와 단속이 무엇인지 전혀 몰랐을 것이다. 이 때문에 그는 대담하게도 병세는 위중하지만 여전히 재상직에 있는 우선객을 압박하고 위협했다. 요이와 요굉 부자가 범한 잘못으로 요숭이 생전에 그들에게 실시한 교육과 제가는 실패로 귀결되었다. 이것이 요숭의 가문이 먼 후대까지 발전하지 못한 중요한 원인이다. 요숭과 동시대 재상 중에 노회신(盧懷愼, ?~716)과 장가정이란 사람이 있다. 두 사람의 능력과 업적은 요숭에 훨씬 못 미친다. 그러나 그들은 가정 다스림에 엄격하고 자신의 몸으로 직접 가르침을 실천한 공통점이 있다. 따라서 노씨와 장씨 두 가문의 자손은 모두 다시 재상직에 올라 가문의 번영을 이어갈 수 있었다. 요숭의 자손 중에서 당나라 중후기 역사에 언급되는 사람은 거의 드물다. 오직 요숭의 종증손자(從曾孫子) 요합(姚合, 779?~846)이 급사중(給事中: 재상 의결 기구의 관리로 정오품에 속한다)으로 벼슬을 마쳤지만 그는 요숭의 직계 후손이 아니다. 노회신과 장가정이 가문을 다스리고 자식을 교육한 사적에 대해서는 아래의 「검약의 습관」 장에서 상세하게 소개하겠다.

3. 화와 복은 서로 의지한다

―――――― ✿ ――――――

남조 송나라 무제(武帝) 유유(劉裕, 363~422)가 아직 동진의 송공(宋公)으로 있을 때, 사첨(謝瞻, 385~421)은 송의 중서시랑이었고 그 아우 사회(謝晦, 390~426)는 우위장군(右衛將軍)[1]이었다. 당시에 사회는 권세와 지위가 이미 대단하여 팽성에서 도성으로 돌아와 일가친척을 영접할 때 빈객들의 수레가 폭주하여 대문과 골목이 미어터질 지경이었다. 사첨은 집에 있다가 깜짝 놀라 사회에게 말했다. "네 명성과 지위가 높지 않은데도 사람들이 이처럼 네게 귀의하는구나. 우리 집은 평소에 고요하게 양보하는 걸 가업으로 삼아 세상일에 간여하려 하지 않았고 교유도 친척과 친구 범위를 넘지 않았다. 그런데 너는 마침내 권세로 조야(朝野)를 뒤흔들고 있으니 이 어찌 우리 가문의 복이겠느냐?" 이에 바자울로 대문과 뜰을 가로막고 말했다. "나는 차마 이런 꼴을 보지 못하겠다." 그리고 마침 팽성으로 돌아가는 길에 송공에게 말했다. "신은 본래 한미한 선비로 부친과 조부의 녹봉은 2,000석(石)을 넘지 않았습니다. 제 아우는 이제 막 서른이 되었고 그 뜻과 재능은 평범합니다. 그런데도 송부(宋府)에서 영광스러운 관직을 맡아 중요하고 은밀한 일까지 처리하고 있습니다. **복이 지나치면 재난이 생긴다**는데 그 징험이 멀지 않은 듯합니다. 특별히 바라옵건대 신의 아우를 강등하시어 쇠약한 가문을 보존해주시옵소서." 사첨이 이 시기를 전후하여 여러 차례 아뢰었다. 사회는 더러 조정의 기밀을 형 사첨에게 이야기했고, 사첨은 고의로 친척과 친구들에게 모두 발설하여 웃음거리로 삼아

―――――――――――――

1 궁궐을 호위하는 금군의 무장.

그의 발언을 막았다. 송 무제가 즉위하자 사회는 좌명공신(佐命功臣)이 되어 그 지위와 임무가 더욱 높아졌고 사첨은 더욱 두려워했다. 이해에 사첨은 예장태수(豫章太守)가 되었다가 병에 걸려 치료하지 못했다. 그는 임종을 맞아 아우 사회에게 유서를 남겼다. "나는 다행히 몸을 온전히 보존할 수 있었으니 어찌 여한이 있으랴? 아우는 스스로 부지런히 노력하여 나라와 가문을 위해 일할 생각을 하라."

『자치통감』 권119

이 대목에서는 부형의 입장에서 가풍 정돈과 자식 교육의 필요성을 의식했지만 시기가 이미 늦어버린 역사적 사례를 이야기하고자 한다. 이를 통해 제가를 일찍 시작해야 하고 자식 교육을 소홀히 해서는 안 된다는 이치를 밝힐 것이다.

동진 말기에서 송 초기까지의 역사 무대에 사회라는 중요한 인물이 등장했다. 그는 남조 역사의 창시자 유유 측근 중에서 젊고 능력 있는 보좌관이었다. 동진과 남조의 사씨(謝氏) 가문은 '왕씨(王氏)와 사마씨(司馬氏)가 천하를 공유했다(王與馬共天下)'고 할 때의 왕씨와 유일하게 어깨를 겨룰 만한 명문대가였다. 사회는 사씨 가문에서도 뛰어난 인물이었다. 당나라 유우석(劉禹錫, 772~842)도 다음과 같은 유명한 시구를 지었다. "지난날 왕씨와 사씨 저택 앞 제비가, 보통 백성의 집으로도 휘날아 들어오네(昔日王謝堂前燕, 飛入尋常百姓家)." 여기에 나오는 왕씨와 사씨가 바로 동진과 남조의 양대 문벌 낭야(瑯琊: 지금의 산둥 성 남동쪽)왕씨와 동군(東郡: 지금의 허난 성 동북부 및 산둥성 서쪽 일대)사씨다. 유우석의 이 시는 제목이 「오의항(烏衣巷)」이다. 오의항은 지금의 친화이허(秦淮河) 강 남쪽 연안이다. 그곳은 당년의 건강(建康: 지금의 장쑤 성 난징南京) 성안의 작은 골목인데 일찍이 왕씨와 사씨의 저택이 이곳에 있었다. 사회의 증조부 사거(謝據, 304~327)는 바로 동진의 명재상 사안(謝安, 320~385)의 둘째 형이다. 역사는 사회에게 좋은 기회를 부여하여 유유의 송나라 창업을 돕고 당시 정치 무대의 스타가 되게 했다.

사회는 젊어서 유유의 막부로 들어갔고 명철하고 뛰어난 능력을 인정받아 유유의 심복이 되었다. 유유가 후진(後秦)을 정벌하고 정적을 제거한 여러 차례 전투에는 언제나 사회가 그림자처럼 그 곁을 지켰다. 마지막에 유유는 동진을 대신하여 황제를 칭하고 남조를 열었다. 선양(禪讓)이 이뤄지는 날 사회가 유유의 경호를 맡았다. 유유는 이렇게 중요한 날 가장 중요한 임무를 사회에게 맡겼다. 이를 보더라도 유유의 마음속에 사회가 차지하는 위치가 어느 정도였는지 짐작할 수 있다. 이후 유유는 또 궁궐 보위의 중임을 사회에게 맡겼다. 422년 유유가 생명을 마감하려 할 때 태자는 아직 나이가 어렸다. 유유는 임종을 맞아 어린 태자의 보위를 대신들에게 부탁했는데, 사회도 네 고명대신 중 한 사람이었다. 그해 사회의 나이는 겨우 33세였다.

'회(晦)'란 글자는 자취를 감추고 숨는다는 뜻을 갖고 있다. 예컨대 지금 우리가 자주 쓰는 고사성어 '도광양회(韜光養晦: 빛을 숨기고 어둠 속에서 실력을 기른다)'의 회에도 바로 이런 뜻이 들어 있다. 그러나 사회의 성격은 그의 이름과 전혀 부합하지 않았다. 재능으로 말하자면 사회에게는 분명 보통 사람이 도저히 미칠 수 없는 점이 있었다. 예컨대 한번은 유유가 옥사를 심사하게 되었는데 형옥관(刑獄官)이 마침 그날 병이 났다. 이에 임시로 사회를 파견하여 유관 업무를 처리하게 했다. 사회는 이전에 그 일을 전혀 접한 적이 없었고 단지 가는 길에 사건 기록 문서를 훑어보았을 뿐이었다. 그러나 도착한 후 그는 각 안건을 아주 타당하게 처리해서 큰 논란을 일으키지 않았다. 또 예를 들면, 동진 시기 이래로 북방의 한족 귀족들이 끊임없이 남방으로 망명하여 근거지를 마련하고 토지를 점유하면서 납세 호구를 은폐하는 경우가 생겼다. 남방의 황제는 한편으로 이런 명문대가의 지지가 필요해서 그들을 위해 남방에 '교군(僑郡)'을 설치해주고 그들이 점령한 토지를 합법화시켰다. 그러나 다른 한편으로 이들 가문은 본래 국가에 세금을 내고 병역에 복무해야 하는 사람들을 빼돌리고 비호했다. 이와 같은 행위로 인해 국가의 재정 수입과 병력 조달은 심각한 피해를 입게 되었다. 이 때문에 동진과 남조 송나라 시기에 몇 차례 '토단(土斷)' 정책을 추진한 적이 있는데, 이는 인구를 정돈하고 호적을 정리하는 업무였다. 유유는 바로 동진 말년에 추진한 토단 정책의 발기자 겸 주관자였다. 유유는 사회를 파견하여 몇몇 험악한 지역의 여러 문제를 처리하게 했다. 놀랍게도 사회는 문제를 모두 순조롭게 처리했다. 사회가 토지와 인구 문제를 처리하자 모두들 공평하게 생각하고 그의 조치를 수용했다. 이 사례들은 모두 매우 출중한 사회의 능력을 보여주고 있다. 그러나 사회에게는 아주 큰 결점 하나가 있었다. 그것은 바로 일처리를 일관되게 크게 떠벌린다는 점이었다. 권세가 극성해진 이후에는 더더욱 자신을 절제할 줄 몰랐다. 이는 아마도 그가 어린 시절부터 출세의 가도를 달린 점과 관련이 있을 것이다. 그의 이러한 성격 특징은 그 자신을 참화로 몰아넣었다.

유유가 세상을 떠난 이후 보위를 이은 소제(少帝) 유의부(劉義符, 406~424)는 황음무도(荒淫無道)하여 사회와 다른 고명대신 서선지(徐羨之, ?~426)와 부량(傅亮, 374~426)의 불만을 야기했다. 이에 세 사람은 손을 잡고 소제를 폐위했다. 또 후환을 남기지 않기 위해 그들은 사람을 보내 소제를 암살했다. 그들이 새로 옹립한 황제는 유유의 또 다른 아들인 송 문제(文帝) 유의륭(劉義隆, 407~453, 재위 424~453)이었는데, 그는 남조 역사에서 비교적 유명한 황제에 속한다. 나이가 어린 송 문제는 정치적인 면에서 일찍부터 지혜로웠다. 문제가 즉위 후 느낀 첫 번째 감각은 기쁨에 겨워 사회 등의 은덕에 감사하는 마음이 아니라 자신의 내면 깊은 곳에서 피어오르는 공포감이었다. 감히 황제를 폐위하고 시해하는 강력한 신하를 마주하고 이 어린 황제는 어떻게 안정을 찾았을까? 중요한 점은 이와 동시에 사회 등도 더욱 견고하게 정권을 장악하고 어린 황제를 통제하기 위해 더 진전된 조치를 취했다는 것이다. 그들이 취한 첫 번째 중요한 조치는 사회로 하여금 당시 수도 건강을 떠나 정예병을 이끌고 장강 중류 형주 지역으로 가서, 군사상·교통상의 우세를 이용하여 장강 하류에 위치한 건강을 위협하게 한 일이었다. 그리고 서선지와 부량 두 사람은 건강에서 중앙 정권을 단단하게 틀어쥔 채 사회와 안팎으로 호응하려 했다.

오래지 않아 송 문제는 이들 몇 명의 고명대신 사이에 틈이 있다는 사실을 민감하게 알아챘다. 당초에 그의 부친 무제가 어린 아들을 부탁한 고명대신에는 사회, 서선지, 부량 외에도 단도제(檀道濟, ?~436)란 노장도 있었다. 단도제는 네 고명대신 중에서도 군사적 기반이 가장 튼튼하고 또 전투에도 가장 뛰어난 장수였다. 송 문제는 그들을 이간하기 위한 수단으로 단도제를 끌어들이고 그의 손을 빌려 무력으로 사회 등을 처리하려 했다. 대책을 마련한 후 문제는 서선지와 부량을 체포하고 단도제에게 명하여 사회를 토벌하게 했다. 그런데 사회 편에 서 있던 장졸들은 조정에서 임명한 대장이 단도제란 소식을 듣고 싸우지도 않고 저절로 무너졌다. 결국 사회는 전투에 패하여 포로가 되었고 건강으로 압송되어 참수형에 처해졌다. 당시 그의 나이 37세였다. 사회는 37년 짧은 일생 동안 옛 황제를 보좌했고, 어린 황제를 시해했으며, 새로운 황제를 옹립했다. 참으로 파란만장한 삶이라 할 만했다. 그러나 그는 자신의 정치생애가 거의 정점에 도달함과 동시에 목이 잘리는 참형을 당했다. 사회의 죽음은 물론 잔혹한 정치투쟁과 관련이 있지만 나는 그 원인이 그의 처세 철학에 깊이 뿌리박고 있다고 생각한다.

사회가 정치적으로 실패하기 전『자치통감』권119에는 사회의 형 사첨의 죽음이 기록되어 있다. 사첨의 죽음은 전혀 특별하지 않다. 그는 자신의 집에서 정상적으로 죽었다. 또 관직이 겨우 예장태수였기 때문에『자치통감』에서 반드시 그의 생사를 언급해야 할 까닭도 없다. 나는『자치통감』에서 사첨의 죽음을 기록한 까닭이 사첨이 임종 전에 아우 사회에게 남긴 가르침을 강조하기 위해서라고 생각한다.

사첨의 아우는 어려서 뜻을 얻어 조야를 뒤흔드는 권력을 잡았다. 형으로서 사첨은 이러한 상황에 전혀 기뻐하지 않고 오히려 두려운 마음을 품었다. 아우를 방문하러 온 고관대작의 수레가 문 앞을 메우자 세사에 통달한 사첨은 영화 뒤의 위기를 예측했다. 젊은 사회가 의지할 수 있는 최대 자산은 바로 무제 유유의 신임이었다. 당시 나이도 많고 지위도 높았던 귀족들은 유유의 권세에 위협을 느끼고 그의 심복인 젊은 사회에게 고개를 숙이고 아첨하지 않을 수 없었다. 그때 그들의 속마음이 어떠했겠는가? 나이도 젊고 기세도 왕성했으며 득의만만했던 사첨은 아마도 그들의 마음을 짐작도 할 수 없었을 것이다. 지나치게 이른 성공과 득세로 인해 이 자신감 넘치는 젊은이는 철저한 자기반성의 기회를 갖지 못했다. 사첨은 자기 아우의 지나치게 자신감 넘치는 일처리 방식과 지나치게 우쭐대는 성격이 조만간 참화를 초래할 것이라고 일찍부터 인식하고 있었다. 임종 전에 사첨은 장중하고 의미 깊은 어투로 아우에게 "복이 지나치면 재난이 생기는 법이니 그 징험이 멀지 않은 듯하다(福過災生, 其應無遠)"라고 경계했다. 그는 또 아우에게 "화와 복은 서로 의지한다(禍福相倚)"는 인생철학을 일찌감치 깨우치도록 권고했다. 게다가 사첨은 아우에게 '도광양회'의 의미를 깨닫게 하기 위해 임종 전에 무제 유유에게 상소문을 올려 사회를 강등해줄 것을 청했다. 사첨의 행위는 언뜻 보기에 이해하기 어렵지만 역사 사실이 증명한 바에 따르면 그의 예측은 올바른 우려였다. 그는 자신의 아우를 너무나 잘 알았다. 그의 아우 사회는 사람 됨됨이와 일처리 방식이 펼칠 줄 만 알고 거둘 줄은 몰랐으며, 전진할 줄만 알고 후퇴할 줄은 몰랐다. 이러한 스타일은 흡사 고속으로 달리는 차량에 브레이크가 없는 것과 같다. 따라서 운이 좋아 영원히 장애물을 만나지 않는 경우를 제외하고는 첫 번째 장애물을 만나는 순간 반드시 인명 사고가 일어나게 된다.

사회는 형의 권고를 듣지 않고 소제를 시해하고 문제와 알력을 빚었다. 그때도 그는 교만하고 우쭐대며 자신만만한 스타일을 유지하고 있었다. 불행하게도 송 문제가 그의 수레를 뒤집어엎는 장애물이 되었다. 사회는 여름밤 하늘을 가로지르는 별똥별처럼 찬란하지만 짧은 삶을 살았다. 그것이 너무나 짧아서 우리는 사회가 세운 다양한 공적이 그의 짧은 인생과 부합하지 않는 것으로 느껴지기도 한다. 만약 사회가 형의 권고를 받아들여 일찌감치 자신의 자신만만한 성격을 고치고 상대방과 타협하는 기술을 배우고 다른 사람을 관대하게 대하는 태도를 배웠다면 마지막 순간에 자신에게도 동정받을 만한 여지를 남길 수 있지 않았을까? 역사에는 가정이 있을 수 없으므로 우리가 지금 할 수 있는 일은 역사의 교훈을 가능한 한 많이 흡수하는 일이다.

사첨이 사회가 참화를 당하기 전에 세상을 떠난 건 일종의 행운이라 할 만하다. 운명은 그에게 형제와 조카들의 참혹한 멸문지화를 목격하지 않을 수 있게 했다. 그러나 사첨은 또 불행한 사람이기도 하다. 그 이유는 바로 아우의 성격과 운명에 대한 사첨의 판단이 결국 옳은 것으로 징험되었기 때문이다. 옛사람들의 인식에 의하면 큰형은 아버지를 대신한다고 한다. 아버지가 세상을 떠나면 큰형이 아우를 교육하고 지도하는 책임을 져야 한다는 의미다. 그러나 형은 결국 형일 뿐 모든 면에서 아버지를 대신할 수는 없다. 사첨은 이미 사회의 호화로운 관직 생활 배후에 잠복한 위기를 간파하고 있었지만 그것을 돌이킬 힘이 없었다. 사첨의 마음은 매우 고통스러웠겠지만 그가 할 수 있는 일은 아마도 아주 적었을 것이다. 왜냐하면 사첨이 배후의 위기를 간파했을 때 그의 아우는 이미 막강한 권세를 누리는 정계의 총아가 되어 있어서, 형의 신분으로 아우를 철저하게 바꿀 수는 없었기 때문이다. 마음은 있었지만 힘은 부족했던 사첨의 곤경이 바로 여기에 바탕을 두고 있다. 따라서 그는 제가가 이미 늦어버린 현실에 직면하지 않을 수 없었다. 이것은 형제에 관한 이야기다. 아래에서는 다시 부자에 얽힌 이야기를 소개하고자 한다.

4. 때늦은 후회

금자광록대부(金紫光祿大夫) 안연지(顔延之, 384~456)가 세상을 떠났다. 안연지의 아들 안준(顔竣, 414?~459)이 고귀한 지위에 올라 제공하는 재물을 안연지는 하나도 받지 않고 베옷 차림으로 초가집에 거주하며 예전처럼 가난하게 살았다. 그는 항상 여윈 소가 끄는 낡은 달구지를 타고 다니다가 아들 안준의 의장대 행렬을 만나면 바로 얼굴을 가리고 길옆으로 숨었다. 안연지는 항상 아들 안준에게 말했다. "나는 평생 조정의 요인들을 만나보고 싶어 하지 않았는데 지금 불행하게도 너를 보게 되는구나." 안준이 집을 짓자 안연지가 그에게 말했다. "잘 지어야 하느니라. 후세 사람들이 너를 졸렬하다고 비웃지 않게." 안연지는 일찍이 이른 시간에 안준을 찾아갔다가 빈객들이 문 앞에 가득한데도 안준이 아직 일어나지 않은 것을 보았다. 안연지가 분노를 터뜨렸다. "너는 똥거름에서 태어나서 구름 위로 올라갔는데 갑자기 이처럼 오만하게 군다면 능히 오래갈 수 있겠느냐?" 안준은 부친상을 당했는데도 겨우 한 달을 넘기고 바로 우장군(右將軍)에 기용되었고 단양윤(丹陽尹) 직책은 예전처럼 그대로 유지했다. 안준은 굳게 사양하며 상소문을 열 번이나 올렸으나 송 효무제(孝武帝)는 윤허하지 않았다. 중서사인 대명보(戴明寶)를 보내 안준을 안아 올려 수레에 태우고 단양군 관사로 신고 가게 했다. 효무제는 안준에게 베옷 한 벌을 내렸는데 옷 속에는 채색 솜을 채워 넣었고, 주의관(主衣官: 황실의 의복을 관장하는 관리)에게 그 옷을 가지고 가서 그의 몸에 입혀주게 했다.

『자치통감』 권128

안연지는 동진 말기에서 남조 송나라에 이르는 시기에 가장 유명했던 문인의 한 사람이다. 그의 시문은 일세의 으뜸이었다. 이 때문에 그는 당시 사령운(謝靈運, 385~433)과 이름을 나란히 하면서 흔히 '안·사(顔·謝)'로 병칭되었다. 안연지는 술을 좋아하고, 작은 예절에 얽매이지 않고, 권력자와 사귀기를 좋아하지 않는 등 전형적인 문인의 특성을 갖고 있었다. 동진 최후의 황후인 공사황후(恭思皇后) 저영원(褚靈媛, 384~436)이 송 문제 원가(元嘉) 13년(436)에 세상을 떠났다. 저씨는 전 왕조의 황후였지만 그녀의 두 형제는 송 건국 후 계속해서 권세를 누렸다. 게다가 송나라에서도 전 왕조의 귀족을 좀 우대하는 모습을 보여야 해서, 조정에서는 그녀의 장례를 융숭하게 거행하기로 결정했다. 그 과정에는 당연히 복잡한 장례 절차가 얽혀 있어서 그 일에 맞는 관리를 파견하여 절차를 마무리해야 했다. 당시 안연지에게 맡겨진 임무는 중요한 문건을 호송하는 일이었다. 조정의 명령을 전달하는 사자가 안연지의 집에 도착했을 때 안연지는 마침 만취해 있었다. 사자가 설명하는 임무를 듣고 난 후 안연지는 그들이 가져온 문건을 땅바닥에 팽개친 후 소리를 질렀다. "이 당당한 안연지는 산 사람도 섬기지 않는데 어찌 죽은 사람을 섬길 수 있겠느냐?" 그는 이렇게 성질을 부린 후 단호하게 조정의 임무를 거부했다. 이것이 바로 안연지의 개성이다. 그럼에도 송 문제는 안연지에게 드높은 기상이 있다고 여기고 그를 나무라지 않았다.

안씨 가문은 문벌의 등급이 낮지 않았다. 그들의 조상 안함(顔含)은 원제(元帝) 사마예(司馬睿, 276~323)를 보좌하여 동진 왕조를 세운 개국공신이었다.(남북조 시대의 안지추, 당나라의 안사고·안진경이 모두 이 가문 자손 중에서 뛰어난 인물이다.) 이 때문에 안연지의 여동생은 당시 정계에서 막강한 권세를 누린 유목지(劉穆之, 360~417)에게 출가했다. 유목지는 남조 송나라 유유가 새로운 왕조를 창건할 때 가장 중요한 역할을 담당했다. 유목지는 안연지의 재능이 출중함을 알고 이 손위 처남을 등용하려고 했지만 안연지는 시종일관 유목지를 만나려 하지 않았다. 이 같은 성격 탓에 명문 출신에다 천하제일의 문장력을 가진 안연지는 줄곧 빈궁한 생활을 했다.

안연지와 같은 성격을 가진 사람은 현대 문예영화의 남자 주인공으로도 아주 잘 어울린다. 출신 좋고, 재능 있고, 개성적이고, 에피소드도 아주 풍부하고, 가난을 벗어나기 위해 이 세상과 타협하지 않으려 하기 때문이다. 이러한 캐릭터는 대체로 현대의 젊은이들이 화제로 삼기는 아주 좋아하지만 따라 하기는 매우 어려운 '개성 만점의 자아'다. 안연지가 오늘날 생존해서 블로그를 개설했다면 수많은 고정 팬을 확보했을 것이다. 그러나 당시에는 그것이 불가능한 시대여서 안연지는 30세가 되도록 아내도 얻지 못했다. 옛사람들 입장에서는 남자가 서른에도 아내를 얻지 못하면 괴물로 취급받았다.

안연지가 이처럼 재미있는 에피소드를 많이 갖고는 있지만 문학을 중시하지 않는『자치통감』편찬자 입장에서는 그다지 깊이 관심을 가질 만한 대상은 아니었다.『자치통감』에서는 정치적 흥망성쇠의 경험과 교훈을 집중적으로 서술하고 있어서 순수문학은 전체 편집 범위에서 제외될 수밖에 없었다. 이 때문에 굴원, 이백, 두보와 같은 대스타들에게도 등장 기회를 주지 않았다. 그러므로 문학가로서 안연지에게는『자치통감』편찬자들이 그리 큰 흥미를 보이지 않았을 것이다.

안연지의 죽음을 언급한『자치통감』의 문장에서는 안연지의 정치적 신분을 '금자광록대부'로 소개하고 있다. 이 관직은 위에서 서술한 사첨의 '예장태수'직과 좀 유사하다.『자치통감』에서 반드시 생사를 기록해야 할 정도로 높은 품계가 전혀 아니다. 따라서『자치통감』에서 안연지의 죽음을 언급한 것은 또 다른 의도가 있음에 틀림없다. 그 의도는 분명히 그다음에 서술하는 고사와 관련이 있다. 그것은 안연지가 어떻게 아들을 교육하는지에 관한 일화다. 일화의 핵심 인물은 안연지라기보다는 그의 아들 안준이다.

안연지의 아들 안준은 사회와 마찬가지로 어려서 출세한 인물의 전형이었다. 원가 30년(453) 송 문제 유의륭은 자신의 맏아들 유소(劉劭, 426?~453)에게 시해되어 목숨을 잃었다. 그러자 그의 셋째 아들 유준(劉駿, 430~464)이 군사를 일으켜 유소를 주살하고 황제에 즉위했다. 이 사람이 남조 송나라의 효무제다. 안준이 어린 나이에 뜻을 얻을 수 있었던 까닭도 바로 그가 줄곧 유준의 주요 비서직을 담당했기 때문이다. 유준이 아직 번왕(藩王)으로 있을 때 안준은 바로 유준의 측근에서 일을 했다. 나중에 유준이 군사를 일으키자 안준은 그를 도와 대업을 성취하게 하여 그 핵심 인물의 하나가 되었다.

안준도 문학에 천부적 자질을 보였는데, 이는 아마도 그의 부친 안연지에게서 교육받은 결과로 보인다. 안준이 부친과 상이한 것은 자신의 문학적 자질을 정치적 성공을 위한 주요 도구로 활용했다는 점이다. 유소가 부친을 시해하고 보위를 찬탈한 일은 전국 상하 계층의 의분을 불러일으켰지만, 사건이 갑자기 발생했고 또 사안이 매우 중요한지라 감히 공개적으로 반대 행동을 하는 사람은 매우 드물었다. 유준이 군사를 일으킬 때 안준은 그를 위해 필력이 웅건하고 기상이 광대한 격문을 집필했다. 이 격문이 원근에 뿌려지자 관리와 백성들은 역적을 토벌하려는 전투 의지를 불태웠다. 동시에 이 격문은 사람들에게 일이 성공할 가능성이 매우 높다는 확신을 심어줬다. 이전에 관리와 백성들이 적극적으로 호응하지 않았던 것은 바로 서로의 역량이 분산되어 사안의 성공을 확신할 수 없었기 때문이다. 그러나 지금은 군사적 역량도 강력하고 또 신분도 분명한 선(先)황제의 셋째 아들이 국면을 주도하여 역적 토벌에 나

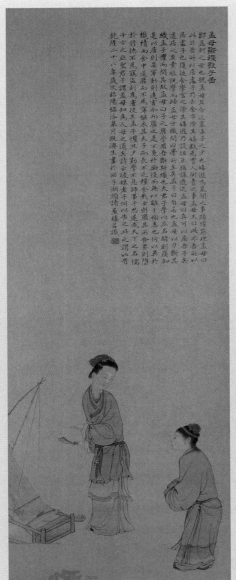

청 대 화가 강도(康濤, ?~?)의 〈맹모단기 교자도(孟母斷機敎子圖)〉 | 맹자가 학업을 중단하고 돌아오자 그 어머니
가 자신이 짜던 베를 잘라서, 중간에 잘라버린 베는 아무 쓸모가 없듯이 공부를 중도에 그만두는 사람도 아무
쓸모 없는 사람이 된다는 것을 훈계한 일을 그린 교자도다(전체와 부분).

청 대 화가 임훈(任薰, 1835~1893)의 〈두연산 교자도(竇燕山敎子圖)〉│ "두연산은 의로운 방법으로 다섯 아들을 가르쳤고, 모두 명성을 드날렸다(竇燕山, 有義方, 敎五子, 名俱揚)."(중국의 아동용 학습서 『삼자경三字經』). 오대(五代) 후진(後晉, 936~946) 때의 사람인 두연산 즉 두우균(竇禹鈞)의 자식 교육과 관련한 내용을 표현한 교자도다. 중국에서는 이처럼 자식 교육과 제가와 관련한 그림이 많이 그려졌다.

서고 있으므로, 이는 명분도 바르고 논리도 순조로운 일이 되었다. 이에 사방의 관리와 백성들이 분분히 유준의 봉기에 호응했다.

안준의 격문에 도움을 받아 유준의 거병은 순조롭게 진행되었다. 유준은 군사를 이끌고 구강(九江)에서 출발하여 강 흐름을 타고 곧바로 남경으로 치달려갔다. 그러나 구강을 떠나자마자 유준은 병으로 쓰러졌고 병세 또한 가볍지 않았다. 그는 측근의 장수와 보좌진을 알아보지 못했을 뿐 아니라 보고를 받고 지시하는 일도 수행할 수 없었다. 생명이 위험한 순간도 여러 번 넘겨야 했다. 이런 상황은 유준 집단에 엄청난 타격이었다. 만약 소문이 퍼져나가면 민심이 화해되어 군사들은 싸우지 않고 저절로 무너질 판국이었다. 이처럼 긴급한 순간에 안준이 앞장서서 책임을 떠맡고 나섰다. 목전에 시행해야 할 가장 우선적인 사안은 유준의 병세에 대해 고도의 보안을 유지하며 그것을 절대로 밖으로 새나가지 않게 하는 일이었다. 안준은 유준의 핵심 비서라는 신분을 이용하여 아무도 모르게 유준을 대신해 군대와 정무의 대사를 결정하고 그것을 유준의 결정이라고 대외에 선포했다. 매번 그는 평상시와 똑같이 비서 신분으로 유준의 침실로 들어가 유준에게 업무를 보고하고 지시를 받는 것처럼 가장했다.(군사와 정무 처리를 맡은 막료 중에서 오직 안준 한 사람만 유준의 침실을 출입할 수 있었다.) 그리고 침실을 나와서 관련 의견을 대외에 전달했다. 그의 연기가 너무나 리얼했고 업무 처리도 논리 정연 하면서 큰 실수가 없었다. 어느 누구도 안준이 유준을 대신해서 직권을 행사한다고 짐작하지 못했다. 유준이 병으로 누운 지 20일이 가까워오는 동안 같은 배에 타고 있던 군사들조차 유준이 중병에 걸린 사실을 몰랐다. 유준이 완치된 후 부장들을 다시 불렀을 때도 이전 20일 동안 발생한 상황을 아무도 알지 못했다. 위기에도 흔들리지 않는 안준의 강직한 마음과 정확한 업무 처리 능력은 충분히 찬사를 받을 가치가 있다.

유준은 성공적으로 황제가 되었고, 안준도 물론 그에 상응하는 융숭한 보답을 받았다. 안준은 오래지 않아 이부상서직으로 승진했다. 이부상서는 전국의 관리를 임명하는 아주 중요한 관직이었다. 이후 안준은 또 다른 중요한 관직에도 두루 임명되었다. 그러나 고위직에 오른 후 근본을 망각한 사람들과 마찬가지로 안준도 재상이 되고 나서 사람들을 실망시키는 행동을 많이 했다. 앞서 인용한 『자치통감』 원문은 안연지가 세상을 떠난 후 어떤 대접을 받았는지에 대해 기록하고 있지만 기실은 안준이 어떤 실망스러운 행동을 했는지 알려주는 내용이다. 이 이야기는 안연지의 시각으로 접근하고 있어서 안연지가 자신의 아들 안준을 바라보는 관점을 전체 스토리 라인으로 삼고 있다.

안연지는 외출할 때 늘 늙은 소가 끄는 낡은 달구지를 타고 다녔다. 아마도 그가 마차를 살 수 없을 정도로 가난했기 때문인 듯하다. 한번은 안연지가 자신의 낡은 달구지를 타고 외출하다가 아들 안준의 뜨르르한 행차를 만났다. 자신의 아들을 호위하는 의장대의 위세가 정말 대단했다. 그는 아들의 눈에 띄지 않으려고 얼른 자신의 달구지를 끌고 길 한편으로 숨었다. 나중에 안연지는 아들 안준을 보고 내 평생 권세 있는 사람과 사귀려 하지 않았는데 불행하게도 너 같은 자식을 낳고 말았다라고 꾸짖었다.

중국인들은 옛날부터 거주 환경을 매우 중시해서 돈이 생기면 큰 집을 짓고 싶어 했다. 지금 사람들도 여전히 그러하다. 지금은 마음대로 집을 지을 수 없으므로 집을 사는 데 돈을 많이 쓴다. 안준도 이와 마찬가지로 재상이 되자 훌륭한 저택을 지었다. 안연지는 그것을 보고 안준을 나무랐다. "잘 지어야 하느니라. 후세 사람들이 너를 졸렬하다고 비웃지 않게." 이 말을 어떻게 이해해야 할까? "집을 훌륭하게 잘 지어야 한다. 후세 사람들이 네가 지은 집이 훌륭하지 않다고 비웃을 수도 있으니까"

이런 뜻일까? 나는 아니라고 생각한다.

안연지의 이 말을 더욱 잘 이해하기 위해 먼저 또 하나의 이야기를 해보고자 한다. 당나라 명장 곽자의(郭子儀, 697~781)는 지금 중국인이라면 남녀노소가 다 아는 인물이다. 그도 출세한 후 당시의 수도 장안에 큰 저택을 지었다. 어느 날 곽자의는 몸소 현장으로 가서 공사를 감독했다. 그가 한 기와장이에게 말했다. "잘 만들어라! 우리 집을 튼튼하게 지을 수 있게!" 그러자 기와장이는 고개도 들지 않고 대답했다. "저는 한평생 사람들을 위해 많은 집을 지었지만 집에 주인이 바뀌는 경우만 봤지 주인이 집을 바꾸는 경우는 못 봤습니다." 곽자의는 이 말을 듣자마자 깜짝 놀랐다. 여기에서 강호의 고수를 만나다니! 이 말의 숨은 의미는 바로 인생은 유한하므로 더없이 고귀하고 아름다운 재물도 생명의 내재적 요소가 될 수 없다는 것이다. 따라서 우리는 일찌감치 무엇이 인생에서 진정으로 추구할 가치가 있는 것인지 분명하게 깨달아야 한다. 이 말을 듣고 난 후 곽자의는 다시는 공사장으로 가지 않았다.

이 이야기에서 굴절되어 나온 이치를 전용하여 안연지의 언급을 이해해보면 그 본래의 의미가 쉽게 드러난다. 안연지가 아들을 깨우치려고 한 것도 이와 동일한 이치다. 만약 사람이 되지 못하면 그가 지은 집이 크고 화려할수록 더욱더 다른 사람의 웃음거리가 되고 말 것이기 때문이다. 이는 삶의 깊은 곳까지 스며 있는 지혜의 언어다. 안연지는 이 말을 통해 자신의 아들에게 다음과 같은 광경을 상상하게 해주고 싶었는지도 모른다. 떼를 지어 길 가는 사람들이 그 저택 앞을 지나며 손가락질을 한다. 갑이 말했다. "봐라! 이게 바로 그때 안준이 지은 집이다." 을이 말했다. "집은 정말 대단하네! 지금 저 안에 아직도 안씨들이 살고 있어?" 갑, "옛날에 바뀌었지. 안준이 재산을 전부 몰수당했잖아. 그래서 집주인도 바뀌었어." 을, "허허 이럴 줄 알고도 애초에 그렇게 힘을 들여 큰 집을 지었나?" 안연지는 나중에 이런 광경이 나타나지 않기를 바라면서 안준에게 먼저 사람이 되기를 요구했을 것이다. 참다운 '인간'이 되려면 단지 재능만 가지고는 불충분한 까닭에서다.

『자치통감』에서는 이어서 또 다른 이야기 하나를 서술하고 있다. 한번은 안연지가 이른 시간에 안준을 찾아갔다. 안준의 접견을 기다리는 빈객과 막료가 이미 문 앞에 가득한데도 안준은 아직 자리에서 일어나지 않고 있었다. 이 일은 아마도 안준이 이부상서직에 있을 때 발생한 것으로 보인다. 안준을 만나러 온 빈객들은 대부분 직접 관직 청탁을 하거나 다른 사람을 대신해서 관직 청탁을 하러 온 사람들이었다. 이 때문에 안준도 그런 사람들을 그리 대수롭지 않게 생각했을 것이다. 그러나 안연지는 그 광경을 보고 머리끝까지 화가 치밀어 올라 아들의 침실로 쳐들어가서 훈계했다. "너는 똥거름에서 태어난 놈인데 오늘 이처럼 교만하게 굴며 다른 사람을 업신여기다니. 이러고도 네가 관직에서 오래 지탱할 수 있겠느냐?"("너는 똥거름에서 태어났다"라는 말은 안연지의 겸사謙辭로 자신을 똥거름에 비유한 것이다. 즉 안씨 가문이 비록 명문세가이긴 하지만 당시의 일류 문벌 왕씨나 사씨에 비해서는 아직 한참이나 모자란다는 의미다. 게다가 안연지는 권세 있고 고귀한 사람들과는 사귀려 하지 않아서 아들이나 조카들에게 충분한 정치적 자산을 제공해주지 못했다. 안준이 비록 좋은 기회와 많은 노력으로 핵심 지도층에 진입하기는 했지만 전체적인 정치적 자산은 결코 충분한 편이 아니었다.)

불행하게도 안연지도 사첨이 자기 아우의 미래를 예언한 것과 마찬가지로 자기 아들의 미래를 예언했는데, 그것 또한 들어맞고 말았다. 안연지가 세상을 떠난 지 3년 후에 안준은 자신이 계속 보좌했던 효무제 유준에 의해 매우 비참하게 피살되고 말았다. 안준의 실패 원인을 검토해보면 부친 안연지에게 꾸지람을 들은 그 오만한 행위에 가장 큰 책임을 돌려야 할 것이다.

효무제 유준은 즉위 초까지만 해도 안준과의 관계가 비교적 괜찮은 편이었다. 예를 들면 안준이 중년에 아들을 얻자 유준이 직접 '벽강(辟彊)'이란 이름을 지어준 일이 있다. 그 옛날 한고조 유방이 장량의 아들에게 지어준 이름도 '벽강'이었다. 이것은 분명 유준이 한나라 초기 군신 간의 전고를 빌려 안준을 자신의 장량으로 비유한 것이다.

그러나 얼마 지나지 않아 두 사람은 여러 문제에서 상이한 관점을 드러냈다. 게다가 서로 상대방의 업무 스타일에 대해서도 이견을 말하기 시작했다. 안준에게는 장량의 지혜가 없었고 유준에게도 유방의 아량이 없었기 때문에 군신 간에 틈이 벌어질 수밖에 없었다. 이러한 상황하에서 안준은 "없을 때는 얻을 것을 걱정하고, 얻고 나서는 잃을 것을 걱정하는(患得患失)" 초조한 심리를 드러냈다. 본래 안준은 자신의 공로와 능력 그리고 유준과의 사사로운 교분에 의지하면 조정에서의 지위가 흔들리지 않을 것으로 생각했다. 그러나 자신의 의견이 유준에게 거부된 후 안준은 깊은 시름에 잠기기 시작했고 그제야 유준이 고의로 자신을 멀리한다고 느꼈다. 이처럼 초조한 안준의 심리가 군신 간의 틈을 더욱 벌어지게 했다. 안준은 유준의 진정한 생각을 탐색하기 위해 남경을 떠나 지방직으로 가겠다고 청했다. 만약 유준이 자신의 요구에 동의하면 그가 정말 자신을 멀리하는 것이 되고, 자신을 놓아주지 않으면 상황이 아직 그렇게 나쁘다고만은 할 수 없는 것이다. 그러나 누가 알았으리요? 신청서가 제출되자 마자 유준이 바로 그를 지방직으로 내보낼 줄이야! 이에 안준은 심한 공포를 느끼면서 자신이 유준의 심리를 정확하게 추측했다고 생각했다. 이제 가슴 가득 원망을 품은 안준은 항상 유준과 조정에 대한 불만을 입에 달고 살면서 그것을 다른 사람에게 보내는 편지에도 써서 하소연했다.

그러다가 그야말로 참사가 터지고 말았다. 이러한 원망과 불만이 여러 경로로 옮겨지면서 아마도 효무제 유준에까지 전해진 것 같았다. 더욱 불행한 것은 당시에 또 다른 고관 왕승달(王僧達, 423~458)이 모반 사건에 연루된 일이었다. 왕승달은 그것이 안준의 모함 때문이라고 생각하고 형벌을 받기 전에, 안준이 평소에 털어놓은 불평불만을 유준에게 폭로했다. 유준은 안준이 자신을 비방한 일에 대해 극도의 분노를 표시하며 결국 그를 죽이려고 생각했다. 그리고 유준은 안준을 죽이기 전에 그의 다리를 잘랐다. 나중에는 또 안준의 여러 아들을 물에 빠뜨려 죽였는데 그중에는 자신이 직접 이름을 지어준 벽강도 포함되어 있었다. 유준도 물론 잔혹하고 인정이 부족했지만 안준의 파국은 거의 자업자득으로 초래된 경향이 강하다. 이것이 바로 『자치통감』에서 왜 안연지의 시각으로 안준의 평소 스타일을 비판했는지 그 이유를 밝혀주는 대목이다.

임종 전에 안준에게 일격을 가한 왕승달 외에도 우리가 주의해야 할 사람은 역사에 기록된 유명 인물들이 아니라, 안준의 불평불만을 전파하여 효무제 유준의 귀에까지 들어가게 한 무명 인사들이다. 안연지가 당년의 아침에 목도한 그 광경을 회고해보자. 참을성 있게 안준의 접견을 기다리고 있던 사람들과 나중에 안준의 불평불만을 전파한 사람들은 중복되는 집단일까 아닐까? 중복될 가능성이 아주 농후하다. 이 점이 바로 안연지가 그 광경을 목도한 후 불같이 화를 낸 이유다. 안연지는 비록 정치에 뜻이 없었고 성격도 매우 고고했지만 결국 자신의 아들보다 나이를 더 많이 먹었기 때문에 인정세태에 대해서 직관적 판단을 할 수 있었다. 방문자들이 객실에서 공손하게 기다리고 있는데 주인은 아직 일어나지도 않았다면, 방문객들 입장에서는 그런 상황이 유쾌하게 느껴질까? 아마도 아닐 것이다. 이 오만하고 게으른 주인에게 청탁할 것이 있기에 인내를 선택할 수밖에 없었던 것이다. 그러나 처지를 바꿔 생각해보면 누가 이처럼 치욕적인 대우를 달가워하겠는가? 이른 아침에 안준의 저택으로 가서 그의 접견을 기다린 사람들은 그 목적이 결코 순수하지 않고 대부분 관직 청탁을 위해 발걸음을 했을 것이다. 사람들은 모두 자신에게 순종하는 사람을 좋아한다. 사실 불순한 목적으로 굴욕을 참는 사람들이 절개를 굽히지 않고 고결하게 사는 사람들보다 더욱 상대하기 어려운 법이다. 안준의 관점에서는 그들에게 관직을 주는 것이 바로 그들에게 은전을 베푸는 일이었다. 그러나 그는 그들의 마음속에 관직을 얻은 후에 남은 인상이 더욱 심각했다는 사실을 알지 못했다. 그것은 아마도 안준이 일어나기를 기다리면서 그들이 느낀 그 치욕감에 다름 아닐 것이다.

『자치통감』에는 중요한 정치 인물의 인생 역정 이야기가 많이 실려 있다. 그 이야기들을 총괄해보면 재미있는 규칙 하나를 발견할 수 있다. 그것은 바로 어떤 사람이 인생의 밑바닥에서 살아갈 때가 그의 일생에서 가장 비극적인 시절이 아니라는 사실이다. 왜냐하면 그때는 다른 사람으로부터 질투와 미움을 야기하기 어렵기 때문이다. 사람들이 평범한 생활 속에서는 아마도 이런 경우를 만나기 힘들 것이다. 갑이 을을 미워한다면 순전히 을이란 사람이 나쁜 경우가 대부분이므로 그와 같은 상황이 발생할 수 없다. 그러나 봄바람 속에서 득의만만하게 말을 치달릴 때는 앞길에 함정을 파놓는 사람이 많아지기 시작한다. 따라서 한순간이라도 조심하지 않으면 바로 함정으로 굴러떨어진다. 안준의 마지막 운명에는 많은 원인이 있겠지만 봄바람 속에서 득의만만하게 말을 치달릴 때 신중하게 처신하지 못한 점에도 최소한 그 일부분의 책임이 있을 것이다.

『자치통감』에서는 사회와 안준의 인생 태도가 올바르지 않다고 암시할 때 각각 사첨과 안연지의 시각으로 그 문제를 서술했다. 하나는 형이었고 하나는 부친이었다. 기실 이 점은 또 사회와 안준이 어려서 교육을 받을 때 상당히 많은 부분에서 양호한 지도를 받지 못했음을 암시한다.

형과 부친이 그들의 문제를 발견하고 훈계와 비평으로 그들을 교정하려 했을 때는 이미 시기가 너무 늦어서 운명의 액운을 돌이킬 방법이 없었다. 이 점은 제가의 관점에서 우리에게 매우 중요한 이치를 알려준다. 자식 교육은 매우 중요할 뿐만 아니라 반드시 일찍 시작해야 한다는 사실이다.

검약의 습관

1. 안정된 삶의 본질

───── ✦ ─────

검약함으로써 실패하는 사람은 드물다.   『논어』「이인(里仁)」

장문절(張文節)은 재상이 되어서도 하양(河陽)에서 서기(書記) 일을 할 때처럼 스스로 검소하게 생활했다. 그러자 그와 친한 사람들이 더러 다음과 같이 권고했다. "이제 공은 받는 녹봉도 적지 않은데 이처럼 스스로 검약하게 생활하면 공은 비록 청렴하고 검약하다고 자신하겠지만 외부 사람들은 공이 공손홍(公孫弘)¹처럼 베 이불을 덮으며 검약한 척한다고 비난할 것입니다. 그러므로 공은 이제 다소라도 보통 사람들의 행동을 따라야 할

──────────

1   한나라 무제 때의 승상 공손홍은 녹봉을 많이 받는데도 불구하고 청렴하다는 명성을 얻기 위해 삼베 이불을 덮고 검소한 음식을 먹었다. 이처럼 청렴함을 가장하여 명성을 구하는 행위를 흔히 공손포피(公孫布被)라고 한다.

것입니다." 공이 탄식하며 말했다. "내가 오늘날 받는 녹봉이라면 온 집안 식구가 비단옷을 입고 귀한 음식을 해먹는다 해도 어찌 모자랄까 걱정하겠는가? 그러나 인지상정을 살펴보면 검약한 생활에서 사치한 생활로 들어가기는 쉽지만, 사치한 생활에서 검약한 생활로 들어가기는 어려운 법이네(顧人之常情, 由儉入奢易, 由奢入儉難). 내가 오늘 받는 녹봉을 어찌 항상 받을 수 있겠으며, 내 이 한 몸 또한 어찌 항상 살아 있을 수 있겠는가? 어느 날 상황이 오늘과 달라지고, 가족들의 사치가 습관이 된 지 오래라면 갑자기 검약해질 수 없어서 반드시 실수를 야기하게 될 것이네. 그러니 내 가족들이 내가 관직에 있거나 없거나 내 몸이 살았거나 죽었거나 어찌 항상 한결같이 살 수 있겠는가?" 아아! 위대한 현인의 심모원려(深謀遠慮)를 어찌 범인이 미칠 수 있겠느냐? 또 어손(御孫)[2]은 이렇게 말했다. "검약은 모든 덕성이 함께 말미암는 지점이요, 사치는 악행의 최대치다(儉, 德之共也, 侈, 惡之大也)."[3] 공(共)은 동(同)과 같다. 이 구절은 덕성이란 모두 검약에서 비롯된다는 의미다. 대저 검약하면 욕심이 적어진다. 군자가 욕심이 적어지면 재물에 종속되지 않고 정직한 이치를 따라 행동할 수 있다. 소인이 욕심이 적어지면 몸을 삼가고 쓰임새를 절약할 수 있어서 죄를 멀리하고 집안을 부유하게 할 수 있다. 이 때문에 검약은 모든 덕성이 함께 말미암는 지점이라고 하는 것이다. 그러나 사치하게 되면 욕심이 많아진다. 군자가 욕심이 많아지면 부귀를 탐하게 되어 잘못된 이치를 따르다가 참화를 재촉하게 된다. 소인이 욕심이 많아지면 구하려는 것이 많아지고 쓰임새를 함부로 낭비하게 되어 패가망신의 수렁에 빠지게 된다. 이러한 까닭에 관직에 있을 때는 반드시 뇌물을 요구하고, 향리에 있을 때는 반드시 도적질

---

2   춘추시대 노 장공(莊公)의 대부. 예의에 밝고 직간으로 유명했다.
3   이 구절은 『좌전(左傳)』 「장공(莊公)」 24년에 나온다.

을 하게 된다. 이 때문에 사치는 악의 최대치라고 하는 것이다.

사마광, 「검약을 해석하여 아들 사마강(司馬康)에게 보여주다(訓儉示康)」

―――――――❧―――――――

공자는 특히 물질에 얽매이지 않는 사람들을 칭찬했다. 『논어』에는 인간의 물질적 욕망과 행동 그리고 품성 간의 관계에 대해 언급한 대목이 많다. 공자의 제자 중에서 유명한 중유(仲由: 자로子路, 기원전 542~기원전 480)가 외부의 재물에 얽매이지 않는 품성을 밝게 드러냈다. 이 때문에 공자는 그를 이렇게 칭찬했다. "해진 삼실 부스러기를 넣은 옷을 입고서, 여우나 담비 가죽옷을 입은 사람과 함께 서 있어도 부끄러워하지 않을 사람은 아마도 유(由)이리라. 『시경』에서는 '해치지도 않고 탐내지도 않으니 어찌 훌륭하지 않으랴?'라고 했다."("衣敝縕袍, 與衣狐貉者立而不恥者, 其由也與. '不忮不求, 何用不臧.'", 『논어』 「자한」) 중유는 다 해진 옷을 입고서, 고급 옷에 장식도 화려한 사람들과 함께 서 있으면서도 자신의 누추한 옷을 결코 부끄러워하지 않는 사람이었다. 공자는 중유의 '해치지도 않고 탐내지도 않는' 성격 특징을 그려내고 있다. 첫째, 중유는 다른 사람이 소유하고 있는 물건을 시샘하지 않는다. 둘째, 그는 겉이 화려한 물질적 삶을 탐하지 않는다. 이러한 품성을 갖고 있다면 그의 행동이 어찌 선하지 않을 수 있겠는가? 자세히 생각해보면, 기실 '해치지도 않고 탐내지도 않는' 두 특징은 긴밀하게 연관되어 있다. 시샘하지 않고 부러워하지 않은 후에야 비로소 탐욕에 젖지 않을 수 있으므로, 그 본질은 내면의 마음과 외면의 물질 사이에 거리를 유지하면서 외면의 사치가 자신의 내면을 혼란스럽지 않게 하는 것이다.

이와는 반대로 공자도 다음과 같은 사람은 비판했다. "선비로서 도에 뜻을 두고도 나쁜 옷과 나쁜 음식을 부끄러워하는 자는 함께 논의에 참여하게 할 수 없다."("士志於道, 而恥惡衣惡食者, 未足與議也.", 『논어』「이인」) 무슨 이유인가? 이 말은 이해하기가 아주 쉽다. 앞에 서술한 도리와 반대이기 때문이다. 소박한 물질 조건을 받아들일 수 없는 사람이 어떻게 편안한 마음으로 도를 추구할 수 있겠는가? '도를 추구한다(求道)'는 것은 옛사람들의 어투다. 현대 언어로 말해보면, 물질을 초월하는 가치 추구로 이해된다. 예컨대 시진핑(習近平) 총서기는 여러 차례의 담화를 통해 관직 생활을 하면서 돈까지 벌 생각을 해서는 안 된다고 했다. 나는 그가 말한 핵심 이념이 공자의 말과 의미가 일치한다고 생각한다. 돈을 벌려면 합리적이고 합법적으로 벌면 된다. 물론 재산 축적 과정에서 사회를 위해 봉사하면 더욱 좋다. 만약 정치나 학문의 길을 가면서 물질적 혜택을 오매불망 잊지 못하고, 다른 사람의 호화주택이나 고급 자동차를 부러워한다면 반드시 문제가 발생하게 된다. 왜냐하면 정치나 학문의 길을 가며 인생의 가치를 구현하는 일과 재산 축적을 통해 인생의 가치를 구현하는 일은 같은 길이 아니기 때문이다. 한 사람이 동시에 두 갈래 길을 갈 수는 없다. 우리가 선택한 길과 우리가 추구하는 목표가 충돌할 때에는 길을 바꾸거나 목표를 바꿔야 한다. 이 같은 모순을 고려하지 않고 정치의 길을 가거나 학문의 길을 가면서 물질적 풍요로움만 추구한다면 틀림없이 정치와 학문의 진정성을 해치게 되고 심지어 정치와 학문을 재산 축적의 도구로 전락시키게 된다. 이 분야에 종사하는 사람들의 많은 잘못은 모두 이렇게 저질러진 것이다.

어떤 독자들께서는 다음처럼 지적하실 것이다. "우리 시대에는 물질과 재산에 대한 관점을 바꿔야 한다. 옛사람들처럼 도덕 결벽증에 빠져 물질과 재산을 언급하는 걸 불결하고 비정상적인 것으로 여겨서는 안 된다." 확실히 이와 같다. 우리는 옛사람들처럼 물질 추구를 부도덕한 일로 생각할 필요는 없다. 현대사회에서 재산 축적은 또 다른 가치 추구로 이해해야 한다. 이러한 시각에서 살펴보면 정치나 학문에 종사하든 아니면 물질이나 재산을 추구하든 이는 각자의 선택과 취향의 문제일 뿐이다. 이런 관점은 물론 일리가 있지만 우리가 이 자리에서 토론하려는 문제는 아니다. 스스로 재산을 창조하여 올바른 가치를 만들어내는 것과 물욕에 빠져서 헤어나지 못하는 것은 완전히 다른 문제이기 때문이다. 우리는 이 장에서 '검약으로 덕성을 기르는' 문제를 토론하려는 것이지, 재산 추구가 삶의 가치를 구현하는 한 가지 방식임을 결코 부정하려는 것이 아니다. 오히려 사람들을 각성시켜 시시각각 자기 내면의 깨우침을 유지하게 하면서, 물욕에 빠져서 헤어 나오지 못하거나 재물에 얽매어 살아가는 사람들의 무절제를 방지하기 위함이다. 사람들의 많은 잘못은 왕왕 무절제한 물욕에 의해 야기된다. 이에 공자는 "검약함으로써 실패하는 사람은 드물다(以約失之者鮮矣)"라고 했다.

다른 가치 추구와 비교해서 사람들은 물질적 향락에 아주 쉽게 노예가 된다. 우리는 물론 합리적이고 적당한 물질 추구를 부인할 수 없지만 스스로 물질을 부리며 그 물질에 노예가 되지 않는 사람은 드물고도 드물다. 『노자(老子)』에는 다음 같은 명언이 있다. "오색(五色)은 사람의 눈을 멀게 하고, 오음(五音)은 사람의 귀를 먹게 하고, 오미(五味)는 사람의 입맛을 잃게 하고, 사냥터에서 말을 치달리는 것은 사람의 마음을 미치게 하고, 얻기 어려운 재물은 사람의 행동을 방해한다."("五色令人目盲, 五音令人耳聾, 五味令人口爽, 馳騁田獵令人心發狂, 難得之貨令人行妨", 『노자』「제12장 검욕장檢欲章」) 물질을 가볍게 제어하면서 물욕에 얽매이지 않으려면 보통 사람의 지혜를 뛰어넘어야 한다. 성욕과 물욕에 탐닉하는 것은 동물적 본능이므로 물질 추구 과정에서 초월적인 이성이나 지혜를 갖출 수 있는 사람은 아주 드물다. 이와는 반대로 물질의 포로가 되어 완전한 물욕으로 생활의 의미와 목적을 대체하는 사람을 우리는 흔히 볼 수 있다. 이 또한 고대의 철인들이 '검약으로 덕성을 기르는' 문제에서 세상 사람을 경계하기 위해 왜 끊임없이 문장을 지었는지를 드러내주는 이유다.

사마광이 지은 「검약을 해석하여 아들 사마강에게 보여주다」는 한 편의 명문으로 일찍이 고등학교 『어문(語文)』 교재에 편입된 적도 있다. 이 문장이 천고에 전송될 수 있는 이유는 사마광이 '검약으로 덕성을 기르는(儉以養德)[4]' 일을 단지 입으로만 선전하지 않고 직접 몸으로 실천했기 때문이다. 사마광은 20세에 진사에 급제하여 68세에 재상직을 유지한 채 세상을 떠날 때까지 거의 50년간 관직 생활을 했다. 이 과정에서 사마광은 자신이나 가족을 위해 과다한 재산을 축적하지 않았다. 부인 장씨(張氏)가 세상을 떠났을 때 청빈한 사마광은 3경(頃)의 박토를 저당 잡히고 부인의 장례를 치렀다. 이것이 바로 '전지장처(典地葬妻)'라는 고사성어의 출처다. 오늘날 사람들 입장에서는 정말 상상하기 어려운 광경이다. 송나라의 관리들은 녹봉이 결코 적지 않았다. 그런데 사마광은 왜 그렇게 오래 벼슬살이를 했으면서도 그처럼 청빈했을까? 그에게는 재산을 모을 기회가 없었을까? 사마광에게도 합법적으로 재산을 모을 기회가 아주 많았다. 예를 들면 송 인종(仁宗, 1010~1063, 재위 1022~1063)의 통치 시기 말년에 사마광은 중년의 나이로 정력이 매우 왕성했으며 당시 중앙 정부에서 매우 핵심적인 관리로 재직했다. 그 시절은 북송 역사에서 사회 환경이 가장 안정된 단계에 속하고 국고와 황실 수입도 매우 풍족했다. 관례에 따르면, 당시 황제는 천제(天祭) 등의 큰 행사를 치른 후 각급 관리들에게 상을 내리게 되어 있었다. 한번은 송 인종이 사마광에게 막대한 돈과 재물을 상으로 내렸는데 그 가치가 모두 100만 전에 달

---

4   제갈량의 「계자서(誡子書)」에 나오는 "무릇 군자의 배움은 고요함으로 몸을 닦고 검소함으로 덕을 길러야 한다(夫君子之學, 靜以修身 儉以養德)"가 그 출전이다.

했다. 그러나 사마광은 자신이 국가에 그렇게 큰 공헌을 하지 않았다 생각하고 그 상을 받을 수 없다고 했으며 또 그는 백성에게서 거둔 세금을 그런 방식으로 소모해서는 안 된다고 생각했다. 그러나 황제의 은전을 마음대로 거절할 수 없어서 사마광은 이 상금을 모두 자신이 재직하고 있는 부서의 판공비로 희사하면서 그 부서의 재정 예산을 삭감해달라고 요청했다.

중국의 고인(古人)들은 가족에 대한 책임을 매우 중시했다. 사마광은 어릴 때부터 부친을 따라 관직 주변을 떠돌다가 그 스스로 노력하여 성공적으로 진사에 급제했다. 그러나 사마씨 가문의 일가친척 대부분은 여전히 고향에서 농사를 짓고 있었다. 사마광은 줄곧 자신의 능력으로 이들 고향 친척을 도왔다. 수입의 대부분은 가족 및 여러 친척 중 가난한 사람을 원조하는 데 사용되었다. 이것이 바로 사마광이 그렇게 오래 벼슬살이를 했으면서도 그토록 가난하게 산 원인이다. 사마광은 왜 이와 같이 청빈하고 검소하게 생활했을까? 그의 청빈과 검소는 현대인들이 느끼기에 가혹할 정도에까지 이르렀다. 「검약을 해석하여 아들 사마강에게 보여주다」에서 사마광은 자기 이전에 생활한 송 대 현인 몇 사람의 제가 이야기를 소개하고 있다. 그중의 한 이야기가 특히 이 대목의 이치를 설명하기에 적합하다.

송 진종(眞宗, 968~1022, 재위 997~1022) 시대에 장지백(張知白, 956~1028)이라는 고관이 있었다. 그는 시호가 문절로 위 인용문에 나오는 장문절이 바로 그 사람인데 줄곧 검소함으로써 명성을 날렸다. 그는 재상이 되어서도 여전히 말단 관리 시절의 소박한 생활 스타일을 유지했다. 그러자 당시에 친척과 친구들이 그에게 이제 재상이 되어 녹봉도 많이 올랐으니 보통 사람들처럼 삶을 향유하라고 권했다. 장지백은 그렇게 할 수 없다고 했다. 왜냐하면 사람의 보통 심리는 검약에서 사치로 나아가기는 쉽지만 사치에서 검약으로 나아가기는 어렵기 때문이라는 것이다. 그래서 만약 가족들이 사치에 물들게 되면 자신이 죽거나 관직을 잃었을 때 그들은 사치한 생활에서 벗어날 수 없어서 결국 파탄을 맞을 수밖에 없다고 했다.

사마광은 장지백이 가정을 다스리는 과정에서 보여준 심모원려에 고도의 찬사를 보내고 있다. 하지만 고조기는 영원히 지속될 수 없고 언젠가는 저조기와 쇠퇴기가 다가오기 마련이다. 그때 자신의 가족을 어떻게 더욱 오래 더욱 평온하게 이끌 수 있을까? 그것은 고조기 때의 격정적 흥분에 의해 지속될 수 없고, 오히려 담담한 생활을 고수하며 역경 속에서 안정된 삶을 추구하는 태도에 의해 유지될 수 있다. 이처럼 안정된 삶의 본질은 바로 자아를 절제할 수 있는 내면의 힘과 외부의 물질에 속박되지 않는 자아수양에 바탕을 두고 있다. 따라서 자손들이 비단옷과 맛있는 음식에만 탐닉하게 해서는 안 된다. 왜냐하면 그것은 그들을 욕망의 바다로 떠밀어 넣는 첫 번째 발걸음이기 때문이다. 「검약을 해석하여 아들 사마강에게 보여주다」 원문에서 사마광은 다음처럼 주장했다. "그러나 인지상정을 살펴보면 검약한 생활에서 사치한 생활로 들어가기는 쉽지만, 사치한 생활에서 검약한 생활로 들어가기는 어렵다." 이 말은 사마광이 보편적 인성을 깊이 있게 관찰한 후에 내린 정확한 결론일 뿐 아니라 그가 장지백을 칭찬하면서 자신도 검약으로 가정을 지탱한 이유라고 할 수 있다. 진실로 이 점이야말로 진정으로 먼 앞날을 내다보는 제가의 올바른 도리인 셈이다.

이어서 사마광은 『좌전』의 한 구절을 인용하여 검약과 사치를 해석하고 있다. "검약은 모든 덕성이 함께 말미암는 지점이요, 사치는 악행의 최대치다." 이 해석도 앞에서 거론한 장지백의 제가 이념과 결합하여 고찰해볼 수 있다. 검약 행위에는 사람의 내면에 과다한 욕망이 없음이 반영되어 있고, 지나친 욕망이 없어야만 물질의 구속을 떨쳐버릴 수 있고, 계속해서 가벼이 자신의 길을 가며 더욱 숭고한 이상과 가치를 추구할 수 있다. 과다하게 이상을 추구하지 않는 일반인이 검약 실천으로 욕심을 줄일 수 있으면 자신의 언행을 규범화할 수 있어서, 마음속에 탐욕과 무절제가 자라나지 않는다. 따라서 범죄의 가능성에서 멀찌감치 벗어날 수 있으며 근검하고 신중한 행동으로 가산을 점점 풍성하게 늘릴 수 있다. 이와는 반대로 사치 생활에 빠진 사람은 틀림없이 마음속에 욕망이 과다한 사람이다. 욕망이 많으면 바라는 것이 많아지고, 바라는 것이 많아지면 재앙이 동반된다. 사치 생활에 익숙해진 사람을 상상해보라. 어느 날 원래 그의 사치 생활을 지탱해주던 경제적 공급원이 사라지면 그가 무슨 일을 할 수 있겠는가? 사마광은 이렇게 단언했다. "관직에 있을 때는 반드시 뇌물을 요구하고, 향리에 있을 때는 반드시 도적질을 하게 된다." 따라서 검약은 모든 행위의 기초이고 사치는 모든 악행으로 나아가는 단서다. 장지백이 만약 검약과 덕성으로 집안을 다스리지 않고, 자신의 재상 임직 기간에 자손들로 하여금 방탕한 사치 생활에 빠져들게 했다면 그의 사후 자손들의 생활에 어떤 변화가 발생했을까? 장지백이 국가에 헌신한 공로 덕분에 그의 자손들은 틀림없이 그 음덕에 의지하여 적당한 관직을 받을 수 있었겠지만 더 이상 고위 관료로 승진하지는 못했을 것이다. 어려서부터 배양된 사치스러운 습관으로 인해 어느 날 관직과 녹봉을 잃게 되면 그들은 사마광이 단언한 대로 "관직에 있을 때는 반드시 뇌물을 요구하고, 향리에 있을 때는 반드시 도적질을 하게 될" 가능성이 농후하기 때문이다. 역사에는 이와 같은 사례가 아주 많다. 아래에서 그 사례를 하나 들어보겠다.

2. 후손이 없다

12월 정미일(丁未日)에 낭릉공(朗陵公) 하증(何曾, 199~279)이 죽었다. 하증이 사치스러운 생활로 자신을 떠받드는 모습은 임금보다 심했다. 사례교위(司隸校尉)[1] 동래(東萊) 사람 유의(劉毅, 216~285)가 여러 번 하증의 무절제한 사치를 탄핵했지만 진(晉) 무제(武帝)는 하증이 중신인지라 문책하지 않았다. 하증이 죽자 박사(博士) 신흥(新興) 사람 진수(秦秀)가 다음과 같이 비판했다. "하증은 사치가 과도하여 그 악명이 나라 전체에 덮여 있습니다. 재상직에 오른 대신은 사람들의 모범이 되어야 합니다. 만약 생전에 자기 마음대로 생활하고도 사후에 아무 비판을 받지 않는다면 왕공과 귀족들이 또 무엇을 두려워하겠습니까? 삼가 시호를 정하는 법도를 살펴보니 명분과 실질이 어긋나는 걸 무(繆)라 하고(名與實爽曰繆), 난세를 빌미로 마음대로 행동하는 걸 추(醜)라 한다(怙亂肆行曰醜)고 했습니다. 따라서 하증의 시호를 '추무공(醜繆公)'이라 해야 합니다." 그러나 무제는 하증의 시호를 '효(孝)'로 정했다.

『자치통감』 권80

진 회제(懷帝, 284~313)가 태제(太弟)[2]였을 때 중서자(中庶子)[3] 무파(繆播)와 친하게 지냈다. 회제는 즉위한 후 무파를 중서감(中書監)[4]에 임명하고, 무

---

1   도성과 지방의 관리 및 행정을 감찰하던 관직.
2   임금의 아우로서 다음 후계자로 책봉된 사람.
3   본래 제후나 대부의 서자를 교육하던 관리였으나 한나라 이후로는 태자의 시종으로 직책이 바뀌었다.
4   위 문제(文帝) 조비(曹丕)가 중앙집권을 강화하기 위해 중서령 이외에 별도로 설치한 고위 관직. 중서령과 직무는 비슷했지만 서열은 높았다. 황제의 신임을 받아 국가대사의 논의에 참여했다.

윤(繆胤)을 태복경(太僕卿)[5]에 임명하여 심복으로 삼았다. 회제의 외숙(外叔) 산기상시(散騎常侍) 왕연(王延, ?~318), 상서(尚書) 하수(何緩, ?~309), 태사령(太史令)[6] 고당충(高堂衝)은 모두 국가의 기밀 논의에 참여했다. 사마월(司馬越, ?~311)은 조정 신료들이 자신에게 두 마음을 먹었다 의심했고, 유여(劉輿), 반도(潘滔)는 사마월에게 무파 등을 모두 주살하라고 권했다. 이에 사마월은 무파 등을 모함하여 반란을 일으키려고, 을축일(乙丑日)에 평동장군(平東將軍)[7] 왕병(王秉)을 시켜 갑사 3,000명을 이끌고 궁궐로 들어가 무파 등 10여 명을 황제 곁에서 잡아들이고 정위(廷尉: 법률 담당 관리)에게 보내 주살하게 했다. 회제는 탄식하며 눈물을 흘렸다. 하수는 하증의 손자다. 당초에 하증이 무제를 모시고 잔치를 연 후 물러나와 자신의 여러 아들에게 말했다. "주상께선 대업을 개창하셨고, 나는 매번 잔치 자리마다 주상을 뵀는데 국가 경륜을 위한 원대한 계책은 듣지 못했고, 오직 평소의 일상사에 대한 이야기만 들었을 뿐이다. 이것은 그 후손에게 계책을 물려주는 방법이 아니고 자신의 한 몸만 생각하는 태도일 뿐이다. 황실의 후손들이 아마도 위태로워질 듯한데 너희들이라고 그 위태로움에서 벗어날 수 있겠느냐?" 그리고 손자들을 가리키며 말했다. "이 아이들에게 반드시 환난이 미칠 것이다." 하수가 죽자 그의 형 하숭(何嵩)이 말했다. "우리 할아버지께선 아마도 성인이신 듯하다!" 하증은 매일 1만 전(錢)의 음식을 차리게 하고도 오히려 젓가락을 댈 곳이 없다고 했고, 그의 아들 하소(何劭, 236~301)도 매일 2만 전의 음식비를 썼다. 하수 및 그의 아우 기(機)와 선(羨)도 사치가 더욱 심했고, 다른 사람에게 서찰을 보낼 때도 문장의 예의가 매우 오만했다. 하내(河內) 사람 왕니(王尼)는 하수의 서

---

5   황제의 어가, 마필(馬匹)을 관리하고 국가의 목축을 담당하는 관리.
6   앞의 태사(太史) 각주 참조.
7   위나라 때부터 설치된 사평장군(四平將軍)의 하나. 사평장군은 평동장군, 평남장군, 평서장군, 평북장군을 가리킨다. 각 방위에 해당하는 지역의 정벌과 방어를 맡았다.

찰을 보고 사람들에게 다음과 같이 말했다. "백울(伯蔚)은 난세를 살면서도 오만함이 이와 같으니 참화에서 벗어날 수 있겠는가?" 어떤 사람이 말했다. "백울이 그대의 말을 전해 들으면 틀림없이 그대를 해칠 것이다." 왕니가 말했다. "백울이 내 말을 들을 때쯤이면 그는 이미 죽었을 것이네." 영가(永嘉) 말년에 이르러 하씨 가문에는 남은 후손이 없게 되었다.

신 사마광은 아룁니다. 하증이 무제의 게으름을 비판한 것은 목전의 이익만을 추구한 것이지 장기 대책은 아니었습니다. 그러나 천하가 장차 어지러워지고 자신의 자손들이 반드시 그 우환에 말려들 것을 알았으니 얼마나 현명합니까? 그러나 스스로 분수를 모르고 사치를 즐겼으며 자손들에게 그 잘못된 흐름이 이어지게 하여 결국 교만과 사치로 멸문지화를 당하게 했으니 그 현명함이 어디로 갔단 말입니까? 또 재상의 몸으로 임금의 잘못을 알고도 알려주지 않고 사사롭게 집안에서만 이야기를 했으므로 충신이 아닙니다.

『자치통감』권87

─────────❀─────────

하증은 중국 역사에서 일류 명인이라 하기는 어렵다. 그러나 위·진 시대에는 권세가 막강했고 그의 가문도 융성했다. 그는 조씨(曹氏)의 위나라 후기에 재상을 지낸 적이 있지만 사마의(司馬懿, 179~251)와 친분이 두터웠기 때문에 서진(西晉)이 위나라를 대체하는 과정에서 매우 중요한 역할을 담당했고, 그 공로로 서진의 건국공신이 되었다. 그 후 삼공을 역임했고, 조회 때도 수레를 타고 칼을 찬 채 궁궐을 출입할 수 있도록 허락받았으니 영예와 총애가 지극했다고 할 만하다. 진정 일인지하 만인지상의 지위를 누린 사람이라 할 수 있다. 그에 대한 역사학자들의 기록은 아주 재미있다. 『진서(晉書)』 「하증전(何曾傳)」은 전반부와 후반부로 나눠

볼 수 있다. 전반부에서는 하증의 덕성을 기술했고, 후반부에서는 하증의 추악함을 비난했다. 동일한 인물에 대한 앞뒤 서술이 뚜렷한 차이를 보이자 심지어 어떤 사람은 그것을 동일인에 대한 기록이 아니라고 의심하기도 한다.

보통 전기와 다르지 않게 『진서』에서도 하증을 소개할 때 먼저 그의 가계에서 시작하고 있다. 그다음에 바로 이어서 하증의 극간(極諫)을 증명할 수 있는 두 통의 상소문을 실었고, 다시 그 뒤에는 그의 관직 경력과 정치 교제를 서술한 이외에도 하증의 각종 품성이 반영된 일화 몇을 중점적으로 소개하고 있다. 그 첫 번째 이야기는 모친상 기간에 술을 마신 완적(阮籍, 210~263)을 정면으로 비판하며 대불효자로 비평한 내용이다. 이 이야기는 바로 뒤 문장에서 사마광이 부현(傅玄, 217~279)의 글을 인용하여 하증의 효성을 설명하는 내용과 서로 부합한다. 이 일화 뒤에는 더욱 긍정적인 의미가 담긴 이야기가 덧붙여져 있다. 위나라 후기에 관구검(毌丘儉, ?~255)의 모반 사건이 발생했다. 이 사건은 역사적으로 유명한 '회남삼반(淮南三叛)'의 하나다.(다른 두 반란 사건은 왕릉[王淩, 172~251]과 제갈탄[諸葛誕, ?~258]이 주도했다. 이들이 반란을 일으킨 근거지가 모두 회남 지역에 있었다.) '회남삼반' 사건은 모두 위나라에 대한 충성과 사마씨의 전횡에 대한 반대가 그 본질이라 할 수 있다. 관구검의 군사 봉기도 사마사(司馬師, 208~255)가 위나라 소제(少帝) 조방(曹芳, 232~274)을 폐위한 사건이 배경으로 깔려 있다. 실력과 능력 문제 때문에 관구검은 결국 패배하여 주살당하고 말았다. 사마씨는 그에게 '모반죄'를 씌워 처단했다. 당시 법률에 따라 이미 출가한 관구검의 손녀 관구지(毌丘芝)까지 그 사건에 연좌되었다. 그러나 관구지는 마침 임신 중이었고, 하증은 그것을 불쌍히 여기고 조정에 상소문을 올려 이미 출가한 여성까지 문책하는 법률을 폐지하자고 요구했다. 조정의 최종 재가를 받아 관구지는 국문을 받지 않고 당시의 재난에서 벗어날 수 있었다. 이 사건은 중국 역사에서 아주 중대한 의의를 지니고 있다. 하증은 관구지와 뱃속 아이의 두 목숨을 구조했을 뿐 아니라 마침내 법률 발전과 인성 해방까지 촉진했다. 이후로 출가한 여성은 더 이상 정치 사건의 연좌 대상에 포함되지 않게 되었고, 또 임신 기간에는 모든 여성이 법률의 보호를 받을 수 있게 되었다. 이러한 대공덕은 분명 기념할 가치가 있다. 결국 『진서』에 기록된 하증의 전기 전반부는 정치적으로 하증이 위나라에서 진나라로 투신할 때 사마씨와의 교분을 통해 다소 기회주의적 심리를 보여준 일과, 그가 만년에 노처(老妻)와 만날 때 반드시 관복을 갖춰 입고, 다소 도학자적 분위기를 풍긴 일을 제외하면 전체적으로 우리에게 매우 좋은 느낌을 갖게 해준다.

그러나 후반부에서는 하증의 인상이 급전직하하여 매우 부정적인 인물로 묘사되고 있다. "품성은 매우 효성스러웠고, 가문은 엄숙했으며, 어려서부터 장년에 이르기까지 음악이나 미색을 좋아하지 않던"("曾性至孝, 閨門整肅, 自少及長, 無聲樂嬖幸之好", 『진서』 「하증전」) 하증이 사치에 젖어 부패의 수렁으로 빠져들고 있다. "매일 1만 전의 음식을 차리게 하고도 오히려 젓가락을 댈 곳이 없다"라고 불평을 했다. 더욱 꼴불견인 것은 하증이 단지 가문만 엄숙하게 유지할 줄 알았지 자손들을 제대로 교육하지 않았다는 점이다. 가족사의 시각으로 보면 하씨 자손 중 사치스러운 하증의 유전자를 물려받지 않은 사람은 하나도 없다. 게다가 자손들은 사치의 수준을 더 높여서 하루 1만 전의 음식 경비를 2만 전으로 늘렸다. 이 때문에 하증과 그의 가족은 당시 여론의 비난을 받았다.

재미있는 건 『자치통감』의 기록이다. 『자치통감』에서 하증의 이름은 모두 15차례 등장한다. 그중 후세 사람들의 기록과 평론에 세 차례 나온다. 나머지 12차례는 모두 하증 본인의 사적 속에서 언급되고 있다. 또 이 가운데 7차례는 고위 관료의 인사 조치를 서술하는 과정에 나오는

데 이때는 전체 서술 과정에서 한 번 언급되는 정도일 뿐 하증이란 인물에 대한 구체적 평가는 들어 있지 않다. 또 다른 한 차례는 하증이 완적의 불효를 비판하는 대목에 등장한다. 그리고 그와 사마씨의 정치적 교제를 서술할 때 두 차례 언급된다. 이 세 차례는 하증의 에피소드를 다루는 대목이지만 필치가 매우 간단하다. 나머지 두 차례 중 하나는 하증의 죽음을 기술한 부분이다. 관 두껑을 닫고 하증을 논평하면서 특히 그의 사치스러운 생활을 비판하는 데 중점을 두고 있다. 다른 한 부분에서는 하증의 자손들이 당한 재앙에 기대 하증의 사치와 부패를 비판하고 있다. 이 두 대목의 서술에 가장 많은 편폭을 할애하고 있다. 게다가 사마광이 하증을 직접 비평하는 대목도 있다. 이렇게 보면 『자치통감』에서 하증의 사례를 선택한 것은 비교적 중립적인 그의 이력 및 인간관계에 대한 서술 외에, 그의 부정적 측면을 중점적으로 묘사하려는 의도를 보이고 있다. 따라서 『진서』 「하증전」 전반부에서 서술한 하증의 덕성은 『자치통감』 기록에서 거의 생략되어 있다. 이 같은 서술 의도의 중요한 원인은 바로 사마광이 줄곧 사치를 반대했기 때문이다.

하증이 세상을 떠나자 관례에 따라 조정에서는 예관(禮官)에게 그의 시호 문제를 토론하도록 요청했다. 놀라운 일은 진수라는 이름의 한 박사가 '추무'라는 시호를 건의했다는 사실이다. 시호는 흔히 대신의 생전 공적을 표창하는 목적으로 사용되는 터라 일반적으로 가능한 한 좋은 글자를 고른다. 원한 맺힌 사람이 많아야 '추무'와 같은 시호를 써서 죽은 지 얼마 안 되는 개국공신을 모욕할 수 있다. 그러나 진수는 하증이 재상의 신분으로 본래 인륜의 모범이 되어야 함에도 불구하고 오히려 지나치게 사치를 부리며 부패했다고 논증하고 있다. 하증은 생전에 자신의 부당한 행위 때문에 처벌을 받은 적이 없으므로 만약 사후에 시호를 통해서라도 그를 비판하지 않으면 이로써 천하의 풍속이 결국 불량하게 되고 말 것이란 의미다. 이것은 진수가 한 말이지만 기실 사마광의 의견이라고 봐야 한다. 우리는 앞서 사마광이 사료 선택을 통해 자신의 입장을 표명하는 데 뛰어나다고 소개한 적이 있다. 사치가 하증의 수신 제가 과정에서 드러난 큰 결점임은 분명하다. 그러나 그에게도 장점이 전혀 없었던 것은 아니다. 『자치통감』에서는 하증이 이룩한 긍정적 사적의 많은 부분을 거의 거론하지 않았다. 오로지 사치와 부패라는 화두로 하증을 논죄한 것은 분명 하증이란 인물을 바라보는 사마광의 시각이 중점적으로 반영된 것이다. 정말 진수의 의견대로 시호가 확정되었다면 하증은 아마도 중국 시호 역사에서 첫 번째로 가장 나쁜 시호를 받은 사람이 되었을 것이다. 다행히 진 무제가 앞장서서 진수의 의견을 거부하고 마침내 하증을 위해 '효'라는 좋은 시호를 증정했다. 솔직하게 말해서 '효'라는 시호도 그렇게 좋다고 할 수 없지만 하증이 효자였던 건 분명한 사실이다.

우리는 하증의 정치적 판단력이 예민하지 않았다고 말할 수 없다. 한번은 하증이 잔치 뒤에 가족들에게 진 무제는 세상을 다스릴 만한 재목이 아니므로 조만간 천하가 큰 혼란에 빠진다고 말했다. 하증은 먼저 여러 아들에게 너희들은 요행으로 난리에서 벗어나 몸이 온전하겠지만 어린 손자들을 가리키며 저애들은 아마도 재앙에서 벗어날 방법이 없을 것이라고 탄식했다. 하증의 예언은 과연 사실로 증명되었다. 팔왕의 난(八王之亂: 291에서 306년까지 서진西晉의 사마씨 제후 여덟 명이 중앙 정권을 탈취하기 위해 벌인 내란) 이후 서진 왕조는 거의 와해되고 말았다. 당시에 하증의 손자 하수는 '팔왕의 난' 과정에서 벌어진 당쟁에 말려들어 정적에게 피살되었다. 그의 형 하숭은 자신의 조부 하증의 예언이 거의 성인과 같은 수준이라고 울부짖었다. 이 말은 하숭의 조부 하증이 손자 세대의 곤경을 성공적으로 예언했다는 의미다.

소용돌이치는 정국 속에서 하씨 가문은 점차 쇠약해졌고 결국 중앙 정계에서 완전히 퇴출되었을 뿐 아니라 나중에는 한 사람의 후손도 생존하지 못하는 파국에까지 이르렀다. 하승이 하수의 죽음에 곡을 하며 내뱉은 말에는 하씨 가문의 쇠퇴가 시대의 혼란 때문이었다는 의식이 반영되어 있다. 그러나 사마광은 그렇게 생각하지 않았다. 그는 하씨 가문의 패망을 당시의 실제 정국에서 분리하여 하증에게 죄를 돌리고 있다. "스스로 분수를 모르고 사치를 즐겼으며 자손들에게 그 잘못된 흐름이 이어지게 하여 결국 교만과 사치로 멸문지화를 당하게 했으니 그 현명함이 어디로 갔단 말입니까?" 사마광은 이 말을 통해 여러 가문이 똑같이 내리막길을 걸었지만 하씨 가문의 쇠퇴와 패망이 다른 가문에 비해 더욱 철저했음을 지적하고 있다.(사가史家들은 이를 "하씨에게는 남은 후손이 없다何氏無遺種"라는 말로 표현하고 있다.) 그리고 그렇게 된 가장 중요한 원인이 이 가문에 줄곧 이어져온 사치와 제가의 방탕함 때문이라고 분석했다.

사마광의 비평은 일리가 없지 않다. 하증이 시작한 사치 풍조는 후손들에게서 더욱 극심해졌다. 하증은 한 끼 식사에 1만 전을 소비했고, 그의 아들 하소는 공훈이 자기 부친의 우수리에도 미치지 못하는데도 사치 풍조는 두 배로 늘려 한 끼 식사에 2만 전을 소비했다. 이 하소가 바로 하수의 숙부다. 하수 형제는 성년이 되어 벼슬길에 나선 후 조부와 부친의 사치 풍조를 물려받는 데 그치지 않고 더욱 오만하고 무례해져서 다른 사람에게 보내는 편지에서도 종종 오만한 어투를 노출했다. 이 때문에 이런 편지를 본 사람들은 하수가 난세를 살아가면서 그처럼 교만하고 오만하게 굴면 그 자신에게 나쁜 일이 생기지 않을 수 있을까라고 수군대곤 했다. 따라서 하씨 가문의 역정을 종합해보면 하증에서 하소를 거쳐 하수에 이르기까지 능력·품행·인연에서는 모두 장기를 보이지 못하고, 오직 사치 풍조에서만 장기를 보였다. 따라서 결론적으로 이 같은 가족은 태평성대에 살았더라도 틀림없이 가문을 오래 유지할 수 없었을 것이다. 이 관점에서 살펴보면 사마광이 하씨 가문의 패망 원인을 시대 탓으로만 돌리지 않고, 그들 가문의 자체적 원인에서 반성의 근거를 찾은 것은 매우 일리 있는 태도라고 할 만하다.

하증과 그의 자손들은 격동의 시대 특히 '팔왕의 난' 이후의 서진 시대를 살았다. 이러한 환경하에서는 가문의 영예 유지를 언급조차 할 수 없다. 심지어 인간의 정상적 번식도 평시보다 몇 배나 더 어려운 시기였다. 따라서 기실 당시에는 그처럼 사치하지 않은 가문도 명맥을 유지하기가 아주 어려운 상황이었다. 그러나 시대적 상황이 그렇다고 해서 하씨 가문의 사치 풍조에 대한 우리의 비평을 줄여야 할 이유는 없다. 우리는 더더욱 사마광이 이 일의 인과 관계를 분석할 때 기본적 역사 사실을 위배했다고 단순하게 인식할 수 없다. 사마광은 『자치통감』에서 역사 사건을 선택하고 평가할 때 어떤 입장을 유지해야 하는지에 대해 더욱 심원한 고민을 거듭했다. 따라서 하씨의 사치 풍조를 비판할 때도 심층적 고민의 가장 기본적인 핵심은 「검약을 해석하여 아들 사마강에게 보여주다」에 잘 드러나 있다. 이 문장의 첫머리에서 사마광은 자신이 살고 있는 시대가 갈수록 더욱더 사치에 빠져들고 있다고 느꼈고, 이 때문에 깊은 근심에 젖었으며, 이러한 근심이 글을 쓰게 된 직접적인 원인이라고 밝혔다. 사치는 왜 우려할 일인가? 우리는 앞에서 이미 단순하고 소박한 삶에는 흔히 내면의 평정심이 반영되어 있고 평정심은 재앙을 야기하는 비율이 아주 드물다고 다소 장황하게 분석한 바 있다. 이와는 반대로 사치를 숭상하는 사람들은 필연적으로 고도의 물욕에 빠질 수밖에 없고 이처럼 물욕을 뒤쫓다 보면 자신의 덕행을 망치는 일이 자주 일어나게 된다. 검약을 선택할 것인지 사치를 선택할 것인지는 흔히 각자의 기본 품성과 연관되는 경우가 많다. 송나라 유학자들은 특히 수신과 제가를 중시하면서 이것이야말로 치국과 평천하의 주춧돌이라고 인식했다. 하증의 사례를 통해 우리는 사치가 수신과 제가를 방해하는 요소임을 분명하게 알 수 있다. 또한 장지백이 말한 대로 "검약에서 사치로 들어가기는 쉽지만 사치에서 검약으로 들어가기는 어렵다"는 사실도 쉽게 증명할 수 있다.

3. 덕의 대물림

―――――――― ❀ ――――――――

3년 봄, 정월 계묘일(癸卯日)에 노회신(盧懷愼, ?~716)을 검교이부상서(檢校吏部尚書)[1] 겸 황문감에 임명했다. 노회신은 청렴하고 검소하여 재산 증식에 힘쓰지 않았다. 비록 고귀하게 경상(卿相, 재상)이 되었지만 자신이 받은 녹봉을 손 가는 대로 친척과 친지들에게 희사했다. 이 때문에 처자식은 굶주림과 추위에서 벗어나지 못했고, 기거하는 집은 비바람조차 가릴 수 없었다. 요숭이 일찍이 아들의 상을 당해 10여 일 휴가를 청했다. 위임한 정무가 가득 쌓이자 노회신은 처결할 수가 없어서 당황한 나머지 궁궐로 들어가 당 현종에게 사죄했다. 현종이 말했다. "짐은 천하의 일을 요숭에게 맡겼고 경에게는 그 곁에 앉아 고아한 선비와 속된 소인을 진무(鎮撫)하는 일만 맡겼을 뿐이오."

『자치통감』 권211

경진일(庚辰日)에 공부상서 장가정(665~729)이 세상을 떠났다. 장가정은 재산 증식에 힘쓰지 않았다. 어떤 사람이 그에게 토지와 저택을 사라고 권하자 장가정이 말했다. "나는 고귀하게 장군과 재상을 역임했는데 추위와 굶주림을 어찌 근심하겠소? 만약 내가 죄를 얻는다면 토지와 저택이 있더라도 아무 소용이 없을 것이오. 나는 근래에 조정의 벼슬아치들 중 좋은 땅을 많이 점유한 자들을 보았소. 그것은 그들이 죽은 이후에 무뢰배 자식들의 주색 비용으로 쓰기에 딱 알맞을 뿐이오. 나는 그런 짓을 하지 않

―――――――――――――――――――――――

1 검교(檢校)는 실제로 직무에 종사하지 않는 일종의 명예직이다. 이부상서는 상서성 육부(六部: 이부, 호부, 예부, 병부, 형부, 공부) 중에서 관리의 임면(任免)을 담당하는 장관이다. 조선시대 이조판서에 해당한다.

을 것이오." 그의 말을 들은 사람들은 모두 옳게 여겼다.　　『자치통감』권213

「자식 교육」 장에서 우리는 요숭과 같은 시대의 재상 노회신과 장가정을 언급한 적이 있다. 이 두 사람의 공적은 요숭에 미치지 못하지만 가정 다스림은 요숭보다 성공적이었다. 이 때문에 자손들 중에 뛰어난 인물이 많이 배출될 수 있었다. 노회신과 장가정의 제가 비결은 모두 '검약으로 덕성을 기른' 점에 귀결시킬 수 있다.

동한 이후로 수·당 시기에 이르기까지 문벌 귀족들은 줄곧 정치 무대의 주요 역량으로 활동했고, 남북조시대에는 더더욱 남조와 북조 양쪽에서 각각 명문세가의 전통을 형성했다. 북방의 명문거족으로는 최씨, 노씨, 정씨, 왕씨 네 가문을 가장 먼저 손에 꼽을 수 있다. 노회신이 바로 범양노씨 출신이다. 노회신은 명문거족 출신으로 그 자신도 재상까지 지냈지만 줄곧 검소하고 청렴한 생활 태도를 유지했다. 이 같은 가문 출신으로 덕행을 갖춘 사람은 흔히 가족의 책임감을 중시하는데 노회신도 예외가 아니었다. 그는 『자치통감』의 편자 사마광과 마찬가지로 녹봉이 적지 않았지만 매우 청빈하게 살았다. 자신의 수입 대부분을 모두 가난한 친척을 구제하는 데 썼기 때문이다. 그러나 그는 수중의 권력을 이용하여 친척들에게 관직을 주선하는 일은 전혀 하지 않았다. 『자치통감』에서는 노회신의 청빈한 삶을 아주 간결하게 요약했다. "처자식은 굶주림과 추위에서 벗어나지 못했고, 기거하는 집은 비바람조차 가릴 수 없었다." 『신당서』에 실린 노회신 열전을 읽어보면 『자치통감』의 두 구절 요약이 모두 근거가 있음을 알 수 있다.

『신당서』 「노회신전(盧懷愼傳)」에는 또 다음과 같은 일화가 실려 있다.

한번은 노회신이 병이 났을 때 송경 등이 문병하러 갔다. 그날 마침 비가 내렸는데 그들이 노회신의 집에 도착했을 때 그의 집 문에는 돗자리 한 장이 걸려 있었다. 노회신의 집 방문이 부서져 비를 막을 수 없어서 돗자리를 걸고 비바람을 피하고 있었던 것이다. 노회신이 방문 수리에 돈을 쓰려 하지 않았는지 아니면 제때에 수리할 수 없었는지 알 수 없지만 대당(大唐) 융성기 재상의 집이 이 정도였다는 것은 정말 믿기 어려운 사실이다. 동료들이 찾아온다고 하자 아마도 노회신은 기분이 좋아서 그들을 위해 잔치를 베풀려고 했을 것이다. 그러나 그가 차려낸 음식은 찐콩 두 그릇과 채소 몇 그릇에 불과했다. 이러한 음식도 노회신에게는 아마 사치스럽게 여겨졌을 것이다. 동료 대접이 아니었다면 이 같은 음식조차 차리지 않았을 것이다.

노회신 스스로도 관리로서의 재능은 자신이 요숭보다 못하다는 사실을 잘 알고 있었다. 그래서 그는 요숭과 함께 재상이 된 후 모든 일을 처리할 때 요숭의 의견을 존중했다. 『자치통감』에서도 기실 이러한 점에 노회신의 품성이 잘 드러나 있다고 지적했다. 그렇다고 노회신이 그럭저럭 자리만 채우는 무능한 관리는 전혀 아니었고 국가대사에 대해서 자신만의 관점을 가지고 있었다. 『구당서』 「노회신전」에는 그가 쓴 장편 상소문 세 통이 실려 있다. 그러나 노회신은 요숭이 더욱 효율적이고 정확하게 문제 해결 방법을 찾는 걸 발견한 후 자발적으로 양보심을 발휘하여 요숭을 위해 더욱 이상적인 업무 환경을 만들어주려고 노력했다. 함께 일을 하며 동료의 재능을 시기하지 않고 스스로 겸양하면서 상대방에게 유리한 조건을 제공하는 것은 그 자체로 고귀한 품성이다. 애석하게도 많은 사람이 이 점을 깨닫지 못하고 노회신을 '반식재상(伴食宰相)'이라고 불렀다. 이는 하는 일 없이 밥만 축내는 재상이란 뜻이다. 노회신은 임종 전에 당 현종에게 인재 몇 명을 추천했고, 이들은 나중에 모두 당나라 융성기를 지탱한 동량으로 성장했다. 이들 속에 포함된 송경은 이후 요숭과 이름을 나란히 한 명재상이 되었다. 이 몇 가지 사실을 통해서도 우리는 노회신이 고위직에 있으면서 부끄러운 짓을 하지 않았다는 사실을 증명할 수 있다.

『자치통감』에서는 또 『구당서』와 『신당서』에 모두 기록되지 않은 한 가지 일화를 선택해 넣어서 노회신을 재상직에 임명한 또 다른 의미를 설명하고 있다. 당 현종은 노회신을 요숭과 함께 재상직에 임명하여 공동으로 정무를 처리하게 했다. 처음에 노회신은 자신의 행동에 아무런 문제가 없다고 생각했다. 요숭이 자신보다 더 능력이 뛰어났으므로 정책을 결정할 때 대부분 요숭의 의견을 따르면 되었기 때문이다. 나중에 만아들 요이가 죽자 요숭은 장례를 치르기 위해 휴가를 요청했다. 따라서 노회신은 한동안 혼자서 재상 업무를 처리해야 했다. 처리하고 지시해야 할 공문이 책상 위에 가득 쌓이자 노회신은 갑자기 요숭이 자리를 비운 상황에서 많은 일을 혼자서 결정할 수 없다는 사실을 발견했다. 성품이 충성스러운 노회신은 즉시 현종을 찾아가서 자신은 재상감이 아니므로 다른 현인을 선택하라고 요청했다. 현종은 그의 말을 듣고 껄껄 웃으며 대답했다. "경을 재상직에 임명한 것은 업무 처리 능력 때문이 아니고 경의 인격과 품성에 감동해서 사회 풍속을 인도하고 바로잡기 위해서요. 기실 경은 지금 풍속을 바로잡는 큰 역할을 담당하고 있소. 계속해서 경의 기풍을 잘 유지하여 '고아한 선비와 속된 소인을 진무하는 일'을 맡아주시오. 쌓인 문건은 걱정하지 마시오. 요숭이 돌아온 이후 잘 처리할 것이오."

우리는 이 대목에서 감탄하지 않을 수 없다. 초기의 당 현종은 확실히 인재 등용에 뛰어났다. '개원성세'의 개창이 진정 운에 의지한 것이 아니었다. 인재 등용에 뛰어난 영도자의 눈에는 쓸모없는 사람이 있을 수 없다. 중요한 건 그 사람의 정확한 능력을 살펴서 타당한 자리와 타당한 역할을 그에게 찾아주는 안목이다. 이는 마치 뛰어난 목수의 손에는 못 쓰는 재료가 있을 수 없고 중요한 점은 재료를 어디에다 쓸 것인가 고민하는 것과 유사하다. 하물며 노회신은 진정 능력이 없고 쓸모없는 사람이 아니었음에랴? 그는 제때에 정무를 타당하게 처리할 수 없어서 요숭을 지나치게 신임하고 또 요숭에게 지나치게 의지하는 심리를 지니게 된 것으로 보인다. 그는 직무를 감당한 능력이 없다고 자신을 비판함으로써 책임감 있는 관리의 품행을 보여줄 수 있다고 인식했다.

노회신에게는 두 아들이 있었다. 맏아들은 노환(盧奐, 691~758)이었고, 둘째아들은 노혁(盧奕, ?~755)이었다. 둘은 모두 가풍을 계승했다. 오늘날 광둥 성(廣東省)에 속하는 중국 남부 지역은 당나라 때 남해군(南海郡)에 속해 있었다. 당 현종 시기에 이 지역은 매우 부유했다. 다수의 관리들은 황제의 권위가 미치지 않는다 생각하고 한도 끝도 없이 뇌물을 받아먹었다. 다수의 태수와 절도사가 모두 뇌물 때문에 파직되었다. 이에 당 현종은 청렴한 가풍을 계승한 노환을 남해태수로 임명했다. 노환이 부임한 후 몸소 모범을 보이며 관직 사회를 정돈하자 탐관오리가 자취를 감춰서 백성이 편안하게 살 수 있게 되었다. 노혁은 안사의 난 때 순국했고, 노혁의 아들 노기(盧杞, ?~785)는 당 덕종 때 재상을 지냈다. 이러한 역사 사실에 근거하여 살펴보면 정무 부문에서는 노회신이 요숭보다 못하지만 제가 부문에서는 노회신이 요숭보다 훨씬 뛰어났음을 알 수 있다. 이 과정에서 가장 중요한 점은 노회신 자신의 품행이었다. 사람들은 항상 말로 가르치는 것보다 행동으로 가르치는 것이 더 낫다고 한다. 노회신의 모든 언행은 아들과 손자의 성장을 지도하는 가장 훌륭한 교과서였다. 노회신의 일생을 꿰뚫어보면 모든 품행의 입각점이 바로 '검(儉)'이란 글자 하나에 집중되고 있다. 게다가 그의 검소한 덕행은 이미 바깥 재물에 연연하지 않는 경지를 초월하여 권세와 명예까지 탐하지 않는 고차원의 수준으로 승화되고 있다.

또 '검약으로 집안을 다스린다'는 이념을 명확하게 표명한 사람으로 노회신과 동시대 재상인 장가정이 있다. 역사책에 장가정이 특별히 검소했다는 기록은 없지만 그가 재산 불축적 이념을 실천했다고 명확하게 지적하고 있다. 따라서 그가 비록 노회신처럼 검약하지는 않았지만 동시대의 많은 관리들과 처신이 달랐다는 사실은 충분히 증명할 수 있다. 수많은 출세자들과 마찬가지로 장가정의 신변에도 재산을 증식하라고 그에게 권하는 사람이 많았다. 그러나 그는 그들의 요구를 거절하면서 재산을 증식해봐야 자신이 죽은 후 무뢰배 자식들의 주색 비용으로 충당될 뿐이라고 했다. 『자치통감』에서는 '그의 말을 들은 사람들은 모두 옳게 여겼다(聞者是之)'라는 간단한 평어(評語)로 장가정의 말에 찬성을 표시했다.

장가정이 고수한 이 이념의 진정한 핵심은 바로 '사람을 근본으로 삼는다(以人爲本)'라는 원칙에 다름 아니다. 가문의 뛰어난 전통은 능력 있고 품행이 단정한 자손에 의해서 유지되지 재산 축적에 의지해서 유지되는 건 아니라는 것이다. '검약'은 장가정에게 이성적 선택이었고, 그는 검약의 중심을 자식 교육에다 두었다. 그것이야말로 가문 유지의 장기 대책이었다. 검약의 중심을 재산 축적에 두지 않은 것은 물질적 부유함이란 모이고 흩어지는 것이 무상하여 장기적 대책이 될 수 없고 또 때때로 나쁜 결과를 초래하기 때문이라는 것이다. 따라서 똑같이 '검약으로 덕성을 기른다'는 원칙을 강조했지만 장가정과 노회신 사이에는 약간의 차이점이 존재한다. 노회신의 검약은 자연스러운 상태에서 우러나온 내재적 덕성이지 이성적 선택은 아니었다. 만약 격조를 따지는 옛사람들의 방법으로 두 사람을 품평해보면 노회신의 경지가 더욱 높다고 할 수 있다. 노회신의 검약은 진실한 마음에서 우러난 행위여서 사람과 덕성이 하나 된 경지를 이뤘다. 장가정의 검약은 이성적 사고를 거친 후 선택된 행위여서 사람과 덕성이 분리된 모습을 보였다. 따라서 두 가문의 자손을 비교해보면 장가정의 아들 장연상도 동일하게 재상을 지냈고 동일하게 공적을 쌓았지만 도량은 다소 좁은 특성을 드러내고 있다. 이와 관련된 내용은 이미 '수신편' 「자기절제력」에서 소개한 바 있다. 어떻든 노회신과 장가정 두 재상이 '검약으로 집안을 다스리자(以儉齊家)'라고 제창한 것은 그 효과가 매우 뚜렷했다. 그리고 기본적으로 두 사람은 '길은 달랐지만 동일한 목적지(殊途同歸)'를 지향하고 있었으므로 요숭의 경우보다 훨씬 튼실한 열매를 맺을 수 있었다.

화제가 이 대목에 이르자 나의 뇌리에는 난카이대학(南開大學) 설립자이며 근대의 명인인 장보링(張伯苓, 1876~1951) 선생이 떠오른다. 장 선생은 중국 교육과 중국 문화의 현대화를 위해 평생토록 노심초사했다. 다수의 대학교, 중고등학교, 초등학교를 창설하여, 난카이교육 시스템을 창조했다. 그는 또 중국에서 올림픽운동을 적극적으로 제창한 인물로 흔히 '중국 올림픽운동의 제1인자'로 일컬어진다. 그가 창설한 학교에서 저우언라이(周恩來, 1898~1976) 총리와 같은 세기의 위인이 배출되었다. 그러나 장 선생이 세상을 떠날 때 은행에는 단 한 푼의 저금도 없었고, 그의 지갑에 겨우 7위안(元)만 남아 있었다. 그가 자녀들에게 남긴 최후의 유언은 '덕을 물려줘야지 재물을 물려줘서는 안 된다(留德不留財)'라는 말이었다. 그는 민족을 진흥시키기 위해 힘써 일을 했다. 이러한 장 선생의 드넓은 흉금은 고대의 왕후장상이 단지 한 가문을 위해 매진한 경우보다 훨씬 뛰어난 경지라고 할 만하다. 이러한 일화는 읽는 사람에게 감동을 줄 뿐만 아니라 깊은 생각거리를 제공해준다. 장 선생의 명망과 능력으로 자손에게 재산을 물려주려고 마음먹었다면 그건 100퍼센트 가능한 일이었을 것이다. 만약 장 선생이 자손들에게 풍부한 재산을 남겼다면 반세기 후에 그 재산은 도대체 어디로 귀의하게 되었을까? 그것이 진정으로 자손들에게 긍정적 의미를 제공해줄 수 있었을까? 아마도 단정하기 어려울 것이다. 오늘날까지도 사람들이 장보링 선생을 언급할 때 가장 먼저 떠올리는 것은 여전히 난카이중고등학교(南開中學)와 난카이대학교다. 자손 입장에서도 가장 자부할 만한 일은 틀림없이 중국의 발전과 진보에 끼친 장 선생의 큰 공헌이지 무슨 물질적 유산은 아닐 것이다.

집안의 기풍과 문화

1. 부인이 만든 재앙

한 무제 말년에 해내(海內)의 재정이 고갈되고 호구가 반으로 줄었다. 곽광(霍光, ?~기원전 68)은 시무(時務)의 요체를 알아 부역을 줄이고 세금을 경감하여 백성에게 휴식을 주었다. 이때에 이르러 흉노는 화친을 청해왔고 백성은 충실한 삶을 살게 되어 문제(文帝, 기원전 202~기원전 157)와 경제(景帝, 기원전 188~기원전 141) 때의 대업을 다소 회복했다. 『자치통감』 권23

선제(宣帝) 3년, 봄, 정월 계해일(癸亥日)에 공애(恭哀) 허황후(許皇后, 기원전 88~기원전 71)가 세상을 떠났다. 당시에 곽광의 부인 현(顯, ?~기원전 65)이 막내딸 곽성군(霍成君, ?~기원전 54)을 고귀한 황후로 만들려 했으나 어떻게 할 방법이 없었다. 그때 마침 허황후가 임신하여 몸이 아팠다. 여의사 순우연(淳于衍)은 곽씨 집안의 총애를 받아서 일찍이 궁궐로 들어가 황후의 병을 보살핀 적이 있다. 순우연의 남편 상(賞)이 당시 궁궐 대문 지킴이로 있었다. 남편 상이 아내 순우연에게 말했다. "곽씨댁 부인에게 가서 나를 위해 안지감(安池監)직을 요청해보오!" 순우연은 남편의 말과 같이 현에게 이야기했다. 현은 마음속에 한 가지 계책이 생각나서 순우연의 자(字)를 부르며 말했다. "소부(少夫)가 다행히 한 가지 일을 하여 내게 보답해주면 나도 소부에게 보답할 것인데, 가능하겠는가?" 순우연이 말했다. "부인께서 말씀하시면 무슨 일을 하지 못하겠습니까?" 현이 말했다. "곽 장군께서 평소에 막내딸 성군을 애지중지하시어 특별히 고귀한 신분으로 만들려고 소부에게 폐를 끼치고 싶어 하시네." 순우연이 말했다. "무슨 말씀이십니까?" 현이 말했다. "여인의 분만은 큰일이라 열 명은 죽고 한 사람만 살아나네. 지금 황후가 분만할 시기가 되었는데 이 기회를 빌려 독약을 타서 제거하면 성군이 곧 황후가 될 것이네. 만약 자네의 도움에 힘입어 일이 성공하면 장차 부귀를 소부 자네와 함께할 것이네." 순우연이 말했다. "황후에게 쓰는 약은 여러 사람이 함께 짓고, 또 항상 먼저 맛보는 사람이 있습니다. 어떻게 가능하겠습니까?" 현이 말했다. "소부 자네만이 할 수 있는 일이네. 곽 장군께서 천하를 호령하시는데 누가 감히 함부로 말을 하겠나? 곽 장군께서 일의 완급을 조절해주실 것이네. 다만 소부 자네가 이 일을 할 생각이 없을까봐 두렵네." 순우연이 오래도록 고민하다가 말했다. "제 힘을 다 바치겠습니다." 그리고 바로 독약인 부자(附子)를 빻아서 장정궁(長定宮)으로 가져갔다. 황후가 분만한 후 순우연은 부자를 태의의 환약에 섞어서 황후에게 마시게 했다. 잠시 후 황후가 말했다. "내 머리가 터질 것 같구나. 약 속에 독이 섞이지 않았느냐?" 순우연이 대답했다. "아닙니다." 결국 답답한 증세가 심해져서 황후는 세상을 떠났다.

『자치통감』 권24

선제 4년, 봄, 3월 을묘일(乙卯日)에 곽광의 딸을 황후로 세우고 천하에 사면령을 내렸다. 당초에 허황후는 미천한 신분 출신으로 황후의 자리에 오른 날이 일천했지만 시종, 수레, 복식을 매우 검소하게 했다. 곽황후가 옹립되고 나서는 거마(車馬)와 시종을 더욱 성대하게 했고 아래 관속들에게 내리는 상도 1,000만 전에 이르러서 허황후 때와 현격한 차이를 보였다.

『자치통감』 권24

나는 이 대목에서 경전적 사례를 이용하여 제가와 가문의 운명에 대해 이야기해보고자 한다. 이들 사례를 빌려 제가가 아주 중요하지만 제가를 잘하기란 결코 쉬운 일이 아니며, 게다가 그것이 치국에 비해 간단하지 않다는 사실을 설명하고자 한다.

서한 중기 저명한 대신 곽광은 치국에서 매우 중요한 역할을 담당했다. 이것은 역대 학자들도 부정하지 못한 사실이다. 그는 한 무제가 임종전에 후사를 부탁한 고명대신이었다. 정권을 잡은 후 한 무제 시대의 극단적인 영토 확장 정책을 변경하여, 정책의 중심을 국내의 민생, 농업, 경제 발전으로 옮긴 후 한나라 시대 두 번째로 백성에게 휴식을 주고 생산을 장려하는(休養生息) 정책을 폈다. 이를 통해 한 선제(宣帝, 기원전 91~기원전 49, 재위 기원전 74~기원전 49) 시대의 중흥에 견실한 기초를 놓았다. 곽광이 한 무제의 고명을 받고 보좌한 소제(昭帝, 기원전 94~기원전 74, 재위 기원전 87~기원전 74)는 겨우 21세에 세상을 떠나서 후사를 남기지 못했다. 곽광은 우선 대신들과 함께 소제의 조카 창읍왕(昌邑王) 유하(劉賀, 기원전 92~기원전 59)를 보위에 올렸다. 유하는 아주 짧은 27일간 재위하면서 곽광을 위시한 정계의 노신들과 극한 충돌을 야기하여 결국 폐위되고 말았다. 이후 곽광이 주도하여 한 무제의 증손자이며 위태자(衛太子) 유거(劉據, 기원전 128~기원전 91: 모친의 이름이 위자부衛子夫였으므로 위태자라고 불렸다. 나중에 모함을 받고 모반을 일으켰다가 자살한 데서 여태자戾太子라고도 불린다.)의 손자인 유병이(劉病已: 한 선제의 어릴 때 이름은 병이이고, 황제에 즉위한 후 순詢으로 이름을 바꿨다.)를 새로운 황제로 옹립했다. 이 27일 동안 한나라 조정에는 황제가 없었다. 『자치통감』에 각주를 단 저명한 학자 호삼성은 다음과 같이 평론했다. "한나라 조정에서 27일 동안 임금이 없었지만 천하가 흔들리지 않은 것은 곽광이 이 일을 처리했기 때문인데, 이는 진실로 어려운 일이었다."("漢朝無君二十七日, 天下不搖, 霍光處此, 誠難能也.", 『자치통감』 권24, 호삼성 주) 정무를 정상적으로 운영하는 일 이외에 더욱 중요한 것은 곽광이 자신에게 보위를 찬탈할 야심이 없다는 것을 사람들로 하여금 믿게 했다는 점이었다. 이에 모두들 그에게 고분고분 복종하고 각자 자신의 최선을 다하며 아무런 트집도 잡지 않았다. 곽광의 재능과 충성심은 당시 비상 시기의 시련을 거치며 충분한 힘을 발휘했다.

그러나 정치적으로는 성공을 거둔 곽광도 사후에는 자손들에게 무한한 영광을 남겨주지 못했다. 오히려 그의 후대에는 가문이 몰락하고 친족이 멸문지화를 당하는 참혹한 상황이 전개되었다. 곽씨 가문의 이와 같은 결말은 곽광 생존 시의 광경과 강렬한 대비를 이룬다. 이 때문에 그의 파국은 후세 공신 가문에 심각한 교훈을 남겼다. 왜 이렇게 되었을까? 관건은 바로 곽광이 치국에는 능했지만 수신과 제가에는 능하지 못했기 때문이다. 곽광이 제가에 실패한 내력을 탐색하기 위해 이제 그의 부인으로부터 이야기를 시작하고자 한다.

곽광의 부인 이름은 현(顯)이다. 이 부부는 아들 외에도 딸을 몇 두었다. 그중 맏딸은 한 소제의 장모가 되었으므로 그녀의 부귀는 부친 곽광의 힘에 의지했다고 할 만하다. 곽광의 부인이 더욱 총애한 딸은 막내딸 곽성군이었다. 한 선제가 황제로 옹립된 초기에는 곽성군이 아직 출가하지 않은 처녀였다. 곽광의 부인은 자기 막내딸을 선제의 황후로 만들어 오래도록 부귀를 누리고 싶어 했다.

그러나 문제는 선제가 민간에서 생활할 때 이미 허씨 성 여인과 혼인을 했다는 것이었다. 선제가 아직 강보에 싸여 있을 때 무고의 화(巫蠱之禍)[1]가 발생했다. 그의 조부 여태자는 모함을 당하다가 어쩔 수 없이 군사를 일으켰고 결국 패배하여 자살하고 말았다. 선제는 출생한 지 몇 달도 채 되지 않아 그의 가족과 함께 감옥에 갇혔다. 여태자의 자손 중에 뒷날까지 살아남은 사람은 오직 선제 한 사람뿐이었다. 그는 비록 사면은 받았지만 서민들과 마찬가지로 민간에서 성장했다. 그러나 대역죄인 여태자의 손자로서 선제는 민간에서 매우 고생스러운 삶을 살았다. 문벌좋은 집안의 딸을 아내로 맞아들이지 못한 것도 고생의 하나였다. 선제의 조부 여태자에게 충성을 바치던 옛 부하의 열성적인 주선하에 선제 유병이는 마침내 허씨 성의 여인을 아내로 맞았다. 이 여인의 부친은 일찍이 법률을 어긴 죄로 궁형(宮刑)을 당한 후 궁궐에서 허드렛일을 담당했다. 이런 가문은 당시 사회적 지위가 비교적 낮았다. 그렇더라도 당시 허씨 댁 부인은 남편이 딸을 선제에게 출가시키기로 결정하자 매우 화를 냈다. 그녀는 자신의 보배 같은 딸이 죄인의 손자에게 시집가서는 안 된다고 생각했기 때문이다. 마침 허씨 댁 주인은 공처가가 아니었기에 자기 부인의 반대를 무시했다. 이로써 선제 유병이는 마침내 자기 아내를

---

1 한 무제 때 강충(江充)은 당시 태자와 사이가 벌어지자 태자가 한 무제를 해치기 위해 나무 인형을 깎아 저주를 퍼붓고 있다고 모함했다. 태자 유거는 그 사실을 알고 강충을 잡아 죽였다. 그러자 한 무제는 태자가 모반한 것으로 오해하고 태자를 토벌하기 위한 군사를 일으켰다. 태자는 자신의 결백함을 밝히기 위해 군사를 동원하여 닷새 동안 한 무제에 항거했지만 결국 패배하여 도망가다가 자살했다. 한 무제는 태자의 행동이 잘못되었다는 뜻으로 '여(戾)'란 시호를 내렸고 이에 역사에서는 그를 여태자라고 부른다.

갖게 되었다.

유병이가 황제가 되자 모든 것을 좌우할 수 있게 된 공신들은 황제에게 아내가 없으면 자신들의 딸을 황후로 밀어넣을 수 있다고 생각했다. 공경대부들은 허씨 부인의 신분이 너무 미천해서 황후로 세우기에는 적절하지 않다고 인식했다. 이에 선제 즉위 초에 대신들은 허씨 부인을 겨우 첩여(婕妤)[2]에 봉하고 정식 황후는 또 다른 명문대가의 규수를 선택하려고 했다. 나중에 대신들은 곽씨 가문에서 막내딸을 궁궐로 들이려한다는 사실을 알고 아무도 감히 그들과 다툴 마음을 먹지 못했다. 대신들은 모두 곽씨 가문에 부화뇌동하며 곽광의 막내딸을 황후로 세우려했다. 논의가 시작될 무렵 선제는 갑자기 대신들에게 다음과 같이 선포했다. "나는 빈천할 때 칼 한 자루를 차고 다녔는데, 지금 비록 부귀해졌지만 옛 물건이 그리워지니 경들께서 좀 찾아주시오." 대신들은 영문을 몰랐다. 황후 옹립을 상의하려는 찰나에 빈천할 때의 보검을 찾아서 무얼하겠단 말인가? 그때 총명한 사람이 즉시 황제의 뜻을 깨달았다. 그건 황제가 옛정을 못 잊는다는 암시였다. 그리하여 황후 인선은 황제가 빈천할 때 부부가 된 허씨(이름은 군평君平)로 기울게 되었다. 황제의 뜻을 분명하게 알고 난 후 대신들도 의견을 맞춰 즉시 허씨를 황후로 세우자고 건의했다. 황후 인선은 그렇게 확정되었고 곽씨 댁에서 막내딸을 궁궐로 들이려던 첫 번째 시도는 실패로 끝났다. 우리는 이 일을 통해서 선제가 대단한 사람임을 알 수 있다. 그는 고귀한 천자가 되고 나서도 근본을 잊지 않았던 것이다. 옛사람들은 부부 관계를 처리할 때 아내를 쫓아낼 수 없는 세 가지 조건을 내걸었다. 그중의 한 가지가 "빈천할 때 먼저 고생을 함께한 아내는 부귀하게 된 후에도 버리지 않는다"는 원칙이었다. 이

---

2   서한 시대에는 황후 아래에 14등급의 후궁 품계가 있었다. 그중 첩여는 소의(昭儀) 아래 제2품계였다.

것은 인간 됨됨이의 가장 기본적인 이치의 하나다. 이는 현대사회에서도 돈이 조금만 있고 지위가 조금만 높아도 지키기 어려운 원칙인데, 한 선제는 그것을 지켰다.

곽광의 부인은 딸이 황후가 되지 못했는데도 욕심을 버리지 않고 시종일관 자신의 어린 딸을 황후로 만들 기회를 노리다가 결국 하늘에까지 닿는 큰 죄를 저지르고 말았다. 곽광의 부인은 허씨의 존재 때문에 자신의 딸이 황후가 될 기회를 잃었으므로 허씨가 사라지면 그 일이 가능하지 않겠는가라고 생각했다. 이를 위해 그녀는 매우 악독한 음모를 꾸몄다.

선제가 즉위하고 나서 2년 뒤 허황후는 회임을 했는데 몸 상태가 그리 좋지 못했다. 그때 순우연이라는 여자 의원이 황후를 시봉하고 있었다. 이 여의원은 곽씨 집안과 관계가 좋아서 자기 남편 관직 청탁을 위해 곽광의 부인을 찾아갔다. 여의원의 남편은 궁궐에서 문지기로 있었다. 곽광의 부인은 황후의 의약을 시봉하는 순우연이 청탁을 위해 왔다는 말을 듣고 마음속에 사악한 계책 하나가 떠올랐다. 이에 좌우 시종을 물리치고 순우연과 몰래 이야기를 나누며 순우연을 부를 때도 친근함을 드러냈다. 즉 곽광의 부인은 그녀의 이름을 직접 부르지 않고 그녀의 자(字)를 불렀다. 옛날에는 남자에게만 이름과 자가 있는 것이 아니고, 일부 여성도 이름과 자가 있었다. 옛사람들이 이름 대신에 자를 부르는 것은 친근함을 나타내는 방법이었다. 곽광의 부인은 순우연에게 남편의 관직 청탁을 들어줄 테니, 자신의 막내딸을 황후로 세우기 위해 황후를 독살해달라고 부탁했다. 그리고 일이 성공하면 부귀를 함께하겠다고 약속했다. 순우연은 한동안 망설였다. 그러자 곽광의 부인은 자기 집 장군(곽광)께서 권력을 잡고 있으므로 아무 걱정할 것이 없다고 하면서, 단지 순우연이 이 일에 참여할 마음이 없을까봐 걱정이라고 했다.

당시에 순우연이 과연 곽광의 부인에게 승낙하지 않을 여지가 있었 겠는가? 기실 그녀는 근본적으로 승낙하지 않을 수 없는 상황에 직면 해 있었다. 곽광의 부인은 당시에 그런 엄청난 기밀을 순우연과 상의하 고 있었는데 만약 순우연이 승낙하지 않았다면 당시 막대한 권력을 가 진 곽씨 가문이 과연 그녀를 살려두었겠는가? 순우연은 본래 남편을 위 해 좋은 관직을 부탁하러 곽씨 댁을 찾아갔다가 생각지도 못하게 엄청 난 음모 속으로 빠져들고 말았다. 당시에 순우연에겐 이미 퇴로가 없었 으므로 억지로라도 승낙하지 않을 수 없었다. 순우연은 아마도 "천하에 공짜 점심은 없다"라는 이치를 분명하게 깨달았을 것이다. 욕심 때문에 좋은 자리를 탐내다가 결국 자신을 망치는 일을 우리는 현재의 생활 속 에서도 매우 자주 발견할 수 있다.

허황후는 분만 이후 순우연이 탄 독약을 먹고 오래지 않아 세상을 떠 났다. 순우연은 궁궐을 나와 곽씨 댁으로 가서 곽광의 부인을 만났다. 둘은 많은 말을 하지 않고 의례적 인사만 나눴지만 일의 진척 상황은 이 미 이심전심으로 알아채고 있었다. 곽광의 부인은 감히 그 자리에서 순 우연에게 후한 사례를 할 수 없었다. 다른 사람의 눈에 띄기 쉬웠기 때 문이다.

그러나 이런 대사건을 어떻게 숨길 수 있겠는가? 어떤 사람이 황후의 의약을 시봉하는 의원들에게 문제가 있다고 보고했다. 허황후 스스로 도 임종 전에 이미 약에 독을 탔다고 의심하지 않았던가? 이 보고는 당 연히 정상적인 의심이었고 이에 따라 황후의 의약을 시봉한 모든 사람 이 체포되어 심문을 받았다. 순우연도 물론 그 속에 포함되었다. 순우연 이 수감되었다는 소식을 들은 후 곽광의 부인이 거짓말을 하기 시작했 다. 만약 순우연이 감옥에서 심문을 이기지 못하고 사실을 모두 폭로한 다면 어떻게 되겠는가? 곽광의 부인은 그제야 모든 일을 곽광에게 털어놓고 좋은 방법을 생각해서 순우연을 비호해달라고 요청했다. 곽광의 부인은 순우연이 관가의 문초를 당하지 않게 해야지 그렇지 않으면 곽씨 집안의 운명도 완전히 끝난다고 했다. 곽광은 그 이야기를 듣고 대경실색했다. 어떻게 말을 해도 그의 집안 다스림은 심각한 실패라 할 수밖에 없었다. 그의 아내가 권세를 등에 없고 하늘에까지 닿을 엄청난 범죄를 저질렀는데도 그는 그때 겨우 사실을 알게 되었다. 이를 어쩔 것인가? 곽광은 처음에 자수할 생각이었으나 시종일관 시간을 늦추며 결심을 하지 못했다. 자수를 하면 물론 도의에는 부합하지만 곽씨 가문은 그 길로 완전히 종말을 고하고 만다. 이어서 사건 담당자가 공문을 곽광의 책상으로 보내 그 엄청난 사건을 어떻게 처리할 것인지 물었고, 곽광은 그때 비로소 최종 결정을 내렸다. 당시 곽광에게는 평소 국가대사를 처리할 때 보여줬던 지혜와 박력이 모두 사라지고 없었다. 그는 결국 보통 사람과 마찬가지로 사사로운 결정을 한 후 일필휘지로 공문서에 지시사항을 적었다. "다른 사람은 잘 심문해야 하지만 순우연은 심문할 필요가 없으니 풀어줘도 좋다." 곽광은 수석 대신이어서 중대 사건을 황제에게 아뢸 때 그가 직접 보고를 하고 황제의 지시를 받았다. 곽광은 이러한 권력을 이용하여 순우연을 석방했고 자신의 아내가 주모한 황후 독살사건을 완전히 덮어버렸다.

얼마 지나지 않아 한 선제는 새로운 황후를 맞아들였다. 그 새 황후가 바로 곽광의 막내딸이었다. 이번에는 곽광 부인의 소원대로 그녀의 막내딸이 마침내 황후가 되었다. 그러나 이 사건이 이렇게 끝나고 말았을까? 세상에 어찌 바람이 통하지 않는 담장이 있겠는가? 황후를 독살한 이 대사건이 그렇게 쉽게 묻힐 수 있겠는가? 곽광의 부인이 아직도 자신의 딸이 새 황후가 된 기쁨에 취해 있을 때 곽씨 가문의 패망의 씨앗이 이미 뿌려지고 있었다.

곽광의 딸은 황후가 된 후 허황후와 강렬하게 대비되는 생활 스타일을 보여줬다. 허황후는 빈궁한 출신으로 황후가 된 후에도 여전히 검소하고 소박한 생활 스타일을 유지했다. 그러나 곽광의 딸은 완전히 달랐다. 그녀는 모든 겉치레를 경험해본 듯 온갖 화려한 장식을 하며 함부로 행동했다. 그와 같이 하지 않으면 곽씨 댁 아가씨로서의 큰 씀씀이를 드러내지 못할까 고민하는 듯했다. 결국 그녀가 궁궐로 들어간 후 내명부의 씀씀이는 순식간에 몇 배씩 계속 불어나기 시작했다. 이 곽황후에 대한 선제의 태도가 어떠했는지는 그다지 분명하게 드러나지 않고 있다. 그러나 역사책에 이러한 시각으로 곽황후의 생활 스타일을 기록해놓은 걸 보면 적어도 당시 여론이 이 새 황후에게 그다지 호의적이지 않았다는 사실을 알 수 있다. 자녀 교육은 부모의 거울이라고 한다. 곽광이 제가를 할 줄 모르는 사람이었음은 그의 딸의 행동을 통해서도 다시 한 번 확인할 수 있다.

"1,000일 동안 좋은 사람은 없고, 100일 동안 붉은 꽃은 없다(人無千日好, 花無百日紅)." 곽씨 일가는 이처럼 불법적인 곽광의 세력에 의지하고 있었다. 그러나 곽광이 영원히 곽씨 가문을 그렇게 비호할 수 있겠는가? 곽광은 막내딸이 황후가 되고 나서 3년 후 세상을 떠났다. 그건 당시 조야를 뒤흔든 국가대사였다. 곽광의 죽음은 당시 권력구조에 거대한 변화가 발생할 가능성이 있음을 의미했고, 정치적 상황에 민감한 사람이라면 그 점을 깨달아야 했다. 특히 곽씨 가문 사람들은 자신들을 비호해주던 수호신이 사라진 상황이었으므로 생활과 언행을 좀 더 절제해야 했다. 그러나 이 가문의 남녀노소는 오히려 더욱 교만하게 불법을 저질렀다. 이 모두가 평소에 자신이 천하제일이라는 생각에 젖어 있었기에 야기된 일이었다. 그들의 관념 속에는 털끝만큼의 근심도 없었다. 너희들은 천지가 붕괴된 상황에 갈팡질팡하더라도 이 몸은 의연히 내 갈 길을 가겠다는 태도였다.

　곽광이 세상을 떠난 다음 해 선제는 태자를 세웠다. 바로 그의 첫째 아들이었다. 그 태자가 바로 선제가 보위에 오르기 전 허황후와 빈천하게 살 때 낳은 아들 유석(劉奭, 기원전 74~기원전 33)이었다. 곽광의 부인은 그 소식을 듣고 대로하여 밥도 넘기지 못했을 뿐 아니라 심지어 피를 토하기까지 했다. 그녀가 말했다. "그놈은 황제가 민간에 있을 때 낳은 자식인데 어찌 태자로 세울 수 있단 말이냐? 이제 새 황후께서 아들을 낳는다 해도 겨우 제후왕으로 그쳐야 한단 말이냐?"("此乃民間時子, 安得立? 卽后有子, 反爲王邪?", 『자치통감』 권25) 그녀는 유석이 태자가 되어서는 안 된다고 생각했다. 왜냐하면 한 선제가 민간에 있을 때 낳은 아들이기 때문이라는 것이다. 이 반대 이유는 참으로 기괴하다. 기실 진정으로 중요한 문제는 뒷 구절에 밝혀져 있다. 허황후의 아들이 태자의 지위를 차지하면 자신의 딸 곽황후는 아들을 낳는다 해도 그 아들은 태자가 될 수 없다. 이 문제를 해결하기 위해 곽광의 부인은 또다시 악랄한 방법을 생각해냈다. 즉 그녀는 곽황후를 사주하여 태자를 독살하려 했다. 나쁜 짓을 자주 하면서 습관이 되자 이제는 더욱 손쉽고도 더욱 대담하게 일을 벌이게 되었다. 지난번에 허황후를 독살할 때 잠시 요행으로 조사 대상에서 벗어난 곽광의 부인은 간덩이가 커질 대로 커진 나머지 지난 수법을 그대로 다시 동원하여 태자에게도 독을 쓰려 했다. 그러나 우리가 기억해야 할 것은 애초에 나쁜 짓을 저지르지 말아야 한다는 사실이다. 나쁜 짓을 저지르고도 잠시 발각되지 않을 수도 있지만 그것은 복이 아니라 더욱 거대한 재앙을 불러오게 마련이다. 처음에는 나쁜 짓을 저지르고도 징벌을 피할 수 있다고 오인할 수도 있지만 그러나 점점 더 막대한 죄악이 쌓임으로써 결국은 스스로 헤어날 수 없는 깊은 수렁 속으로 빠져들게 된다.

곽황후도 나이가 어려서 깊은 생각이 없었다. 그녀는 모친의 음모에 따라 수시로 태자를 불러와 먹을 것을 내리고 적당한 기회를 포착하여 음식에 독을 타려 했다. 그러나 일의 전개가 매우 기묘해졌다. 아마도 태자 주변 사람들이 일찌감치 경계심을 가진 듯했다. 황후가 매번 태자를 불러 음식을 내릴 때마다. 태자를 보살피는 보모가 함께 가서 태자가 음식을 먹기 전에 먼저 그 음식을 맛보았다. 이 때문에 곽황후는 독약을 탈 기회를 잡을 수 없었고 태자도 안전하게 생명을 보전할 수 있었다. 이 일은 음미할 가치가 있다. 태자 주변 사람들이 왜 일찍부터 곽황후에게 경계심을 갖게 되었을까? 그들은 이미 곽황후의 악독한 마음을 알아차리고 있었던 것일까? 우리는 그 내막까지 자세히 알 수는 없지만 그들의 행위에서 확실히 아주 신중하고 조심스러운 태도를 엿볼 수 있다. 그들은 곽황후가 태자에게 처음 음식을 내릴 때부터 목숨을 걸고 태자를 지켰다. 한편 곽황후는 처음에 성공하지 못하자 두 번 세 번 태자를 불러 음식을 하사했다. 이러한 태도도 태자 주변 사람들의 의심을 더욱 키웠을 것이다. 황후가 한두 차례 태자에게 음식을 내리는 일은 정상적이라 할 수 있다. 그런데 특별한 일도 없이 늘 태자를 불러 음식을 먹게 하는 것은 좀 비정상적인 일이었다. 이 과정에 숨겨진 쌍방 간의 갈등은 처음에 공개적으로 드러나진 않았지만 곽씨 가문이 패망한 후에는 그들의 죄과를 결산하는 중요한 증거의 하나가 되었다.

2. 교만과 사치

곽씨 일가는 교만과 사치를 함부로 부렸다. 태부인(太夫人) 현(顯)은 저택을 광대하게 짓고 수레와 가마를 황제의 어가(御駕)와 동일하게 만들었다. 거기에다 화려한 그림을 그리고, 수놓인 담요를 깔고, 수레 밖에 황금칠을 하고, 부드러운 가죽과 솜으로 바퀴를 감싸고, 하녀들로 하여금 오색 비단실로 자신의 수레를 끌게 하고, 저택 가운데서 유희를 즐겼다. 또 집안일을 감독하는 노비 풍자도(馮子都)와 음란한 짓을 했다. 그리고 곽우(霍禹, ?~기원전 66)와 곽산(霍山)[1]도 모두 저택을 넓게 수리하고 평락관(平樂館)[2]에서 말을 치달리며 놀았다. 곽운(霍雲, ?~기원전 66)은 조회에 나와 황제를 알현해야 함에도 자주 병을 핑계로 사사롭게 출타하여 많은 빈객을 데리고 황산(黃山)의 동산을 에워싸고 사냥을 즐기면서 노복을 보내 조정에 보고를 해도 아무도 그를 감히 질책하지 못했다. 태부인 현 및 그녀의 여러 딸은 밤낮으로 태후의 궁궐 장신궁(長信宮)으로 출입하며 한도가 없었다. 선제는 민간에 있을 때 곽씨 가문의 존귀와 융성이 오래되었다는 소문을 듣고 마음속으로 좋지 않게 생각했다. 몸소 조정에서 정무를 돌보게 되자 어사대부 위상(魏相, ?~기원전 59)을 급사중에 임명했다. 그러자 곽광의 부인 현이 곽우, 곽운, 곽산에게 말했다. "너희들이 대장군(곽거병霍去病과 곽광)의 유업을 잘 받들지 못해서 지금 어사대부 위상에게 급사중 벼슬이 돌아갔다. 타인이 중간에서 방해를 하면 너희들이 스스로 구제할 수 있

---

1   곽우는 곽광과 그의 부인 현 사이에서 태어난 아들이다. 곽산은 곽광의 형인 곽거병의 아들이라고도 하고 손자라고도 한다. 이 책에서는 손자로 보고 있다. 바로 뒤에 나오는 곽운은 곽산의 아우다.
2   한나라 고조 때 지은 궁궐. 황제의 원림인 상림원(上林苑) 안에 있었다.

겠느냐?" 나중에 위씨와 곽씨 두 가문의 노복들이 길에서 다퉜다. 그러자 곽씨 가문의 노복이 어사부(御史府)로 들어가 어사대부의 [관저] 문을 발로 차려 했다. 어사대부 위상이 머리를 조아리며 사과하자 그 노복이 떠나갔다. 어떤 사람이 이 일을 곽씨 가문에 알리자 현 등이 비로소 우려스러운 상황을 알게 되었다.
『자치통감』권25

당초에 곽씨 가문이 사치를 일삼자 무릉(茂陵) 사람 서복(徐福)이 말했다. "곽씨는 반드시 망한다. 대저 사치를 일삼으면 오만불손하게 되고, 오만불손하게 되면 주상을 업신여기게 되고, 주상을 업신여기면 대역무도한 짓을 하게 된다. 그렇게 사람들의 윗자리에 있게 되면 사람들이 반드시 그들을 해치게 된다. 곽씨는 권력을 잡은 지 오래라 그들을 해치려는 자가 많다. 천하가 그들을 해치려 하고 또 그들이 대역무도한 짓을 하면 망하지 않고 어찌 하겠는가?"
『자치통감』권25

곽광의 가정 다스림은 규칙과 법도가 없어서 그가 세상을 떠난 후 곽씨 가문의 불량한 가풍이 더욱 분명하게 두드러졌다. 그것은 두 부문에 구체적으로 표현되었다. 첫째는 사치였고, 둘째는 무례함이었다. 곽씨 가문이 결국 멸문지화를 당한 것은 이 두 불량한 가풍과 긴밀하게 연관되어 있다.

먼저 사치에 대해 설명하고자 한다. 곽광의 부인 현은 고급 수레를 만들어 황금으로 도색한 후 여러 장식도 지극히 사치스럽게 했다. 고금을 막론하고 돈을 많이 벌거나 지위가 높아지고 나면 다수의 사람들이 호화로운 수레나 고급 자가용을 소유하려고 하는 듯하다. 하지만 사치로 패가망신하는 길은 고금이 동일함을 알아야 한다. 곽광의 부인은 오늘날의 일반적인 '토호'들과는 달리 자신의 저택을 아주 크게 지었다. 이 '크다(大)'라는 말은 오늘날 사람들이 사용하는 아파트 평수의 개념으로는 상상이 가지 않는 것이다. 그 규모는 뒷날의 원림(園林)과 비교해도 작다고 할 수 없다. 따라서 곽광의 부인은 황금 등 사치품으로 장식한 수레를 타고 밖으로 나갈 필요도 없이 자신의 저택 안으로만 돌아다니며 놀아도 충분한 즐거움을 누릴 수 있었다. 이 밖에도 곽광의 부인은 세상을 떠난 남편의 체면도 돌아보지 않고 남편 곽광이 생전에 신임한 노복과 사통했다. 당시 곽씨 가문은 곽광의 부인이 그 집안에서 가장 지체 높은 어른이었다. 가장이 이 모양이니 그 아래 자식들과 조카들은 당연히 그 모습을 따라 하여 더욱 사치하고 화려하게 살았다.

사치와 욕망을 끝 간 데까지 향유하려는 마음은 필연적으로 무례한 행위를 야기한다. 곽씨 자제들의 무례한 행위 중에서 사람의 말문을 막히게 하는 사례를 들어보고자 한다. 곽광의 종손자 중에 곽운이라는 자가 있었다. 그는 곽광의 형 곽거병(기원전 140~기원전 117)의 손자다. 곽거병이 일찍 세상을 떠나서 그의 자손들은 모두 곽광에게 의지했다. 이 곽씨 가문의 장손 도련님은 황제를 알현하고 나서 황제를 위해 근무할 때 병이 낫다고 핑계를 대고 빈객들과 함께 사냥을 하러 갔다. 그런 후 집안의 노복을 자기 대신 조정으로 보내 근무 보고를 했다. 감히 이처럼 황제를 속이고 무성의하게 대하는 태도는 조정의 전장제도를 전혀 안중에도 두지 않고 극도로 무례하고 방자하게 행동하는 모습이다.

주인의 태도는 노복에게도 영향을 미쳐서 곽씨 집안의 노복들도 주인의 방자함을 그대로 모방하여 평소에도 밖에서 제멋대로 굴었다. 한번은 곽씨 집안의 노복이 어사대부 위상 집안의 노복과 길가에서 싸움이 붙었다. 곽씨 집안의 노복은 너무나 불쾌했다. 왜냐하면 자신의 주인 이외에는 여태껏 어느 누구도 감히 자신을 건드리지 못했기 때문이다. 이에 곽씨 집안 노복은 어사대부의 관저로 쳐들어가서 대문을 발로 차서 열려고 했다. 그러자 어사대부가 친히 곽씨 집안 노복에게 머리를 조아리며 사죄했고 마침내 곽씨 댁 노복은 의기양양하게 그곳을 떠났다. 한나라 관제에 의하면 어사대부는 부승상에 해당한다. 옛사람들은 관직 사회를 풍자하여 "재상의 집에는 문간방 노복도 칠품 관리(宰相門房七品官)"라고 했다. 곽씨 집안 노복이 방자하게 굴며 부승상조차도 안중에 두지 않고 당당하게 그의 사죄를 받아낸 것은 주인의 권세에 의지했기 때문이다.

옛사람들은 수신, 제가, 치국, 평천하 네 가지 경지에 도달하기 위해선 한 걸음씩 점진적으로 나아가야 한다고 인식했다. 그러나 기실 수신이 제가에 비해 단순하지 않고 제가도 치국에 비해 단순하지 않다. 곽광과 곽씨 집안이 바로 이를 증명해주는 아주 좋은 사례에 해당한다. 곽광의 치국 능력은 더 이상 군더더기 말이 필요 없을 정도다. 그러나 그는 생전에 집안 다스림을 엄격하게 하지 못했다. 그래서 그가 세상을 떠난 후 곽씨 집안은 사치와 무례의 길로 더욱더 치달아 치국과 제가의 모순을 극명하게 드러냈다. 당시에 서복이란 사람이 곽씨 집안의 방자하고 무례한 만행을 보고 위의 두 번째 인용문에 나오는 비판을 했다. 이 말은 매우 심각한 의미를 담고 있다. 그는 첫째 구절에서 단도직입적으로 이런 판단을 내렸다. "곽씨 집안은 반드시 멸망할 것이다." 무슨 이유인가? 그것은 사람들이 일상생활 속에서 흔히 목격하는 바와 같다. 즉 검소는 보통 성실함·침착함과 연관되어 있지만 사치는 언제나 경박함·불손함과 일체를 이루고 있기 때문이다. 곽씨 집안의 가풍 중에서 무례함은 기실 사치에 의해 야기된 불손함의 전형이다. 이 같은 불손함은 반드시 윗사람에 대한 불경함으로 나타난다. 곽씨 집안의 노복이 감히 어사대부 관저로 가서 소란을 피우고, 또 곽운이 감히 자기 대신 노복을 조정으로 보내 보고를 하게 한 것은 모두 윗사람에 대한 불경함의 전형이다. 당시에 곽광은 일인지하 만인지상의 지위에 있었으므로 그의 윗자리에서 가장 중요한 사람은 말할 것도 없이 황제였다. 서복의 언급 중에서 "주상을 업신여겼다(侮上)"는 말은 황제에 대한 불손함을 가리킨다. 당시 사회에서 황제에 대한 불손함은 당연히 대역무도한 행위에 해당한다. 이처럼 곽씨 가문은 겉으로 아주 강력하게 보였지만 기실 수많은 잠재 위협에 노출되어 있었다. 먼저 많은 사람들이 곽씨 가문의 지위를 호시탐탐 노리고 있었다. 황실을 제외하고 거의 모든 가문이 곽씨 집안을 대신해서 한나라의 첫 번째 가문이 되려고 했다. 이에 곽씨 가문을 주시하며 트집을 잡으려는 세력이 적지 않았다. 이것이 바로 "사람들의 윗자리에 있게 되면 사람들이 반드시 그들을 해치게 된다(在人之右, 衆必害之)"라는 상황이다. 대개 지위가 높아지면 좋지 않은 일이 생기는 경우가 많다. 이와 같은 상황에 이르러서도 곽씨 가문은 스스로의 수양을 통해 재앙을 줄이려 하지 않고 오히려 더욱더 사치에 젖어 오만불손하게 행동했다. 그러므로 황제에 대한 불손 행위는 곽광의 지위를 대신하려는 사람들에게 절호의 기회로 작용하지 않겠는가? 만약 이런 사람들이 황제의 지지를 얻어 상하가 마음을 합친다면 그 중간에 낀 곽씨 가문은 고립무원의 처지에 빠질 수밖에 없다. 이 때문에 서복은 곽씨 가문이 매우 위험한 처지에 빠져 있다고 인식했다.

서복의 예언은 어떻게 현실로 바뀌었는가? 곽광과 곽씨 가문에 대한 선제의 태도 즉 서복이 말한 '주상'의 태도로부터 이야기를 시작해보고자 한다. 곽광이 살아 있을 때 선제는 그와 권력투쟁을 벌이지 않았다. 오히려 시종일관 곽광에게 더욱 존경심을 보였다. 그러나 곽광이 세상을 떠난 후에도 곽씨 가문에서 계속 조정의 대권을 장악하려 하고 또 오만

방자하게 불법행위를 저지르자 선제는 그들을 제거하기 위한 계획을 일사분란하게 진행했다. 선제는 물러날 줄도 알고 나아갈 줄도 아는 사람이었다. 곽광에 대해서 선제는 첫째, 곽광이 국가에 공헌한 점을 인정하며 존중했다. 둘째, 곽광의 권세를 두려워하면서 자칫 충돌이 발생하여 정권이 전복되는 일을 피하려고 했다. 이러한 점은 선제의 물러남이었다. 선제는 곽광이 세상을 떠난 후 대권을 회수할 호기가 도래하자 주도면밀하게 대책을 마련하여 조금도 주저하지 않고 곽씨 가문을 공격했다. 이러한 점은 선제의 나아감이었다. 선제가 자신의 뜻을 펼치며 곽씨 가문을 약화시키는 과정에서 우리는 두 가지를 가장 주의해서 보아야 한다. 첫째, 정치 작동 시스템을 다시 조정하여 곽씨 가문의 정치적 영향력을 막았다. 둘째, 곽씨 가문이 장악한 병권(兵權)을 박탈하여 사전에 반란을 방지했다.

먼저 정치 작동 시스템 조정에 대해 서술하고자 한다. 곽광은 살아 있을 때 매우 중요한 권력을 장악하고 있었다. 즉 대신들이 국사를 보고하려면 그 내용을 반드시 먼저 상소문 혹은 공문 형식으로 곽광에게 보내야 했고 그럼 곽광이 그것을 읽어보고 어떤 일을 황제에게 보고해야 할지 결정했다. 이는 말하자면 황제가 알아야 할 일과 몰라야 할 일을 모두 곽광이 결정한다는 의미다. 이 절차로 인해 곽광의 권세는 커질 수밖에 없었다. 따라서 적어도 곽광을 비판하는 상소문은 황제에게 전달될 수 없었다. 이로써 고대 정치 상용어의 하나인 옹폐(壅蔽: 임금의 눈과 귀를 가림) 현상이 조성되었다. 이는 황제의 정보 통로가 단일화되어 전체 정국을 파악할 방법이 없음을 의미한다. 다행히 곽광은 황제가 될 야심이 없었고, 국정 운영에도 큰 실수가 없었다. 그는 오직 권력을 지닌 대신으로 만족했다. 그러나 이와 같은 정치 작동 시스템은 분명히 많은 문제를 안고 있다. 즉 야심을 품은 대신으로 권력자가 바뀌면 황제와 정권은 위험에 처할 수밖에 없게 된다.

곽광의 사망은 분명 이러한 시스템을 바로잡을 절호의 기회였다. 그러나 곽씨 가문 사람들은 여전히 곽광의 지위를 계승하여 자신들의 특권을 유지하려 했다. 이 때문에 이제 한바탕 격렬한 권력투쟁이 발생할 수밖에 없게 되었다. 곽씨 집안 노복에게 사죄한 어사대부 위상이 바로 서복이 예언한 "그들을 해치려는 사람들 중"에서 대표자라 할 만했다. 그는 선제가 곽씨 가문 세력을 제거하는 과정에서 중요한 역할을 담당했다. 황제의 정보 전달 창구를 단일화한 곽광 시대의 폐단을 혁파하고 대신들이 직접 황제에게 의견을 아뢸 수 있게 해야 한다는 건의는 위상이 최초로 선제에게 제기한 것이다. 위상은 상당한 책략을 갖춘 사람이었다. 그는 자신이 무모하게 선제를 찾아가지 않고, 선제의 장인이며 허황후의 부친인 허광한(許廣漢, 기원전 117~기원전 61)의 힘을 빌려 선제에게 자신의 건의를 전달했다. 왜냐하면 위상은 선제가 도대체 어떤 생각을 하고 있는지 몰랐고, 또 허광한이 자신의 말을 전달했을 때 만일 황제가 다른 태도를 보이면 좀 돌려서 다시 시도해볼 여지가 있을 수 있기 때문이었다. 이처럼 꼼꼼한 접근을 보더라도 위상이 아주 속 깊은 사람임을 알 수 있다. 결과적으로는 허광한이 처음 가서 위상의 건의를 전하자마자 선제는 매우 찬성했다. 이때부터 선제는 위상을 자기 주변의 중요한 참모 인물로 키웠다. 곽광이 사망한 다음 해 선제는 위상을 새 승상으로 임명하여 백관의 영수로 삼았다.

곽광이라는 거목을 잃어버리고도 스스로를 점검하고 단속하지 못한 곽씨 가문은 이제 황제와 다른 대신들의 이중 도전에 직면했다. 앞뒤로 동시에 적을 맞은 형국이었다. 바야흐로 비극의 막이 오르고 있었다. 한나라에는 백관과 백성 그리고 황제 사이에서 온갖 정보를 전달해주는 '상서(尙書)'라는 기관이 있었다. 곽광이 사망한 이후에도 이 기관은 여전히 곽씨 가문이 장악하고 있었다. 곽거병의 손자이며 곽광의 종손자 곽산이 이 기관의 책임자였다. 이제 선제는 위상의 건의를 받아들여 곽씨 가문 사람들을 소외시킨 후 별도로 외조(外朝) 대신들과의 소통 통로를 열었다. 대신들은 이제 일이 있으면 직접 황제에게 상소문을 올릴 수 있게 되었고 또 단독으로 황제를 알현할 수도 있게 되었다. 이는 곽씨 가문에서 자신들의 권세를 유지하기 위해 의지해온 상서 기관이 허수아비 기관으로 전락했다는 말과 같다. 황제는 이제 곽씨 가문을 통하지 않고도 직접 바깥 세계와 접촉할 수 있고 정무도 처리할 수 있게 되었다. 곽씨 가문 사람들은 이러한 상황에 매우 불만이었다. 그러나 그들에게는 곽광과 같은 권위 있는 인물이 없었기에 황제와 대신들의 곽씨 전횡 반대 조치에도 근본적으로 어떤 대책도 마련할 수 없었다.

정치권력을 새롭게 조정한 이외에도 선제는 또 군사통수권을 조정하여 곽씨 가문이 장악하고 있던 병권을 점차 박탈하기 시작했다. 곽광이 사망한 후 선제는 위상의 건의를 받아들여 장안세(張安世, ?~기원전 62)에게 곽광의 대장군 지위를 대신하게 하고, 아울러 곽광의 아들 곽우를 대사마에 임명했다. 품계로 말하자면 대사마와 대장군은 동급이다. 당년에 두 명장 곽거병과 위청(衛青, ?~기원전 106)이 이 두 직위를 나눠 맡은 적이 있다. 곽광은 생전에 대사마와 대장군 직을 역임한 적이 있다. 그러나 선제는 곽우의 실제 대우를 대폭 강등했다. 예컨대 선제는 곽우에게 작은 관(冠)을 쓰게 하여 그의 부친과 다름을 나타내게 했는데, 이는 참으로 우스꽝스러운 일이었다. 이 조치는 형식상에 불과했지만 중요한 점은 곽우가 더 이상 군사를 거느리지 못하게 그의 군사 지휘권을 박탈한 일이었다.

이 밖에도 곽광의 사위, 질서(姪壻), 생질서(甥姪壻), 손서(孫壻) 등이 본래 모두 군사 지휘권을 행사하는 주요 직위에 있었는데 선제는 그들의 업무도 일일이 새로 조정하여 더러는 외지의 지방관으로 보내고 더러는 기타 문관(文官) 부서로 전직시켰다. 이전에 모든 병권을 장악했던 곽씨 일당의 군대 직무는 선제에 의해 깨끗이 정리되었다.

이 무렵 또 다른 중대 사건이 다시 수면 위로 떠올랐다. 그것은 바로 허황후 죽음의 미스테리였다. 민간에서 분분하게 전해오는 소문에 따르면 허황후의 죽음은 곽씨 가문과 관련이 있다는 것이었다. 외부 소식이 이제 더 이상 곽씨 가문을 거치지 않고 바로 선제에게 전달될 수 있어서 허황후에 관한 소문도 점점 선제의 귀에까지 들리게 되었다.

앞에 제시된 인용문 중에 곽씨 가문에 대한 선제의 관점이 다음과 같이 언급되어 있다. "선제는 민간에 있을 때 곽씨 가문의 존귀와 융성이 오래되었다는 소문을 듣고, 마음속으로 좋지 않게 생각했다."("帝自在民間, 聞知霍氏尊盛日久, 內不能善", 『자치통감』 권25) 이 중에서 원문 "內不能善"이란 몇 글자의 의미가 아주 미묘하다. 마음속으로 자신의 관점을 갖고 있었지만 입 밖으로 발설하지 않았다는 의미다. 선제가 지혜롭고 책략도 갖춘 사람이란 사실을 이 대목에서도 충분하게 확인할 수 있다. 선제는 즉위 이후 강력한 권세를 지닌 곽광과 직접 대면하면서 자기 내면의 생각을 조금도 드러내지 않았을 뿐 아니라 곽광이 세상을 떠날 때까지 그를 매우 공경스럽게 대우했다. 그 사이에 허황후 독살 사건이 발생했지만 곽광의 간여로 명확한 진실을 밝히지 못했다. 선제가 설마 그 사건의 내막을 전혀 짐작하지 못했을까? 선제의 총명함에 근거하여 판단해볼 때 그가 전혀 짐작하지 못했다고 할 수 없다. 그러나 그는 시종일관 은인자중하며 내색을 하지 않았다.

곽광이 사망한 후의 곽씨 가문의 행동은 현재 유행하는 인터넷 용어 "不作不死(하지 않으면 죽지 않는다. 공연한 일을 시작하여 문제를 일으키다)"라는 말에 딱 부합한다. 실권을 박탈당한 후에도 천하사람 중에 우리 가문을 어떻게 할 수 있는 사람은 아무도 없다고 생각해온 곽씨 가문에서도 긴장감을 느끼기 시작했다. 게다가 허황후가 곽씨 가문에 의해 독살되었다는 소문이 민간에 널리 유포되자, 본래 그 내막을 알지 못했던 곽씨 가문의 주요 남성들 즉 곽우, 곽산, 곽운 등은 곽광의 부인에게 가서 정말 그런 일이 있었는지 확인했다. 곽광의 부인은 그제야 당년의 비밀을 곽우 등에게 모두 털어놓고 그 일이 사실임을 확인해줬다. 이로 인해 곽씨 가문의 초조감은 더욱 가중되었다. 곽우는 처음으로 자기 모친에게 불만을 터뜨리며 말했다. "그런 일이 있었다면 왜 일찌감치 저희들에게 알려주지 않았습니까? 황제가 우리 집안 사위들을 멀리 떼어놓거나 쫓아낸 것이 이 같은 까닭 때문이었군요. 이는 엄청난 일이니 징벌이 작지 않을 것입니다. 어찌 해야 합니까?"("如是, 何不早告禹等? 縣官離散, 斥逐諸婿, 用是故也. 此大事, 誅罰不小, 奈何?", 『자치통감』 권25)

허황후 사건의 내막이 정말 폭로되려 하자 곽씨 가문에서는 멸문지화를 당할 수도 있다는 공포감이 들기 시작했다. 평소에 수양이 부족한 곽씨 일가는 이처럼 위험한 상황이 도래하자 더욱 위험한 대응 전략을 생각해냈다. 그것은 바로 모반이었다. 그들은 상관황태후(上官皇太后: 소제의 황후로 곽광의 외손녀)를 등장시켜 주연을 베풀게 하고 선제와 친한 승상 위상 및 선제의 장인 평은후(平恩侯) 허광한 등을 불렀다. 그들은 곽광의 두 사위에게 잔치 자리에 몰래 군사를 매복시키고 기회를 봐서 위상과 허광한을 참살한 후 궁정 쿠데타를 일으켜 선제를 쫓아내고 곽우를 천자를 삼을 심산이었다.

그러나 이 계획은 제때에 시행해볼 틈도 없이 선제 측 사람에게 들키고 말았다. 선제는 즉시 어명을 내려 곽씨 가문의 주요 구성원을 모두 체포했다. 곽씨 가문에서 우려했던 멸문지화가 그 순간 정식으로 들이닥쳤다. 곽운, 곽산 및 곽광의 사위 한 명은 선제에게 체포되기 전에 자살했다. 곽광의 부인과 곽우 등은 모두 체포되었다. 최후의 판결을 보면 곽광의 아들 곽우는 허리를 잘리는 요참형(腰斬刑)에 처해졌고, 곽광의 부인 현 및 딸 몇 명, 조카들은 모두 목이 잘려 저잣거리에 내걸렸다. 곽씨 일족에 연좌된 가문도 수십 가문에 달했다.

곽씨 가문 중에서 살아남은 사람은 곽황후 한 사람뿐이었다. 그녀는 바로 곽광의 막내딸 곽성군이었다. 곽씨 가문의 모반 사건이 발각된 후 곽황후도 물론 폐위되었다. 비록 죽임을 당하진 않았지만 백성들에게 익숙한 말로 설명하자면 바로 냉궁(冷宮)에 유폐되었다. 그러다가 12년 후 아무런 즐거움도 없이 우울하게 살아가던 곽성군도 결국 자살했다. 곽광의 부인이 허황후를 독살한 것은 본래 황후의 자리를 찬탈한 후 자신의 사랑하는 딸에게 영원한 부귀를 선물하려는 의도였다. 그러나 사악한 수법으로 얻은 부귀로는 일신의 평화를 영원히 가져다줄 수 없었다. 곽성군의 후반 생애는 바로 모친의 잘못된 사랑에 의해 끝장났다고 할 수 있다. 우리는 이와 같은 잘못된 어머니의 사랑을 절대로 계승해서는 안 된다. 이 이야기의 교훈은 침통하고 심각하다. 사람들은 모두 역사를 읽으며 자신의 지혜를 밝히고 싶어 한다. 그러므로 이런 역사 이야기를 읽었을 때 모든 가장은 책을 덮고 깊이 생각해봐야 한다. 어떤 사랑이 진정한 사랑이고, 어떤 사랑이 자기 아이에게 진정한 도움이 되는 사랑인지를.

또 더욱더 깊이 생각해볼 가치가 있는 사람은 바로 곽광이다. 개인으로서 곽광은 그의 초상화가 여전히 선제에 의해 기린각(麒麟閣)에 걸려 공신의 원훈으로 표창되었다. 그러나 그의 가족과 후손은 한 사람도 남김없이 멸문지화를 당했다. 곽광은 이 참사의 책임에서 벗어날 수 있을까? 그는 자신의 지위와 권력이 극성할 때 겸양하고 후퇴할 줄 몰랐을 뿐 아니라 오히려 자신의 파당을 만들어 황제와 다른 대신들의 불만을 샀다. 이는 자신의 몸가짐에 아무런 신경도 쓰지 않았음을 말해준다. 또 가문의 세력이 왕성할 때 가족들의 행위를 단속할 줄 모르고 그들 마음대로 행동하도록 내버려뒀다. 이는 가정 다스림에 아무런 방책이 없었음을 말해준다. 더욱 심한 것은 황후를 독살한 후 국가대사의 근본과 직결되는 엄청난 문제에서 죄악을 비호하며 한 손으로 하늘을 가리려 했다는 점이다. 이러고도 곽씨 가문의 멸문지화가 곽광 자신의 손으로 야기한 것이 아니라고 할 수 있을까? 반고는 곽광을 여덟 글자로 비평했다. "不學無術, 暗於大理(배움도 없었고 계책도 없었으며 큰 이치에 어두웠다)." 매우 적절한 평가라 할 수 있다.

진실로 사람들은 관직 사회에서 수시로 권력의 유혹을 받고 또 수시로 험악한 도전에 직면한다. 참으로 분쟁이나 다툼 없이 욕망을 줄이고 담담하게 살아가기란 얼마나 어려운 일인가? 그리고 자신이 고위직에 있음으로써 그 권력이 친척이나 친지들에게 이용될 수밖에 없는 사람이 늘 청렴결백을 유지하며 아무런 잘못도 범하지 않기란 또 얼마나 어려운 일인가? 그러나 역사에서 우리는 이런 사람을 종종 찾아볼 수 있다. 이 때문에 우리는 수신에도 좋은 방법을 써야 하고 제가에도 훌륭한 방도를 강구해야 한다. 관직 사회에서 우리는 몸가짐을 어떻게 유지해야 할까? 고위직에 올랐을 때 또 가정 다스림을 어떻게 강구해야 할까? 아래에서는 곽씨와 같은 시대를 살았지만 가문의 운명은 판이하게 다른 사례를 들어보고자 한다.

3. 만물은 지나치게 성대히 되는 것을 꺼린다

장안세는 부자(父子)가 제후에 봉해져 지위가 너무 높다 생각하고 녹봉을 사양했다. 한 선제는 국고 담당 관리에게 조서를 내려 장안세의 무명전(無名錢)[1]을 따로 보관하라고 했는데 그 액수가 수백만 전에 달했다. 장안세는 처신이 신중하고 주도면밀하여 매번 국가의 큰 정책 결정에 참여하고도 곧바로 병을 핑계로 물러났다. 그러다가 그 정책의 시행 명령이 내렸다는 소식이 들리면 깜짝 놀라는 척하며 휘하의 관리를 승상부로 보내 정책의 내용을 물었다. 이에 조정 대신들도 그가 정책 결정 논의에 참여했다는 사실을 아는 사람이 아무도 없었다. 일찍이 어떤 사람을 관직에 천거했는데 그 사람이 감사 인사를 하러 왔다. 장안세는 크게 화를 내며 어질고 유능한 사람을 추천하여 관직에 나아가게 했는데 어찌 사사롭게 감사 인사를 받을 수 있겠는가라고 하며 그와 절교하고 다시는 왕래하지 않았다. 낭(郎)[2]직에 있던 어떤 관리는 공로가 높았으나 승진하지 못하자 장안세에게 사정을 얘기했다. 안세가 대답했다. "자네는 공로가 높으니 밝으신 주상께서 잘 알고 계실 것이네. 신하 된 사람이 국사를 처리하고서 어찌 그 장단점을 스스로 말할 수 있겠는가?" 그러고는 절대 그의 요구를 들어주지 않았다. 이윽고 그 낭은 황제의 명령으로 과연 승진했다. 장안세는 부자가 존귀해지자 스스로 불안하게 생각하며 아들 장연수(張延壽)를 지방으로 내보내 관리로 임명해달라고 청했다. 선제는 그를 북지태수(北地

---

1   국고로 귀속된 관리들의 녹봉이나, 출처가 불분명한 국고.
2   시랑(侍郎), 중랑(中郎), 낭중(郎中), 낭장(郎將) 등의 범칭. 황제를 수행하며 호위 업무를 담당하고 수시로 자문에 응하였다.

太守)로 임명했다. 1년여를 지나자 선제는 장안세의 나이가 많음을 긍휼히 여기고 다시 장연수를 불러들여 좌조(左曹)[3]와 태복(太僕)에 임명했다.

『자치통감』권25

장연수는 이미 구경(九卿)[4]을 두루 역임하고 부친의 제후국을 계승했다. 그 제후국은 진류(陳留)에 있었고 별읍(別邑)은 위군에 있었으며 조세 수입이 해마다 1,000여만 전에 달했다. 장연수는 스스로 세운 공덕이 없는데 어찌 선친의 제후국을 오래 감당할 수 있겠는가라 생각하고 여러 번 상소문을 올려 호구를 줄여달라고 했고, 또 아우 양도후(陽都侯) 장팽조(張彭祖, ?~기원전 59) 편에 자신의 지극한 마음을 진술하게 했다. 선제는 그가 겸양한다 여기고 평원후(平原侯)로 옮겨 봉한 후 또 하나의 제후국을 함께 다스리게 했다. 호구는 옛날과 같았고 조세 수입만 절반으로 줄였다. 세상을 떠난 후 애후(愛侯)란 시호를 내렸고 그의 아들 장발(張勃)이 제후의 직위를 세습했으며 또 산기상시와 간의대부(諫議大夫)에 임명되었다. 원제가 처음 즉위했을 때 제후들에게 조칙을 내려 인재를 천거하라고 하자 장발은 태관헌승(太官獻丞)[5] 진탕(陳湯)을 천거했다. 진탕이 죄를 짓자 장발도 그 일에 연좌되어 호구 200호를 깎였다. 그때 마침 장발이 세상을 떠나 그에게 무후(繆侯)란 시호를 내렸다. 나중에 진탕이 서역에서 공을 세우자 세상 사람들은 장발이 인재를 잘 알아본다고 여겼다. 그의 아들 장림(張臨)이 제후의 직위를 세습했다. 장림도 겸손하고 검소해서 매번 궁전으로 올라갈 때마다 항상 탄식하며 말했다. "상홍양(桑弘羊, ?~기원전 80)

---

3   상서성 6부(六部) 24사(二十四司)의 여러 관직.
4   한나라 때의 구경은 태상(太常), 광록훈(光祿勳), 위위(衛尉), 태복(太僕), 정위(廷尉), 대홍려(大鴻臚), 종정(宗正), 대사농(大司農), 소부(少府)를 가리킨다.
5   황제의 음식과 연회를 담당하는 관리.

과 곽광은[6] 나의 경계가 되는 사람이니 어찌 그 교훈이 깊지 않은가?" 죽음에 임하여 친척과 친지들에게 재산을 나눠줬으며, 장례를 간소하게 치르고 봉분을 만들지 않았다.

『한서』「장탕전 부(張湯傳附)」

곽광에게는 장안세라는 동료가 있었다. 창읍왕(昌邑王) 유하를 폐위하고 선제를 옹립하는 두 국가대사를 추진할 때 곽광은 항상 장안세와 대책을 상의했다. 서한 중엽에 장안세는 줄곧 곽광 다음으로 중요한 정치가로 군림했다. 장안세의 부친은 한 무제 때 세상을 호령한 장탕(張湯, ?~기원전 116)인데 당시에 혹리(酷吏)로 악명이 높았다. 장안세는 부친의 사나운 성격과는 달리 정치적 소용돌이 한가운데를 살면서도 아주 조심스럽고 신중하게 처신했다. 수신과 제가의 시각으로 바라볼 때 장안세는 앞서 언급한 당나라 명신 누사덕, 안진경, 노회신 등과 비슷하지만 품격은 그들만 못하다. 장안세는 조심스럽고 신중하게 처신하며 감히 큰일을 만들지 않으려 했고 동시에 책임도 지지 않으려 했다. 바로 이와 같이 조심스럽고 신중한 행동으로 인해 장안세의 처세 방법은 곽광과 아주 달랐다. 장안세가 자신과 가족을 잘 단속하려 한 것은 아주 훌륭한 생각이었다. 이러한 차이 때문에 장씨 가문의 운명과 곽씨 가문의 운명은 확연히 다른 모습을 보였다. 따라서 장안세의 수신은 '명철보신'류에 속한다고 할 수 있고, 이에 품성과 사람됨의 격조가 당나라 명신들에는 미치지 못했다. 그러나 가정 다스림의 양상을 보면 장안세가 곽광보다 훨씬

---

6   상홍양과 곽광은 모두 한 무제와 소제 때의 대신이다. 그러나 상홍양은 연왕(燕王) 유단(劉旦)과 모의하여 곽광과 소제를 제거하려 발각되어 멸문지화를 당했고, 곽광은 사후에 부인과 자식들의 모반으로 역시 멸문지화를 당했다.

뛰어났다.

먼저 장안세의 개성에서 드러나는 명철보신의 한 측면을 언급하고자한다. 장안세의 형 장하(張賀, ?~?)는 선제의 조부인 위태자 유거의 오랜부하였다. 그는 무고 사건에 연루되어 궁형을 당한 후 궁궐에서 일을 했다. 선제가 한나라 조정의 승인을 받아 궁궐 안에서 양육을 받을 수 있게 된 후 선제의 양육 과정에서 가장 중요한 역할을 한 인물이 바로 장하였다. 장하는 옛 주인 유거의 은혜에 보답하기 위해 전심전력으로 선제를 보살폈고, 또 선제를 위해 스승을 초청해와 유가경전을 가르쳤다. 선제가 혼인을 해야 할 연령이 되자 장하는 본래 자신의 딸을 선제에게 시집보내려 했다. 그러자 장안세는 그 일을 알고 나서 심하게 화를 내며 형 장하에게 말했다. "저 황증손(皇曾孫)은 위태자의 후손입니다. 다행히 서민으로 강등되고서도 궁궐에서 옷을 입고 밥을 먹을 수 있게 되었으니 그것으로 족합니다. 다시는 딸을 주겠단 말을 하지 마십시오."("曾孫乃衛太子後也, 幸得以庶人衣食縣官, 足矣. 勿復言予女事",『자치통감』권24) 무제는 말년에 무고 사건에 대해 그 진실을 깨달았지만 끝까지 위태자를 공개적으로 복권하지 않았다. 따라서 위태자 유거의 신분은 여전히 무제에게 죄를 지은 죄인에 불과했다. 죄인 유거의 자손으로서 선제는 어린 시절 매우 고생스럽게 생활했다. 당시에 사람들은 이 몰락한 황손이 장래에 영광스러운 황제의 자리에 오를 거라곤 전혀 예상하지 못했다. 대다수 사람들은 그를 죄인의 후예로 간주하면서 화제 대상으로도 삼지 않았고 오직 피하기에만 급급했다. 또한 자신에게 번거로운 일이 발생하지 않도록 그와 관계를 맺으려 하지 않았다. 장안세도 어린 선제를 대할 때 이런 태도를 유지했다. 이 때문에 그도 자신의 형에게 선제와 더 깊은 관계를 맺지 못하도록 했다. 장안세는 당시에 비교적 높은 관직에 올라 있었다. 이에 장하는 아우에게 폐를 끼치지 않기 위해, 손녀를 선제에게 출가시키려던 계획을 중지하지 않을 수 없었다. 장하는 결국 별도로 거금을 들여 선제에게 다른 여인을 찾아줘야 했다. 그 여인이 바로 앞에서 서술한 허황후다.

이 일 이외에도 평소에 장하는 늘 선제를 칭찬했다. 장안세는 그 소식을 들은 후 다시 자신이 나서서 형을 제지했다. 즉 장안세는 그들 장씨 가문이 위태자의 후손을 추대하여 황위를 도모한다는 오해를 받지 않도록 자신의 형에게 죄인의 후손을 칭찬하지 못하게 했다. 이 점을 보더라도 우리는 장안세가 세상 이치를 깊이 터득한 노련한 벼슬아치임을 분명하게 알 수 있다. 우리는 그를 신중하다고 할 수도 있고 원만하다고 할 수도 있다. 그는 끝까지 어떤 모험도 하지 않으려 했다. 그를 충직, 질박, 정의, 용기 등 수신의 관점으로 살펴보면 역사적으로 유명한 명신들에게 미치지 못할 뿐 아니라 그의 형 장하와 비교해 봐도 자질이 한참이나 모자란다고 할 수 있다.

그러나 이처럼 신중한 태도가 장안세에게 전적으로 처세술이나 명철보신의 형식으로만 구현되어 있는 것은 아니다. 이 같은 신중한 태도는 우리가 오래 관직 생활을 한 장안세에게서 배울 만한 장점으로 인식할 수도 있다. 단순히 관직은 높으면 높을수록 좋고 권세는 크면 클수록 좋은 것이 결코 아니기 때문이다. 장안세의 처신은 오히려 우리에게 겸손과 물러남과 자기억제의 가치를 일깨워주고 있다. 이는 장안세의 또 다른 일면이다. 곽광이 사망한 후 장안세에게 뭇 사람들의 시선이 쏠렸다. 그는 선제와 대신들이 곽광 대신 추대할 수 있는 유일한 인물이었다. 곽광을 대신하여 새로운 정치 주재자가 되는 것은 수많은 사람들이 오매불망 바라던 일이었다. 그러나 장안세는 이 소식을 들은 후 마음속으로 기뻐한 것이 아니라 두렵고 불안한 심정에 휩싸였다. 그래서 바로 선제의 면전으로 달려가 관을 벗고 머리를 조아리며 자신은 재능이 부족하여 곽광의 지위를 대신할 수 없다고 사양했다. 선제는 장안세의 사퇴를 받아들이지 않고 며칠 후 곽광의 자리를 그에게 맡긴다는 명령을 내렸다.

한 사람의 고급 관료가 큰 나무로 자라 태풍이 불어도 뿌리가 뽑히지 않기 위해서는 두 자질이 필요하다. 그 하나는 바로 권력을 농단하며 공로를 가로채지 않는 것이고, 또 하나는 사사로운 은혜를 베풀지 않는 것이다. 장안세는 일찍이 어떤 사람을 추천한 적이 있다. 그 사람이 집으로 찾아와 감사를 표시하자 장안세는 크게 화를 내며 그때부터 그 사람과 왕래하지 않았다. 무슨 이유인가? 장안세가 생각하기에 인재 추천은 대신의 본분이며 공무에 속하기 때문에 대신은 이를 빌미로 사사로운 은혜를 베풀며 자신의 파당을 형성해서는 안 된다는 것이다. 공과 사를 분명히 구별하는 것은 아주 훌륭한 정치적 자질일 뿐 아니라 작은 비방을 피하여 몸을 온전히 하는 길이다. 그렇게 하지 못하면 황제의 견제를 받을뿐더러 동료들의 시기도 받게 된다. 장안세의 이러한 스타일은 곽광이 전성기를 구가할 때 사방에 자신의 심복을 심은 태도와 하늘과 땅 만큼의 차이가 있다.

앞에서 이미 장안세의 형 장하와 선제의 관계를 언급했다. 선제가 즉위했을 때 장하는 이미 세상을 떠난 뒤여서 선제는 그에게 뜨거운 추모의 정을 표시했다. 그리고 선제는 장하를 제후로 추증하고 민가 200호를 징발하여 그의 묘를 수호하게 했다. 이것은 장씨 가문에 대한 황제의 은총이었지만 장안세는 여전히 그 은총이 너무 과분하다 생각하고 사양하는 태도를 보였다. 또 장하의 아들이 요절해서 장안세의 막내아들 장팽조를 장하의 후사로 삼았다. 만약 장하를 제후로 추증하면 장팽조가 그 작위를 계승하게 되므로 결국은 봉작이 장안세의 아들에게 귀착된다. 이 때문에 장안세는 봉작을 사양했다. 이 밖에도 민가 200호를 징발하여 자기 형의 분묘를 수호하는 일에 대해서도 장안세는 호구 수가 너무 많다고 생각하고 절반으로 줄여달라고 청했다. 선제는 장안세를 위로 하며 말했다. "나는 액정령(掖庭令)[7] 장하를 위해 그런 조치를 취한 것이지 장군을 위해서 한 일이 아니오."("吾自爲掖庭令, 非爲將軍也.",『자치통감』권 25) 즉 장하를 제후에 추증한 것은 장하의 은덕을 포상하기 위한 일이지 장안세의 아들이 작위를 계승하는 일과는 아무런 관계가 없다는 뜻이다. 따라서 선제는 장안세에게 지나치게 사양하지 말라고 권했다. 그러나 선제도 마지막에는 좀 양보를 해서 장하의 분묘를 지키는 호구를 30호로 줄였다. 이는 장안세의 겸손한 뜻을 만족시키기 위한 조처였다.

남송의 대시인 육유(陸游, 1125~1210)는 「소충정(訴衷情)」이란 사(詞) 한 수를 지은 적이 있다. "당년에 만 리 길 치달리며 제후에 봉해질 공적 세우려고, 필마단기로 양주(梁州)를 지켰네. 동관(潼關) 황하의 꿈 깨어나니 이 몸은 지금 어디에 있는가? 옛 담비 가죽 옷엔 먼지만 검게 쌓였네. 오랑캐를 멸망시키지 못하고 귀밑머리만 먼저 희어지니 눈물만 덧없이 흐르네. 이런 삶을 누가 생각이나 했겠는가? 마음은 천산(天山)에 있지만, 몸은 물가 모래톱에서 늙어가네(當年萬里覓封侯, 匹馬戍梁州, 關河夢斷何處, 塵暗舊貂裘. 胡未滅, 鬢先秋, 淚空流. 此生誰料, 心在天山, 身老滄洲)." 이 사만 읽어봐도 제후에 봉해지는 일이 얼마나 어려운지 알 수 있다. 대장부가 이역에서 전공을 세우고 넓은 땅의 제후로 봉해지는 일은 자고이래로 남자가 추구해온 꿈이었다. 높은 뜻을 가진 많은 남자들은 평생토록 이 꿈을 이루기 위해 분주하게 일을 한다. 이 꿈을 이룬 인물로는 붓을 내던지고 종군하여 제후에 봉해진 반초(班超: 32~102) 같은 사람이 있다. 그러나 반평생을 분주히 떠돌았지만 실패한 인물로는 이 사를 지은 육유 같은 사람이 있다. 이 사의 뜻은 얼마나 처연한가? 성공한 사람이든 실패한 사

---

7   환관이 담당하던 관직. 후궁과 관련된 일을 관장했다.

람이든 그들의 삶은 너무나 고달팠다. 만약 황제의 은총을 받을 수 있으면 만 리 길 변방 전장에서 그처럼 고생하지 않아도 바로 제후에 봉해질 수 있다. 그렇게 되면 얼마나 좋겠는가? 물론 이것은 이상주의가 아니라 불로소득으로 제후에 봉해지는 기회주의나 기생적 사고에 불과하다. 하지만 인성이 타락하면 역사와 현실에서 이런 생각을 하는 사람이 많아질 뿐 아니라 마침내 불로소득에 성공하는 사람 또한 많아진다.

그리 큰 노력을 기울이지 않고도 황제에 의해 제후로 봉해지는 일이 닥치면 보통 사람들은 틀림없이 기쁨에 겨워 어쩔 줄 모를 것이다. 그러나 장안세는 전혀 그렇게 생각하지 않았다. 자신이 이미 제후로 봉해진 데다 아들까지 형 장하의 작위를 세습하여 제후로 봉해지자 장안세는 잠을 이루지 못했다. 기쁨으로 잠을 이루지 못한 것이 아니라 근심으로 잠을 이루지 못했다. 이에 "부자가 제후에 봉해져 지위가 너무 높다 생각하고 녹봉을 사양했다." 장안세는 존귀하게 제후가 되었으므로 합법적 수입이 대단히 많았다. 그는 제후 작위를 사양할 수 없게 되자 녹봉을 사양했다. 현대사회에서 자발적으로 월급을 감봉해달라고 요구하는 사람을 본 적이 있는가? 옛사람들은 그렇게 한 사람이 정말 많았다. 장안세도 그중 한 사람이었으며, 『자치통감』의 편찬자 사마광도 그렇게 한 적이 있다. 이는 이미 「검약의 습관」 장에서 소개한 바 있다. 장안세가 녹봉을 깎아달라고 요구하자 선제는 그가 사양한 녹봉을 따로 보관하게 했는데 그 돈이 마지막에는 수백만 전에 달했다.

이러한 태도에 걸맞게 장안세는 평소에도 매우 소박하게 살았다. 그는 검은색 도포만 입고 아무 장식도 하지 않았다. 심지어 부인이 직접 베를 짰고, 700명의 가동(家僮)도 모두 직접 수공업을 했다. 따라서 장씨 가문의 사람들은 모두 자신의 노력으로 의식주를 해결했다고 할 수 있다. 이 같은 생활 방식은 곽씨 가문의 교만하고 사치한 기풍과 선명하게 대비된다. 그 결과는 매우 흥미롭다. 장씨 가문은 이런 방식으로 살면서도 빈궁해지지 않고 오히려 곽씨 가문을 능가하는 재산을 축적했다. 왜 그렇게 될 수 있었을까? 왜냐하면 장씨 가문 사람들은 모두 손재주가 있어서 자신의 몸을 건사할 수 있었을 뿐 아니라 손재주로 돈을 벌어 재산을 모을 수 있었기 때문이다. 또 더욱 고귀한 것은 재산을 얼마나 모았든지 간에 장씨 가문 사람들은 시종일관 사치를 숭상하지 않고 근검한 생활을 유지할 수 있었다는 점이다. 이러한 가풍 때문에 그들은 사치와 교만에 젖어 패망한 곽씨 가문의 전철을 밟지 않았다.

또 하나 흥미로운 것은 장안세가 신중한 삶의 방식을 고수하면서 녹봉을 사양했지만 그의 가문의 재산은 전혀 줄어들지 않았다는 점이다. 이처럼 조심스럽고 신중한 가풍은 장안세의 교육을 통해 장씨 가문에서 몇 대 동안 계속 이어졌고, 이로 인해 장씨 가문의 몇 세대 사람들은 큰 문제를 일으키지 않았다. 따라서 장씨 가문은 한나라 전체 역사 속에서 가장 오래 그리고 가장 성공한 고위층 가문의 하나가 되었다. 이는 권세가 막강했던 곽씨 가문이 곽광이 사망하고 나서 한 세대 만에 멸문지화를 당한 상황과 선명하게 대비된다. 장안세의 아들 장연수와 증손자 장림도 일처리 방식이 장안세를 빼닮았다. 장연수는 부친의 제후 작위를 세습하여 연간 수입이 1,000만 전을 상회했지만 매우 불안해했다. 그는 스스로 국가를 위해 아무런 공적도 세우지 못했으므로 선친의 공적에만 의지하여 그렇게 많은 재산을 향유해서는 안 된다고 생각했다. 위의 대목에 『한서』의 다음 구절이 인용되어 있다. "장연수는 스스로 세운 공덕이 없는데 어찌 선친의 제후국을 오래 감당할 수 있겠는가"라고 생각했다. 한나라 당시의 귀족 자제가 이런 인식을 했다는 건 정말 대단한 일이다. 장림도 이렇게 말했다. "상홍양과 곽광은 나의 경계가 되는 사람이니 어찌 그 교훈이 깊지 않은가?" 일찍이 한나라를 뒤흔들었던 상홍양과 곽씨 일족은 모두 인간 됨됨이와 처세에서 치명적인 결함을 드러냈다. 그것은 바로 자신을 점검할 줄 모르고 겸양할 줄 모르는 점이었다. 이 때문에 더러는 본인이 참형에 처해졌고, 더러는 후손이 멸문지화를 당했다. 그러나 장씨 일족은 수시로 자신을 점검하고 일깨우며 곽씨의 전철을 밟지 않았다. 장림은 임종 전에 재산을 친척과 친지들에게 나눠 줬고 아울러 검소하게 장례를 치르라고 특별히 유언을 남기기까지 했다.

장안세는 분명 뛰어난 재능을 갖추고 적극적으로 국가대사에 참여하려 한 인물이었다. 그렇지 않았다면 당시의 핵심적 정치 투쟁 속으로 뛰어들지 않았을 것이다. 이후 장안세는 권력 구조의 정점에 자리를 잡고서도 시시각각 겸양과 자기억제를 실천했다. 이는 참으로 고귀한 점이다. 장안세가 고수한 수신과 제가의 중요한 원칙은 바로 '물기태성(物忌太盛)'이었다. 즉 천하 만물은 지나치게 성대히 되는 것을 꺼린다는 뜻이다. 이런 사상을 근거로 장안세는 관직 사회에서도 권력과 지위가 지나치게 성대해지는 상황을 꺼렸으며 수신과 제가에서도 자신의 가문이 극성하는 것을 꺼렸다. 말하자면 권세가 너무 강해지는 것도 꼭 좋은 일만은 아니며, 가문이 지나치게 흥성하는 것도 반드시 좋은 일만은 아니라고 할 수 있다. 현대인들은 장안세의 이러한 사상을 배워야 한다. 곽씨 가문과 비교해볼 때 장안세가 창조한 장씨 가문의 가풍은 전 가족의 생명을 후대에 끝없이 이어지게 했다. 이는 매우 성공적인 제가 방식이었다고 할 만하다.

치도편

治道篇

보다 큰 세상을 품는다

천하는 모두의 것이다

天下爲公

1. 황후와 외척

6월에 한(漢) 성제(成帝, 기원전 51~기원전 7, 재위 기원전 33~기원전 7)가 그의 모든 외숙을 제후왕에 봉했다. 왕담(王譚)을 평아후(平阿侯)로 삼았고, 왕상(王商, ?~기원전 25)을 성도후(成都侯)로 삼았고, 왕립(王立)을 홍양후(紅陽侯)로 삼았고, 왕근(王根, ?~?)을 곡양후(曲陽侯)로 삼았고, 왕봉시(王逢時)를 고평후(高平侯)로 삼았다. 이 다섯 사람을 같은 날 제후로 봉했기 때문에 세상에서는 그들을 '오후(五侯)'라 불렀다. 효원황태후(孝元皇太后)의 모친 이씨(李氏)는 하내(河內) 사람 구빈(苟賓)에게 개가하여 아들 구참(苟參)을 낳았다. 황태후가 전분(田蚡, ?~기원전 130)[1]의 사례에 비견하여 그를 제후에 봉하려고 했다. 성제가 말했다. "전씨(田氏)를 제후로 봉한 건 옳은

---

1   한 경제(景帝, 기원전 188~기원전 141, 재위 기원전 157~기원전 141)의 황후 왕씨(王氏)의 동모이부(同母異父) 아우. 무제 때 무안후(武安侯)에 봉해졌다.

일이 아니었습니다." 그리고 구참을 시중(侍中)과 수형도위(水衡都尉)로 삼았다.

『자치통감』 권30

당초에 효원황태후의 남자 형제는 여덟 명이었는데, 유독 남동생 왕만(王曼, ?~?)만 일찍 죽어서 제후에 봉해지지 못했고, 황태후는 이를 가련하게 생각했다. 그리하여 왕만의 과부 거(渠)를 동궁에서 봉양하게 했다. 그의 아들 왕망(王莽, 기원전 45~23)은 어려서 부친을 잃어 다른 사촌형제들에 비견할 수 없었다. 그들은 모두 장군이나 오후의 자손들이어서 당시 권세를 업고 사치를 부리며 수레, 말, 음악, 여색으로 방탕하게 즐기면서 서로 교만하게 행동했다. 그러나 왕망은 이 때문에 자신의 의지를 굽히고 공손하고 검소하게 행동하며 몸을 삼가고 널리 학문을 배웠다. 복장도 유생처럼 하고 모친 및 과부가 된 형수를 섬겼고, 세상을 떠난 형의 아들을 기르며 행동을 매우 신중하고 주도면밀하게 했다. 또 밖으로 뛰어난 인물들과 교분을 맺고 안으로 여러 숙부를 섬기면서도 부드럽고 예의바르게 처신했다. 대장군 왕봉(王鳳, ?~기원전 22)이 병이 나자 왕망은 곁에서 병수발을 들며 친히 약을 달여 올렸다. 헝클어진 머리카락으로 얼굴 씻을 틈도 없이 옷을 벗지도 않고 여러 달을 그렇게 계속했다. 왕봉이 임종에 이르러 황태후 및 성제에게 왕망을 부탁했다. 성제는 왕망을 황문랑(黃門郎)[2]에 임명했다가 사성교위(射聲校尉)[3]로 옮겼다. 오랜 시간이 지난 후 왕망의 숙부 성도후 왕상이 자신의 봉토 호구를 나눠 왕망에게 분봉해주기를 원했다. 장락소부(長樂少府)[4] 대숭(戴崇), 시중 김섭(金涉), 중랑(中郎) 진탕(陳湯)

---

2   급사황문시랑(給事黃門侍郎). 궁궐 안에서 황제를 시종하며 황제의 명령을 전달했다.

3   한나라 때 도성과 궁궐을 수비하던 경사군(京師軍) 팔교위(八校尉)의 하나. 팔교위는 중루교위(中壘校尉), 둔기교위(屯騎校尉), 보병교위(步兵校尉), 월기교위(越騎校尉), 장수교위(長水校尉), 호기교위(胡騎校尉), 사성교위, 호분교위(虎賁校尉)다. 모두 700명의 군사를 거느렸다.

4   한나라 때 태후가 거주하던 장락궁(長樂宮)에서 태후의 시중을 들던 관직.

등은 모두 당시 명사였는데, 이들도 모두 왕망을 위해 칭찬하는 말을 했다. 이에 성제는 왕망을 현명하게 여겼고, 태후도 자주 왕망을 추천하는 말을 했다. 5월 을미일(乙未日)에 왕망을 신도후(新都侯)에 봉했다.

『자치통감』 권31

병인일(丙寅日)에 왕망을 대사마로 삼았는데 당시 나이가 38세였다. 왕망은 동렬의 신하들 사이에서 선발되어 네 백부와 숙부를 이어 정무를 보좌하는 대신이 되었다. 자신의 명예를 전인(前人)들보다 더 훌륭하게 유지하기 위해 마침내 극기 수양에 게으르지 않았다. 또 여러 어진 인재를 초빙하여 관리로 삼았고, 황제의 하사품과 봉토에서 얻은 수입을 모두 선비들과 함께 나누며 갈수록 더욱 검약하게 생활했다. 왕망의 모친이 병이 나자 공경대부와 제후들이 부인을 보내 문병했다. 그때 왕망의 처가 그들을 맞이했는데, 옷자락이 땅에 끌리지 않았고 헤진 헝겊으로 무릎을 가렸다. 그것을 본 사람들이 심부름하는 하녀로 여기고 질문을 하다가 왕망의 부인임을 알고 모두 깜짝 놀랐다. 거짓으로 명성을 분식함이 이와 같았다.

『자치통감』 권32

한나라의 정치에는 매우 뚜렷한 특징이 있다. 그것은 바로 외척이 정치에 간여했을 뿐 아니라 가장 중요한 정치 역량의 하나로 활동했다는 점이다. 이러한 특징은 한 무제 시대 이후에 더욱 뚜렷해졌다. 한 성제가 즉위한 이후 그의 생모 왕정군(王政君, 기원전 71~13)은 황태후가 되었다. 이 사람이 효원황태후다. 왕정군에게는 남자 형제가 여덟 있었다. 그중 첫째 왕봉과 넷째 왕숭(王崇, ?~?)은 동부동모(同父同母) 형제였고, 다른

여섯 명은 이복형제였다. 둘째가 일찍 사망한 외에 일곱 명은 성제가 즉위하고 나서 모두 정계의 권력자가 되었다. 성제는 먼저 자신의 모친과 동복인 두 외숙 왕봉과 왕숭을 제후로 봉했다. 몇 년 후 넷째 외숙 왕숭이 세상을 떠나자 태후가 매우 슬퍼했다. 1년 뒤 성제는 아직 생존해 있던 다섯 외숙 즉 모친의 이복형제인 외숙 다섯 모두를 제후로 봉했다. 이들을 세상에서는 '오후'라 불렀다. 성제의 이 같은 조치에는 아마도 모친을 위로하려는 의도가 포함되어 있었던 것 같다. 그러나 왕씨 형제가 모두 제후로 봉해진 이후에도 왕정군은 결코 만족하지 않았다. 그녀에게는 친형제, 이복형제 외에도 이부형제(異父兄弟)도 있었다. 왕정군은 이 이부형제까지도 제후로 만들고 싶어 했다. 이건 정말 한 사람이 득도하면 그 집 닭이나 개까지 승천한다는 격이었다. 그녀는 황제의 어머니였기 때문에 자신과 친척 관계에 있는 모든 사람에게 부귀영화를 선사하려 했다. 이는 중국 고대사에서 끝없는 탐욕으로 공권력을 사유화한 전형적인 사례에 해당한다. 성제는 평소에 늘 자기 모친과 외숙의 말을 따랐지만 이번에는 강경한 태도로 모친의 요청을 거절하면서 그건 옳지 않은 일이라고 말했다.

한나라 전통에 따라 왕정군의 친정 남자 형제들은 제후에 봉해졌을 뿐 아니라 당시 관리의 '수석집행관'인 보정대신(輔政大臣)까지 될 수 있었다. 가장 먼저 보정대신이 된 사람은 왕씨 형제 중 맏이인 왕봉이었고 조정의 대소사를 모두 그가 결정했다. 일찍이 어떤 사람이 성제에게 유흠(劉歆, 기원전 50~23)이라는 젊은 인재를 추천한 적이 있다. 성제는 그를 불러보고 참으로 유능한 인재라고 생각했다. 게다가 유흠은 한나라 종실의 일원이었기에 중상시(中常侍)란 관직에 임명하고 궁궐을 출입하며 황제를 수행하게 하려 했다. 성제는 중상시 신분에 어울리는 의관을 마련하여 유흠에게 하사하고 그를 중상시에 임명할 준비를 했다. 그러나 좌우 시종들이 이번 일은 아직 외숙이신 대장군(왕봉)과 상의하지 않았다고 성제를 일깨웠다. 그러자 성제가 반문했다. "이같이 사소한 일까지 대장군과 상의할 필요가 있느냐? 이런 일은 황제가 주재할 수 있지 않느냐?" 그러나 좌우 시종들은 목숨을 걸고 그렇게 하면 안 된다고 하면서 먼저 대장군께 보고하라고 했다. 성제는 알았다고 하면서 먼저 외숙과 상의하겠다고 했다. 결과는 어땠는가? 왕봉은 황제의 요청을 허락하지 않았고 유흠을 중상시에 임명하려던 일은 끝내 없던 일이 되고 말았다. 이 일을 통해 우리는 두 가지를 엿볼 수 있다. 첫째는 왕씨 형제의 권력이 대단했다는 점이고, 둘째는 한 성제의 성격이 그런 사소한 일조차 결단하지 못할 정도로 너무 우유부단했다는 점이다.

유흠을 중상시에 임명하려는 성제의 요청을 거절한 것은 그래도 작은 일에 속한다. 왕씨 형제는 더욱 큰 일까지 좌지우지했다. 당시에 비교적 정직한 어떤 관리가 왕봉의 전횡을 탄핵했다. 성제도 자기 외숙의 권세에 너무 심하게 눌려 있던 터라 이처럼 과감하게 직언하는 관리를 칭찬하며 왕봉의 권력을 깎으려고 결심했다. 그러나 그 누가 짐작이나 했겠는가? 결국 기밀이 유지되지 못하여 성제가 손을 써보기도 전에 왕봉이 먼저 그 사실을 알아챌 줄이야! 왕봉은 고의로 불쌍한 모습을 지어보이며 상소문을 올려 사직을 요청했다. 그 결과 "태후가 그 소식을 듣고 눈물을 흘리며 음식을 입에 대지 않았다."("太后聞之爲垂涕, 不御食.", 『자치통감』 권30) 왕정군은 자기 형제를 비호하기 위해 단식으로 자기 아들에게 항의했다. 성제가 이전에도 여러 업무에서 자신의 외숙과 맞설 수 없었던 가장 중요한 원인은 바로 자신의 모친을 슬프게 할 수 없었기 때문이다. 이번에도 모친이 출전하자 성제는 어쩔 수 없이 물러날 수밖에 없었다. 성제는 왕봉의 권력을 약화시키지 못했을 뿐 아니라 왕봉을 탄핵한 관리를 감옥에서 죽게 만들었고 그 관리의 아내까지 유배를 보내야 했다. 이 같은 결말은 당시 조야를 진동시켰다. 모든 관리들이 왕씨 형제들을 몰래 흘겨보았지만 왕씨 일가에 대한 나쁜 말은 조금도 입 밖으로 낼 수 없었다. 이후로 조정의 수석집행관인 보정대신은 서한이 멸망할 때까지 줄곧 왕씨 가문에서 돌아가며 맡았다. 그 마지막 담당자가 바로 왕정군의 조카 왕망이었다. 이것은 '나라의 정무가 사사로운 문벌에 의해 처리된(政出私門)' 전형적인 사례에 해당한다.

왕씨 형제는 엄청난 권력을 지닌 데다 또 태후의 비호까지 받았기 때문에 교만하게 불법을 저지르면서도 거리낄 것이 없게 되었다. "오후의 형제들은 다투어 사치를 부렸으며, 뇌물로 들어오는 진귀한 보배가 사방에서 답지했다."("五侯群弟爭爲奢侈, 賂遺珍寶四面而至.",『자치통감』권30) 성제의 외숙들은 하나같이 몰상식하게 처신했다. 그들은 방대한 저택을 짓고 사치에 젖어 호화롭게 생활했다. 그중 어떤 사람은 자신의 몸이 아프다고 터무니없게도 성제에게 궁궐을 피서 장소로 빌려달라고 요청했다. 또 자신의 정원 연못에 물을 대기 위해 장안성의 성벽을 뚫고 성 밖의 강물을 집 안으로 끌어들인 후 집 안 연못에 배를 띄우고 음주가무를 즐겼다. 우선 우리는 당시 그들의 정원이 얼마나 광대했는지 상상할 수 있다. 게다가 더욱 말도 되지 않는 일은 자신의 정원에 물을 대려고 마음대로 도성의 성벽에 구멍을 뚫었다는 것이다. 또 다른 성제의 외숙은 궁궐을 빌려달라는 것보다 더욱 심한 짓을 했다. 그는 아예 자신의 저택을 황궁의 규모와 동일하게 짓고 생활했다. 당시 왕씨의 참람하고 무례한 행위가 어느 정도였는지 짐작할 수 있다.

나중에 성제는 미복(微服)으로 외출했다가 몇몇 외숙의 호화 저택이 이와 같음을 발견하고 깜짝 놀라 궁궐로 돌아온 후 이 외숙들을 엄격하게 징벌하기로 결정했다. 이에 그들 형제 몇 명은 스스로 얼굴에 묵형(墨刑)을 가하고 코를 베는 의형(劓刑)을 실행하여 태후에게 사죄하려 했다.

그러자 성제는 대경실색하며 그들을 꾸짖었다. "외가에서는 어찌하여 기꺼이 재앙을 자초하여 스스로 얼굴에 묵형을 가하고 의형을 행하려 하시오. 이는 태후 면전에서 치욕을 드러내는 일이니 자애로우신 그 마음을 상하게 하고 국가를 위기에 빠뜨리는 일이오."("外家何甘樂禍敗, 而欲自黥劓. 相戮辱於太后前, 傷慈母之心, 以危亂國家!", 『자치통감』 권31) 기실 성제의 몇몇 외숙은 아주 교활했다. 그들은 성제가 모친의 뜻에 감히 거역하지 못하는 심리를 이용하여 한바탕 소란을 피우며 태후에게 가서 자해 공갈로 죄를 인정하려 했다. 과연 성제는 그 사실을 알고 난 후 '자애로우신 모친의 마음을 상하게 할까' 두려워 그들의 행동을 저지했다. 외숙들을 징벌하려던 마음도 버릴 수밖에 없었다.

당시에 왕씨 형제는 일찍 죽은 둘째를 제외하고 나머지 형제는 모두 제후에 봉해졌다. 그러나 둘째 아들의 아내가 아주 책략에 능한 사람이었다. 가장이 죽자 집안에 돌봐야 할 사람이 없었으므로 그녀는 어린 아들을 데리고 태후궁으로 가서 황태후를 봉양했다. 왕정군은 매일 이 청상과부를 마주하면서 늘 일찍 죽은 둘째 오빠를 떠올릴 수밖에 없었다. 다른 형제들은 모두 제후에 봉해져 부귀영화를 누리고 있고 또 조카들도 의지할 부친이 있는데, 오직 둘째 오빠가 남긴 자식은 아무 혜택도 받지 못하고 있다는 데 생각이 미치자 왕정군은 더욱더 가슴이 아팠다. 그리하여 그녀는 늘 성제 면전에서 푸념을 늘어놓으며 둘째 오빠 가족에게 은전을 베풀어달라고 청했다. 성제는 결국 왕씨 가문의 둘째 외숙을 신도애후(新都哀侯)로 추증해야 했다. 이 둘째가 왕만이고 바로 왕망의 부친이다. 왕만은 이미 세상을 떠났으므로 신도후를 세습할 사람은 기실 그의 아들 왕망뿐이었다. 왕망은 그의 몇몇 숙부와는 달리 자신의 행동을 수양할 줄 알았다. 그는 평소에 소박한 옷을 입었고 또 다른 사람을 즐겨 도와줬기에 좋은 평판을 얻었다. 왕망이 점차 정권 핵심으로 다가갈 수 있었던 원인은 그 스스로 교만함을 숨기고 명예를 중시한 점 및 왕정군의 동정과 보살핌이 있었기 때문이다.

그래서 어떤 사람은 기실 왕정군이 왕씨 가문에 집정의 기회를 부여한 것은 바로 왕망에게 집정의 기회를 부여한 것이라고 비판했다. 왜냐하면 왕망은 오랫동안 쌓아온 왕씨 가문의 권력에 의지함으로써 황위 찬탈의 가능성을 가질 수 있었기 때문이라는 것이다. 이러한 비판은 매우 합리적이다. 왕정군이 왕씨 가문의 지위를 높여주고 옹호함으로써 한나라의 정상적인 정치 운행 규칙은 혼란스러워질 수밖에 없었다. 형제가 모두 제후로 봉해지고 부자가 권력을 세습하게 되자, 계속해서 가풍이 사치스러워지고 참람하고 무례한 행위가 자행되었다. 더욱 중요한 것은 조정의 정책 결정권이 왕씨 가문의 사적 권력으로 변모했다는 점이다. 몇몇 독자께서는 의문을 제기할 수도 있을 것이다. 왕망의 찬탈은 우선 왕망 개인의 야심 탓으로 원인을 돌려야 하는 것이 아닌가? 왕정군은 왕망이 옥새를 탈취하는 과정에서 한나라 조정에 충성을 보이지 않았는가? 그런데 왜 그처럼 가혹하게 왕정군을 질책하는가? 이러한 분석은 목전의 사회에서 수많은 사고가 발생했을 때 먼저 가해자를 질책하지 않고 오히려 피해자에게 왜 조심하지 않았느냐고 비판하는 것과 같은 태도인데, 이런 태도가 과연 합리적인가?

성제가 보위를 계승한 이후 보정대신은 왕씨 가문의 범위를 벗어나지 않았고 또 그 자리에 오르기만 하면 종신토록 권세를 누렸다. 가장 먼저 보정대신이 된 사람은 성제의 큰외삼촌 왕봉이었다. 왕봉이 11년간 집권하고 사망하자 왕봉의 사촌동생 왕음(王音, ?~?)이 정권을 잡았다. 왕음이 집권 8년 후 사망하자 정권은 왕봉의 친아우 왕상의 수중으로 넘어갔다. 왕상이 집권 4년 만에 사망하자 그의 친아우 왕근이 권력을 이어받았다. 전체 왕씨 가문을 통틀어보면 왕정군이 바로 권력 교체의 핵심이었다고 할 수 있다. 『자치통감』의 기록은 다음과 같다. "왕씨의 자제들이 모두 경, 대부, 시중, 제조(諸曹)를 차지하고 권세 있는 관직을 나눠 맡아 조정을 가득 채웠다."("王氏子弟皆卿大夫侍中諸曹, 分據勢官, 滿朝廷.", 『자치통감』 권30) 그리고 왕씨 자제들만 조정의 혜택과 이익을 누리는 데 그치지 않고 다른 성씨 자제들도 그 과정에 참여했다. 어떤 성씨의 자제인가? 왕정군에게는 형제 외에 자매도 있었다. 그중에서 순우씨(淳于氏) 가문에 시집간 왕정군의 언니는 순우장(淳于長)이라는 아들을 낳았다. 순우장은 왕정군과 성제 면전에서 총애를 얻어 정릉후(定陵侯)에 봉해졌다. 여기에 더하여 황태후 왕정군과의 친인척 관계에 힘입어 제후에 봉해진 사람이 10여 명에 달했다.

기실 왕망이 보정대신을 맡기 전에 그의 경쟁 상대로 출현했던 사람이 바로 순우장이었다. 순우장과 왕망은 내외종(內外從) 사촌형제에 해당한다. 가장 먼저 보정대신에 오른 왕봉은 왕망의 백부이며 순우장의 큰 외삼촌이다. 왕봉의 와병 기간 순우장이 그 곁에서 병수발을 들며 탕약을 받들어 올렸다. 왕봉은 그의 헌신에 감동하여 임종 전에 태후와 성제에게 이 생질(甥姪: 누이의 아들)이 참으로 훌륭한 인재이므로 잘 보살펴달라고 요청했다. 그리하여 순우장은 태후의 이질(姨姪: 자매의 아들)이란 신분으로 제후에 봉해졌을 뿐 아니라 구경에까지 올랐다. 이후 순우장이 외가에 빌붙어 이익을 취할 수 있었던 것은 태후와 성제 및 보정대신 외숙에게 잘 보였기 때문이지 그에게 무슨 특별한 재능이 있었던 까닭은 아니었다. 한 가지 예를 들어보고자 한다. 당시에 성제가 조비연(趙飛燕, 기원전 45~기원전 1)을 황후로 책봉하고 싶어 했을 때 태후는 처음부터 조비연의 출신이 너무 미천하다 생각하고 승낙하려 하지 않았다. 성제는 순우장에게 태후를 설득하게 했고 마침내 태후의 동의를 얻어 조비연을 황후로 삼았다. 이 일로 순우장은 성제의 총신이 되었다. 이 때문에 반고는 『한서』 「영행전(佞幸傳)」에 그를 편입하여 아주 하찮게 평가했다. 그러나 순우장은 거의 보정대신에 오를 뻔한 기회가 있었다.

왕씨 형제 중에서 마지막으로 보정대신에 오른 사람은 일곱째인 왕근이었다. 이렇게 한 바퀴 도는 동안 왕씨 형제들은 보정대신이란 직무를 모두 한 차례씩 지냈다. 만약 이 직위를 왕씨 가문 내에서 계속 유지하려면 그들 아래 세대로 차례를 넘겨야 했다. 왕근의 병이 위중한 기간에 왕씨의 생질 순우장은 이미 구경에 올라 관직이 낮지 않았고 또 태후와 황제의 깊은 총애를 받고 있었다. 당시 여론은 왕근의 보정대신 지위를 대신할 사람은 순우장일 것이라고 추측했다. 과연 그리된다면 왕망은 물론 보정대신 자리에 오를 수 없게 된다. 이에 왕망은 기회를 틈타 이간책을 썼다. 그는 왕근에게 달려가 순우장이 보정대신직을 노린 지가 오래라 숙부께서 병이 나자 아주 기뻐했다고 고자질했다. 왕근은 왕망의 말을 듣고 대로했다. 이어서 왕망은 순우장이 저지른 구저분한 짓을 폭로했다. 즉 순우장이 후궁에게 뇌물을 받았다는 것이다. 내막은 이렇다. 앞서 폐위된 허황후(許皇后: 허아許娥, ?~기원전 8)는 순우장이 태후를 설득하여 조비연을 황후로 세우는 데 능력을 발휘하는 것을 보고 자신도 순우장을 연줄로 삼아 다시 성제의 곁으로 돌아가고 싶어 했다. 그래서 그녀는 순우장에게 많은 뇌물을 주고 성제와 태후 면전에서 자신에 대한 좋은 말을 해달라고 부탁했다. 첩여라는 후궁의 신분에서 다시 황제의 곁으로 돌아가기 위해서였다.

순우장은 이 일이 매우 어렵고 또 황후 조비연도 쉽게 다룰 수 있는 사람이 아니라는 사실을 분명하게 알고 있었지만, 허씨가 내미는 뇌물에 미혹되어 자신이 성제를 설득하여 좌·우 황후 제도를 만들 수 있고, 그럼 허씨가 다시 황제의 곁으로 돌아갈 수 있을 것이라고 큰소리를 쳤다. 허씨는 그 말을 진실로 믿고 순우장에게 더욱 많은 뇌물을 줬다. 순우장은 이 기회를 이용해 허씨와 서신을 주고받는 과정에서 음란한 글로 허씨를 희롱했다. 허씨는 비록 폐위된 황후였지만 신하가 공공연히 그녀를 희롱하는 것은 범죄행위에 해당한다. 이 일은 왕망에 의해 꼬투리가 잡혔고, 아울러 왕망은 왕근의 도움으로 황태후와 성제에게 사건의 진상을 고해바쳤다. 이로써 순우장은 한순간에 천 길 낭떠러지 아래로 추락하여 왕망과 보정대신을 다툴 수 있는 자격을 상실했다.

성제는 아들 없이 세상을 떠나서 그의 조카가 보위를 계승했다. 이 조카가 바로 한 애제(哀帝, 기원전 25~기원전 1, 재위 기원전 7~기원전 1)다. 애제도 세상을 떠날 때 아들이 없었다. 왕정군은 곧 두 가지 일을 시행했다. 한 가지는 자신이 직접 애제가 거주하던 궁전으로 달려가서 황제의 옥새를 확보했다. 다른 한 가지는 왕망을 궁궐로 들어오게 하여 뒷일을 상의했다. 이 일을 통해서 우리는 권력이 교체되는 가장 중요한 순간에도 왕정군은 제일 먼저 자신의 친정을 생각했다는 사실을 알 수 있다. 이는 정권 사유화의 전형적인 모습이다. 왕정군은 왕망과 상의하여 당시 겨우 아홉 살이던 평제(平帝, 기원전 9~6)를 보위에 올리기로 결정했다. 이로써 왕정군은 태후 신분으로 수렴청정을 하게 되었고, 국가대사는 모두 왕망이 결정하게 되었다.

왕씨 가문이 대대로 국정을 장악할 수 있었던 것은 왕정군이 그 일을 부추겼기 때문이다. 왕망의 황위 찬탈도 왕씨가 대대로 국정을 장악해온 최종 결과였다. 『한서』의 주요 저자 중 한 사람인 반표는 다음과 같이 지적했다. "하·은·주 삼대(三代) 이래로 제왕들이 천하를 잃은 것은 여자를 총애했기 때문이 아닌 경우가 드물다. 왕망이 일어설 때도 효원황태후가 한나라 4세 동안 천하의 모후로 군림하며 60여 년간 나라를 향유했다. 왕씨 무리들이 대대로 권력을 장악하고 번갈아가며 대권을 휘둘렀다. 왕씨 가문에서는 모두 다섯 명의 대사마(大司馬)와 열 명의 제후를 배출하다가 마침내 신도후 왕망 정권을 완성했다."("三代以來, 王公失世, 稀不以女寵. 及王莽之興, 由孝元后歷漢四世爲天下母, 饗國六十餘載. 群小世權, 更持國柄. 五將十侯, 卒成新都.",『자치통감』권36) 반표의 이 말은 두 단락으로 나눠서 분석해볼 수 있다. 먼저 그는 자고로 통치자가 보위를 잃고 정권을 유지할 수 없었던 이유는 대부분 통치자가 여자를 총애한 탓이라 했다. 황제가 어떤 여자를 총애한 나머지 정치를 파탄으로 몰고 간 사례를 우리는 역사에서 자주 발견할 수 있다. 그러나 반표가 이 말로 왕정군을 비판한 것은 다소 적합하지 않다는 느낌이 든다. 왕정군은 한 원제 유석의 황후이긴 했지만 전혀 총애를 받지 못했기 때문이다. 원제는 태자 시절에 사마양제(司馬良娣)라는 여인을 좋아했다. 양제란 태자를 모시는 처첩 중에서 1품 품계에 해당하는 후궁이다. 그런데 그 사마양제가 무슨 이유인지도 모르게 사망했고, 원제는 너무나 슬퍼했다. 원제의 모후 공성태후(邛成太后)[5]는 태자가 지나치게 슬픔에 빠져들까봐 궁중에서 젊은 여인을 골라 태자의 정신적 공백을 채워주려 했다. 한번은 태자가 모후를 뵈러 갔다. 모후 왕씨는 젊은 여인을 다섯 구하여 몰래 태자에게 접근시키고 그 여인들이 태자의 눈길을 받을 수 있는지 관찰했다. 그러나 태자는 그 여인들에게 전혀 관심이 없었다. 그전에 태자는 사마양제와 열애에 빠져 있었고 열애 도중 연인이 세상을 떠난지라 그 정신적 공백이 쉽게 채워지지 않았다. 그러나 태자는 모후의 근심을 덜어주기 위해 5명 가운데 한 여인이 그런대로 마음에 든다고 건성으로 대답했다. 그때 마침 왕

---

5   한 선제의 세 번째 황후 왕씨(王氏). 선제의 첫 번째 황후는 공애황후(恭哀皇后) 허평군(許平君)으로 선제가 미천할 때 혼인하여 황후가 되었다가 아들 유석(원제)을 낳고 곽광의 부인에게 독살당했다. 선제의 두 번째 황후는 바로 곽광의 막내딸 곽성군이다. 나중에 결국 허황후 암살 배후가 곽씨 집안으로 밝혀지자 곽씨들은 반란을 모의했고, 그 반란이 실패하여 멸문지화를 당했다. 곽성군도 냉궁에 유폐되었다가 자살했다. 그 이후 들어온 선제의 세 번째 황후가 왕태광(王泰光)의 딸 왕씨다. 이 대목에서 말하는 원제의 모후는 생모 허황후가 아니라 공성태후 왕씨다.

정군이 태자에게서 가장 가까운 자리에 앉아 있었고 옷도 가장 화려했다. 그녀는 붉은색으로 테두리를 두른 예쁜 저고리를 입고 있었다. 이에 사람들은 모두 태자의 마음에 든 여인이 왕정군이라 오해하고 그녀를 태자에게 보냈다. 그러나 태자 입장에서는 누가 왔다 해도 마찬가지였다. 그는 당시 어떤 여인에게도 관심이 없었다. 이는 왕정군이 아주 우연한 기회에 원제의 배필이 되었다는 말에 다름 아니다.

역사 기록에 의하면 왕정군은 성격이 온화하고 부도(婦道)에도 식견이 깊었지만 그리 영민하지는 못했던 듯하다. 그런데 매우 기묘한 사건 하나가 왕정군의 운명을 바꿨다. 이전에 원제는 많은 후궁을 가까이했지만 후사를 얻지 못했다. 그런데 왕정군은 원제와 단 한 번 잠자리를 같이하고 바로 회임을 했다. 이렇게 해서 태어난 사람이 바로 원제의 맏아들 유오(劉驁)인데, 나중에 보위에 올라 한 성제가 되었다. 성제가 태어난 후 왕정군은 황후로 책봉되었지만 원제는 그녀와 잠자리를 같이하는 경우가 드물었다. 따라서 반표가 왕정군이 총애를 받았다고 서술한 대목은 사실에 부합하지 않는다. 그러나 왕정군은 원제를 위해 맏아들을 낳은 터라 후궁에서 60여 년 동안 쓰러지지 않고 권력을 유지하며 한나라의 역사에 깊은 영향을 끼쳤다. 왕정군과 손을 잡지 않았다면 왕망도 보위를 찬탈할 수 없었을 것이다.

이 과정에서 왕망은 왕정군에게 잘 보이기 위해 각고의 노력을 기울이며 다양한 수완을 발휘했다. 한번은 왕정군이 갑자기 이런 말을 했다. "내가 처음 태자궁으로 들어갔을 때 병전(丙殿: 태자가 거주하는 전각)에서 태자를 뵈었다. 나는 지금 오륙십 살이 되었는데도 아직 그 일을 기억하고 있다."("我始入太子家時, 見於丙殿. 至今五六十歲, 尙頗識之.", 『한서』「원후전元后傳」) 즉 60여 년 전 원제가 아직 태자였을 때 왕정군은 태자궁으로 보내졌고 그곳에서 처음 태자에게 인사를 드렸으며 그때 태자의 은총을 입어 성제를 회임한 후 60여 년 동안 후궁에서 생활했다는 뜻이다. 왕정군에게 당시 태자와의 만남은 그녀의 일생 중 가장 영광스러운 일이었다. 그러나 그녀는 이후 전혀 총애를 받지 못해서 일생 동안 그때 그렇게 한 번 태자궁에 갔을 뿐이었다. 황후로 책봉된 이후에도 왕정군은 여전히 원제의 총애를 받지 못했고, 하물며 원제를 직접 대면한 일도 아주 드물었다. 독자들께서는 생각해보시라. 한 여인이 자신의 가장 고귀한 기억을 한 남자에게 아로새겼는데 남자는 시종일관 그녀를 못 본 척했다면 여인의 입장에서는 남자의 행동을 어떻게 생각했겠는가? 따라서 이 대목에서 왕정군이 한 말에는 어린 시절의 '영광스러운 일'에 대한 추억이 담겨 있을 뿐만 아니라 또 어떤 말로도 표현할 수 없는 원망이 감춰져 있다고 봐야 한다. 세월은 결국 몇십 년을 흘러서 사랑과 원망이 모두 천천히 시들어가는 시점에도 왕정군은 당시의 그일을 가장 자주 추억했다. 왕망은 왕정군의 이러한 마음을 민감하게 파악했다. 그는 즉시 왕정군을 옛날 그 장소로 모시고 가서 옛날을 그리워하는 그녀의 마음을 만족시켜주었다. 왕정군은 과연 옛날 그곳을 돌아본 후 마음이 아주 흡족해져서 이 조카가 모든 일을 아주 잘 처리한다고 생각했다. 이에 왕정군은 조금씩 조금씩 인재 선발 임면권을 포함한 국가대사의 결정권을 마음 놓고 왕망에게 넘겼다. 왕망은 이 계단을 따라 한 걸음씩 승진하여 마침내 가황제(假皇帝)[6]에서 진짜 황제의 지위에까지 올랐다.

왕망은 보위를 찬탈할 때 사람을 보내 왕정군에게 황제의 옥새를 찾아달라고 요청했다. 그러나 왕정군은 끝까지 한나라 유씨(劉氏) 집안의 며느리를 자처하며 왕씨의 흥성도 결국은 자기 남편 왕조의 선발에 의한 것이라고 생각했다. 따라서 왕망의 배은망덕한 행위에 대해 그녀는

---

6   왕망은 한나라 보위를 찬탈하기 전에 가황제라고 칭했다.

극도의 울분을 터뜨렸다. 그녀는 처음부터 옥새 전달을 단호히 거부했고, 나중에 부득이하게 전해줘야 할 때도 분노를 터뜨리며 옥새를 땅바닥에 내던졌고 그 결과 옥새의 한 모서리가 부서졌다. 전하는 이야기에 의하면 그렇게 부서진 옥새의 모서리를 왕망이 나중에 황금으로 보완했다고 한다. 민간 전설에서는 황제의 옥새를 '금양옥새(金鑲玉璽: 황금을 채워 넣은 옥새)'라고 하는데 그 전고가 바로 여기에서 나왔다. 반표는 왕정군의 마지막 행동을 다음과 같이 평론하고 있다. "천하에 이미 황제의 자리가 바뀌었는데도 원후(元后)는 옥새를 움켜잡고 왕망에게 주려 하지 않았다. 이는 아녀자의 인정일 뿐이니 슬프다!"("位號已移於天下, 而元後卷卷猶握一璽, 不欲以授莽, 婦人之仁, 悲夫!", 『한서』「원후전」) 왕정군은 대세를 바라보는 식견과 이해력이 없어서 일찌감치 사태를 예방하지 못했고, 왕망이 보좌에 앉은 후에야 불가항력적 상황에서 옥새를 사수하며 전해주지 않으려 했으니 그게 무슨 의미가 있겠는가? 반표는 이 행동이 전형적인 아녀자의 [좁은 소견의] 인정(婦人之仁)일 뿐이고 작은 것에 집착하다 큰 것을 놓치는 행동에 불과할 뿐이라고 비판했다. 수박을 잃고 나서 참깨 알이나 주워 무엇하겠는가? 전체 과정을 살펴보면 왕정군에 대한 반표의 비판은 전혀 지나치지 않다. 역사적 교훈을 총괄하는 데 뛰어난 송나라 사대부들은 외척의 정치 간여를 단호히 반대하고 또 황제 권력이 각종 사유 권력으로 확장되는 걸 반대하면서, 이런 생각을 자신들의 가장 기본적인 정치사상의 하나로 삼았다. 사마광이 바로 그들 사대부의 대표자였다. 권력의 사유화란 측면에서 살펴볼 때 왕씨 가문과 서한의 멸망은 매우 심각하고 대표적인 사례라 할 수 있다. 이 때문에 『자치통감』에서는 이에 대해 아주 상세한 내용을 기록해놓았다.

2. 천하의 관직

⚜

한 애제가 부태후(傳太后, ?~기원전 2)의 사촌아우 시중 겸 광록대부 부상 (傳商)을 제후에 봉하려고 했다. 상서복야(尚書僕射)[1] 평릉(平陵) 사람 정숭 (鄭崇)이 간언을 올렸다. "효성황제(孝成皇帝)께서 친외숙 다섯을 제후로 봉하자 하늘이 적황색으로 변했고, 한낮에도 날이 어두워졌으며, 태양 속 에 검은 기운이 생겼습니다. 공향후(孔鄉侯) 부안(傳晏)은 황후마마의 부친 이고 고무후(高武侯) 부희(傳喜)는 삼공의 직위에서 제후에 봉해졌으므로, 그렇게 된 까닭이 있습니다. 그런데 지금 아무 까닭도 없이 또 부상을 제 후에 봉하려 하시면 제도를 문란케 하고 하늘과 사람의 마음을 거스르는 것이니, 이는 부씨(傳氏)의 복이 아닙니다. 신은 목숨을 걸고 나라의 허물 에 맞서고자 합니다!" 그리고 정숭은 바로 조서를 들고 책상에서 일어섰 다. 부태후가 대로하여 말했다. "어찌 천자 된 사람이 오히려 일개 신하에 게 제재를 당할 수 있단 말이냐?" 2월 계묘일에 애제는 마침내 조서를 내 려 부상을 여창후(汝昌侯)에 봉했다. **『자치통감』 권34**

한 애제는 중황문(中黃門)[2]을 시켜 국가 무기고의 무기를 징발하여 전후 열 차례나 동현(董賢, 기원전 22~기원전 1) 및 애제의 유모 왕아(王阿)의 집 으로 보냈다. 그러자 집금오 무장륭(毋將隆, ?~?)이 아뢰었다. "국가 무기고 의 무기는 천하 공용입니다. 국가에서 무기를 갖추기 위해 그것을 잘 제작

---

1   상서성의 장관인 상서령(尚書令) 아래에 속한 부관. 그러나 상서령이 명예직으로 바뀐 후 상서복야 가 장관직을 수행했다.

2   한나라 시대 환관이 담당하던 관서 혹은 그 관직명. 평소에는 궁궐을 숙위(宿衛)하고 궁궐 문을 지 키다가, 황제가 출행할 때는 말을 타고 황제를 호위했다.

하고 수선하는데, 이때는 대사농(大司農)³의 공금을 헤아려서 씁니다. 대사농의 공금은 황제의 수레 비용으로도 제공하지 않습니다. 황제의 비용과 하사품은 모두 소부(少府)⁴에서 경비가 나옵니다. 대체로 나라의 근본으로 비축한 돈을 말단을 위해 써서는 안 되고, 백성의 힘을 헛되이 낭비해서는 안 됩니다. 공과 사를 구별하는 것은 바른 길을 드러내는 방법입니다. …… 지금 동현 등은 폐하의 총신(寵臣)이거나 사사로운 비첩일 뿐인데 천하 공용 기물을 사사로운 집안에 공급하는 것은 나라의 무기를 낭비하는 일이고 국가의 장비를 마구 쓰는 일입니다. 백성의 힘을 총신에게 분산시키고 나라의 무기를 비첩의 집에 설치하는 것은 불의의 본보기를 세워 교만함과 참람함을 넓히는 일이니, 이는 사방에 드러낼 만한 방법이 아닙니다.” …… 그러자 애제는 기뻐하지 않았다. 오래지 않아 부태후는 알자(謁者)를 보내 집금오에게서 관비 여덟 명을 헐값에 사들였다. 무장륭이 아뢰기를 관비를 너무 헐값에 샀으므로 다시 보통 가격으로 되돌리라고 청했다. 이에 애제는 승상과 어사에게 조칙을 내려 말했다. “무장륭은 지위가 구경인데 조정의 모자라는 점은 바로잡지 않고 오히려 주청을 올려 영신궁(永信宮: 태후마마)과 관비값의 고저를 다투고 있다. 이는 교화를 해치고 풍속을 타락시키는 행위다!” 무장륭은 이전에 나라를 편안케 하는 간언을 올린 적이 있기 때문에 [파직하지 않고] 패군도위(沛郡都尉)로 좌천시켰다.

『자치통감』 권34

간대부(諫大夫) 발해(渤海) 사람 포선(鮑宣)이 상소문을 올려 말했다. “신이 몰래 효성황제 때를 살펴보니 외척이 권력을 잡고 모두들 자신과 사사롭게 친한 사람을 끌어들여 조정을 가득 채웠습니다. 이로써 현인 등용의

---

3   전국의 재정을 담당하던 최고 관직. 나중에는 관용 창고 및 농업에 관한 일을 주관했다.
4   황실의 사사로운 재정과 창고를 담당하던 관서.

길이 방해를 받아, 천하가 혼탁하게 되었으며, 사치의 한도가 없어져서 백성이 곤궁하게 되었습니다. 이러한 까닭에 일식이 열 번이나 일어났고 혜성이 네 번이나 나타났습니다. 위기와 망국의 징조를 폐하께서도 친히 보셨습니다. 그런데 지금 어찌하여 또 이전보다 더욱 심한 일을 하십니까? …… 천하는 저 황천(皇天: 하늘)의 천하이고, 폐하께서는 위로는 황천의 아들이며, 아래로는 뭇 백성의 부모이므로 하늘을 위해 백성을 잘 길러야 합니다. …… 그런데 어찌하여 유독 외척과 총신 동현만 길러주며 [그들에게] 수만금의 상을 내리십니까? 그들의 노예와 빈객에게 술을 물처럼 내리고 고기를 콩잎처럼 먹게 하며 병졸과 시종들까지 모두 부자가 되게 하는 것은 하늘의 뜻이 아닙니다. 여창후 부상은 공적이 없는데도 제후로 봉해졌습니다. 대저 관직은 폐하의 관직이 아니라 천하의 관직입니다. 폐하께서 관직에 맞지 않는 사람을 선택하면 그 관직은 그 사람과 맞지 않게 됩니다. 그러고도 하늘이 기뻐하고 백성이 복종하도록 바란다면 어찌 어려운 일이 아니겠습니까?" 『자치통감』권34

'천하는 모두의 것이다(天下爲公)'라는 이치는 옛사람들이 일찍부터 이야기했다. 그러나 황권시대에는 이 이치를 실현하기가 아주 어려웠다. 한나라 애제가 변방 제후왕의 신분에서 대통을 계승하여 등극하자, 그 주변 사돈의 팔촌까지 황제에게서 떡고물이라도 얻어먹으려 했다. 그래서 관직 임명과 제후 분봉이 현명함과 유능함으로 결정되지 않고 친척 관계에 의해 좌우되는 현상이 자주 나타났다. 한 성제 때 이미 심하게 파괴된 조정의 법도가 애제 때에 이르러서는 더욱더 갈기갈기 찢어지고 말았다.

애제의 조모 부태후는 매우 강경한 여인이었다. 성격 면에서 태황태후 왕정군의 유약함과 전혀 달랐다. 그러나 치국의 원대한 식견이 부족했다는 점에서는 두 할머니의 성향이 완전히 일치했다. 두 여인은 모두 자신의 신분이 고귀하므로 자기 형제와 친척들까지 다 부귀를 향유해야 한다고 생각했다. 이처럼 천박한 가족 이기주의가 치국의 정상적 질서를 어지럽게 만들었다.

부태후에게는 부상이라는 사촌형제가 있었다. 애제는 조모의 친족을 보살펴주기 위해 그를 제후에 봉하려고 했다. 그러나 이 일은 조정에서 정직한 대신의 제재를 받았다. 그중에서 유명한 사람이 바로 정숭이란 대신이었다. 우리는 앞 인용문 정숭의 말을 세 단계로 나누어 이해해볼 수 있다. 우선 정숭은 성제가 하루에 연이어 다섯 외숙을 제후로 봉한 역사의 교훈을 인용했다. 이 다섯 명을 제후로 봉한 일은 다른 어떤 이유도 없었고 단지 그들이 황제의 외숙이었기 때문이다. 이는 오직 국가에 헌신한 인재만을 제후에 봉할 수 있다는 법도를 파괴했기에 하늘의 분노를 야기하게 되었다는 것이다. 정숭은 당시에 대낮 날씨가 갑자기 어두워지고 태양 속에 검은 기운이 나타났다고 묘사했다. 자연에 대한 옛 사람들의 인식은 매우 제한적이었고, 황권에 대한 제재 수단도 제한적이었다. 따라서 항상 비정상적인 자연현상을 이용하여 황제에게 경고를 보내며 '천인감응설(天人感應說)'에 바탕한 정치철학을 수립했다. 이로써 자연계의 비정상적인 현상은 모두 황제의 부당한 통치행위에 의해 야기된다고 인식하게 되었다. 비정상적인 자연현상이 나타날 때마다 대신들은 황제에게 자신의 의견을 말하면서 이러한 자연현상이 황제의 어떤 잘못된 결정에 의해 야기되었는지를 지적했다. 그리고 그들은 황제가 하늘의 뜻을 존중하여 잘못을 새롭게 고치도록 희망했다. 정숭이 인용한 내용도 이와 같은 성질의 것이다. 그는 애제에게 성제의 결정은 잘못된 것이므로 성제와 동일한 잘못을 저질러서는 안 되고, 만약 그렇게 하지 못하면 천벌을 받을 것이라고 주장했다.

그 후 정숭은 또 이미 제후로 봉해진 부씨 가문의 두 사람, 즉 공향후 부안과 고무후 부희를 예로 들어 자신의 의견을 피력했다. 부안이 제후에 봉해진 것은 황후의 부친이었기 때문이고, 부희가 제후에 봉해진 것은 삼공이란 고관을 지내며 국가에 큰 공헌을 했기 때문이다. 이런 경우는 모두 일반적인 이치에도 맞고 전통 법도에도 어긋나지 않는 일이라 할 수 있다. 그런데 황제 조모의 성이 부씨라 해서 부씨 가문의 모든 남자를 제후로 봉할 수는 없는 일이 아닌가? 외숙을 제후로 봉하는 일은 이미 성제가 기존 법도를 파괴했지만 그것은 본받아서는 안 되는 일이다. 황실과 작은 인연이라도 있는 사람을 모두 제후로 봉한다면 이는 나라의 법도를 더 심하게 파괴하는 일이 되기 때문이다. 부상은 부태후의 사촌형제로 애제에게는 진외재종조(陳外再從祖)일 뿐이니 외삼촌에도 속하지 않는다. 이에 정숭은 마지막 대목에서 아무 까닭도 없이 부상을 제후에 봉하는 것은 국가의 복이 아닐 뿐 아니라 부씨의 복도 아니라고 했다. 다른 사람은 평생토록 국가를 위해 헌신하고도 제후로 분봉되지 못하는 경우가 많은데 어떤 집안은 황실과의 작은 친척 관계 때문에 그렇게 많은 사람이 제후로 봉해진다면 얼마나 많은 이들로부터 미움을 받겠는가? 이 같은 경우는 정말 만년토록 패망하지 않는 귀족 가문이라고 할 수 있지 않은가? 옛날과 지금 그리고 국내와 국외를 통틀어보더라도 이런 경우는 없다. 이 때문에 국가를 위해 아무 공적도 세우지 못한 사람은 오늘 제후에 봉해져 많은 즐거움을 누리더라도 내일은 틀림없이 다른 사람에게 짓밟혀 흉한 모습을 드러내게 된다. 이러한 인과 관계는 정비례하기 마련이다. 정숭은 또 맨 마지막 구절에서 자신은 생명을 던져서라도 애제의 어지러운 인재 임명을 저지하고 조정 제도를 수호하겠다고 선언했다.

정승의 이 말은 상당히 일리가 있다. 그는 정직한 대신으로 과감하게 진실을 이야기하며 황제의 잘못된 명령에 항거하는 용기를 보여줬다. 그러나 그의 말이 부태후에게 전달되자 이 연로하신 마마께서는 대로하여 소리를 질렀다. "어찌 천자 된 사람이 오히려 일개 신하에게 제재를 당할 수 있단 말이냐?" 이 말의 전제는 잘못된 것이다. 부태후의 말은 황제가 못할 일이 어디에 있으며, 또 황제가 어찌 대신의 눈치나 보고 대신의 제재를 받아야 하느냐는 뜻이다. 이 말의 전제에는 바로 천하국가(天下國家)는 황제의 것이므로 황제는 자기 하고 싶은 대로 할 수 있다는 의미가 담겨 있다. 이것이 바로 고대 황권 정치의 가장 큰 문제점이다. 왜냐하면 황제가 권력 품계의 정점에 위치해 있기 때문이다. 사람들은 흔히 천하는 황제 개인에게 소속되어 있고 모든 일은 황제의 한마디로 처리될 수 있다고 오해한다. 이는 대단히 잘못된 인식이면서도 쉽게 벗어날 수 없는 인식이다. 부태후의 말에는 바로 이런 단견(短見)이 잘 드러나 있다. 그러나 애제의 저울추는 연로하신 조모에게 기울어져 있어서 애제는 대신의 반대를 무시하고 부상을 여창후에 봉하라고 조칙을 내렸다.

이와는 상반되게 진정으로 멸사봉공하며 국법을 지킨 현신(賢臣)은 애제에 의해 축출되었다. 당시에 무장륭이란 관리가 있었다. '무장'은 복성(複姓)이다. 애제가 일찍이 국가 무기고의 무기를 징발하여 자신의 남총(男寵: 남색男色) 동현과 유모 집으로 보내 그 주택을 지키는 데 쓰게 했다. 그때 무장륭은 관직이 금군을 이끌고 도성과 황궁을 수호하는 집금오였기 때문에 애제의 그런 행동에 발언권이 있었다. 그는 국가의 무기는 공용이므로 사사롭게 쓸 수 없고 황제의 경비도 공사가 분명하게 나뉘어 있으므로 함부로 써서는 안 된다고 간언을 올렸다.

무장륭의 말에는 우리가 꼭 알아야 할 지식의 요점이 들어 있다. 한대의 제도는 국가의 재정과 황실의 재정이 명확하게 분리되어 있었다. 국가 재정은 공적인 것이어서 조정의 대사농이 주관했고, 황실 재정은 사적인 것이어서 황실의 수입과 지출을 전문적으로 관리하는 소부가 주관했다. 이 둘은 혼용할 수 없었으므로, 황제는 개인적 이유로 국고의 돈을 마음대로 쓸 수 없었다. 친척이나 총신에게 상을 줄 때도 국가 재정을 사용할 수 없었으며, 황제 자신이 타는 수레의 비용조차도 재정의 출처를 잘 강구해야 했다. 다만 황제가 친히 군사를 이끌고 정벌을 나가는 경우처럼, 황제가 국가의 모든 행위를 대표할 때에만 국고로 황제의 수레 경비를 충당할 수 있었다. 황제가 개인적으로 순행을 하거나 사냥을 할 때는 모든 비용을 반드시 소부에서 조달해야지 국고의 경비를 대신 쓸 수 없었다. 왜 이렇게 분명한 구별을 해야 했을까? 왜냐하면 국가 재정에서 부담하는 돈은 모두 백성에게서 거둬들인 세금이고, 백성의 돈을 확보하는 이유는 국가 건설과 국가 방위에 쓰기 위한 것이어서 함부로 낭비할 수 없기 때문이다. 무장륭이 "백성의 힘을 헛되이 낭비해서는 안 됩니다. 공과 사를 구별하는 것은 바른 길을 드러내는 방법입니다"라고 말한 것은 바로 이와 같은 연유에서다.

무장륭은 또 국가 무기고의 무기는 모두 대사농이 공금으로 국가의 안전을 보호하기 위해 마련한 공공 기물이라고 말했다. 대사농의 돈은 황제조차도 함부로 쓸 수 없는데, 국가의 재정으로 마련한 무기를 어떻게 마음대로 총신과 비첩에게 나눠줄 수 있단 말인가? 그건 공과 사를 혼동한 행위가 아닌가? 이런 행위로 어떻게 천하의 민심을 복종시킬 수 있겠는가? 이 말은 매우 일리 있는 간언이었지만 애제는 아주 기분 나빠했다.

오래지 않아 또 한 사건이 발생했다. 부태후가 시종을 시켜 무장륭 휘하의 금군에게서 잡역 관비를 몇 명 사들였다. 그런데 태후의 권력에 의지하여 아주 낮은 값으로 거래했다. 무장륭은 또 앞으로 나서서 부태후에게 이것은 공무이므로 노비의 온전한 값을 치러야 한다고 말했다. 애제는 이 사실을 알고 심하게 화를 내며 무장륭이 저지른 지금까지의 괘씸죄를 모두 합쳐서 질책했다. "영신궁과 관비값의 고저를 다투고 있다. 이는 교화를 해치고 풍속을 타락시키는 행위다!" 영신궁은 부태후가 기거하는 궁전이다. 황제가 공공 기물을 사사롭게 사용하고 태후가 권세에 의지해 관노비를 헐값에 사들였으므로, 교화를 해치고 풍속을 타락시킨 것은 분명히 황실이었지만 애제는 오히려 그 죄명을 당시에 의롭게 간언을 올린 무장륭에게 덮어씌웠다.

다행히 무장륭은 일찍이 애제를 위해 공훈을 세운 적이 있어서 과도한 처벌은 받지 않았다. 즉 당년에 성제에게 후사가 없을 때 무장륭이 당시 변방의 제후왕이었던 애제를 도성으로 불러들여 태자로 세우자고 건의했던 것이다. 이 때문에 만일 성제가 불행하게 세상을 떠난 후 여전히 후사가 없더라도 애제가 당시 태자의 지위에 존재함으로써 황위 계승의 안정성을 확보할 수 있었다. 이러한 정리를 생각해서 애제는 무장륭을 죽이지 않고 지방으로 좌천시키는 데 그쳤다.

애제와 부태후의 행위는 조정의 기강을 문란케 하고 국가의 법도를 타락시켰다. 이런 생각으로 어떻게 국가를 잘 다스릴 수 있겠는가? 당시에 또 포선이라는 명유(名儒)가 이 같은 상황을 보아 넘기지 못하고 직접 상소문을 올려 애제의 잘못을 비판했다. 그는 성제 때의 일을 예로 들어 애제의 행위가 그때보다 더욱 심하다고 질책했다. 말하자면 성제 때 일어난 일식 현상과 혜성 출현은 모두 공과 사를 구분하지 못한 정책에서 기인한 현상인데, 애제는 그보다 심한 일을 하고 있다는 것이다. 포선의 이 말은 앞서 분석한 정숭의 발언과 일치한다. 두 사람은 모두 성제 시대의 혼란한 천문 현상을 비판의 도입부로 삼고 있다. 포선은 성제 때 일식은 10차례나 일어났고 혜성은 4차례나 출현했다고 묘사했다. 옛사람들의 인식에 의하면, 일식은 하늘이 드러내는 매우 심각한 질책이고 혜성도 불길한 징조다. 빈번한 하늘의 변괴는 한나라가 이미 위기와 망국의 시대로 접어들었음을 암시한다. 이러한 변괴를 초래한 원인은 무엇인가? 포선은 성제가 외척에게 권력을 주고, 공론을 무시하고, 사적인 사람을 임용하는 등 자신과 친분 있는 사람을 조정의 요직에 임명한 때문이라고 했다. 이로 인해 현명하고 유능한 사람은 모두 조정에서 배척되어 국가의 다스림이 혼란 속으로 빠져들고 말았다는 것이다. 포선이 성제 시대를 비판한 것은 애제가 즉위한 후 그런 혼란한 현상을 개혁해주기를 바라는 마음에서였다. 그러나 역사 사실이 증명해주는 바와 같이 애제는 성제 시대의 오류를 개혁하지 못했을 뿐 아니라 사사로운 인정으로 나라를 다스리는 잘못을 더욱 심각하게 만들었다.

포선은 또 상소문에서 부상을 제후로 봉한 일에 대해 언급하고 있다. 그 중 "대저 관직은 폐하의 관직이 아니라 천하의 관직입니다"란 말은 정말 천둥소리처럼 우리의 고막을 때린다. 관직이란 현명하고 유능한 천하의 선비에게 수여하여 천하를 함께 다스리는 공공 도구이지 황제가 사사롭게 총애하는 사람에게 내리는 상이 아니라는 의미다. 2,000년 전 옛사람들이 이미 이러한 인식을 했다는 건 참으로 탄복할 일이다. 그러나 황권 통치 아래에서는 결국 제왕에 의한 공과 사의 혼용과 공권력의 사유화 경향을 벗어나기 어려웠다. 이에 한 애제 시대에 이르러 "관직에 맞지 않는 사람을 선택하여, 그 관직이 또 그 사람과 어울리지 않는" 현상이 나타나게 되었다. 그러나 애제와 부태후는 자신들의 사유 권력을 향유하느라 민심을 복종시킬 수 없는 이러한 행위를 반복했고, 이로 인해 한나라 왕조는 한 걸음 한 걸음 패망의 나락으로 떨어지게 되었다. 애제와 부태후는 이런 사실을 의식조차 하지 못하고 있었다.

옛날에는 물질적 조건과 국가 관리 수단이 제한적이었던 만큼 군주 정치의 형식으로 나라를 다스릴 수밖에 없었다. 진실로 사마광이 다음처럼 말한 바와 같다. "하늘이 백성을 탄생시켰지만 아직 형세상 자치를 할 수 없었기 때문에 반드시 서로 함께 임금을 추대하여 다스리게 했다."("天生烝民, 其勢不能自治, 必相與戴君以治之.",『자치통감』권69) 그러나 개인의 능력이란 시각으로 바라보면 군주의 지위에 있는 사람이 반드시 출중한 능력을 갖고 있는 건 아니다. 오히려 군주는 보위 계승과 관련된 선별 절차를 거쳐 권력의 정점에 선 사람에 불과한 경우가 대부분이다. 따라서 사마광은 또 이렇게 말했다. "대저 광대한 사해의 억조창생이 군주 한 사람에게 통제를 받습니다. 비록 출중한 힘과 탁월한 지혜를 지닌 사람이라도 군주를 위해 치달리며 일을 하지 않는 사람이 없는 것은 이 어찌 예의로써 기강을 삼았기 때문이 아니겠습니까?"("夫以四海之廣, 兆民之衆, 受制於一人. 雖有絶倫之力, 高世之智, 莫不奔走而服役者, 豈非以禮爲之紀綱哉?",『자치통감』권1) 우리는 사마광의 언급에서 다음 사실을 간파해야 한다. '군주에 의해 다스림을 받는 군체(群體) 중에 출중한 힘과 탁월한 지혜를 지닌 영재가 드물지 않다. 그러나 그들이 군주 한 사람에게 통제를 받을 수밖에 없는 이유는 군주 자신에게 그들보다 뛰어난 힘과 지혜가 있기 때문이 아니다. 오히려 우리 인류 사회에 질서가 필요하여 여러 여건에 의해 선발·추대된 군주를 통해 그 질서를 유지하려 했기 때문이다.' 그러므로 군주는 인류 사회 질서의 정점에 서서 최고의 권력을 장악하게 되는데, 이러한 권력은 군주 개인에게 속하는 것이 결코 아니다. 다시 말해 군주의 권력은 군주의 사리사욕을 위해 존재하는 것이 결코 아니다. 따라서 그것은 장차 인류 사회의 합리적 질서 유지를 위해 운용되어야 한다. 옛사람들은 등급이 엄격한 신분제 사회에서 살았다. 그러나 그들은 일찍부터 합리적 사회질서란 상이한 계층의 사람들이 저마다 자신이 누려야 할 응분의 권익을 향유하는 것이라고 인식했다. 말하자면 합리적 사회질서에는 반드시 공정하고 공평한 내용이 담겨 있어야 한다는 것이다. 그런 만큼 군주의 권력은 공(公)을 지향해야지 사(私)로 치우쳐서는 안 된다.

중국의 옛 서적에는 다음과 같은 매우 유명한 말이 실려 있다.

대도(大道)가 행해진 때에는 천하가 모두의 것이었다. 현명한 사람과 유능한 사람을 선발했고, 신의를 강구하며 친목을 닦았다. 이 때문에 자신의 부모만 부모로 여기지 않았고, 자신의 자식만 자식으로 여기지 않았다. 노인에게는 편안하게 삶을 마칠 수 있게 해주었고, 장정에게는 임용되어 능력을 발휘할 수 있게 해주었으며, 어린아이에게는 무럭무럭 성장할 수 있게 해주었다. 홀아비나 과부나 고아나 무자식인 사람도 모두 부양을 받을 수 있게 해주었다. 남자에게는 직분을 주었고, 여자에게는 귀의할 곳이 있게 했다. 재물이 땅에 떨어지는 것은 싫어했지만 그 재물을 꼭 자신에게만 사사롭게 감춰두려 하지 않았다. 능력이 자신의 몸에서 나오지 않는 것은 싫어했지만 그 능력을 꼭 자신을 위해서만 사사롭게 쓰려 하지 않았다. 이러한 까닭에 모략은 중지되어 일어나지 않았고 도적이나 난적도 생기지 않았다. 이 때문에 바깥 문을 잠그지 않았으니 이를 일러 대동(大同) 세상이라 한다.   『예기』「예운(禮運)」

대동 세상에 대한 옛사람들의 정의 중에서 가장 기본적인 사항이 바로 '천하위공'을 달성하는 것이었다.

한나라 역사에서 가장 뚜렷한 정치적 특징 중 하나가 바로 외척 집권이었다. 한 무제 이후로 이러한 특징이 더욱 두드러졌다. 외척은 황제와 인척 관계인지라 황제가 의지할 수 있는 역량으로 인식되었다. 외척

쑨원(1866~1925)의 휘호 '천하위공' | "대저 관직은 폐하의 관직이 아니라 천하의 관직입니다. 폐하께서 관직에 맞지 않는 사람을 선택하면 그 관직은 그 사람과 맞지 않게 됩니다. 그러고도 하늘이 기뻐하고 백성이 복종하도록 바란다면 어찌 어려운 일이 아니겠습니까?" 대동(大同) 세상에 대한 옛사람들의 정의 중에서 가장 기본적인 사항이 바로 '천하위공'을 달성하는 것이었다.

집권의 본뜻은 이처럼 의지할 수 있는 역량을 빌려와서 황권을 공고하게 하고 강화하려는 것이었다. 그러나 이 같은 시스템은 최고 권력이 황실에 속한다는 사유화의 관념 위에 세워져 있어서 협소하고 폐쇄적인 권력관이 반영되어 있다. 이러한 관념이 후대까지 이어지면서 더욱더 협소한 양상을 드러냈다. 권력은 황제 일개인에게 소속되는 것으로 인식되었고, 심지어 외척 가문의 간섭을 피하기 위해 황제 개인이 총애하는 신하를 찾거나 황제가 사사롭게 의지할 사람을 찾아 그들과 권력을 나누기도 했다. 이와 같이 협소하고 폐쇄적인 권력관으로 인해 권력 분배가 불공정하고 사회질서의 합리적 구조가 어지러워지는 현상이 야기될 수밖에 없었다. 왕조의 상황이 이 지경에 이르면 조금도 예외 없이 조만간 멸망의 참화에 직면하게 된다. 서한 왕조의 성제와 애제 시대가 바로 권력이 폐쇄되고 사유화한 전형적인 시대였고 또 서한 왕조의 필연적인 멸망이 예고된 시대였다.

한 성제 시대에는 황제의 여러 외숙이 권력을 잡음으로써 정치가 사사로운 가문에 독점되는 불량한 현상이 나타났다. 애제는 즉위 이후 이런 현상을 개혁하려고 했다. "애제는 성제 시대의 권력이 왕실에서 멀어진 것을 보고 즉위하자 바로 대신을 여러 명 주살하고 임금의 위엄을 강화하려고 무제와 선제를 본받았다."("帝睹孝成之世祿去王室, 及卽位, 屢誅大臣, 欲强主威, 以則武宣.",『자치통감』권35) 애제는 당시 심각한 정치적 부패의 원인이 권력의 사유화에 있음을 명확하게 인식하지 못했다. 따라서 그가 통치 구조를 조정하고 사대부 계층에 권력을 개방함으로써 한나라 정치의 타락을 만회하지 못했음은 당연한 이치다. 그는 권력을 왕씨 가문에서 회수하여 그들의 전횡을 막기만 하면 모든 문제가 해결될 수 있을 것으로 단순하게 인식했다. 관념상에서 권력의 '공'과 '사'를 명확하게 구별하지 못했기 때문에 애제 시대에는 왕씨의 집권 시기보다 더욱 불량한 현상이 나타났다. 『자치통감』에서도 이렇게 비평하고 있다. "그러나 애제는 아첨하는 간신을 총애하고 충직한 신하를 미워했으니 한나라의 대업이 이로부터 결국 쇠퇴하게 되었다."("然而寵信讒諂, 憎疾忠直, 漢業由是遂衰.", 『자치통감』 권35) 외척 가문에서 보정대신을 선발하는 일은 물론 권력의 폐쇄화와 협소화를 대표하지만 적어도 '외척의 신분 안에서 권력자를 뽑는다'는 한 가지 기준은 남아 있었다. 하지만 애제 때가 되면 외척 대신 완전히 황제 개인의 애호가 유일한 기준이 되었다. 외척이라는 최후의 조건조차도 더 이상 존재하지 않게 되었다. 애제는 더욱 불량한 개인의 의지로 외척의 전횡을 대체하여 권력을 더욱 철저하게 폐쇄화하고 사유화했다. 황제의 권력은 본래 사회질서를 유지하는 공권력이 되어야 했지만 당시에는 완전히 황제 개인의 사유 권력으로 타락했다. 『자치통감』에서는 한나라가 이때부터 이미 피할 수 없는 멸망의 나락으로 떨어지게 되었다고 결론지었다.

사람을 근본으로 삼다

以人爲本

1. 백성은 귀하고, 군주는 가볍다

❧

백성이 오직 나라의 근본이니, 근본이 튼튼해야 나라가 편안하다.

『상서』「오자지가(五子之歌)」

맹자가 말했다. "백성이 고귀하고, 사직은 그다음이며, 임금은 가볍다. 이러한 까닭에 백성에게서 마음을 얻으면 천자가 되고, 천자에게서 마음을 얻으면 제후가 되고, 제후에게서 마음을 얻으면 대부가 된다. 제후가 사직을 위태롭게 하면 제후를 바꾼다. 희생(犧牲)을 풍성하게 마련하고 제수를 깨끗하게 마련하여 제때에 제사를 올리는데도 가뭄이 들고 홍수가 나면 사직을 바꾼다."

『맹자』「진심 하(盡心下)」

배는 임금의 도(道)요, 물은 백성의 마음이다. 배는 물의 도를 따라야 물위에 뜰 수 있지만 그것을 어기면 침몰한다. 임금은 백성의 마음을 얻어야 지위가 공고해지지만 민심을 잃으면 위태롭게 된다. 이러한 까닭에 옛날 성군들은 백성들 위에 자리 잡고 있으면서도 반드시 자신의 욕심을 천하 백성의 마음에 맞추려 했지 감히 천하 백성의 마음을 자신의 욕심에 맞추도록 하지 않았다.　　　　　『자치통감』 권229에 실린 육지(陸贄)의 말

땅만 얻고 사람을 잃으면 사람과 땅을 모두 잃게 됩니다. 사람을 얻고 땅을 잃으면 사람과 땅을 모두 얻게 됩니다.　　　　　마오쩌둥(毛澤東)

―――――――❧―――――――

　'인(仁)이란 사람을 사랑하는 것이다(仁者愛人)'란 말은 공자의 핵심 사상 중 하나로 줄곧 유가학파의 혈액 속에 스며들어 후세로 전해졌다. 맹자의 '민본' 사상도 이 같은 공자 사상을 계승하여 발전시킨 것이다. 『맹자』 「진심 하」에는 후세 사람들이 널리 인용하는 명언이 실려 있다. "백성이 고귀하고, 사직은 그다음이며, 임금은 가볍다(民爲貴, 社稷次之, 君爲輕)." 이 말은 중국 고대 정치사상 가운데서 지금까지 줄곧 '민본' 중시의 찬란한 명언으로 간주되어왔다. 땅과 민심을 얻은 사람만이 진정한 천자가 될 수 있으므로 땅과 민심이 모두 중요하지만, 둘을 서로 비교해보면 민심이 더욱 중요하다는 의미다. 이것이 맹자가 제기한 '민귀군경(民貴君輕: 백성은 귀하고 임금은 가볍다)' 사상의 핵심 논리다. 이 민본 사상은 선진(先秦)시대 수많은 전적 속에서 상이한 언어와 논증 방식으로 다양하게 해석되고 관철되었다. 그러나 이 민본사상의 운명은 명 초기에 작은 파란에 직면하게 된다.

　명나라 개국 황제 주원장(朱元璋, 1328~1398)은 맹자에 대해서 그다지

좋지 않은 감정을 갖고 있었다. 그 원인은 주원장이 『맹자』에서 다음과 같은 구절을 읽었기 때문이다. "임금이 신하를 자신의 손과 발처럼 간주하면, 신하는 임금을 자신의 배와 심장처럼 간주한다. 임금이 신하를 개와 말처럼 간주하면, 신하는 임금을 일반 백성처럼 간주한다. 임금이 신하를 흙과 지푸라기처럼 간주하면, 신하는 임금을 도적과 원수처럼 간주한다."("君之視臣如手足, 則臣視君如腹心. 君之視臣如犬馬, 則臣視君如國人. 君之視臣如土芥, 則臣視君如寇讎.", 『맹자』「이루 하離婁下」) 주원장은 이 글을 읽으면서 마음이 매우 불편했다. 전제 군주의 입장에서 볼 때 이 말은 신하가 할 수 있는 말이 아니었기 때문이다. 주원장은 문화 수준이 높지 않았으므로 당연히 맹자와 당시 제후국 군주 사이에 그가 알고 있는 '군신' 관계가 존재하지 않았다는 사실을 알지 못했고, 그래서 더더욱 맹자가 언급한 이 말의 가치를 이해할 수 없었다. 그러나 당시와 같은 시대에는 필연적으로 권력의지가 작동되어 영향력을 발휘할 수밖에 없었으므로 결국 맹자의 뜻을 왜곡하는 방향으로 사태가 전개되었다. 주원장은 즉시 명령을 내려 맹자의 문묘(文廟) 배향 자격을 박탈하고 맹자의 위패를 문묘에서 철거하라고 했다. 아울러 한림학사(翰林學士) 유삼오(劉三吾, 1313~1400)에게 명하여 『맹자』를 검토하여 '황제의 뜻에 거스르는(違礙)' 말을 모두 삭제하라고 했다. 이로써 『맹자절문(孟子節文)』이란 책이 만들어졌다. "백성이 고귀하고, 사직은 그다음이며, 임금은 가볍다"라는 구절도 임금 무시의 뜻을 거리낌 없이 표현한 구절로 인식되어 당연히 삭제되었다.

 기실 주원장은 맹자의 뜻을 진정으로 이해하지 못했다. '백성은 귀하고 임금은 가볍다'란 관점을 우리가 맹자의 말 전체를 통해 읽어보면 더욱 심층적인 이해에 도달할 수 있다. 맹자의 이 말에는 세 중요한 요소가 포함되어 있다. 그것은 민(民), 사직(社稷), 임금(君)이다.(사社는 땅의 신이고 직稷은 곡식의 신인데 이를 합쳐서 '사직'이라고 한다. 중국은 전통적인 농업국가

여서 땅과 곡식은 면면히 이어지는 국가와 종족의 명맥을 의미했다. 이 때문에 옛사람들은 특별히 땅과 곡식을 숭배했다. 선진시대 봉건 제후국에서 후대 중앙집권 왕조에 이르기까지 모두 제단을 설치하여 땅의 신과 곡식의 신에게 제례를 올렸다. 당시에 제사를 올리기 위해 설치한 신단을 '사직'이라 불렀다. 따라서 '사직'이란 말은 국가나 왕조를 나타내는 대명사로 쓰이는 경우가 많다. 이런 사례에서도 전통 시대 사직의 중요성을 엿볼 수 있다.) "백성이 고귀하고, 사직은 그다음이며, 임금은 가볍다"라는 말을 제기한 후 맹자는 바로 이어서 이 말을 다음과 같이 해석했다. "이러한 까닭에 백성에게서 마음을 얻으면 천자가 되고, 천자에게서 마음을 얻으면 제후가 되고, 제후에게서 마음을 얻으면 대부가 된다. 제후가 사직을 위태롭게 하면 제후를 바꾼다. 희생을 풍성하게 마련하고 제수를 깨끗하게 마련하여 제때에 제사를 올리는데도 가뭄이 들고 홍수가 나면 사직을 바꾼다." 이 말을 좀 더 쉽게 해석해보면 이렇다. "토지와 백성을 얻은 사람이 천자다. 천자의 인정을 받으면 제후가 될 수 있다. 제후의 인정을 받으면 대부가 될 수 있다. 만약 제후가 올바른 이치에서 동떨어진 행위를 하면서 땅의 신과 곡식의 신을 거슬러 곡식을 제대로 수확하지 못하고 백성을 불안하게 만들면 그 제후는 교체되어야 한다. 또 만약 사람들이 경건하게 신령을 받들며 땅의 신과 곡식의 신에게 훌륭한 제사를 올리는데도 비바람이 순조롭지 않고 심지어 가뭄과 홍수가 발생하면 신령에게 제사를 올리는 장소에 문제가 있는 것이기에 본래 제사를 올리던 '사직'의 신단을 파괴하고 다른 제단을 세워야 한다."

이렇게 이해하고 나면 맹자가 가리키는 '임금(君)'이 기실 천자를 대신하여 각 지역을 관리하던 제후국 군주임을 어렵지 않게 발견할 수 있다. 만약 제후가 잘못을 범하여 농사 수확과 국가 안위에 악영향을 끼치면 천자는 그 제후(君)를 갈아치워야 한다. 이 대목에서 맹자는 그의 첫 단

민본 즉 민의를 존중한 동양의 맹자와 서양의 존 로크(John Locke, 1632~1704) | 정당성을 갖추지 못하거나 잃은 국가권력에 대해 맹자(역성혁명)나 로크(저항권) 모두 백성이나 시민들이 저항할 권리가 있다고 주장했다. 왼쪽은 맹자의 고향인 중국 산둥 성(山東省) 쩌우청(鄒城) 맹묘의 중심 건축물이자 사당인 아성전(亞聖殿)에 있는 맹자상이다. 오른쪽은 독일 출신의 영국 초상화가 고트프리 넬러(Godfrey Kneller)가 1697년에 그린 로크 초상화다.

계 논증 즉 임금은 사직보다 가볍다는 논증을 완성한다. 당시 사람들은 농업에 생계를 의지했고 농업은 사직신의 보호에 의지했다. 따라서 '사직'은 혹시라도 없어서는 안 되는 국가 시설이었다. 그러나 사직을 관리하는 사람(君)은 부적격 사유가 발견되는 즉시 교체할 수 있었다. 말하자면 교체 가능성으로 볼 때 임금의 경우가 '사직'보다 훨씬 컸다고 할 수 있다. 이 점이 왜 사직이 임금보다 중요한지를 밝혀주는 근본 원인이다. 이어서 맹자는 왜 백성이 사직보다 더 중요한지를 논증하고 있다. 옛사람들은 항상 경건하게 사직신에게 제사를 올리는데도 풍년을 보장받지 못하는 현실을 발견하곤 했다. 이 때문에 사람들은 제사 절차나 제사 장소에 문제가 있다고 생각하고, 더욱 합리적인 제사 예절을 제정하고 또 새로운 제사 장소를 선택하려고 했다. 이렇게 하여 제사 장소로서의 '사직'도 변경이 가능했다. 그러나 전체 과정에서 유일하게 바꿀 수 없는 요소가 오직 한 가지 있으니 그것이 바로 백성(民)이다. 백성을 잃고 부질없이 땅만 갖고 있어봐야 무슨 소용이 있겠는가? 백성을 잃고 나면 임금의 존재 의의를 어디에 구현할 수 있겠는가? 이 논증을 통해 자연스럽게 한 가지 결론이 도출된다. 그것은 바로 백성, 사직, 임금 세 요소 중에서 백성이 가장 근본이며 가장 중요하고, 사직은 백성 다음으로 중요하고, 임금은 가장 가볍다는 사실이다.

1947년 3월 중국공산당은 국민당의 포위 공격에 직면하여 자발적으로 옌안(延安)에서 철수하기로 결정했다. 당중앙에서는 그것이 작전상 후퇴이지 도피가 아니라는 사실을 재삼 강조했다. 당시 마오쩌둥은 사상적으로 철수를 받아들일 수 없었던 동지들과 전사들의 면전에서 직접 연설을 했다. 그중에 매우 경전적인 구절이 포함되어 있는데 그것이 맹자의 말과 교묘하게 합치된다. "땅만 얻고 사람을 잃으면 사람과 땅을 모두 잃게 됩니다. 사람을 얻고 땅을 잃으면 사람과 땅을 모두 얻게 됩니다(存地失人, 人地皆失. 存人失地, 人地皆存)." 만약 혁명 역량 보존에 주안점을 두지 않고 또 장기적 안목으로 일을 처리하지도 못하면서 부질없이 작은 땅만 고수한다면 무슨 소용이 있겠는가? 군은 의지의 혁명 대오만 있으면 모든 것을 되찾을 수 있는 것이다. 마오쩌둥의 이 말에는 '인간을 근본으로 삼는다'는 사유가 전형적으로 구현되어 있다.

다행히 주원장은 나중에 이 문제를 다시 생각하고 다음 해 바로 문묘에다 맹자의 위패를 복원했다. 『맹자절문』도 당시 도성인 남경 부근에서만 잠시 유통되었을 뿐이다. 명나라 초기의 짧은 탄압으로는 장기간에 걸쳐 존중되어온 맹자의 민본 사상의 광채를 덮을 수 없었다.

당 태종(太宗, 598~649)이 백성과 군주의 관계를 물과 배의 관계로 비유한 이후[1] 당나라 군신들은 이 비유를 즐겨 인용했다. 예를 들면 중당의 명신 육지(754~805)는 덕종(德宗, 742~805)에게 올린 상소문에서 "배는 임금의 도요, 물은 백성의 마음이다(舟卽君道, 水卽人情)"라고 했다. '물'과 '배'의 조화로운 관계를 어떻게 유지해야 할까? 관건은 바로 군주가 "반드시 자신의 욕심을 천하 백성의 마음에 맞추려 해야지 감히 천하 백성의 마음을 자신의 욕심에 맞추게 해서는 안 된다"는 점이다. 이와는 반대로 백성의 입장에서 이 문제를 사고해야 한다면 어떻게 해야 할까? 백성의 수요에서 출발하여 정책을 계획하고 제정해야 한다. 이렇게 해야 수면이 고요해져서 배를 타고 만 리 길을 갈 수 있다.

당나라 중종(中宗, 656~710) 시기에는 황실을 위시한 귀족 집단 사이에 사치 풍조가 극심했다. 중종은 후궁들에게 잘 보이고 딸을 총애하기 위해 다량의 사회적 재산을 낭비하는 것도 아까워하지 않았다. 심지어 백

---

1 기실 이 비유는 『순자(荀子)』 「왕제(王制)」에 처음 나온다. "군주는 배요, 서민은 물이다. 물은 배를 띄울 수도 있고, 물은 배를 뒤엎을 수도 있다(君者, 舟也, 庶人者, 水也. 水則載舟, 水則覆舟)." 당 태종은 『정관정요(貞觀政要)』에서 이 비유를 여러 차례 인용했다.

성의 땅을 강탈하여 후궁과 딸을 위해 원림과 사찰을 조성하기도 했다. 그 결과 많은 백성이 아무 도움도 받을 수 없는 상태에서 생활하게 되었지만 중종은 그들은 전혀 돌보지 않았다. 당시에 신체부(辛替否, ?~?)라는 관리가 이러한 현상을 겨냥하여 상소문으로 간언을 올렸다. "공주는 폐하께서 사랑하는 따님입니다. 그러나 일상의 씀씀이가 옛 법도에 맞지 않고 행동도 민심에 뿌리를 두고 있지 않습니다. 신은 장차 폐하의 사랑이 증오로 바뀌고 공주의 복락이 재앙으로 변할까 두렵습니다. 무슨 이유이겠습니까? 백성의 힘을 고갈시키고, 백성의 재물을 낭비하고, 백성의 집을 빼앗는 것은 폐하께서 몇 명의 자식을 사랑하다가 많은 원한을 맺는 일이기 때문입니다. 변방의 병사가 자신의 힘을 다 바치지 않으면 조정의 선비도 충성을 다 바치지 않게 되어 사람들은 흩어집니다. 혼자서 사랑하는 자식만 붙잡고 있다가 무엇에 의지하시겠습니까? 임금은 백성을 근본으로 삼아야 하고, 근본이 튼튼해야 나라가 편안해지고, 나라가 편안해야 폐하의 부부와 모자와 자식도 서로 목숨을 보전할 수 있을 것입니다."("公主, 陛下之愛女. 然而用不合於古義, 行不根於人心. 將恐變愛成憎, 翻福爲禍. 何者? 竭人之力, 費人之財, 奪人之家, 愛數子而取三怨. 使邊疆之士不盡力, 朝廷之士不盡忠, 人之散矣. 獨持所愛, 何所恃乎? 君以人爲本, 本固則邦寧, 邦寧則陛下之夫婦母子長相保也.", 『자치통감』 권209) 아버지가 딸을 사랑하는 것은 물론 천륜에 속하는 일이다. 그러나 당 중종은 백성의 재산을 탈취하여 자기와 딸의 사욕을 채웠다. 민심이 산산이 흩어진 후에 이 아버지와 딸은 무엇으로 서로 간의 깊은 정을 채울 수 있겠는가? 신체부는 중종의 이같은 행위가 필연적으로 나라의 기강을 수호하는 사대부와 국가의 변방을 지키는 장졸과 사회 기초를 지탱하는 백성들의 마음을 싸늘하게 만들 것이라고 지적했다. 신체부는 '사람(人)' 및 이에 상응하는 '인심(人心)'을 잊지 않는 것이 국가의 근본이라고 중종을 일깨웠다. 이러한 근본을 튼튼하게 유지할 수 있느냐의 여부가 국가를 장기적으로 안정시킬 수 있느냐의 여부와 밀접하게 연관되어 있다.

당나라의 문헌에는 '사람을 근본으로 삼는다(以人爲本)'라는 말이 자주 등장한다. 이상에 열거한 사례는 그 일부분일 뿐이다. 당나라 문헌에 나타난 '이인위본(以人爲本)'이란 구절을 좀 더 진전된 시각으로 분석해보면 기실 당나라 사람들이 표현하려고 한 '이인위본'이 '백성을 근본으로 삼는다'는 '이민위본(以民爲本)'의 다른 표현임을 발견할 수 있다. 당나라 때는 태종 이세민(李世民)의 이름을 피휘해야 해서 문장을 쓸 때 '이민위본'을 '이인위본'으로 바꿔 써야 했기 때문이다. 중국 고대 한자어에서 '인(人)'과 '민(民)'은 본질적 의미 구별이 없어서 서로 바꿔 쓸 수 있었다. 그러나 현대인의 입장과 언어습관으로 살펴보면 이 두 글자 사이에는 미묘한 차이가 드러나 보인다. 왜냐하면 오늘날은 보편 인성을 더 존중하지 더 이상 '관(官)'과 '민(民)'의 상이한 가치에 중점을 두지 않으며 더욱이나 '군(君)'과 '민(民)'을 분리해야 한다는 이론에 동의하지 않기 때문이다. 이러한 변화의 기초 위에서 우리는 오늘날 '이민위본'보다는 '이인위본'이라는 말을 계속 사용하는 것이 더 타당할 것으로 보인다. 왜냐하면 의미상으로도 당나라 시대의 용어와 약간 차이가 있고 현대사회에서 우리가 강조하는 것은 물질이나 기타 대상의 주체성이 아니라 '사람(人)'의 주체성이기 때문이다. 게다가 '이민위본'이란 말은 관료적인 냄새가 너무 진하여 갈수록 민주와 평등을 지향하는 현대사회에 그리 적합한 용어가 아니기 때문이기도 하다.

'사람을 근본으로 삼는다'는 말에 포함된 가장 기본적인 의미는 다음과 같다. '위정자는 일반 백성을 가장 고귀한 재산으로 삼아야 한다. 사람이 없으면 아무것도 없다.' 이 기본적인 의미를 부정하면 어느 때를 막론하고 일반 백성을 정책 시행의 대립면으로 방치해버리게 된다. 이 밖에도 '사람을 근본으로 삼는다'는 말에는 이차적으로 파생하는 의미가 담겨 있다. 즉 정책을 결정하고 집행할 때 일반 백성의 기본 상황을 충분히 고려하여 사람을 근본으로 삼는 정책 시스템을 개발해야 한다는 것이다. 우리는 아래에서 이와 관련된 내용을 세 부분으로 나누어 '사람을 근본으로 삼는다'는 말의 각 단계별 의미를 하나하나 분석하고자 한다.

2. 사람이 없으면 아무것도 없다

복고회은(僕固懷恩, ?~765)이 남침하자 하서절도사 양지열(楊志烈, ?~765)이 병졸 5,000을 징발하여 감군(監軍)[1] 백문달(柏文達, ?~?)에게 말했다. "하서의 정예 병졸이 모두 여기에 모였습니다. 감군께서 이들을 이끌고 영무(靈武)를 공격하면 복고회은은 배후를 걱정해야 할 것입니다. 이 또한 도성을 구할 수 있는 하나의 기책(奇策)입니다." 백문달은 마침내 군사를 이끌고 최사보(摧砂堡), 영무현(靈武縣)을 공격하여 모두 함락한 후 영주(靈州)로 진공했다. 복고회은은 소식을 듣고 영수(永壽)에서 급히 돌아와 토번과 토욕혼(吐谷渾)의 기병 2,000을 시켜 밤에 백문달을 기습하게 하고 그들을 대파했다. 백문달의 병졸 중에 죽은 자가 태반이었다. 백문달은 나머지 군사를 이끌고 양주로 돌아오는데 울면서 성으로 들어섰다. 양지열이 그를 맞으며 말했다. "이번 행군에서 도성의 황실을 안정시킨 공을 세웠습니다. 병졸이 죽었다고 어찌 슬퍼하십니까?" 병졸들은 그의 말을 듣고 원망을 품었다. 얼마 지나지 않아 토번이 양주를 포위했지만 병졸들이 힘을 쓰려 하지 않았다. 양지열은 감주(甘州)로 달아났다가 돌궐 사타족(沙陀族)에게 피살되었다.

『자치통감』 권223

5월 경신일에 당 헌종(재위 805~820 재위)이 재상들에게 말했다. "경들은 누차 회남(淮南)과 절강 지방에 작년에 홍수와 가뭄이 들었다고 말했는데, 근래 어사가 그곳에서 돌아와서 말하기를 재난이라 할 정도는 아니라 하

---

1   당나라 때 조정에서 각 지역의 군대와 장수를 감독하기 위해 파견한 환관.

오. 사태가 어찌 된 것이오?" 이강(李絳, 764~830)이 대답했다. "신이 회남, 절서(浙西), 절동(浙東) 지역의 상소문을 살펴보니 그곳에서 모두 홍수와 가뭄이 발생했고, 조정에서 방법을 강구하여 위무해주기를 바라고 있었습니다. 어사들의 뜻은 아마도 조정에서 자신들을 징벌할까봐 두려워하는 것 같았습니다. 그렇다고 해도 어찌 없는 재난을 망령되이 있다고 하겠습니까? 그것은 아마도 어사가 간계를 부려 폐하의 마음을 기쁘게 하려는 행동인 듯합니다. 바라옵건대 그런 말을 주창한 사람의 이름을 밝혀 법에 따라 처리하십시오." 헌종이 말했다. "경의 말이 옳소. 나라는 사람을 근본으로 삼소. 재난이 발생했다는 소문이 있으면 신속하게 구제해야지 어찌 또 의심할 수 있겠소? 짐이 마침 생각지도 않고 실언을 했소." 그리고 신속하게 그 지역 조세를 면제해주라고 명령을 내렸다.　　『자치통감』 권238

복고회은은 본래 곽자의 휘하의 맹장으로 안사의 난을 평정할 때 혁혁한 전공을 세웠다. 나중에 복잡한 인간관계 및 다른 장수와 환관의 모함을 받고 반란을 일으켰다. 복고회은은 군사를 일으킨 후 줄곧 도성 장안에 심각한 위협을 가했다. 오늘날의 간쑤 성 우웨이 시 일대를 진무하던 하서절도사 양지열은 군사를 징발하여 도성을 지원하기로 결정했다. 그는 감군 백문달에게 군사 5,000을 이끌고 영무로 가서 복고회은의 뒤를 공격하라고 했다. 군사적으로 볼 때 이것은 아주 훌륭한 계책이었고 또 실제적인 효과도 확실하게 거둘 수 있었다. 백문달이 거느린 하서군은 복고회은의 후방에서 전투마다 승리를 거뒀다. 복고회은은 어쩔 수 없이 장안에 대한 공세를 늦추고 정예병을 뽑아 서쪽으로 반격에 나서지 않을 수 없었다. 복고회은 및 그의 휘하 장졸들은 모두 전장에서 잔

뼈가 굵은 정예병이었다. 백문달은 그들의 적수가 될 수 없었다. 복고회은은 한 차례 야습으로 백문달의 하서군을 절반 이상 참살했다.

막대한 손실 앞에서 백문달은 슬픔을 이길 수 없었다. 그는 생존한 군사를 이끌고 울면서 양주성으로 들어섰다. 백문달을 맞은 양지열은 그에게 위로의 말을 건네며 이번 행군에서 손상은 많았지만 복고회은의 도성 포위를 늦췄으니 황실을 안정시키는 큰 공을 세웠다고 했다. 그리고 그 큰 공적에 비해 일부 병졸이 손상된 건 대수롭지 않은 일이라고 언급했다.

양지열의 본래 말은 "병졸이 죽었다고 어찌 슬퍼하십니까?(卒死何傷?)"이다. 이 말이 병사들 속으로 퍼지자 군영에서 소란이 일어났다. 그들은 자신들의 생명이 장수의 눈에는 한 푼의 가치도 없는 것으로 여겨진다는 사실을 비로소 알게 되었다. 높은 자리에 앉아 보통 병졸의 생명을 멸시하는 양지열의 태도에 그들은 강렬한 반감을 품게 되었다.

하서절도사는 매우 중요한 사명을 갖고 있었다. 그것은 서쪽의 토번 세력이 동쪽으로 확장해오는 것을 막아 당나라 변경을 온전하게 확보하고 도성 장안의 안전을 지키는 임무였다. 토번 귀족들은 당나라 내부의 끊임없는 전란을 틈타 계획적으로 동진 정책을 시작했다. 한번은 토번의 군사가 하서절도사 소재지인 양주성을 포위했다. 양지열이 군사를 보내 토번의 공격을 막아내려 했을 때 병졸들은 그의 명령에 따르려 하지 않았다. 바로 양지열이 이전에 말한 "병졸이 죽었다고 어찌 슬퍼하십니까?"라는 언급 때문이었다. 이 말은 국가를 위해 적진을 돌파해온 장수들에게 깊은 상처를 주었다. 국가를 위해 생명을 희생하는 것은 일종의 명예지만 그렇다고 장졸들이 자신의 생명을 아까워하지 않는 것은 아니다. 또 장졸들의 생명이 아무 가치가 없음을 의미하는 건 더더욱 아니다. 자존심에 심각한 상처를 입은 장졸들은 마침내 안면을 바꾸기로 결정했다. 토번 군대가 성 아래로 몰려오는 데도 장졸들은 자신들의 생명이 비할 데 없이 고귀하므로 양지열의 지휘에 따라 적을 죽일 수 없다고 했다. 양지열은 어쩔 수 없이 양주를 버리고 단신으로 감주(지금의 간쑤 성 장예 시張掖市)로 달아났다가 그곳의 사타족에게 피살되었다. 이 일화는 앞에서 인용한 마오쩌둥의 말과 딱 부합한다. "땅만 얻고 사람을 잃으면 사람과 땅을 모두 잃게 됩니다. 사람을 얻고 땅을 잃으면 사람과 땅을 모두 얻게 됩니다."

다행인 것은 양주성이 끝까지 토번에 점령되지 않았다는 사실이다. 이를 보더라도 양주성의 장졸들이 결코 국가를 위해 싸우려 하지 않은 것이 아니라는 사실을 알 수 있다. 그들은 생명을 아끼지 않고 싸울 수 있었지만, 당시 장수에게 자신들의 생명을 존중해주도록 요청했던 것이다. 양지열은 전화가 어지럽게 피어오르고 반란이 사방에서 일어나는 시대에 자신의 직책을 고수하며 왕실의 안위를 염려했다. 그는 좋은 장수는 아니었지만 충신이라고는 할 수 있다. 하지만 그는 '사람을 근본으로 삼는' 이치를 이해하지 못한 채 지극히 오만한 태도로 병졸의 생명을 함부로 대하다가 군사들의 분노를 사서 결국 자신의 목숨까지 잃고 말았다. 한 분야의 지도자로서 권력을 장악한 사람은 '사람을 근본으로 삼는' 사상이 얼마나 중요한지 깊이 인식해야 한다.

이 장에서 우리가 선택한 두 번째 이야기는 『자치통감』에 기록된 당헌종과 재상 이강 간의 대화다. 안사의 난은 당나라 중앙정부의 재정을 어렵게 만들었다. 안사의 난의 평정은 기실 중앙정부와 지방 군벌이 서로 타협한 결과였다. 중앙정부는 반란군을 철저하게 소멸할 힘이 없었으므로 안녹산과 사사명의 부장을 매수하는 등의 방법을 써서 반군 집단을 와해하고 잠깐의 평화나마 찾아야 했다. 본래 안사의 난 반군의 근거지는 당시에 유주(幽州)와 연주(燕州)로 불리던 하북 지역이었다. 그곳은 중앙정부의 관할로 회복하지 못했을 뿐 아니라 오히려 안녹산과 사사명의 부하들에게 오랫동안 점거되었다. 그 광대한 지역의 조세와 인력자원도 중앙정부가 장악하지 못했다. 하남 등 중원 지역은 해마다 이어진 전쟁으로 인구와 경제 규모가 큰 폭으로 줄어들었다. 이들 요인을 종합해보면 중당과 만당 시기 중앙정부의 재정은 시종일관 매우 궁핍한 상태에 처해 있었음을 알 수 있다. 그리하여 한동안 정책 조정을 거치고 나자, 도성 부근 및 장강과 회수 지역의 각종 조세 수입이 중앙정부 재정에서 가장 중요한 원천이 되었다.

당 덕종 시대에 매우 생동감 있는 일화가 발생했다. 정원(785~805) 연간에 당나라 경기(京畿) 지역 식량 저장고가 바닥을 드러냈다. 궁궐을 호위하던 금군 군사들은 식량을 받지 못하자 큰길로 달려 나와 소란을 피웠다. 병란의 고통을 겪은 덕종은 놀란 새가슴이 되어 식량 문제 때문에 계속 반란이 발생할까봐 몹시 두려웠다. 마침 이때 양절절도사(兩浙節度使) 한황이 중앙으로 보낸 3만 곡(斛: 1곡=10두)이 안전하게 경기 지역에 도착했다. 재상들은 이 소식을 황급히 덕종에게 보고했다. 너무나 갑작스럽게 행복을 느낀 덕종은 아마 정신이 좀 나간 듯, 즉시 동궁으로 달려가 태자에게 "쌀이 이미 도착했으니 우리 부자가 이제 살길이 생겼다"라고 했다. 이 일화를 통해 우리는 당시에 당나라 중앙정부가 전체 재정 수입을 장강과 회수 지역에 얼마나 많이 의존했는지 알 수 있다. 이러한 상황은 당나라 말기에 이르기까지도 그리 크게 바뀌지 않았다.

독자 여러분께서는 한번 상상해보시기 바란다. 중앙정부가 여전히 먹여 살려야 할 황실 인원이 많고, 또 방대한 관료 조직도 유지해야 하고, 그리고 해마다 이어진 전쟁으로 군비 지출도 급증하는 상황에서 조세 기반이 이전보다 훨씬 줄어들었다면 그 곤경이 과연 어떠했겠는가? 상황이 이러함에도 어떻게 제한된 범위에서 충분한 세금을 징수하면서, 그때까지도 여전히 조정에 충성을 바치는 백성의 기본 생활을 해치지 않을 수 있을까? 이 문제를 해결하기 위해 필요한 정책 기교만 해도 하나의 새로운 학문 분과로 다룰 수 있을 정도였다. 이 때문에 정부와 백성 사이에는 재물 분배를 둘러싼 대치가 벌어졌다. 당 헌종과 이강 사이의 대화도 바로 이러한 대치를 어떻게 다룰 것인지에 대한 이야기다.

중당과 만당 시기에는 경기 지역이든 장강과 회수 지역이든 홍수와 가뭄이 수시로 발생했다. 이 같은 상황으로 인해, 본래 어려움을 겪던 중앙정부의 재정은 설상가상의 위기를 맞게 되었다. 재난이 발생하면 관례에 따라 중앙정부에서 재난 지역의 조세를 면제해줘야 하거니와 인력과 물력을 파견하여 구제에 나서야 했다. 여기에서 한 가지 흥미로운 일이 일어났다. 당시 당나라 조정에서 각지의 재난을 시찰하라고 파견한 관리가 중앙정부의 재정 수입을 보호하기 위해 항상 재난 상황을 줄이거나 기만해서 보고했으며 심지어 재난 발생 지역을 재난 미발생 지역으로 보고하곤 했다. 중앙정부에서는 이런 관리들의 보고에 근거하여 지방관에게 조세 징수 업무를 계속해서 완수하라고 질책했다. 이와 유사한 상황이 덕종 이후 끊임없이 이어졌고, 그 내용이 『자치통감』 여러 곳에 기록되어 있다. 그러나 사실을 강조하는 다른 관리들이 보기에 관리들의 이와 같은 기만행위는 '사람을 근본으로 삼는' 치국 원칙을 위반하는 일이었다. 이렇게 하면 목전의 조세 수입은 좀 늘릴 수 있지만 결국 민심을 잃을 수밖에 없기 때문에 장기적 측면에서는 안정된 통치를 저해하는 요소로 작용하게 된다. 황제는 항상 이 양자 사이에서 흔들리며 고통을 겪어야 했다. 즉 한편으로는 국고 부족으로 전쟁과 군대의 비용을 대지 못할까 걱정해야 했고 다른 한편으로는 민심을 잃어서 민란이 발생할까 걱정해야 했다.

당 헌종 시대에 또다시 동일한 상황이 발생했다. 당시 장강과 회수 지역에는 해마다 홍수와 가뭄이 발생하여 백성과 조정이 모두 곤경에 빠졌다. 헌종은 구체적인 상황을 알기 위해 몇몇 사자를 그곳으로 파견하여 실제 상황을 조사하게 했다. 마침내 관리들이 도성으로 돌아와 상황을 보고할 때 그들은 현지 실정을 가볍게 이야기했다. 즉 그들은 재난 구제를 주장하지 않았을 뿐 아니라 오히려 장강과 회수 지역에서 계속 세금을 거둬야 한다고 건의했다. 이에 헌종과 재상 이강이 이 문제를 토론하게 되었다. 이강은 장강과 회수 지역으로 파견된 관리들이 조정을 기만하느라 재난 발생 상황을 속이고 있다고 인식했다. 이미 현지의 실제 상황을 상세하게 파악한 이강은 당 헌종의 관점을 정면에서 반박했다.

이강은 조정에서 파견된 관리들이 이번 기회를 빌려 황제에게 아첨하려고 거짓말을 한다고 주장했다. 믿을 수 없는 것은 바로 그들 파견 관리인 셈이었다. 헌종은 한참 생각에 잠겼다가 이강의 말이 옳다고 인정했다. 따라서 국가는 사람을 근본으로 삼기에 사람이 없으면 나라도 없으니 차라리 구제를 잘 못하더라도 사람을 구제하지 않을 수 없다고 했다. 그리하여 바로 어명을 내려 장강과 회수 지역의 세금을 면제해줬다. 헌종의 마지막 결정은 매우 의미 깊다. 그는 사자와 지방관 중에서 누구의 말이 더 신빙성이 있는가에 집착하지 않고, 그 애매모호한 상황에서 탈출하여 '사람을 근본으로 삼는' 기본 입장으로 되돌아가 즉각 백성을 구제해야 한다는 결단을 내렸다. 이러한 조치에 포함된 요점은 바로 다음과 같은 이치를 분명하게 말해주고 있다. '사람이 없으면 아무것도 없다. 사람을 잃으면 모든 것을 잃는다.'

3. 그들은 백성이지 적이 아니다

이보다 앞서 발해군(渤海郡)과 그 인근에 기황이 들어 도적이 사방에서
일어나 녹봉 2,000석을 받는 태수도 그들을 제어할 수 없었다. 한 선제가
다스림에 능한 사람을 선발하려 하자 승상과 어사가 전 창읍낭중령(昌邑
郎中令) 공수(龔遂, ?~?)를 천거했고 선제가 그를 발해태수로 임명했다. 선
제가 그를 불러 접견하면서 어떻게 발해군을 다스려 도적을 잠재울 것인
지 물었다. 공수가 대답했다. "발해 바닷가는 아득히 먼 곳이어서 성군의
교화가 스며들지 못했습니다. 백성이 기한으로 곤경에 처해도 관리들이
구휼해주지 못했습니다. 이 때문에 폐하의 자식 같은 백성이 폐하의 무기
를 훔쳐 수렁 속에서 날뛰게 되었습니다. 지금 폐하께서는 신을 시켜 백성
에게 이기려 하십니까 아니면 백성을 편안하게 하려 하십니까?" 선제가
대답했다. "현명하고 어진 사람을 등용하는 것은 본래 백성을 편안하게
하려는 것이오." 공수가 말했다. "신은 듣건대 어지러운 백성을 다스리는
것은 헝클어진 실을 푸는 것과 같아서 급하게 서둘러서는 안 된다고 합니
다. 오직 천천히 실마리를 풀어준 연후에야 다스릴 수 있습니다. 신은 바
라옵건대 승상과 어사가 법률로서 신을 구속하지 말게 하시고 신이 모든
일을 편의에 따라 처리하게 해주십시오." 선제가 허락했다. …… 발해군
에서는 신임 태수가 온다는 소식을 듣고 군사를 징발하여 환영하러 나갔
다. 그러나 공수는 그들을 모두 돌려보내고 공문을 띄워 각 속현에 명령
을 내렸다. "도적 잡는 관리를 모두 그만두게 하라. 호미와 낫 등 농기구를
든 모든 사람을 양민으로 간주하고 관리들은 그들을 문초하지 말라. 무기
를 든 자는 곧바로 도적으로 간주하라." 공수는 말 한 마리가 끄는 작은

수레를 타고 혼자서 관청으로 갔다. 도적들은 공수가 내린 명령을 듣고 즉시 무리를 해산한 뒤 창칼과 활을 버리고 호미와 낫을 들었다. 이에 모든 도적이 평정되자 백성은 자신의 땅을 편안하게 여기며 즐겁게 생업에 종사했다. 이에 공수는 창고를 열어 빈민을 구제하고, 어진 관리를 등용하여 백성을 위로하며 잘 보살폈다. 공수는 그곳의 모든 풍속이 사치스럽고, 말단을 좋아하고, 농사를 짓지 않는 것을 보고 몸소 검약을 실천하며 백성에게 농업과 양잠에 힘쓰면서 각각 인구 비율에 따라 나무를 심고 가축을 기르라고 권했다. 백성 중에 도검(刀劍)을 차고 다니는 자가 있으면 검(劍)을 팔아 소를 사게 하고 도(刀)를 팔아 송아지를 사게 했다. 그러면서 이렇게 말했다. "어찌하여 소와 송아지를 몸에 차고 다니는가?" 공수가 애를 쓰며 순행한 결과 군내 모든 집에 재산이 쌓였으며 소송은 그치게 되었다.

『자치통감』 권25

한나라 선제 시대에 발해군에 기황이 발생하여 백성들의 생계가 곤란해졌다. 조정에서도 제대로 구제에 나서지 못했고, 그곳 관리들도 백성을 구휼할 줄 몰랐다. 이에 백성 중에서 강포한 자들은 무리를 지어 도적질을 하며 그 지방을 혼란에 빠뜨렸다. 선제는 많은 관리를 파견하여 그곳을 다스리려 했지만 전혀 실적을 내지 못했다. 그는 마지막에 공수라는 관리를 찾아냈다. 공수가 임지로 떠나기 전에 선제가 그를 불러 발해군을 어떻게 다스리려는지 물었다. 그러자 공수가 물었다. "폐하께서는 반란을 일으킨 백성들과 싸워서 승리하기를 바라십니까 아니면 그 땅을 다시 안정시키기를 원하십니까?" 고대에는 지방관을 부모와 같은 관리(父母官)라고 불렀고, 부모와 같은 지방관은 지역을 안정시키고 백성

을 보호하는 책임을 졌다. 그런데 어떤 지방이 혼란에 빠지면 조정에서는 경솔하게 그곳 백성을 난민으로 정의하고 걸핏하면 토벌군을 보내 승리만을 얻으려 했다. 그럼 조정과 백성은 부모와 자식 간의 관계가 아니라 아군과 적군의 관계가 된다. 공수가 제기한 이 문제는 매우 수준 높은 의식에 속한다. 따라서 기실 공수가 선제에게 요구한 것은 어떻게 조정과 백성의 관계를 정립할 것인가에 대한 의견을 묻는 것이었다. 즉 조정과 백성의 관계를 부모와 자식 관계로 볼 것인가 아니면 아군과 적군 관계로 볼 것인가를 먼저 밝혀야 한다는 것이다. 황제가 우선 이 문제에 대한 의견을 분명하게 표명해야 거기에 맞춰서 다스림의 책략을 확정할 수 있을 터였다.

그러자 선제는 당연히 발해 지방을 다시 안정시켜서 그곳 백성이 편안히 생업에 종사하도록 하고 싶다고 했다. 공수는 그럼 조급하게 정책을 펼쳐서는 안 되고 천천히 백성을 안정시켜야 하므로, 조정의 법령으로 자신의 수족을 옭아매지 말고 자신이 그곳 실제 상황에 따라 융통성 있게 일을 처리하게 해달라고 요청했다. 선제도 그렇게 하겠다고 순순히 허락했다.

공수가 발해군의 경계에 당도하자 그곳 관리들이 서둘러 군대를 파견하여 영접을 나왔다. 당시에 그 지역이 상당히 혼란하여 중도에 좋지 않은 일이 생길까봐 걱정이 되었기 때문이다. 그러나 공수는 그들을 모두 돌려보내고 혼자 작은 수레를 타고 임지로 들어갔다. 또 도중에 명령을 내려 도적을 잡기 위한 모든 일을 중지하라고 했다. 그럼 그곳의 치안은 어떻게 할 것인가? 공수의 명령에는 다음 사항이 들어 있었다. "호미와 낫 등 농기구를 든 모든 사람을 양민으로 간주하고 관리들은 그들을 문초하지 말라." 그리고 관청에 도착하자마자 공수는 즉시 창고를 열어 굶주린 백성을 구제하고 관리를 파견하여 허약하고 빈한한 군민을 보살폈다. 이런 조치를 보고 그곳에서 기세를 부리던 도적들은 즉시 무기를 내려놓고 호미와 낫을 잡으면서 자신들이 양민임을 밝혔다. 공수는 무기한 점 병졸 한 사람 움직이지 않고 민간의 무장 세력을 와해시켰다.

이것은 단지 통치의 모범이지 통치의 근본이라고 할 수는 없다. 공수는 그곳에 왜 쉽게 혼란이 발생하고, 흉년이 자주 들고, 백성이 쉽게 도적으로 변하는지에 대해 깊이 생각했다. 한동안의 관찰을 통해 공수는 그 지방에 평소의 풍속이 사치스럽고, 장사에 종사하는 사람이 많고, 부지런히 농사짓는 사람은 드물다는 사실을 발견했다. 이 때문에 흉년이 들기만 하면 식량이 부족해져서 쉽게 난리가 일어날 수밖에 없었다. 그리하여 공수는 자신이 직접 나서서 검약과 근검을 실천하며 농업과 양잠을 장려했다. 도검을 차고 다니는 부랑배들에게도 도검을 팔아 소를 사라고 권장했다. 공수의 노력으로 발해군의 농업은 마침내 큰 발전을 이뤄 비축 식량을 넉넉하게 쌓아둘 수 있게 되었고, 이에 더 이상 기황으로 도적이 들끓지 않게 되었다. 나중에 선제는 관리들의 실적을 심사하면서 공수를 크게 칭찬하고 그를 당시 도성인 장안으로 옮기게 하고 직급을 올려 중용했다.

이 일화를 보면 최전선에서 문제를 해결한 사람은 공수였다. 그러나 우리는 이 과정에서 선제가 담당한 역할도 더욱 중요하게 인식해야 한다. 먼저 선제는 조정과 유랑 백성의 관계를 정확하게 정립했다. 공수는 선제에게 발해 문제의 본질이 무엇인지 분석해줬다. 즉 발해의 유랑민들이 오늘날은 도적이지만 어제는 선량한 백성이었다는 것이다. 따라서 만약 조정에서 그들을 선량한 백성으로 간주하면 문제 해결은 오히려 훨씬 쉬울 수도 있다. 선제는 이 같은 관점에 적극적으로 찬성하면서 관민 관계를 설정할 때도 아군과 적군의 관계로 간주해서는 안 된다고 강조했다. 이러한 정책 기조가 정해지고 나자 공수는 비로소 마음 놓고 자신의 정책을 집행해나가기 시작했다. 이것은 한 선제가 매우 밝은 군주임을 드러내주는 일화다. 그는 소위 당시 혼란의 본질이 무엇인지 정확하게 인식하고 있었다.

다음으로 선제는 구체적인 업무를 공수에게 맡긴 후 어떤 형식으로도 간섭하지 않고 완전히 공수의 인품과 능력을 믿었다. 역사 사실이 증명하는 바와 같이 공수는 자신의 임무를 매우 특색 있게 완수했다. 사실을 알고 나서 선제는 공수에게 상을 내리고 관리의 모범으로 삼았다. 이것은 인재를 알아보는 선제의 밝은 지혜일 뿐 아니라 관민 관계를 아군과 적군 관계로 파악해서는 안 된다는 생각을 관리들에게 심화시켜준 일이기도 했다. 이는 우리가 앞에서 제기한 '사람을 근본으로 삼는다'는 원칙을 또 다른 시각으로 이해하게 해주는 일화라 할 수 있다. 또 다른 시각은 바로 어떤 경우라도 백성을 정책 시행의 대립면에다 방치해서는 안 된다는 것이다.

4. 정치는 변화에 대처하는 것

───────◆───────

당나라 창주(滄州) 고을이 전란의 피해를 입은 나머지 해골이 온 땅을 뒤덮었다. 성은 공허해지고 들판도 텅 비어 본래 인구에서 살아남은 사람이 열에 서넛밖에 되지 않았다. 계축일(癸丑日)에 위위경(衛尉卿)[1] 은유(殷侑, 767~838)를 제주, 덕주(德州), 창주, 경주(景州)를 총괄하는 절도사로 삼았다. 은유가 임지의 진(鎭)으로 가서 병졸들과 동고동락하며 백성을 위무하고 농업과 양잠을 권장하자 흩어졌던 백성이 조금씩 생업에 복귀했다. 이보다 앞서 그 지역 군대 3만 명이 조정의 재정 지원만 쳐다보고 있었다. 은유가 부임한 지 1년 만에 그 지역 조세만으로 [지역 재정의] 절반을 충당할 수 있었고, 2년 만에 조정의 재정 지원을 모두 중지해도 된다고 요청했으며, 3년 이후에는 호구가 많이 늘어나 식량 창고가 가득 찼다.

『자치통감』 권244

가을, 8월 무인일(戊寅日)에 당 문종(文宗, 809~840, 재위 816~840)은 섬괵관찰사(陝虢觀察使) 최언(崔郾, 768~836)을 악악관찰사(鄂岳觀察使)로 삼았다. 악악 지역은 중첩된 산악에 장강을 끼고 있었으며 백월(百越), 파(巴), 촉(蜀), 형(荊), 한 땅이 교차하고 있었다. 그 땅에는 도적떼가 많아서 운행하는 선박을 약탈하는데, 노소를 불문하고 모두 죽인 다음에야 그쳤다. 최언은 그곳에 이르러 병졸을 잘 훈련시키고 무기와 전함을 만들어 도적을 추격·토벌하여 한 해 사이에 모두 주살했다. 최언은 섬괵관찰사로 재직할

───────────────

1 위위시(衛尉寺)의 장관. 위위시는 황제의 무기, 의장(儀仗), 장막 등을 관장하는 관청이다.

때 관대하고 어진 마음으로 고을을 다스려 어떤 때는 한 달 동안 한 번도 사람에게 매질을 하지 않았다. 그런데 악악관찰사로 부임하고 나서는 준엄하게 형벌을 시행했다. 어떤 사람이 그 까닭을 물었다. 최언이 대답했다. "섬곡 지역은 땅이 척박하고 백성이 빈궁하여 내가 그들을 위무하기에도 겨를이 없었고 그들이 놀랄까봐 늘 두려워했다. 악악 지역은 땅이 험하고 인종이 잡다하기 때문에 사납고 교활한 오랑캐의 풍속에 젖어 간사한 짓을 많이 한다. 엄격한 형벌이 아니면 그들을 다스릴 수 없다." 정치는 변화에 대처할 줄 아는 걸 귀하게 여긴다(政貴知變)고 했는데 대체로 이런 상황을 이른 것이다.

『자치통감』 권244

옛사람들은 늘 "물은 일정한 모양이 없고 담는 그릇에 따라 모양이 달라진다(水無常形, 因物以成形)"라고 했다. 이처럼 고정된 모양도 없고 언뜻 지극히 유약하게 보이는 물도 『노자』에서는 "견고하고 강한 것을 공격하는 것으로 물보다 뛰어난 것은 아무것도 없다"("攻堅强者, 莫之能勝", 『노자』 78장)라고 했고, 또 "천하에서 가장 부드러운 것이 천하에서 가장 견고한 것을 부린다"("天下之至柔, 馳騁天下之至堅", 『노자』 43장)라고 했다. 『손자병법(孫子兵法)』에서도 군사를 부리는 사람은 강물의 변화를 잘 알아야 한다고 했다. "대저 군사 운용의 형태는 물과 같다. …… 군사 운용에는 고정된 형세가 없고, 물에도 고정된 모양이 없다."("夫兵形象水, …… 兵無常勢, 水無常形", 『손자병법』「허실虛實」) 기실 손자(孫子; 기원전 545?~기원전 470)가 말하는 '형세가 없다(無勢)'는 것과 '형태가 없다(無形)'는 것의 본질은 '나의 아집이 없다(無我)'는 것이다. 물은 고정된 모양이 없어서 변화에 능하기 때문에 거쳐가는 사물의 형상에 따라 적시에 자신을 조정

하여 상대방을 포용할 수 있다. 손자가 군사 운용은 물의 흐름을 배워야 한다고 강조한 까닭도, 바로 군사를 거느리는 장수는 고집스러운 자아를 버리고 시종일관 '변화에 능숙한(能變)' 상태를 유지하면서 적의 변화에 따라 적시에 자신의 책략을 조정할 줄 알아야 하기 때문이다.

손자의 이론은 적과 맞서 싸우는 책략의 결론이다. 기실 정책을 시행하는 과정에도 이러한 사고방식을 그대로 적용할 수 있다. 상이한 것은 전투에서 마주해야 할 대상은 적이지만 정책 시행에서 마주해야 할 대상은 백성이라는 점이다. 지도층 고위직에 오를 수 있는 사람은 흔히 능력 있고 장점이 많은 엘리트인 경우가 많다. 유능하면 할수록 더욱 자신감이 생기는 만큼 고위 지도자는 때때로 주관적 견해를 강하게 내세우기도 한다. 그러나 문제는 자신의 정치적 수요가 대중의 수요와 반드시 일치하지 않을 때도 있다는 점이다. 즉 고위 지도자가 요구하는 것이 대중이 요구하는 것과 반드시 일치하는 것은 아니다. 이럴 때 고위 지도자는 반복된 사색을 통해 '자신의 고집을 버리고 다른 사람의 의견을 따를' 필요가 있다. 즉 '물은 고정된 모양이 없다'는 의미를 배워서, 자기중심의 사유를 고집하지 말고 대중의 구체적인 상황에 근거하여 적시에 정책을 조정해야 하는 것이다.

당 문종 즉위 초에 창주의 장수 이동첩(李同捷, ?~828)은 부친의 절도사 직위를 계승하려고 반란을 일으켰다. 3년여의 대치와 싸움을 거치면서 이동첩의 반란은 마침내 평정되었다. 그러나 창주 및 그 주변 고을에는 전쟁으로 인한 상처가 곳곳에 널려 있었다. 전란 후에 조정에서는 은유라는 관리를 절도사로 임명하여 창주 및 그 주변 지역의 전후 재건 업무를 담당하게 했다. 농업 생산력이 아직 회복되지 않아서 백성들은 의복과 먹거리도 제대로 갖출 수 없는 상태에 처해 있었다. 은유가 부임하자 현지의 3만 좌우 군사들이 녹봉 결산을 요구했다. 그 경비는 오로지 중앙 정부의 재정에 의지할 수밖에 없었다.

이런 상황에 직면하여 은유가 부임한 후 첫 번째로 시행한 일은 조정에서 임명된 고위 관리로서 위세를 부리며 권위를 내세우는 것이 결코 아니었다. 그는 오히려 모든 영예와 허세를 내려놓고 병졸들과 동고동락하며 유민을 불러들여 농업 생산을 회복하기 시작했다. 그리하여 인구는 점점 늘어나기 시작했고 경제도 점차 회복되기 시작하여 이 둘 사이에 일정 정도 선순환 구조가 형성되었다.

은유의 통치 이론은 매우 성공적이었다. 그러나 솔직하게 말해서 그의 통치 경험에 무슨 특별하고 초속(超俗)적인 창조성이 들어 있는가? 기실 무슨 특별한 비결은 전혀 없다. 그는 착실하게 업무를 처리하고 자기 몸소 노동을 했을 뿐이다. 이는 가장 단순한 방법에 불과하다. 그런데 무슨 이유로 은유가 그 시대 통치의 모범 사례가 되어 『자치통감』에까지 기록될 수 있었을까? 사실 그 이치는 아주 간단하다. 당시에 은유처럼 착실하고 소박한 방법으로 정책을 펼친 관리가 너무나 드물었기 때문이다. 방법은 간단하지만 그렇게 한 사람은 없었다. 당시 대다수 관리들은 시종일관 자신에게 필요한 것이 무엇인지에만 집착하여 자기 행동의 중심을 명예와 이익 추구에다 위치시켰다. 그들은 은유처럼 가장 먼저 자기 업무에 무엇을 바쳐야 할 것인지를 고려하지 않았다.

은유에 대해 좀 더 진전된 이해를 하고 싶은 독자라면 그의 또 다른 신분에 주의를 기울여야 할 것이다. 은유는 당시에 매우 유명한 학자였다. 그는 명문세가 출신으로 경전과 역사에 정통해서 일찍이 국사수찬관(國史修撰官)을 지낸 적이 있다. 바꿔 말해보면 은유는 그 시대의 전형적인 '청류(淸流)' 학자였다. 그러나 청류 학자였던 은유는 지방관으로 부임한 후 위선적인 고고함을 전혀 내세우지 않고 기층 군민(軍民)과 동고동락하는 방법을 선택하여, 고고한 학자로 자처하는 사람들이 보기에는 고고함을 오염시키는 일을 많이 했다. 그러나 은유는 그런 시선에 전혀 개의치 않았다. 그는 자신이 지방관으로 부임한 후 '청류' 학자가 누려야 할 생활을 어떻게 유지할 것인지 또는 어떻게 앞으로 자신의 벼슬길을 확장해나갈 것인지에 대해서는 결코 생각하지 않았다. 반대로 그는 즉시 그 지역 및 지역 내의 군사와 백성에게 무엇이 가장 필요한지 또 그들의 수요를 어떻게 만족시킬 수 있을지에 대해 고민했다. 물론 사회가 안정되고 의식이 풍족하면 그 답안을 찾기가 결코 어렵지 않다. 관건은 고통스럽게 백성의 복리에 매진하는 관리 생활을 선택하고 싶어 하느냐의 여부에 달려 있다. 따라서 이러한 관점에서 바라보면 흔히 관리 생활이 어렵다고 해도 어려운 것이 아니다. 진실하게 공무에 매진할 수 있는 마음만 있으면 가능하기 때문이다.

악주(鄂州: 지금의 후베이 성 우한武漢)와 악주(岳州: 지금의 후난 성 웨양岳陽) 등의 지역을 관리하도록 파견된 최언은 은유와 동시대인이었다. 이 두 사람은 구체적인 사적이 조금 다르지만 '자신의 고집을 버리고 다른 사람의 의견을 따른' 점과 '사람을 근본으로 삼는' 사유는 본질적으로 동일한 특징을 보인다. 그곳으로 부임하기 전에 최언은 관대한 통치술로 명망이 높았다. 한 달 동안에 한 사람도 처벌하지 않은 경우도 종종 있었다. 그러나 악악관찰사로 부임한 이후에는 엄격한 형벌과 법률로 그 지역을 다스렸다. 주위 사람들이 의문을 품고 최언에게 통치 방법을 왜 그렇게 크게 바꿨느냐고 물었다. 최언은 섬괵 지방은 땅이 척박하여 백성들이 궁핍한 터라 그들이 놀라 도망갈까 밤낮으로 위로해야 했지만, 악악 지방은 산천이 험준하고 풍속이 불량해서 준엄한 형벌로 다스려야 한다고 대답했다. 결론적으로 최언은 이렇게 말했다. "정치는 변화에 대처할 줄 아는 걸 귀하게 여긴다." 이 말에는 상이한 지방의 특성에 근거하여 상이한 정책을 제정해야 한다는 의미가 담겨 있다.

여기에서도 알 수 있는 바와 같이 최언은 결코 자기 위주의 정책 스타일을 고집하지 않았다. "정치는 변화에 대처할 줄 아는 걸 귀하게 여긴다"라고 할 때, 변화의 근거는 바로 각 지역의 풍토와 민심이었다. 이는 "물은 일정한 모양이 없고 담는 그릇에 따라 모양이 달라진다"라는 구절과 그 의미가 완전히 일치한다. 또한 이것은 우리가 밝혀내고자 했던 "사람을 근본으로 삼는다"라는 말의 파생 의미이기도 하다. 우리는 '사람'을 모든 사안의 근본으로 삼아야 할 뿐 아니라 '사람'이 처해 있는 실제 상황을 정책 결정의 바탕으로 삼아야 한다. 이것이 "사람을 근본으로 삼는다"는 말에 포함된 두 차원의 의미다. 이 두 의미는 모두 정책 집행자들에게 중시되어야 하고 또 구체적인 정책 결정 과정에 관철되어야 한다.

법에 근거하라

依法治國

1. 법치의 실현

----------◈----------

한(韓) 소후(昭侯, ?~기원전 333)가 신불해(申不害, 기원전 385~기원전 337)를
상국(相國)으로 삼았다. 신불해는 정(鄭)나라의 미천한 신하로 황로학(黃老
學)[1]과 형명학(刑名學)[2]을 배워 소후에게 벼슬을 구했다. 소후는 그를 등용
하여 상국으로 삼고 안으로 정치 교화를 정돈했으며 밖으로 제후들과 15
년간 대응했다. 신불해가 세상을 마칠 때까지 나라는 잘 다스려지고 군사
는 강성했다. 신불해가 일찍이 자신의 사촌형을 벼슬에 임명해달라고 청

---

[1] 도가(道家) 계열의 학설을 법가적(法家的)으로 해석한 학파. 황(黃)은 황제(黃帝), 노(老)는 노자(老
     子)를 가리킨다. 황제를 최초의 법률 제정자로 숭배하면서 노자의 무위(無爲)와 허정(虛靜)을 제왕
     이 갖춰야 할 통치술로 변형시켰다. 즉 제왕은 엄정한 법률을 마련하여 자신의 마음을 드러내지
     않고, 아무것도 하지 않는 것처럼 고요히 신하와 백성을 제어해야 한다는 이론이다. 한나라 말기
     이후로는 흔히 도교만을 가리키게 되었다.
[2] 전국시대 법가학파를 가리키는 말.

했는데 소후는 허락하지 않았다. 이에 신불해가 원망하는 빛을 보였다. 소후가 말했다. "과인이 경에게서 학술을 배우는 것은 나라를 잘 다스리기 위함이오. 지금 경의 사사로운 요청을 받아들여 선생의 학술을 폐기해야 하오 아니면 경의 학술을 시행하며 선생의 사사로운 요청을 폐기해야 하오? 경은 일찍이 과인을 가르치며 공로에 따라 상급의 순위를 살펴야 한다고 했소. 그런데 지금 사사로운 요청을 하시니 내가 장차 무엇을 따라야 하오?" 신불해가 방을 바꿔[3] 근신하며 죄를 청했다. 그리고 말했다. "우리 주군께서는 진정한 임금이시다!" 소후에게 낡은 바지가 있어서 그것을 잘 보관해두라고 명령을 내렸다. 시종이 말했다. "주군께서도 역시 인자하지 못하신 분이군요! 이런 걸 좌우에 상으로 하사하지도 않고 보관해두라고 하시다니요!" 소후가 말했다. "내가 듣건대 밝은 임금은 한 번의 찡그림이나 한 번의 웃음도 아낀다고 한다. 찡그릴 때는 찡그리는 이유가 있어야 하고, 웃을 때는 웃는 이유가 있어야 한다. 지금 이 바지의 가치가 어찌 겨우 찡그림이나 웃음에만 그치겠는가? 나는 반드시 공을 세운 사람이 나타나기를 기다릴 것이다."

『자치통감』 권2

조(趙)나라 전부리(田部史)[4] 조사(趙奢, ?~?)가 조세를 거둘 때 평원군(平原君, 기원전 308?~기원전 251) 집에서 세금을 내려 하지 않았다. 조사는 법으로 다스리며 평원군 집의 담당자 아홉을 죽였다. 평원군이 노하여 조사를 죽이려 하자 조사가 말했다. "대군께서는 조나라에서 귀공자십니다. 지금 만약 대군 댁에서 공무를 받들지 않으시면 국법을 깎아 없애는 것입니다. 국법을 깎아 없애면 나라가 약해지고, 나라가 약해지면 제후들이 군사를

---

3 신하가 자신에게 죄가 있음을 알고 본래 거처하는 방에서 나와 다른 방에서 거주하며 근신하는 것. 대죄(待罪)의 한 양식이다.
4 토지세 징수를 담당하는 관리.

일으켜 침략해올 것이니 조나라가 없어집니다. 그럼 대군께서 어떻게 지금의 부유함을 누릴 수 있겠습니까? 대군의 고귀한 신분으로 법도대로 공무를 받들면 상하가 평화로워질 것이고, 상하가 평화로워지면 나라가 강하게 되고, 나라가 강하게 되면 조나라의 천하가 튼튼하게 됩니다. 그런데 대군께선 왕실의 고귀한 친척임에도 어찌하여 천하의 제후들에게 경시당하려 하십니까?" 평원군은 조사를 현명하게 여기고 조 혜문왕(惠文王, 기원전 310~기원전 266)에게 이야기했다. 혜문왕은 조사로 하여금 나라의 세금을 관리하게 했고, 나라의 세금이 공평하게 관리되자 백성은 부유해졌고 나라의 창고는 가득 찼다.　　　　　　　　　　　　『자치통감』 권5

우리는 앞에서 한(韓)·위(魏)·조(趙) 세 가문이 진(晉)나라를 분할했고, 한씨 가문도 그 분할 과정에 참여하여 한나라를 세웠다고 했다. 그 한나라에 우수한 지도자 한 소후가 등장했다. 한 소후는 신불해를 중용하여 나라를 잘 다스렸다. 신불해는 재능이 뛰어나 한나라를 15년간 다스리는 동안 탁월한 성과를 올려 마침내 한나라가 '부국강병'을 이루게 했다. 신불해가 견지한 치국(治國)의 핵심 개념은 바로 '법(法)' 자 한 글자에 집약되어 있다. 이를 근거로 곳곳에서 현실성 있게 나라를 다스려 각 부문에서 모두 법령을 엄격하고 명확하게 집행했다. 춘추시대에서 전국시대로 넘어가는 과도기에 수많은 제후국이 도태되고 많지 않은 몇몇 제후국만 역사의 무대에 살아남았다. 그중 대표적인 나라가 바로 우리의 귀에도 익숙한 '전국칠웅(戰國七雄)'[5]이다. 당시의 역사를 종합적으로 관

5　　전국시대 일곱 강국. 진(秦), 초(楚), 제(齊), 연(燕), 한, 위, 조를 일컫는다.

찰해보면 그 시대에 살아남은 강국에는 모두 공통적인 특징이 있다는 사실을 발견할 수 있다. 그것은 바로 제때에 법제 개혁을 진행하여 법치가 가능한 환경에서 관료 대오를 건설하고 관작(官爵) 세습제를 타파했다는 점이다. 이로써 인재들은 각자 자신의 재능을 모두 발휘할 수 있게 되었다. 소위 '칠웅'은 나라의 시스템을 바꾸는 데 성공한 국가였다. 한나라의 시스템을 바꾸는 데 도움을 준 사람은 물론 신불해였다.

이러한 공로에 기대 신불해는 한나라 소후에게 자신의 사촌형을 취직시키기 위해 소소한 청탁을 했다. 신불해는 본래 이 일을 작은 일로 여겼고 틀림없이 소후가 허락하리라 생각했다. 그러나 뜻밖에도 소후는 그의 청탁을 단호하게 거절했다.

신불해는 이에 다소 불만을 품었다. 그러자 한 소후는 경이 내게 치국의 방법을 가르칠 때는 공로에 따라 모든 상벌을 시행하라고 했는데, 지금 사사롭게 공로도 없는 경의 사촌형을 관직에 임명해달라고 하는 건 경이 제정한 법률을 폐기처분하라는 것이 아닌가라고 반문했다. 이에 소후는 당연히 신불해의 청탁을 거절했고, 신불해는 유구무언이 되어 자신의 죄를 인정해야 했다.

사마광은 법을 준수하고 사욕에 휘둘리지 않는 소후의 태도를 매우 칭송했다. "한나라는 미약한 나라로 천하의 요충지를 차지하고 있었으므로 앞뒤로 적의 공격을 받지 않을 수 없었습니다. 그런데도 한나라의 사직이 거의 200년 동안 제사를 받을 수 있었던 건 어찌 소후가 삼가 법을 받들면서 공이 없는 자에겐 상을 주지 않고 죄를 지은 자에겐 형벌을 빠뜨리지 않았기 때문에, 후손이 비록 불초했어도 이런 열성조의 음덕에 힘입어 자존을 도모할 수 있었던 덕분이 아니겠습니까? 아아! 나라를 다스리는 사람이면 어찌 이를 법도로 삼지 않지 않을 수 있겠습니까?"("韓以微弱之國, 居天下之衝, 首尾腹背莫不受敵. 然猶社稷血食幾二百年, 豈非昭

侯奉法之謹, 賞不加無功, 罰不失有罪, 後世雖不肖, 猶得蒙遺烈以自存乎? 嗚呼, 有國者 安可以無法哉?",『계고록稽古錄』권11) 한나라는 전국칠웅에 이름을 올렸지만 일곱 나라 중에서 상대적으로 약소국에 속했고, 또 사방으로 강국과 이 웃해 있었기에 배와 등에서 동시에 적과 대면해야 했다. 그런데 이와 같 은 나라도 거의 200년 동안 명맥을 이었다. 이렇게 성공하게 된 이치는 어디에 있었던가? 한나라에 소후처럼 법제를 준수하고 상벌을 공평하게 시행하면서 공공 법률에 사욕을 개입시키지 않은 뛰어난 군주가 있었기 때문이라고 사마광은 인식했다. 그래서 사마광은 위의 논평 마지막 대 목에서 이 일화를 한층 더 높은 차원으로 승화시키면서 국가 운영에서 지도자의 준법정신이 나라를 오래 존속시키는 가장 중요한 덕목의 하나 로 인정했다.

전국시대 일화를 이야기하려면 내용이 매우 풍부하여 우리가 선택할 수 있는 제재가 아주 많다. 사마광이 가장 중시한 것은 '법률에 의거해 나라를 다스린(依法治國)' 사례였다. 또한 권력자와 고위 공직자가 솔선해 서 공공 법률을 준수해야 한다고 특히 강조했다. 사마광은 이러한 태도 야말로 국가를 장기적으로 안정시키는 바탕이라고 인식했다. 이에 사마 광은『자치통감』앞부분 5권에서 이런 일화를 아주 다양하게 모아놓았 다. 치국의 근본으로서 법률의 가치는 물질적 재산과 경제적 수치로 저 울질할 수 없다. 감성적 인식으로 사람들에게 법의 중요성을 알려주기 어려운 상황에서 어떻게 법의 가치를 인식시킬 수 있을까? 사마광은 몇 몇 역사 이야기를 통해 그 목적을 달성하려고 시도했다.

전국시대 후기 조나라에 조사라는 명장이 있었다. 아직 고위직에 오 르기 전에 조사는 국가를 위해 토지세를 받던 세무 관리였다. 당시 조나 라에는 또 평원군이라는 귀족이 있었는데 조나라 군주 혜문왕의 아우였 다. 평원군의 부하들은 권세에 의지해 법률로 정한 조세 납입을 거부했다. 이 같은 행위에 대해 조사는 평원군이 고귀한 신분임에도 아랑곳하지 않고 엄격하고 철저하게 조사하여 법률에 따라 평원군의 부하 9명을 처단했다. 이에 평원군은 분노가 치밀어 조사를 죽이려고 했다. 그러자 조사는 평원군에게 대군의 행위는 조나라의 법을 없애는 것이고, 법을 없애면 나라가 약해지고, 나라가 약해지면 다른 나라 제후들이 조나라를 공격하게 되고 그럼 조나라는 존재하지 못하게 될 터인데 그때 가서 대군께서는 어디에서 부귀를 누릴 것이냐고 물었다. 법에 의지하여 나라를 다스리는 것은 국가의 장기적 안정 대책이라고 할 수 있다. 국가에 장기적 안정 대책이 있어야만 평원군과 같은 귀족도 장기적 이익을 보장받을 수 있다. 조사의 이 말은 매우 일리 있고 설득력이 있어서 평원군을 깊이 감동시켰다. 평원군은 조사를 비난하지 않았을 뿐 아니라 오히려 조나라 혜문왕에게 그를 추천하기까지 했다.

조사는 귀족과 지도층이 앞장서서 법을 지킬 때 얻을 수 있는 장점을 장기적 이익의 관점에서 설명하고 있다. 사마광도 이런 측면에서 독자들이 법의 가치를 잘 이해할 수 있도록 도와주고 있다. 이 밖에도 사마광은 위(衛)나라 사례를 한 가지 더 선택하여 상대적으로 감성적인 관점에서 법의 가치를 이해하도록 돕고 있다.

위(衛)나라에 가벼운 죄를 저지른 죄수가 있었는데 그가 위(魏)나라로 달아났다. 이 죄수는 의술에 뛰어나 다른 사람의 추천을 거쳐 위(魏)나라 군주 부인의 병을 치료하게 되었고, 이로써 위(魏)나라의 보호를 받게 되었다. 당시 위(衛)나라 군주는 사군(嗣君, ?~기원전 293)이었다. 그는 이 사건을 알고 난 후 위(魏)나라에 죄수 인도를 요청하여 법 기강을 엄숙하게 바로잡으려 했다. 처음에 사군은 50금(金)으로 그 죄수를 교환하고자 했다. 위(魏)나라는 당시에 대국이어서 금전 50금에 개의치 않고 사군의 교환 요청을 거절했다. 거절을 당한 후에도 사군은 1개 성을 내놓고 그 죄수와 교환하려 했다. 어떤 사람이 사군에게 지적했다. "도망한 자는 가벼운 죄를 지은 죄수일 뿐인데 성 하나를 주고 그와 바꿀 만한 가치가 있습니까?" 사군이 대답했다. "대저 나라를 다스릴 때는 작은 일도 소홀히 하지 말아야 나라에 난리가 크게 발생하지 않게 되오. 법이 바로 서 있지 않으면 주살되어야 할 자도 반드시 죽임을 당하는 것이 아니니, 10곳의 좌씨성(左氏城)이 있다 해도 아무 도움이 되지 않을 것이오. 법이 바로 서 있으면 주살되어야 할 자를 반드시 죽일 수 있게 되므로 10곳의 좌씨성을 잃어도 아무 해가 되지 않을 것이오."("夫治無小, 亂無大. 法不立, 誅不必, 雖有十左氏, 無益也. 立法, 誅必, 失十左氏, 無害也.",『자치통감』권2) 여기에서 언급하는 '좌씨성'은 바로 위(衛)나라 사군이 그 범죄자와 맞바꾸기 위해 내놓은 성 이름이다. 국가를 질서정연하게 다스리는 일은 10곳의 성으로도 바꿀 수 없다는 의미다. 위(魏)나라 군주는 이 말을 듣고 막대한 대가를 아끼지 않고 법을 준수하려는 사군의 정신에 탄복하여 자발적으로 그 죄수를 위(衛)나라로 보냈다.

　기실 전국시대의 위(衛)나라는 매우 약한 제후국이어서 역사적 지위는 결코 중요하지 않았다. 그런데도 사마광이『자치통감』에 위나라 이야기를 서술한 까닭은 이 이야기의 매력이 법을 준수하기 위해 막중한 물질적 대가도 아끼지 않은 사군을 칭찬하는 데 놓여 있을 뿐 아니라 사마광이 자신의 치국 이념을 선명하게 드러내는 측면에도 놓여 있기 때문이다. 이야기의 시작 부분에서 사군은 도주범을 돌려받기 위해 50금 혹은 1개 성과 같은 구체적 수치의 재물을 이용하여 위(魏)나라에 범인 인도를 요청했다. 그러나 사군은 나중에 어떤 사람의 물음에 대답하면서 법치 질서의 확립은 성 10곳으로도 바꿀 수 없으며 또 가치를 따질 수 없는 보배와 같다고 했다. 기실 바로 이 점이 바로 사마광의 가장 기본적인 치국 이념이었다.

『자치통감』맨 앞부분에는 전국시대 역사를 서술한 내용이 전부 5권으로 배치되어 있고, 바로 이어지는 뒷부분에는 진(秦)나라 역사가 모두 3권으로 배치되어 있다. 이 8권은 초고부터 원고 완성까지 모두 사마광이 독자적으로 편집을 담당했다. 이는 그 뒤의 내용 대부분을 조수들의 도움으로 완성한 것과는 다른 점이다. 따라서 앞부분 몇 권은 내용 선택이나 내용 배치 면에서 사마광의 정치사상이 더욱 직접적으로 반영되어 있다. 전국시대 역사를 서술하는 앞부분 5권의 내용 가운데서 우리는 법치 정신을 강조하는 일화가 매우 집중적으로 출현하고 있음을 발견할 수 있다. 이는 사마광이 법치를 국가 통치의 가장 중요한 내용으로 간주하고 있다는 사실을 말해준다. 법치 가운데서 중요하고도 중요한 점은 권력을 장악하고 법치를 제어하는 관리들이 앞장서서 공적인 법률을 준수하고 법치질서의 절차를 엄숙하고 유효하게 확보하여 국가의 장기적 안정이라는 목적을 달성하는 일이다. 나라의 기강이 문란해지고 예의와 법률이 붕괴되는 것은 불량한 세상이 시작되는 조짐이다. 사마광은『자치통감』에 유사한 일화를 많이 실어서 세상 사람들을 일깨우고 있다. 특히 지금 벼슬자리에 있거나 권력을 장악하고 있는 사람들에게 경고를 보내고 있다. 그들은 일반인들에 비해 법률을 유린할 기회가 더 많기 때문이다. 법질서가 어느 날 완전히 사라진다면 권력자나 피지배자를 막론하고 모두가 피해자가 된다. 법제를 강조하는 것이 바로『자치통감』에서 주장하는 가장 정채로운 치국 이념의 하나다.

2. 수성(守成)의 관건

―――――――🌸―――――――

한(漢) 문제(文帝)가 장석지(張釋之)를 공거령(公車令)[1]에 임명했다. 얼마 지나지 않아 태자 유계(劉啓, 기원전 188~141)와 양왕(梁王) 유무(劉武, ?~기원전 144)가 함께 수레를 타고 입조하다가 사마문(司馬門)[2]에 이르러 수레에서 내리지 않았다. 이에 장석지가 뒤쫓아 가서 태자와 양왕을 제지하고 궁궐의 문으로 들어가지 못하게 한 뒤 마침내 그들이 궁궐 문에서 내리지 않았으므로 불경죄를 범했다고 탄핵하며 문제에게 아뢰었다. 박태후(薄太后, ?~기원전 155)도 그 일을 알게 되자 문제는 관(冠)을 벗고 자식 교육을 잘못 시켰다고 사죄했다. 이에 박태후는 사자로 하여금 조칙을 받들고 가서 태자와 양왕을 용서하게 한 후 궁궐로 들어오게 했다. 문제는 이로부터 장석지를 기이하게 여기며 중대부(中大夫)로 임명했다.

……

이해에 장석지가 정위(廷尉)로 임명되었다. 문제가 밖으로 행차하여 중위교(中渭橋)[3]로 나가는데 어떤 사람이 다리 아래에서 걸어 나와 황제의 수레를 끄는 말이 놀랐다. 이에 기병을 보내 그를 체포하여 정위 장석지에게 넘겼다. 장석지는 이 사람이 임금의 행차를 범했으므로 벌금형에 처해야 한다고 아뢰었다. 문제가 화를 내며 말했다. "이자는 직접 내 말을 놀라게 했소. 말이 온화하고 유순했기에 망정이지 다른 말이었다면 진실로 나를 상하게 하지 않았겠소? 그런데도 정위는 벌금형에 해당한다고 하는 것

---

1   공거사마령(公車司馬令). 궁궐 남쪽 사마문(司馬門)을 지키는 관리다.
2   궁궐의 남쪽 문. 출입자는 이곳을 지날 때 반드시 말이나 수레에서 내려 경의(敬意)를 표해야 한다.
3   장안 북쪽 3리(里) 위수(渭水)에 설치된 다리. 위교(渭橋), 횡교(橫橋), 편교(便橋)라고도 했다.

이오?" 장석지가 말했다. "법이란 천하의 공공 제도입니다. 지금 법이 이와 같은데 더 무겁게 처벌하시면 이 법은 백성에게 신뢰를 주지 못합니다. 또 사건이 발생했을 때 폐하께서 사신을 보내 그를 죽였으면 그만이었을 텐데도 지금 정위에게 내려보냈습니다. 정위는 천하에서 공평하게 법을 집행하는 사람입니다. 그런데 만약 한쪽으로 기울게 되면 천하에서 법을 집행할 때 처벌이 가벼워지기도 하고 무거워지기도 할 것입니다. 그럼 백성이 손과 발을 어디에다 둘 수 있겠습니까? 폐하께서는 자세히 살피시옵소서!" 문제가 오래 생각하다가 말했다. "정위의 말이 옳소." 그 후 어떤 자가 고조(高祖) 사당 위패 앞의 옥고리(玉環)를 훔쳤다가 체포되었다. 문제가 분노하여 정위에게 넘기고 처벌하게 했다. 장석지는 종묘의 복식이나 기물을 훔친 자로 처벌하겠다고 아뢰면서 마땅히 목을 베어 저잣거리에 효수해야 한다고 했다. 문제가 대로하며 말했다. "그 인간은 무도하여 선제(先帝)의 사당 기물을 훔쳤소. 내가 그자를 정위에게 넘긴 것은 가족까지 처벌하기 위함이오. 그런데도 경은 법에 맞게 처벌해야 한다고 아뢰는데, 이는 내가 종묘를 받드는 방법이 아니오!" 장석지는 관을 벗고 머리를 조아리며 사죄했다. "법이 이와 같으니 그것으로 처벌은 충분합니다. 또 죄는 같더라도 그것이 반역죄냐 아니냐의 차이는 있을 수 있습니다. 지금 종묘의 기물을 훔쳤다고 가족까지 처벌한다면 만에 하나 어리석은 백성이 고조의 능인 장릉(長陵)의 흙을 한 움큼 가져갔다면 폐하께선 그자에게 어떤 법을 적용하시겠습니까?" 이에 문제는 그 사실을 태후에게 아뢰고 장석지의 의견을 윤허했다.

『자치통감』 권14

'수성이 창업보다 더 어렵다(守業更比創業難)'란 말이 있다. 『자치통감』

에 실린 제왕의 사적으로 살펴보면 이 속담은 매우 일리 있다. 『자치통감』에는 수많은 왕조의 흥망성쇠와 각양각색의 임금 수백 명이 기록되어 있다. 이들 속에서 진정으로 우수한 자질로 수성에 성공한 황제는 창업 황제보다 훨씬 적다. 모든 왕조에는 창업 황제가 있는데, 일부 왕조의 창업 황제는 한 사람에 그치지 않는다. 예를 들면 당나라 고조(高祖) 이연(李淵, 566~635)과 태종 이세민은 모두 창업 황제로 간주해야 한다. 그러나 모든 왕조마다 우수한 수성 황제가 출현했던 것은 결코 아니다. 역사적으로 왜 그렇게 많은 단명 왕조와 단명 정권이 나타났을까? 황제들의 선천적인 자질 부족과 구체적인 역사 환경 이외에도 창업을 지킬 만한 우수한 자손이 없었다는 점도 그 중요한 원인의 하나일 것이다. 또다른 한 가지는 자세한 통계를 가져올 필요도 없이 우리가 바로 알 수 있다. 즉 역사적으로 선조의 창업을 계승한 그렇게 많은 군주들 중에는 수성에 실패한 군주가 수성에 성공한 군주보다 훨씬 많았다. 창업을 계승한 대다수 군주들은 선조의 대업을 잘 지킬 방도도 없이 이러저러한 병폐를 노출하다가 결국 망국의 수렁으로 빠져들고 말았다. 아래에서 역사적으로도 찾기 어려운 수성 황제 몇을 아래에서 분석의 대상으로 삼고자 한다.

『자치통감』에 실린 수많은 군주 중에서 수성 황제의 모범이 될 사람을 들자면 서한 시대 문제보다 더 뛰어난 사람이 없다. 문제는 기원전 180년에 보위를 이었다. 그때가 바로 서한 통치 그룹 내에서 여씨(呂氏)들의 반란이 평정된 이후였다. 이보다 앞서 국가 전체가 평화의 시대보다는 동란의 시대가 훨씬 길어서 백성들은 진(秦)나라를 전복하는 과정이었든 아니면 초·한(楚·漢) 쟁패의 기간이었든 모두 엄청난 희생을 치러야 했다. 문제는 재위 23년 동안 시종일관 '휴식과 부양(休養生息)' 정책을 시행하면서 백성에게 충분한 생산 시간과 양호한 생활 조건을 제공하여 전체 사회에 원기가 회복되도록 했다. 이 때문에 문제가 통치하던 기간에는 국고도 넉넉했고 백성도 풍족했으며 국가에도 큰 혼란이 없었다. 백성의 입장에서 보더라도 문제의 통치는 매우 성공적이었을 뿐 아니라 한나라 통치자의 입장에서도 후손들에게 충분한 뒷심을 비축해줬다고 할 수 있다. 이에 한 문제는 역대로 수성 황제의 모범으로 인정되어왔다. 한 문제는 어떻게 수성에 '성공'했을까? 『자치통감』을 읽어보면 세 가지로 개괄할 수 있다. 첫째 법을 어지럽히지 않았고, 둘째 백성을 괴롭히지 않았으며, 셋째 향락주의를 극복했다.

이른바 법을 어지럽히지 않았다는 것은 바로 군주가 사사로운 정치권력에 의지하여 법률 시스템의 정상 운행을 방해하지 않았다는 것이다. 먼저 법과 관련된 한 문제의 작은 일화를 두 가지 제시하고자 한다. 한나라 도성인 장안은 위수 근처에 건설되었다. 한번은 한 문제의 수레 대오가 위수에 놓인 다리를 건너고 있었다. 이때 다른 사람은 동시에 다리 위를 지나갈 수 없고 반드시 황제의 수레를 피해야 했다. 그런데 그 순간 어떤 사람이 황급히 지나가려 했는지 아니면 또 다른 원인이 있었는지는 알 수 없지만, 황제의 수레를 피하지도 않고 다리 아래에서 걸어 나왔다. 결과적으로 한 문제의 말이 놀라게 되었고, 그는 이 일로 체포되어 법률 집행 관리인 정위에게 넘겨졌다. 당시 정위는 장석지였다. 장석지는 심문 조사를 마친 후 자신이 판단한 처리 의견을 제시했다. 그는 이 사람이 황제의 수레를 피하지 않은 죄를 범했으므로 법률 규정에 따라 벌금형에 처해야 한다고 인식했다. 한 문제는 장석지가 내린 결론을 보고 대로하여 그자는 대담하게도 황제의 말을 놀라게 하여 자신이 다칠 뻔했다고 하면서 그런 자에게 어찌 몇 푼의 벌금형만을 내릴 수 있겠는가라고 했다.

장석지는 문제에게 법이란 공공 제도이므로 법 조항에 따라 죄인을 처벌해야지 임금의 감정에 따라 임의로 처벌하면 백성이 법을 불신하게 된다고 했다. 그리고 그는 임금의 뜻을 받들어 법률의 경중을 마음대로 바꾸면 백성이 어떻게 처신할지 모르게 되어 나라가 혼란에 빠진다고 주장했다. 장석지는 사법 담당관인 정위를 저울에 비유했다. 이는 오늘날 법원 문 앞에 흔히 조성해놓은 '저울을 든 여신상'과 같은 의미다. 흥미롭게도 2,000여 년 전 옛사람들도 이미 이와 동일한 인식을 하고 있었다. 만약 권력을 가진 사람들이 자기 마음대로 이 저울을 움직인다면 나라가 뒤죽박죽이 되지 않겠는가? 그럼 겉으로 법치를 내세우더라도 무슨 의미가 있겠는가?

문제는 오랫동안 생각하다가 장석지의 말이 매우 일리 있다고 인정하고 그의 처리 방안에 동의했다. 그러나 이후에 또 한 일이 발생하여 문제와 장석지는 법 집행을 둘러싸고 다시 의견 차이를 보였다. 한나라 때 고조 유방에게 제사를 올리는 곳을 고묘(高廟)라고 불렀다. 그곳은 국가에서 매우 중요한 장소였다. 그런데 어떤 자가 고묘 안에 놓아둔 옥기(玉器)를 훔쳤다. 문제는 사안의 성질이 매우 엄중하다고 여기고 정위에게 맡겨 처리하게 했다. 장석지도 최종적으로 법률에 의거해 범인의 목을 베고 기시(棄市)해야 한다고 판단했다. '기시'란 떠들썩한 저잣거리에서 사형을 집행하고 그 시신을 사람들에게 두루 구경시키는 형벌이다. 이 형벌도 물론 가볍다고 할 수 없다. 그러나 문제는 장석지의 판결에 여전히 만족하지 못했다. 그는 그 범인이 대담하고 망령되게 감히 고묘의 기물을 훔쳤으므로 모든 가족까지 연좌하여 엄중하게 처벌해야 한다고 했다. 이때도 장석지는 또 한 번 문제와 치열한 논쟁을 벌였다. 그는 고묘의 기물을 훔친 자에게 멸족(滅族)의 형벌을 내린다면 이후 고조의 능인 장릉의 흙을 파가는 사람에게는 어떤 형벌을 내려야 하느냐고 반문했다. 즉 황제 능묘의 흙을 파가는 행위는 고묘의 기물을 훔치는 행위보다 더욱 엄중한 범죄인데 그때는 어떤 가중처벌을 해야 하는지 물은 것이다. 이 논쟁 후에도 문제는 최종적으로 장석지의 의견에 일리가 있다고 생각하고 그의 처벌 방안에 동의했다.

이 두 사건을 통하여 우리는 한 문제의 개인 성격을 간파할 수 있다. 우선 한 문제는 보통 사람이다. 자신과 관계된 사건을 처리할 때 희로애락의 정서를 분명하게 드러내면서 자신의 권력에 의지하여 법률을 변조하려 했다. 그러나 그에게는 보통 제왕보다 뛰어난 점도 있다. 그는 자신의 사욕을 극복하고 공공 법률을 준수했다. 사법관의 말이 옳다고 생각되면 바로 자신의 잘못된 의견을 바로잡았다. 자신의 사욕을 극복하고 공공 법률을 준수한 이 두 이야기는 『자치통감』에서 한곳에 함께 나열되어 있다. 나는 이런 서술법을 '배열법(排敘法)'이라고 부른다. 이 방법은 사안에 대한 강조 효과를 발휘하여, 사욕을 극복하고 공공 법률을 중시하는 사마광의 관점을 잘 드러내고 있다. 이 두 사건을 사소하게 보아 넘겨서는 안 된다. 역사에서 진정으로 사욕을 극복하고 공공 법률을 준수한 제왕이 없지는 않지만 그 수는 겨우 손가락에 꼽을 정도다. 이와는 반대로 권력에 의지하여 사사로운 마음으로 법을 어지럽힌 제왕은 너무나 많다. 아래에서 이와 관련된 사례를 들어보도록 하겠다.

3. 사사로운 분노

위(魏) 문제(文帝, 187~226, 재위 220~226)가 태자 시절에 곽부인(郭夫人, 184~235)의 동생이 죄를 짓자 위군서부도위(魏郡西部都尉) 포훈(鮑勳, ?~226)이 그를 다스렸다. 태자가 사면을 요청했으나 결과를 얻지 못했고, 이 때문에 포훈을 미워했다. 태자가 즉위한 후에도 포훈은 자주 직간을 했고, 이에 문제는 더욱 그를 원망했다. 문제가 오(吳)나라를 정벌하고 돌아오는 길에 진류(陳留) 경계에 주둔했다. 포훈은 당시에 문서를 작성하여 법을 집행하는 일을 담당했다. 그곳 태수 손옹(孫邕)이 문제를 알현하고 나와서 포훈에게 들렀다. 당시에 아직 군영이 완성되지 않아서 각 진의 경계 표지만 세워져 있었다. 손옹은 올바른 길로 들어오지 않고 불법 통로를 이용했다. 군영영사(軍營令史) 유요(劉曜)가 그를 잡아 죄를 추궁하려 했다. 그러자 포훈이 참호와 보루가 아직 완성되지 않았다며 그를 풀어주고 거론하지 말라고 했다. 문제가 그 소식을 듣고 조칙을 내려 말했다. "포훈은 사슴을 가리켜 말이라 하는구나. 잡아들여 법률 집행관 정위에게 보내라!" 정위가 법률에 따라 논의하여 징역 5년형에 처했다. 그러자 삼관(三官: 정위정廷尉正, 정위감廷尉監, 정위평廷尉平)이 반박하며 법률에 따라 벌금으로 금 2근(斤)만 물면 된다고 했다. 문제가 대로하여 말했다. "포훈을 살려줄 만한 소지가 없는데도 너희들이 그를 방면하려고 하니 삼관 이하 관리 모두를 법률 감독관에게 보내 쥐새끼처럼 함께 묻어버려야겠다." 이에 종요(鍾繇, 151~230), 화흠(華歆, 157~232), 진군(陳群, ?~237), 신비(辛毗), 고유(高柔, 174~263), 위진(衛臻) 등이 모두 상소문을 올려 포훈의 부친 포신(鮑信, 151~192)이 태조(太祖: 조조) 시대에 공을 세웠으므로 포훈의 죄를 사면해달라고 청했다. 그러나 문제는 윤허하지 않았다. 고유가 고집스럽게 황제의 조칙을 따르지 않자 문제는 더욱 심하게 화를 내며 고유를 불러 상서대(尚書臺)[1]로 보냈다. 그리고 사자에게 지시사항을 받들고 정위에게 가서 포훈을 주살하게 했다. 포훈이 죽자 고유를 본래의 정위 관서로 귀환시켰다.

『자치통감』 권70

❧

　　우리가 여기에서 반면교사의 전형적인 사례로 거론하고자 하는 사람은 역사적으로 상당히 유명한 제왕이다. 그의 사후 시호도 '문제(文帝)'다. 그러나 이 문제는 한나라 문제에 비해 법률 준수 측면에서 너무나 큰 차이를 보이고 있다. 그 사람은 바로 조위(曹魏) 시대의 문제 조비(曹丕)다. 조비가 창업 황제인지 수성 황제인지는 아직도 논란이 많다. 조비가 황제로 칭해질 수 있었던 까닭은 그의 부친 조조가 그를 위해 대업의 훌륭한 기초를 닦아줬기 때문이다. 부친 조조의 능력이 없이 조비 혼자 힘만으로는 그처럼 광대한 대업을 이룰 수 없었을 것이다. 이러한 점으로 말하면 조비는 조조의 대업을 지킨 수성의 황제에 속한다. 그러나 문제는 조조가 생전에 황제를 칭한 적이 없고 조비가 위(魏)나라의 초대 황제라는 점이다. 위나라가 독립된 왕조를 이룬 것은 조비 때부터 시작되었다. 이러한 점으로 말하면 조비는 창업 황제라 할 수 있다. 그러나 이 같은 명분상의 논란은 너무 깊이 파고들어갈 필요가 없다. 조비가 어느 유형에 속하는 황제이든 상관없이 우리가 그를 불법을 조장한 전형적인 군주로 분석하는 데는 아무런 방해도 받지 않기 때문이다.

1　동한 광무제 때부터 설치된 관청으로 정책 결정과 황제의 명령을 집행하던 중추 기관:

조조가 법치를 중시한 것은 역사적으로도 아주 유명하다. 이에 그의 휘하에는 법치에 뛰어난 관리들이 많았다. 조조가 살아 있을 때 조비는 아직도 태자였다. 그때 조비의 손아래 처남이 법을 어겨서 근엄하게 법을 집행하던 포훈의 손에 떨어졌다. 조비가 나서서 방면을 요청했지만 포훈은 전혀 그의 체면을 봐주지 않고 법에 따라 조비의 처남을 처리했다. 이 일로 조비는 포훈에게 원한을 품었다. 포훈은 또 매우 직설적인 사람이어서 조비가 황제의 보위에 오른 이후에도 여러 차례 직간으로 조비의 잘못을 지적했다. 조비는 포훈을 더욱 미워하며 늘 꼬투리를 잡아 그를 엄하게 다스리려고 했다.

조비에게 마침내 기회가 왔다. 한번은 조비가 군사를 거느리고 진류군를 지나가게 되었고, 그때 포훈은 군대의 사법관 임무를 맡고 있었다. 현지의 진류군 태수는 당연히 조비를 알현하러 와야 했다. 그 태수는 포훈의 친구인 터라 조비를 알현한 후 내친 김에 포훈을 방문했다. 그러나 그 태수는 포훈을 방문하는 길에서 통행 문제로 법령을 어기게 되었다. 길을 통행하는 데 무슨 법령을 어길 일이 있었을까? 왜냐하면 대군이 주둔한 이후에는 반드시 다양한 군사 시설을 구축해야 하는데 그 사이를 통행할 때에는 지켜야 할 노선이 있기 때문이었다. 예를 들면 방어용 보루를 쌓거나 해자를 파거나 장병 거주용 막사를 지을 때 일련의 비밀 보호구역을 설정하게 된다. 따라서 군영을 통과할 때는 규정에 따라 허가된 노선으로만 다녀야지 함부로 금지 구역을 뚫고 다녀서는 안 된다. 군법을 엄정하고 명확하게 시행하는 것은 군사를 다스리는 가장 기본적인 규칙이다. 당시는 대군이 막 주둔해온 때여서 많은 군사시설이 아직 공사를 완료하지 못하고 단지 테두리를 쳐놓거나 말뚝을 박아서 경계를 표시해두었을 뿐이었다. 이에 그 태수는 지름길을 택하려고 외부의 규정된 길로 가지 않고 군사 금지구역을 가로질렀다.

이 일은 당시 또 다른 군법관 유요에게 발각되어 법률에 따라 처벌을 받아야 했다. 첫째, 그 태수는 포훈을 방문하기 위해 군영을 가로질렀고, 둘째, 포훈 스스로도 군법관이라 이 일을 자세히 조사하여 자신의 의견을 제시해야 했다. 포훈은 군영에서 정식 통로 이외의 곳을 가로질러서는 안 된다는 법령은 군영이 완전히 구축되고 난 다음에 적용하는 것이라고 인식했다. 포훈의 말이 사리에 맞는지 아닌지 상관없이 그것은 법률조항에 대한 사법 관리의 해석을 대표한다고 볼 수 있다. 조비는 포훈이 이 사건을 다루지 않기로 결정했다는 소식을 들은 후 직접 조칙을 내려 말했다. "포훈은 사슴을 가리켜 말이라 하는구나. 잡아들여 법률 집행관 정위에게 보내라!" 포훈이 진류 태수를 변호한 것은 의심할 것도 없이 사슴을 가리며 말이라 한 행위다. 사람들이 모두 태수의 범죄행위를 분명하게 알고 있는데 오히려 그가 죄를 범하지 않았다고 하다니 이 어찌 있을 수 있는 일이란 말인가? 위 문제가 포훈을 정위에게 보낸 것은 법률을 관장하는 고급 기관에 그의 처리를 맡긴 것이다.

조비의 반응은 매우 흥미롭다. 잠시 이에 대해 분석해보고자 한다. 포훈과 유요의 의견이 상이한 이유는 이 두 사법 관리의 법률 해석이 달랐기 때문이다. 포훈이 진류 태수의 친구로 왜곡된 법률 해석에 근거하여 범죄 혐의자를 비호하지 않고, 사법적 변론 형식으로 자신의 의견을 표명했다면 사법 절차상의 상이한 의견 표명 정도로 간주되어 쉽게 해결의 실마리를 찾을 수 있었을 것이다. 그러나 조비는 정식 사법 절차가 진행되기를 조금도 기다리지 않고 황제 신분으로 직접 조칙을 내려 이 사건에 간여했다. 이 점이 우리가 첫 번째로 주의를 기울여야 할 부분이다. 두 번째 주의를 기울여야 할 부분은 조비가 내린 조칙의 내용이다. 전체 사건의 핵심은 본래 진류 태수의 통행 노선이 범법이냐 아니냐에 놓여 있었지만, 조비는 그것에 대해서는 큰 흥미가 없는 듯 직접 포훈을 사법

처리하기 위해 조칙을 내렸다. 사건의 주인공은 본래 진류 태수이고 포훈은 단지 법률 논의에 참여한 관리일 뿐이었지만 조비의 조칙을 통해 그 주인공이 포훈으로 바뀌어버렸다. 함부로 군영을 가로지르다가 사건을 일으킨 진류태수는 오히려 한편으로 비켜서서 햇볕이나 쬐게 되었다. 이처럼 불합리한 상황이 된 것은 조비가 줄곧 이제나저제나 포훈을 한 번 엄하게 다스리려고 마음을 먹고 있었기 때문이다. 그러니 이번에 잡은 기회를 어떻게 놓칠 수 있겠는가?

포훈을 인도받아 사법처리를 담당하게 된 정위는 이런 불합리한 상황으로부터 황제 조비의 마음을 읽어내고 또 그것을 고려해야 했다. 황제가 직접 명령을 내려 어떤 사람을 수감했다면 그 사람은 틀림없이 황제에게 큰 죄를 지었을 것이고 이 점이 그에게는 매우 불행하게 작용할 수밖에 없다. 따라서 정위는 여러 상황을 참작하여 포훈에게 징역 5년을 선고했다. 모두들 보시는 바와 같이 사건은 이 지점에 이르러 완전히 변질되고 말았다. 태수의 불법을 심의해야 할 사건이 포훈을 심문하는 사건으로 바뀌었다. 조비와 정위는 모두 올바른 이치를 강구하지 않았지만 그래도 결국 올바른 이치를 따지는 사람은 있게 마련이다. 사건을 재심의하는 관리들이 볼 때 포훈은 법률 해석에서 자신의 의견을 표명한 사람에 불과했다. 그런데 그 의견이 옳지 않다고 해서 5년의 징역형을 선고할 수 있단 말인가? 따라서 재심의관들은 정위의 처벌 의견을 반박해서 돌려보냈다. 법률조항에 따르면 포훈은 사건 처리 과정에서 법을 왜곡하여 자신의 친구를 비호했으니 금 2근을 내는 벌금형에 처해야 하고 징역형에 처해서는 안 되었기 때문이다.

이 반박 의견을 보고 조비는 대로하여 다시 자신이 직접 강렬하게 반대했다. 위 인용문에 보이는 욕설에 가까운 반대 의견 표명이 바로 그것이다. 조비는 앞서 내린 조서에서는 적어도 자신의 마음을 좀 숨기고 정위에게 사건을 처리하게 했지만 이번에는 직접 명령을 내려 포훈을 살려 둘 수 없다고 했다. 이것은 행정 명령으로 법률을 대신하는 조치다. 더욱 심한 것은 포훈을 변호한 관리들까지 '자간(刺奸)'에게 처리를 맡겼다는 점이다. '자간'은 당시 법률 감독관에 속하는 관리다. 조비는 포훈에게 보복하기 위해 정상적인 사법 절차를 교란했을 뿐 아니라 그처럼 많은 관리들까지 함께 엮어 넣었다. 수많은 원로대신들도 보다 못해 분분히 나서서 포훈의 사면을 요청했다. 이때 간언을 올린 원로대신에는 종요, 화흠, 진군, 신비 등이 포함되어 있었다. 이들은 모두 삼국시대의 명사이면서 당년에 조조 곁에서 상당한 세력을 떨치던 인물이었다. 그러나 조비는 이들의 간언을 들어주지 않았다. 그때 고유가 조비의 명령이 올바르지 못함을 알고 조서를 받들지 못하겠다고 항거했다. 조비는 먼저 고유를 연금하고 이어서 사람을 보내 포훈을 죽였다. 그러고 나서 고유를 석방했다. 이 사건을 통해 우리는 두 가지 점을 살펴야 한다. 먼저 조비가 사사로운 분노로 법제를 파괴한 점을 살펴야 한다. 이 밖에도 이 일화는 우리에게 당년에 조조가 확립한 법제의 전통이 얼마나 강고했는지를 알려준다. 이 때문에 당당한 황제의 신분이었던 조비조차도 관리 한 사람을 음해하기 위해 뜻밖에도 그렇게 막대한 노력을 기울여야만 했다.

이 이야기는 『자치통감』에서 매우 흥미로운 위치에 기록되어 있다. 사마광은 조비의 전체 사적을 서술할 때 이 이야기를 이어서 기록하지 않고 조비가 세상을 떠난 이후에 전도(顚倒) 묘사 기법으로 보충해 넣고 있다. 이는 『자치통감』에서 흔히 사용하는 전형적인 '개관정론법'이다. 옛사람들은 '개관정론법'을 매우 중시했다. 『자치통감』에서는 여러 주요 역사 인물이 세상을 떠났을 때 그의 일생을 평가하고 종합하지만, 그렇게 하는 경우에도 사마광은 대부분 직접적 평론의 형식으로 그들의 생애를 총괄하는 것이 아니라 그들 생전에 발생했던 한두 대표적인 사건을 선택하여 서술을 진행했다. 사마광은 한 인물의 생애를 복잡하게 평가할 필요도 없이 이들 사건을 통하여 자연스럽게 그 인물의 특성을 이해할 수 있게 된다고 인식했다. 조비가 포훈을 박해하여 죽인 일이 바로 조비를 '개관정론'하기 위해 선택한 사건이었다. 아마도 법제를 이렇게 대하는 조비의 태도에도 위나라 정권이 오래갈 수 없었던 중요한 원인이 내포되어 있는 듯하다.

4. 규칙 자체의 가치

―――――⚜―――――

위(魏)나라는 오관중랑장(五官中郎長)[1] 조비를 태자로 삼았다. 당초에 위왕 조조는 정부인(丁夫人)을 아내로 맞았으나 아들이 없었다. 그런데 첩 유씨 (劉氏)는 아들 조앙(曹昂, ?~197)을 낳았고, 변씨(卞氏, 160~230)는 아들 조비, 조창(曹彰, ?~223), 조식(曹植, 192~232), 조웅(曹熊, ?~220)을 낳았다. 위왕 조조는 정부인에게 조앙을 기르게 했다. 조앙이 양성(穰城)에서 죽자 정부인은 통곡하며 절제하지 못했다. 조조는 분노하여 정부인을 내쫓고 변씨를 계실(繼室)로 삼았다. 조식은 성격이 재치 있고, 예술 감각도 뛰어 났으며, 재주도 풍부하고 기민하여 조조가 아꼈다. 조조는 자신의 딸을 정의(丁儀, ?~220)의 아내로 출가시키려 했지만 조비가 정의의 한쪽 눈이 애꾸라고 간언을 올려 혼사를 중지시켰다. 정의는 이에 조비에게 원한을 품고 자신의 아우 황문시랑(黃門侍郎) 정이(丁廙, ?~219) 및 승상주부(丞相 主簿)[2] 양수(楊修, 175~219) 등과 자주 임치후(臨菑侯) 조식의 재주를 칭송 하며 조조에게 조식을 후사로 세우라고 권했다. 양수는 양표(楊彪, 142~225)의 아들이다. 조조는 서신을 보내 외부에서 비밀리에 의견을 구 했다. 상서 최염(崔琰, ?~216)은 봉함하지 않은 서신을 보내 답했다. "『춘 추』의 대의에 의하면 장자를 후사로 세워야 합니다. 게다가 오관장 조비는 어질고, 효성스럽고, 총명하므로 대통을 계승할 만합니다. 저 최염은 죽음

―――――――――――――――

1 좌중랑장(左中郎將), 우중랑장(右中郎將)과 함께 삼중랑장(三中郎將)의 하나. 평소에 궁궐 문을 지키 고 임금이 외출할 때는 수레를 타고 호위했다.
2 승상부(丞相府)에서 문서를 담당하며 자문에 응하는 관리. 현대 용어로는 승상부의 비서실장에 해당한다.

으로 그분을 지키겠습니다." 조식은 최염의 형의 사위였다. 상서복야 모개(毛玠, ?~216)가 말했다. "근자에 원소(袁紹)가 적자와 서자를 구분하지 않아서 종묘가 엎어지고 나라가 멸망했습니다. 후사를 세우고 폐하는 일은 국가대사이므로 신하의 의견을 들을 필요가 없습니다." 동조연(東曹掾)[3] 형옹(邢顒, ?~223)이 말했다. "서자로 종통을 대신하는 일은 선대 제왕들도 경계했습니다. 바라옵건대 전하께서는 깊이 살피십시오." 조비는 사람을 시켜 태중대부(太中大夫)[4] 가후(賈詡, 147~223)에게 자신의 지위를 튼튼하게 하는 비법을 물었다. 가후가 말했다. "바라옵건대 장군께서는 덕망을 넓히고 높이면서 검소한 선비의 업무를 몸소 실천하십시오. 아침저녁으로 부지런히 힘쓰며 자식 된 도리를 어기지 마십시오. 이와 같이 하면 됩니다." 조비는 그 말에 따라 깊이 생각하며 스스로 행동을 갈고 닦았다. 그후 조조는 사람들을 물리치고 가후에게 물었다. 가후는 입을 닫고 대답하지 않았다. 조조가 또 물었다. "경에게 질문을 했지만 대답하지 않았소. 무슨 까닭이오?" 가후가 대답했다. "제게 생각하는 바가 있어서 즉시 대답하지 않았습니다." 조조가 말했다. "무슨 생각을 했소?" 가후가 말했다. "원소 부자와 유표(劉表, 142~208) 부자를 생각했습니다." 그러자 조조가 크게 웃었다.

조조가 일찍이 출정할 때 조비와 조식이 모두 길가에서 전송했다. 조식은 조조의 공덕을 칭송했는데 그 언어가 뛰어나서 좌우 사람들의 주목을 받았고 조조도 기뻐했다. 조비는 망연자실했다. 그러자 제음(濟陰) 사람 오질(吳質, 177~230)이 조비에게 귓속말을 했다. "위왕께서 전쟁터로 떠나가시는 때이니 눈물을 흘려야 합니다." 작별 인사를 할 때 조비는 눈물을 흘리

---

3 승상부 소속 인사담당 관리. 권력이 막강했다. 보통 녹봉 2,000석(石) 이상의 관리와 군리(軍吏)의 선발, 승진, 임명을 담당했다.
4 조정의 논의를 관장하는 관리.

며 절을 올렸다. 조조 및 좌우 신하들도 모두 목이 메었다. 이에 모두들 조식은 화려한 말을 많이 하지만 진심은 부족하다고 여겼다. 조식은 제 마음대로 행동하며 언행을 가리지 않았지만 오관장 조비는 권술(權術)로 주위를 거느리고 뜻을 드높이며 스스로 언행을 가렸다. 궁궐 좌우 사람들이 모두 그를 칭찬하자 마침내 조조는 조비를 태자로 정했다. 좌우장어(左右長御)⁵가 변부인에게 축하의 인사를 했다. "장군께서 태자가 되시니 천하에 기뻐하지 않는 사람이 없습니다. 부인께서도 창고를 열어 상을 내리십시오." 부인이 말했다. "위왕께서 비(丕)의 나이가 많다고 후사로 삼은 것이다. 나는 다만 제대로 교육하지 못한 허물을 면한 것만으로도 다행스럽게 생각하는데 어찌 막중한 상까지 내릴 수 있겠느냐?" 장어가 돌아가 이 모든 사실을 조조에게 이야기했다. 조조가 기뻐하며 말했다. "화가 나도 얼굴을 바꾸지 않고 기뻐도 평소의 절도를 잃지 않는 것이 본래 가장 어려운 일이다."

태자가 된 조비가 의랑(議郞) 신비의 목을 끌어안고 말했다. "신군(君)은 내가 기뻐하는 걸 아는가?" 신비가 자신의 딸 헌영(憲英, 191~269)에게 그 이야기를 했다. 헌영이 탄식하며 말했다. "태자는 군주와 종묘사직을 대신하는 사람입니다. 군주를 대신해야 하니 모든 일을 근심하지 않을 수 없으며, 나라를 주관해야 하니 모든 일을 두려워하지 않을 수 없습니다. 근심하고 두려워해야 할 사람이 오히려 기뻐하고 있으니 어찌 오래갈 수 있겠습니까? 위나라는 번창하지 못할 것입니다!" 　　　　　　『자치통감』 권68

법제에 대해서 앞에서 많은 의미를 서술했으므로 마지막 부분에서 우리는 법제를 도대체 어떻게 인식해야 하는지 토론하고자 한다. 법제는 단지 일종의 도구일까 아니면 그 자체가 일종의 목적으로 그 속에 중요한 가치가 포함되어 있을까? 우리는 늘 원망하는 말을 많이 듣는다. 예컨대 규칙이 공평하게 집행되지 않아서 자신이 피해를 봤다는 원망 따위가 그것이다. 그러나 재미있는 것은 똑같은 사람이 자신에게 유리하도록 규칙이 왜곡되어 더 좋은 결과를 얻게 되면 규칙 왜곡에 침묵하거나 심지어 찬성하기까지 한다. 이것이 바로 법제가 도구인지 목적인지를 토론해야 하는 이유다.

규칙에 대해서 인식할 때 우리는 규칙이 어떤 용도로 사용되는가를 아는 데 그치지 말고 규칙 자체의 가치를 존중하는 습관을 길러야 한다. 우리는 빨간불에서는 멈추고 녹색불에서는 통행하는 규칙을 초등학교에서 벌써 배운다. 우리는 모두 이 규칙이 더욱 안전하고 원활한 교통 환경에서 사람들의 통행을 보호하기 위한 조치라는 걸 잘 알고 있다. 그러나 지나가는 차량이나 보행자가 없고 또 감시 카메라가 없는 교차로에서 얼마나 많은 사람이 빨간불 앞에서 멈추려 하겠는가? 아마도 다수의 중국인은 규칙을 다음과 같이 이해하고 있는 것 같다. '규칙은 인간을 위해 봉사하는 도구이므로, 인간은 구체적인 환경에서 그것을 융통성 있게 응용하면 되는 것이지 판에 박은 듯 고수할 필요는 없다. 빨간불은 인간의 안전을 보장하기 위한 장치이므로 안전에 대해 우려할 것이 없는 상황에서 왜 융통성 있게 행동해서는 안 된다는 것인가?'

중국문화 전통에서 중국인들은 '권변(權變, 임시변통)'을 좋아했다. 이것이 오늘날에도 중국인들이 여전히 규칙 자체의 가치를 좋아하지 않는 중요한 원인으로 작용하고 있다. 그러나 일찍이 선진철학(先秦哲學)에서 이미 규칙을 존중하면 장기적 이익을 확보할 수 있고, 이는 규칙을 융통

성 있게 운용하여 목전의 이익을 얻는 것보다 훨씬 중요하다고 인식했다. 사마광도 그런 부류 중의 한 사람이었다. 이는 조조가 아들 중에서 조비를 자신의 후계자로 결정한 『자치통감』 권68의 일화를 통해서도 확인이 가능하다.

이 일화의 행간을 살펴보면 사마광은 조비를 전혀 좋아하지 않았다. 그는 조비가 거짓된 행동으로 '뜻을 드높이며 스스로 언행을 가리는' 수단을 통해 조조의 신임을 얻은 일에 비판을 가했다. 이는 사마광이 법제 파괴의 일화를 선택하여 조비를 개관정론한 태도와도 서로 부합한다. 여기에서 사마광이 선택한 문장 즉 조비와 조식이 태자 자리를 놓고 경쟁한 문장에는 조비가 처음에 우스꽝스러운 모습을 보이다가 결국 음모로 승리를 얻는 과정이 자세히 서술되어 있다.

조비가 성공적으로 태자의 지위를 확보한 대목에서 사마광은 조금도 주저하지 않고 그의 경박함을 묘사하고 있다. 조비는 자신이 태자로 책봉되었다는 소식을 들은 후 오랫동안 '뜻을 드높이며 스스로 언행을 가리던' 가식을 벗어던지고 여러 사람들이 보는 앞에서 신비의 목을 끌어안고 물었다. "자네는 지금 내가 얼마나 기쁜지 아는가?" 신비는 집으로 돌아와 그 사실을 딸 신헌영에게 이야기했고, 『자치통감』에서는 신헌영의 입을 빌려 다음과 같은 예언을 한다. "경박하고 경외심이라곤 조금도 없는 조비는 위나라를 오래 융성하게 할 수 없다."

이 서술이 사마광의 입장에서 조식을 동정한 것이고 조식이 조조의 지위를 계승해야 했다는 의미를 드러낸 것일까? 그렇지는 않을 것이다. 사마광이 조비를 아주 싫어했고 또 조비가 태자 경쟁 과정에서 속임수를 쓴 사실을 지적하기는 했지만, 조비와 조식 중에서 누가 위나라 태자가 되어야 하느냐의 문제에서 사마광은 여전히 조비를 후계자로 삼는 것이 더 정확하다고 인식했다. 사마광은 조조가 어떻게 조비를 후계자로 삼을 결심을 하게 되었는가에 대해 언급하면서 조조와 네 사람의 모사(謀士)를 선택하여 중점적인 묘사 대상으로 삼고 있다. 주의할 가치가 있는 것은 사마광이 선택한 네 명이 모두 한 사람도 예외 없이 조비를 지지했다는 사실이다. 그 첫머리에 배치된 인물은 뜻밖에도 조식의 처삼촌인 최염이었다. 조식을 지지한 사람은 『자치통감』에서 발언 기회를 얻을 수 없었다. 사마광은 조식과 인척 관계에 있는 최염을 첫 번째로 불러내서 조비를 위해 발언을 하게 했다. 이로써 조비의 후계자 확정이 공론에 부합할 뿐 아니라 후계자 계승의 일반 원칙에도 부합한다는 사실을 분명하게 드러냈다. 또 사마광 본인도 후계자로 결정된 조비를 지지한다는 사실을 인증하고 있다.

사마광은 그처럼 조비를 싫어하면서 왜 그가 후계자로 결정된 일은 지지했을까? 바로 사마광이 규칙 자체의 가치를 존중할 줄 알았기 때문이다. 최고 권력은 그 유혹력이 너무나 커서 권력을 물려주고 계승하는 과정에 서로 약속한 기본 규칙이 필요하고, 그 규칙에 의지하여 권력 변동기의 정치적 안정을 확보해야 한다. 유가 정치 이론에서는 적자와 서자의 구별이 없는 상황이라면 장자(長子)를 후사로 세우는 것을 기본 원칙으로 삼는다. 만약 막내아들이 총명하다거나 혹은 막내아들이 보위를 계승하는 것이 국가에 더 유리하다는 이유로 함부로 후사 결정 원칙을 바꾼다면, 이 같은 한 차례의 임기응변식 변경이 규칙 자체에 대한 도전을 야기할 수 있다. 따라서 이후 사람들은 모두 갖가지 이유를 대며 규칙 운용에 '융통성'을 요구하게 된다. 이러한 사고가 만연되면 모든 규칙은 공허한 종이쪽지로 전락할 수 있다.

따라서 규칙은 결코 사람들이 어떤 목적에 도달하는 걸 도와주는 도구에 그치는 것이 아니라 그 자체로 존재 가치가 있다. 규칙은 제정되기 전에 충분한 공감을 얻어야 한다. 규칙을 일단 제정하고 나면 특수한 상황이 출현했다고 해서 경솔하게 바꿔서는 안 된다. 공감이 모여서 제정된 규칙이 개인의 사사로운 행동에 방해가 될 때도 개인이 여전히 그 규칙을 준수해야 사회질서와 공정성을 수호하는 최대 효과를 발휘할 수 있다.

문화의 힘

1. 광무제의 문화 교육

당초에 완성(宛城) 사람 탁무(卓茂, ?~28)는 관대하고, 인자하고, 겸손하고, 사랑이 가득했으며, 또 담담하고 공평한 태도로 올바른 도(道)를 즐겼다. 그리고 점잖고 소박하게 살며 외모를 화려하게 꾸미지 않았으며, 청류와 탁류(濁流) 사이에서 치우치지 않게 행동했다. 소년 시절부터 백발에 이르기까지 다른 사람과 다툰 적이 없었다. 같은 고을의 친구들 중에서 비록 행동과 능력이 탁무와 상이한 사람도 모두 그를 사랑하고 흠모하며 마음에 들어했다. 탁무는 애제와 평제 때 밀현(密縣)현령이 되어 백성을 자식처럼 돌봤고 선한 사람을 등용하고 교화를 펼치면서 입으로 나쁜 말을 하지 않았다. 그곳 관리와 백성은 그를 친근하게 대하며 차마 속이지 못했다. 일찍이 어떤 백성이 탁무의 부하 정장(亭長) 중에서 쌀과 고기를 받은 사람이 있다고 고발했다. 탁무가 말했다. "정장이 네게 그것을 요구했

느냐 아니면 네가 부탁할 일이 있어서 줬느냐, 아니면 평소에 스스로 은혜를 갚는 의미로 그것을 줬느냐?" 백성이 말했다. "제가 가서 줬습니다." 탁무가 말했다. "네가 줘서 정장이 받았는데 무슨 까닭으로 고발하느냐?" 백성이 말했다. "제가 가만히 듣건대 현명한 임금은 백성으로 하여금 관리를 두려워하지 않게 하고, 관리로 하여금 백성의 재물을 뺏지 않게 한다고 합니다. 지금 저는 관리가 두려운 까닭에 쌀과 고기를 줬고, 관리도 끝내 그것을 받았습니다. 그래서 고발하러 왔습니다." 탁무가 말했다. "너는 나쁜 백성이다. 무릇 사람이 어지럽지 않게 모여 살며 금수와 다른 생활을 하는 까닭은 인의예지가 있어서 서로 존경할 줄 알기 때문이다. 그런데 너는 유독 인의예지를 닦으려 하지 않고 어찌 능히 높고 멀리 날아올라 인간 세상에서는 살려고 하지 않느냐? 관리들도 권력에 편승하여 백성에게 억지로 요구하는 것이 있어서는 안 된다. 정장은 평소에 선량한 관리였으니 해마다 그에게 선물을 보내는 것은 예의에 속한다." 백성이 말했다. "만약 이와 같다면 무슨 까닭에 법률로 금지하는 것입니까?" 탁무가 웃으며 말했다. "법률은 나라의 큰 법도를 세우는 것이고, 예의는 사람의 인정에 따르는 것이다. 지금 내가 예의로써 너를 가르치면 너는 틀림없이 나를 원망하거나 미워하지 않을 것이다. 그런데 법률로서 너를 다스리면 너는 네 손발을 어디다 둘 것이냐? 한 가문 내에서도 죄가 작은 자는 논죄(論罪) 대상이 될 것이고 죄가 큰 자는 주살당할 것이다. 이제 돌아가서 잘 생각하거라." 처음에 탁무는 밀현에 당도해서 폐지한 일도 있었고 새로 설치한 업무도 있었다. 백성과 관리들은 그를 비웃었고, 이웃 성읍에서 소문을 들은 자들도 모두 탁무가 무능하다고 얕보았다. 하남군(河南郡)에서 수령(守令)을 설치할 때도 탁무는 전혀 개의치 않고 고을을 태연자약하게 다스렸다. 몇 년이 지나자 교화가 크게 펼쳐져 백성이 길에 떨어진 물건도 줍지 않았다. 탁무가 경부승(京部丞)으로 옮겨가자 밀현 사람들은 늙은이나 젊은이 할 것 없이 모두 눈물을 흘리며 그를 전송했다. [탁무는] 왕망이 섭정이 되자 병으로 사직하고 귀향했다. 광무제가 즉위한 후 먼저 탁무를 방문하여 가르침을 청했는데 그때 탁무의 나이가 70여 세였다. 갑신일(甲申日)에 다음과 같은 조서를 내렸다. "대저 명성이 천하의 으뜸이니 천하에서 가장 훌륭한 상을 받아야 할 것이다. 이제 탁무를 태부(太傅)로 삼고 포덕후(褒德侯)에 봉한다."

신 사마광은 아룁니다. 공자께서 이렇게 말씀하셨습니다. "선한 사람을 발탁하여 무능한 사람을 가르치게 하면 선행을 권할 수 있을 것이다." 이러한 까닭에 요(堯) 임금이 고요(皋陶)를 발탁하고, 탕(湯) 임금이 이윤(伊尹)을 발탁하자 불인한 자들이 멀리 떠나갔는데 이는 그들에게 덕이 있었기 때문입니다. 광무제 즉위 초에는 군웅들이 다투고 사해가 혼란스러워서 강적을 꺾을 만한 인재 및 지략과 변론에 뛰어난 선비가 세상에 중용되었습니다. 그러나 광무제는 유독 충성스러운 신하를 뽑고 선량한 관리를 표창하며 그들을 초야에서 발탁하여 공경대부의 윗자리에 배치했습니다. 광무제가 한나라의 옛 문물제도를 회복하고 나라의 복락을 오랫동안 향유할 수 있게 한 것은 대체로 먼저 힘써야 할 것을 알아서 그 근본을 찾을 수 있었기 때문입니다. 『자치통감』권40

진시황이 중국을 통일한 이후 송나라 건국에 이르기까지 중국 역사에는 250여 명의 황제 혹은 주요 정권 영수가 출현했다. 전국시대의 주요 제후까지 계산한다면 이 숫자에 그치지 않을 것이다. 우리는 역사에 출현한 황제를 두 기본 유형으로 나눠볼 수 있다. 즉 왕조를 개창한 개국형 군주와 혈연관계를 통해 부친이나 조부 또는 선조의 황위를 이어

받은 계승형 군주가 그것이다. 이 두 기본 유형 아래에서 또 몇 유형으로 세분이 가능할 것이다. 개국형 군주는 창업을 완성한 후 반드시 자신의 주요 직무를 국가의 다스림과 사회 건설 매진 사업으로 방향을 바꿔야 한다. 이 과정에서 방향 전환에 성공한 군주도 생기고 실패한 군주도 생긴다.

방향 전환에 성공한 개국형 군주로는 동한의 광무제 유수(劉秀, 기원전 6~57)가 가장 대표적이다. 『자치통감』에는 권38의 지황(地皇) 3년(23)부터 유수의 사적을 기록해놓았다. 이해를 기점으로 유수는 병마(兵馬)[1]를 모집하여 당시에 황제를 칭한 왕망에 반대하는 기치를 높이 세웠다. 이것이 그가 일으킨 창업의 시작이었다. 그간에 유수는 참으로 뛰어난 공적을 남겼다. 인구에 가장 회자되는 전투로는 곤양대전(昆陽大戰)을 꼽을 수 있다. 이 전투에서 유수는 8,000의 비정규군으로 왕망이 파견한 10만 대군을 격파함으로써, 중국 전쟁사에서 소수의 군사만으로 다수의 군사에 승리한 가장 저명한 사례를 남겼다. 왕망을 파멸시키고, 할거 군벌을 평정하고, 동한을 건국하는 전체 과정에서 유수는 인재 등용, 대책 모의, 개인 인품 등에서 모두 칭송받을 만한 모습을 많이 보여줬다. 유수에 관한 보통 전기를 쓴다면 이 같은 사적을 두드러지게 묘사해야 할 것이다. 그러나 『자치통감』에서는 유수의 이런 점에 관심을 기울이지 않았다.

그럼 『자치통감』에서는 어떤 점에 관심을 기울였는가? 기원전 25년 여름부터 유수는 황제를 칭하기 시작했다. 이해 가을 유수는 탁무라는 원로를 방문했다. 탁무는 일찍이 직급이 높지 않은 현령 벼슬에 임명된 적이 있다. 그러나 그는 매우 뛰어난 점이 있었다. 즉 관대하고 자애로워서 일을 할 때 다른 사람과 다투지 않고 입으로는 나쁜 말을 하지 않는 점

---

1 여기서 '병마'란 병사와 군마, 군비, 또는 군대를 뜻한다.

후한의 초대 황제 광무제 유수 | 사마광은 논평을 통해 광무제 유수의 문화 교육 중시 정책을 중점적으로 강조하면서 광무제가 전쟁 시대에 이미 문화 교육에 주의하기 시작했다고 평하고 있다. 그림은 당(唐) 대신(大臣)이자 화가 염립본(閻立本, 601~673)의 『역대제왕도(歷代帝王圖)』 중 광무황제 유수 부분이다.

이 그것이다. 지방 관직에 부임할 때마다 이러한 언행으로 사람들을 감화시켰다. 옛사람들은 "진실로써 사람을 감화시키면, 사람들도 진실로써 감응해온다(以誠感人者, 人亦誠而應, 정이程頤의 말)라고 했다. 현지의 백성들도 부모와 같은 원님이 이처럼 진실한 사람이면 부끄러워서도 그 앞에서 거짓말을 할 수 없게 된다. 따라서 탁무가 부임한 곳에는 사회 풍속이 매우 선량하게 바뀌었다. 유수는 탁무에 대한 소문을 듣고 그를 찾아갔다. 그리고 그를 태부로 임명하고 '포덕후'에 봉했다. 태부는 당시 관료 중에서 최고의 영예직으로 '상공(上公)'에 속하며, 덕망이 매우 뛰어난 사람만이 임명되는 관직이다.

이제 탁무란 인물을 분석해보고자 한다. 탁무는 사람들의 존경을 받을 인품을 지녔지만 사회적 영향력 면에서는 결코 명성이 뛰어난 인물이 아니었다. 왜냐하면 그는 일찍이 겨우 현령 정도의 낮은 품계 벼슬만 지냈기 때문이다. 탁무의 직접적 영향력은 그가 접촉하며 알고 지낸 사람들에게만 미쳤지만, 간접적 영향력은 일찍이 그가 다스린 곳으로까지 확산되기는 했다. 그러나 탁무 개인의 품행이 얼마나 고상했든지 또 지방 고을을 다스리면서 얼마나 뛰어난 성과를 냈든지 막론하고 왕망을 멸망시키고 동한을 건립한 유수와 비교해보면, 그는 정말 하찮은 인물에 불과했고 그의 업적도 진정 사소한 곁가지에 불과했을 뿐이다. 탁무보다 중요한 인물은 너무나 많았고 그가 행한 일보다 중요한 사건도 너무나 많았다. 하물며 유수가 등극할 때 탁무는 이미 70세를 넘어 집에서 휴양하고 있었으므로 역사적 역할을 크게 맡을 만한 인물이 아니었다. 그러나 유수는 탁무의 품행에 대한 소문을 들은 후 곧바로 조정에서 베풀 수 있는 최고의 예우를 베풀었다. 이런 상황을 통해서 우리는 도덕과 교화를 중시하는 유수의 태도를 관찰할 수 있다. 그러나 일반인들이 이 시기의 역사를 읽는다면 여러 일화 중에서 이 대목을 유수가 가장 주목한 사건으로 간주할 수 없을 것이다.

　이 점을 보더라도 사마광은 일반인이 아니었음이 분명하다. 사마광은 이 대목이 유수 일생에서 우리가 가장 관심을 기울여야 할 대사건일뿐더러 전체 동한 왕조의 운명에 영향을 끼친 아주 수준 높은 통치행위였다고 인식했다. 사마광은 유수가 탁무를 태부에 임명한 내용을 서술한 후 다음과 같이 논평했다. 위 인용문에 나오지만 중요한 대목이므로 다시 한 번 인용하도록 하겠다. "광무제 즉위 초에는 군웅들이 다투고 사해가 혼란스러워서 강적을 꺾을 만한 인재 및 지략과 변론에 뛰어난 선비가 세상에 중용되었습니다. 그러나 광무제는 유독 충성스러운 신하를 뽑고 선량한 관리를 표창하며 그들을 초야에서 발탁하여 공경대부의 윗자리에 배치했습니다. 광무제가 한나라의 옛 문물제도를 회복하고 나라의 복락을 오랫동안 향유할 수 있게 한 것은 대체로 먼저 힘써야 할 것을 알아서 그 근본을 찾을 수 있었기 때문입니다." 탁무는 분명 맹장이나 모사가 아니다. 따라서 그의 충후한 인품은 잔혹한 전장에서 가치를 드러낼 수 없다. 그러나 전쟁은 언젠가 끝나기 마련이고 국가는 천천히 치세를 향해 나아가야 한다. 만약 이 점을 간파할 수 있으면 탁무의 가치도 간파할 수 있다. 탁무의 장점은 바로 온화하고 효과적인 방식으로 백성을 잘 관리하는 데 있다. 따라서 아직 전쟁의 불길이 세차게 타오르던 시기에 유수가 시간을 내서 탁무와 같은 충직한 원로를 방문하고 그를 높게 평가한 것은 전쟁에서 평화로 넘어가는 국가의 과도기에 일찌감치 미래를 대비한 행위였다고 할 만하다. 이것이 유수의 뛰어난 안목이었다. 그러나 일반인들은 유수가 탁무를 높여준 일을 그다지 중시하지 않았다. 유수의 이러한 식견과 행위를 동한의 장기적 안정 대책으로 높게 평가한 것은 바로 사마광의 안목이었다. 사마광이 이 일을 통해 관찰한 것은 유수가 이미 전란 속에서도 장차 평화 시대로 들어선 후 견지해야 할 가장 중요한 정책이 무엇인지를 알았고 아울러 그것을 사전에 대비했다는 점이었다. 개국 황제가 성공적으로 국가의 형태를 바꾸려면 이같은 점을 필수적 자질로 갖추고 있어야 한다.

우리 모두가 주의해야 할 것은 탁무가 관련된 이 일화에 대한 평론이, 『자치통감』에서 사마광이 유수를 거론한 이래 처음으로 그를 논평한 정식 문장이라는 점이다. 『자치통감』에는 물론 유수의 창업에 대한 기본 사적이 상세하게 기록되어 있다. 그중에는 수십 명의 명장과 100여 차례의 대소 전투도 포함되어 있다. 그러나 사마광은 보통 사람들의 혼백을 뒤흔든 이런 역사 사건에는 자신의 의견을 한 마디도 표명하지 않았다. 사마광이 진정으로 유수를 논평하기 시작한 것은 그의 신상에서 후세 황제들이 배워야 할 자질을 발견하기 위해서였으며 이를 위해 그는 일반인들이 중요하게 여기지 않는 탁무 사건을 분석의 도입부로 삼았다. 이후의 역사를 통해 우리는 문화, 풍속, 교육에 대한 중시가 동한 왕조의 현저한 특징이었음을 발견할 수 있다. 바로 이러한 특징으로 동한 왕조는 여러 차례의 난리를 겪으면서도 여전히 장기적인 통치 기반을 유지할 수 있었다. 말하자면 동한 왕조는 문화적 역량을 분명하게 발휘했다고 할 만하다. 이 점에 관해서 사마광은 또 다른 결론을 내리고 있다. 이는 아래에서 소개하도록 하겠다.

2. 등태후의 문화 역량

당초에 태부(太傅) 등우(鄧禹, 2~58)가 사람들에게 말했다. "나는 100만의 군사를 거느리고 한 사람도 함부로 죽이지 않았으니 후세에 반드시 흥성하는 자손이 있을 것이다." 그의 아들 호강교위(護羌校尉)[1] 등훈(鄧訓, 40~92)에게 등수(鄧綏, 81~121)라는 딸이 있었다. 품성이 효성스럽고 우애가 깊었으며 책 읽기를 좋아했다. 항상 낮에는 부녀의 일을 익히고 밤에는 경전을 암송해서 집안사람들은 그녀를 '제생(諸生)[2]'이라고 불렀다. 숙부 등해(鄧陔)가 말했다. "일찍이 듣건대 1,000명을 살린 사람의 자손은 제후에 봉해진다고 한다. 우리 형님 등훈은 알자(謁者)로 사자가 되어 석구하(石臼河)를 수리하여 해마다 수천 명을 살리고 있다. 천도(天道)는 믿을 만한 것이니 우리 가문은 틀림없이 복을 받을 것이다." 등수는 나중에 궁녀로 뽑혀 들어가 귀인(貴人)[3]이 되었다. 공손하고 조심스럽게 처신했고 행동에 법도가 있었다. 음황후(陰皇后, 80~103)를 섬기며 같은 대열의 비빈들을 접견할 때도 항상 자신을 절제하며 몸을 낮추었다. 나인들 중에서 노역에 종사하는 사람들에게도 모두 은혜를 베풀며 도와주자 화제(和帝, 79~105)가 매우 가상하게 여겼다. 일찍이 병이 나서 화제가 특별히 귀인의 모친과 형제에게 궁궐로 들어와 친히 의약을 달여 먹일 수 있도록 하며

---

1 한나라 때 서쪽 강족(羌族)을 방어하기 위해 설치한 관직.
2 중국 고대에 과거시험을 통해 뽑힌 각급 학교의 학생. 태학(太學), 부학(府學), 주학(州學), 현학(縣學) 등의 학생을 모두 포괄한다. 특히 태학의 생원(生員)인 증생(增生), 부생(附生), 늠생(廩生), 예생(例生) 등을 가리켜 제생이라 했다. 이 때문에 독서에 열중하는 사람을 가리켜 흔히 제생이라고 불렀다.
3 후한 광무제 때 설치된 후궁 품계로 황후 다음의 지위.

날짜의 기한을 두지 않았다. 귀인이 사양하며 말했다. "궁궐은 지엄한 곳이므로 외부 사람을 궁궐 안에 오래 머물게 하면 위로는 폐하께서 사람을 사사롭게 총애한다는 비난을 받을 것이고, 아래로는 천첩(賤妾)이 분수를 모른다는 비방을 들을 것입니다. 위아래가 모두 상처를 받는 일이니 진실로 천첩이 바라는 바가 아닙니다." 화제가 말했다. "사람들은 모두 궁궐에 자주 들어오는 것을 영광스럽게 생각하는데, 귀인은 오히려 근심스럽게 생각하는구려!" 매번 연회가 있을 때마다 여러 비빈들은 다투어 자신을 장식했지만 귀인은 홀로 소박한 모습을 숭상했다. 자신의 옷 중에서 음황후의 옷과 같은 색깔이 있으면 즉시 그 옷을 벗어버리고 다른 색깔로 바꿔 입었다. 음황후와 함께 황제를 알현할 일이 있으면 감히 똑바로 앉지 않고 조금 떨어져 서 있었으며 걸을 때도 몸을 굽혀 스스로를 낮추었다. 황제가 질문을 할 때마다 귀인은 항상 겸양한 후에 대답하면서 감히 음황후보다 앞서 말하려 하지 않았다. 음황후는 몸이 작아서 행동거지가 때때로 의례에 맞지 않는 경우가 있었는데, 그때 좌우 나인들은 입을 가리고 웃었지만 귀인은 홀로 근심스러운 표정을 지으며 즐거워하지 않았고, 음황후를 위해 실수를 숨겨주며 마치 자신이 실수한 것처럼 여겼다. 화제는 귀인이 노심초사하며 몸을 굽혀 황후를 섬기는 것을 알고 감탄하며 말했다. "덕을 닦으려고 애쓰는 경지가 이와 같을 수도 있도다!" 나중에 음황후가 황제의 총애를 잃자 귀인은 매번 황제의 부름을 받을 때마다 몸이 아프다고 사양했다. 당시에 황제는 황자(皇子)를 여럿 잃었는데 귀인은 황제의 후사가 번성하지 못할까 근심하며 재주 있는 미인을 뽑아 바치며 황제의 마음을 풀어주었다. 음황후는 귀인의 덕이 날마다 크게 칭송받는 것을 보고 깊이 미워했다. 황제가 일찍이 병이 나서 상태가 매우 위중했다. 그러자 음후가 비밀리에 말했다. "내가 뜻을 얻으면 등씨 가문에는 더 이상 남은 후손이 없게 할 것이다!" 귀인이 이 말을 듣고 눈물을 흘리며 말했다. "나는 성심을 다해 황후를 섬겼는데 끝내 도와주시지 않는구나. 이제 나는 죽어서 위로는 황제의 은혜에 보답하고, 가운데로는 우리 종족의 재앙을 풀고, 아래로는 음황후에게 돼지 같다는 비난이 돌아가지 않게 할 것이다." 그러고는 곧바로 독약을 마시려 했으나 궁녀 조옥(趙玉)이 굳게 가로막으며 "사자가 와서 황상의 환후가 이미 다 나으셨다"라고 하더란 거짓말을 했다. 그러자 귀인은 죽으려던 행동을 멈추었다. 다음 날 과연 화제의 환후가 나았다. 음황후가 폐위될 때 귀인은 화제에게 구원을 청했지만 윤허를 얻지 못했다. 화제가 귀인을 황후로 삼으려 하자 귀인은 거듭 자신에게 심한 병이 있다고 칭하며 스스로 깊은 방에 들어가 두문불출했다. 겨울 10월 신묘일(辛卯日)에 화제는 조서를 내려 귀인 등씨를 황후로 세웠다. 등황후는 사양했으나 그만둘 수 없어서 황후의 자리에 올랐다. 등황후는 군현과 제후국에서 올리는 조공품을 모두 금지시키고 해마다 오직 종이와 먹만 바치게 했다. 화제는 매번 등씨 가문에 관작을 내리려 했으나 등황후는 그러지 말라고 간청하며 사양했다. 이에 등황후의 오빠 등즐은 화제의 시대가 끝날 때까지 벼슬이 호분중랑장(虎賁中郞將)[4]에 그쳤다.

『자치통감』 권48

❧

기원 88년 동한 제3대 황제 장제(章帝, 56~88, 재위 75~88)가 세상을 떠나자 겨우 11세였던 화제가 보위에 올랐고, 장제의 황후 두씨(竇氏, ?~97)가 수렴청정을 했다. 이후 두태후 및 두씨 가문은 거의 5년 동안 권력을 잡았다. 이때부터 동한의 국운은 줄곧 불행의 연속이었다. 화제가 세상

---

4   호분기병(虎賁騎兵)을 거느리고 황제를 호위하는 장수.

428

을 떠난 후 후사 문제나 기타 인위적 요인으로 끊임없이 어린 황제가 등극하는 현상이 발생했다. 이 때문에 정치 무대에서 황태후의 수렴청정이 부단히 반복되었다. 이 시기를 전후하여 모두 6명의 황태후가 수렴청정을 했고, 이는 동한 중후기 역사에서 뚜렷한 특징으로 자리 잡았다. 화제 초기에 수렴청정을 한 두태후를 제외하고 다른 다섯 황태후는 다음과 같다. 화제 사후 수렴청정을 한 등태후(화제의 두 번째 황후로 화제 사후 상제殤帝와 안제를 옹립했다), 안제(安帝, 94~125, 재위 106~125) 사후 수렴청정을 한 염태후(閻太后, ?~126: 염희閻姬. 안제의 황후로 안제 사후 소제少帝를 옹립했다), 순제(順帝, 115~144, 재위 125~144) 사후 수렴청정을 한 양태후(梁太后, 106~150: 양납梁妠. 순제의 황후로 순제 사후 충제沖帝, 질제質帝, 환제를 옹립했다), 환제(桓帝, 132~167, 재위 146~167) 사후 수렴청정을 한 두태후(竇太后, ?~172: 두묘竇妙. 환제의 두 번째 황후로 환제 사후 영제를 옹립했다), 영제(靈帝, 157~189, 재위 168~189) 사후 잠시 수렴청정을 한 하태후(何太后, ?~189: 영제의 두 번째 황후로, 소제의 생모이고, 대장군 하진何進의 누이동생이다).

태후의 수렴청정은 외척 전횡과 밀접하게 관련되어 있다. 왜냐하면 남권(男權) 사회에서 최고 권력을 장악한 여성은 결국 남성을 통해 자신의 의지를 전달하고 실현해야 했기 때문이다. 태후에게 가장 신임할 수 있는 남성으로는 친정 부친이나 형제보다 더 나은 사람이 없다. 그러나 황실 종친 이외의 타성이 조정을 장악하게 되면 어린 황제 및 그 주변 사람들의 불만을 사게 된다. 따라서 황태후 사후나 심지어 황태후가 아직 건재할 때도 성년이 된 황제는 점차 각종 방식을 통해 권력 탈환을 시도하게 되고, 아울러 외척에 대해서도 대숙청을 단행하게 된다. 이 같은 현상은 역사에서 일종의 규칙처럼 반복되었다. 동한 역사에서 수렴청정을 한 여섯 황태후 중 마지막 하태후가 권신(權臣) 동탁(董卓, ?~192)에게 살해된 외에 앞의 5명 및 그 외척들은 이러한 규칙에서 어긋난 경우가 한

번도 없다. 그러나 이 5명 중에서 특별한 예외가 한 사람 있다. 동한 역사에서 두 번째로 수렴청정을 한 등태후가 바로 그 사람이다. 등태후는 후대 역사가들에 의해 수렴청정을 한 황태후 중 가장 뛰어난 사람으로 인정되었고, 또 『자치통감』편찬자 사마광에 의해서도 긍정적인 평가를 받았다. 그 원인은 등태후가 수렴청정 기간 여타의 황태후와는 다른 모습을 보였기 때문이다. 즉 등태후는 다른 황태후들처럼 자기 친정 형제들의 발호를 방치하지 않았고 또 친정 가족의 복리만을 일심으로 추구하지도 않았다. 그녀는 오히려 국가를 위해 많은 공헌을 했을 뿐 아니라 가족 이익과 공공 이익을 어떻게 조화시켜야 하는지도 알고 있었다. 그녀는 필요할 경우 친정 세력의 팽창을 과감하게 억제하여 당시 여론에 맞췄다. 등태후 사후 등씨 가문도 새로 정권을 장악한 황제의 탄압을 면치 못했고 이 때문에 등태후의 두 형제가 모두 자결하는 대가를 치러야 했다. 그러나 전체적으로 보면 그와 같은 정치적 격랑 속에서 등씨 가문은 그래도 최소한의 대가만 치렀다고 할 수 있다. 예컨대 참담하게 멸문지화를 당한 양태후의 친정 가문과 비교해보면 등씨가 치른 대가는 대수로운 것이 아니라고 할 수 있을 정도다. 양태후의 형제가 바로 역사적으로 유명한 '발호장군(跋扈將軍)' 양기(梁冀, ?~159)다. 이처럼 등태후가 상대적으로 성공한 비결은 어디에 있는가? 사학자들이 제출하는 정답은 바로 '문화'다.

등태후의 평생 경력에는 중국 역사에서 혁혁한 명성을 날린 또 한 명의 여성이 빈번하게 등장한다. 그녀는 바로 부친 반표와 오빠 반고의 뜻을 계승하여 『한서』를 완성한 반소(班昭, 50?~120)[5]다. 반소는 『문선(文選)』에 작품이 뽑힌 두 여성 작가 중 한 사람이며 또 중국 역사에서 가장 유

---

5   반소의 생졸년에 관해서는 여러 학설이 존재한다. 중국 인터넷 포털 baidu(百度) 등에서는 반소의
     생애를 대략 45년에서 117년까지로 보고 있다.

명한 여성 행동 준칙인 『여계(女誡)』를 지은 저자이기도 하다. 또 반소는 등태후의 스승이기도 하다. 등태후가 생전에 남성 중심의 정계에서 성공적으로 자리를 잡고 국가를 위해 많은 공헌을 하면서 친정 세력을 처리하는 문제에서도 다른 어떤 황태후보다 더욱 타당한 조치를 취할 수 있었던 원인은 주로 그녀의 스승이며 위대한 여성 학자인 반소에게서 유익한 학문을 배웠기 때문이다.

등태후 등수는 동한 건국공신 등우의 손녀다. 어려서부터 등수가 보여준 취미와 행동은 당시 보통 여성과 크게 달랐다. 당시 여자 아이로서는 뜻밖에도 독서에 심취하여 매일 많은 책을 읽으며 싫증을 내지 않았다. 이런 취미는 오늘날에는 기이할 것이 없지만 거의 2,000년 전에는 참으로 희귀한 사례였다. 『자치통감』에서도 가족들이 그녀에게 '제생'이란 별명을 붙여줬다고 기록했는데 이는 그녀의 특징을 압축해서 보여주는 묘사다. 기실 『후한서』「황후기(皇后紀)」에는 더욱 상세한 기록이 남아 있다. "6세에 역사책을 읽을 수 있었고, 12세에 『시경』과 『논어』에 통달했다. 오라버니들이 매번 경전을 읽을 때마다 황후는 마음을 비우고 의문나는 점을 물었다. 뜻을 전적에 두고 가사일은 묻지 않았다. 모친은 늘 딸을 나무라며 말했다. '너는 여자 일을 배워 옷을 만들 생각은 하지 않고 학문에 더욱 힘쓰니 차라리 과거를 보아 박사가 되려느냐?' 이에 황후는 모친의 말씀을 어기기 어려워서 낮에는 여자 일을 익히고 밤에는 경전을 낭송했다. 가족들은 그녀를 '제생'이라 불렀다("六歲能史書, 十二通 『詩』『論語』. 諸兄每讀經傳, 輒下意難問. 志在典籍, 不問居家之事. 母常非之曰, '汝不習 女工以供衣服, 乃更務學, 寧當擧博士邪?' 后重違母言, 晝修婦業, 暮誦經典. 家人號曰 '諸生')."

15세에 등수는 화제의 후궁으로 선발되어 귀인이 되었다. 반소가 황제의 조서를 받들고 궁궐로 들어가 『한서』를 계속 쓰던 때가 바로 이 화제 시대였다. 당시 반소는 이미 불혹을 넘기고 50을 바라보던 중년 여성이어서 학식에서나 처세에서 모두 성숙된 면모를 보이고 있었다. 젊은 등수 및 화제의 기타 후궁들은 반소와 같은 여성 학자에 비해 사고의 수준이 너무나 유치한 단계였다. 여러 사적으로 밝혀진 바에 의하면, 화제는 이 저명한 여성 학자의 학식과 인품에 탄복했고, 마침내 그녀를 후비들의 스승으로 초빙하기로 결정했다. 그리하여 당시 황후였던 음씨(陰氏) 및 귀인 신분이었던 등수가 모두 반소의 제자가 되었다. 동일한 스승을 모시더라도 제자들의 자질은 차이가 나기 마련이므로 그들이 받아들이는 교육 효과도 천양지차를 보이게 된다. 상황을 보건대 음황후는 우수한 학생이 아니었던 것 같다. 그녀는 반소가 『여계』에서 제시한 유순함과 진취성 사이의 변증법적 관계를 결코 깨닫지 못했다. 어려서부터 배우기를 좋아한 등수는 반소의 지도하에 하나를 들으면 열을 아는 현명함으로 반소가 가르쳐준 학식을 신속하게 후궁들의 복잡한 관계에 운용할 수 있게 되었다. 이는 이후 수렴청정을 성공적으로 시행하는 일에 튼튼한 기초로 작용했다. 당시의 많은 사례가 이 점을 증명하고 있다.

음황후는 재능도 있고 용모도 괜찮았지만 신체가 늘씬한 편은 아니었다. 몸매가 뛰어나고 키가 큰 등수에 비해서는 미모에 손색이 좀 있다고 할 수 있었다. 옛사람들이 말하기를 "가슴에 시서(詩書)를 품고 있으면 기상이 저절로 환해진다(腹有詩書氣自華)"라고 했는데 이 말은 진실로 사람을 속이지 않았다. 음황후보다 더 아름다운 몸매에 학문과 기질까지 갖춘 등수는 곧바로 화제의 눈을 사로잡았고 이로써 음황후는 점차 냉대를 받게 되었다. 그러나 등수는 이 일로 교만하지 않고 오히려 위기감을 느꼈다. 왜냐하면 여기에는 좀 더 진전된 해결을 기다리는 너무나 복잡한 문제가 내재되어 있기 때문이었다. 이에 그녀는 자기 자신을 위해 첫 번째 행동 준칙을 확정했고, 이는 사람들의 상상을 뛰어넘는 것이었다. 그녀는 음황후의 질투에 대항하지 않고 오히려 우선적으로 음황후의 권위와 지위를 옹호하려 했다. 등수가 이 부문에서 보여준 언행은 앞서 인용한 『자치통감』 원문에 자세하게 기록되어 있다. 등수는 심지어 음황후의 옷과 같은 색깔의 옷을 입지 않을 정도로 근신했다. 그러나 이런 신중한 행동도 음황후의 질투를 가라앉히지 못했다.

한번은 화제가 병이 났다. 당시 음황후는 화제가 세상을 떠난 후 첫 번째로 할 일이 바로 등씨 가문을 제거하는 일이라고 이야기했다. 등수는 소문을 들은 후 독약을 먹고 자결하려 했다. 자신의 죽음으로 이 분쟁을 해결하고 자신의 가문을 보전하길 희망한 것이다. 그러나 등수의 자결 시도는 시녀의 저지로 미수에 그쳤고, 바로 다음 날 뜻밖에도 화제의 병은 기적적으로 차도를 보였다. 이 때문에 등수는 목숨을 잃을 뻔한 위기를 넘겼다. 음황후는 계속된 질투심을 이기지 못하고 결국 무속(巫俗)에 빠져들어 주술에 기대 등수를 제거하려 했다. 이것은 매우 위험한 술수였고 중국 고대 궁궐에서 엄격하게 금지하는 행위였다. 이런 무속의 술수를 사용할 수 있게 하면 황제 본인에게도 불리했기 때문이다. 음황후가 사용한 무속의 주술은 내부 사정을 아는 사람에 의해 황제에게 고발되었다. 주술은 음황후가 적수를 제거하는 일에 아무 도움을 주지 못했을 뿐 아니라 오히려 음황후 자신을 폐위의 수렁으로 몰아넣었다. 화제가 음황후를 폐위하는 과정에서 적극적으로 음황후를 구원하려 한 사람은 뜻밖에도 등수였다. 이로 인해 등수의 아량은 다시 한 번 화제의 마음을 사로잡았다. 음황후는 결국 황후의 자리에서 쫓겨났다. 화제는 재주나 덕망 모두를 따져보더라도 등수보다 더 적합한 황후감은 없다고 생각했다. 그리하여 등수는 화제의 두 번째 황후가 되었다.

겸양과 자아절제는 반소가 자식들과 제자들에게 가르친 가장 중요한 과목이었고 또 『여계』에서 주장하는 중심 사상이었다. 음황후는 이 과목에 낙제해서 결국 자신에게 비극을 초래했다. 등수는 그 언행이 충분히 증명하는 바와 같이 반소의 뛰어난 제자라 할 수 있다. 등수의 겸양과 자아절제 품성은 친정 형제들을 대하는 문제에서도 동일하게 반영되어 있다. 다른 황후나 황태후 가문이 "한 사람이 득도하여 그 집 닭이나 개까지 승천하는" 상황을 야기한 것과 달리 등씨 형제는 등수가 황후의 지위에 올랐다고 해서 고관으로 출세하지 않았다. 화제의 세상이 끝날 때까지 등수의 큰오빠 등즐은 호분중랑장이란 벼슬에 그쳤다. 이 벼슬은 녹봉 2,000석의 중급 관리에 불과했다. 화제는 여러 번 등즐 형제를 고관으로 발탁하려 했으나 그때마다 황후 등수의 반대에 부딪혔다. 이 일로 등수는 화제의 눈에 더욱 현숙한 여인으로 비쳤을뿐더러 등씨 가문은 황후의 폐위로 인한 잔혹한 정치 투쟁에 휘말리지 않고 아무런 풍파 없이 편안한 세월을 보낼 수 있게 되었다. 화제가 세상을 떠난 후 등수가 태후의 신분으로 수렴청정에 나섰을 때도 그녀는 곧바로 자신의 큰오빠를 가장 중요한 직위에 임명하지 않았다. 이후 등수는 수렴청정 3년째에 이르러서야 비로소 등즐을 대장군에 임명했다. 대장군은 바로 한나라 조정의 전통적인 수석 보정대신(輔政大臣)이다. 이는 많은 태후들이 정권을 잡자마자 바로 전력을 다해 자기 친정 가족의 남성을 수석대신으로 발탁하는 태도와는 상당히 다른 점이다.

  등수는 황실 여성이어서 수렴청정에 나선 후에 외부의 사대부들과 빈번하게 접촉하기가 어려웠다. 이 때문에 반소가 그녀를 위해 가장 훌륭한 정치고문 역할을 수행하게 되었다. 반소는 계속해서 뛰어난 학문과 지혜로 자신의 뛰어난 제자에게 도움을 줬다. 등수가 수렴청정을 시작한 몇 년 후에 그녀의 모친이 세상을 떠났다. 당시의 대장군 즉 등수의 큰오빠 등즐은 관직에서 물러나 상례를 치르겠다고 요청했다. 이 일로 인해 황태후 등수는 두 곤란한 상황에 직면했다. 첫째, 정치는 결국 복잡한 일이므로 단순히 표면적인 도덕 문장으로 모든 일을 공정하게 처리할 수 없다. 이미 권력의 핵심에 자리한 등수는 자신의 오빠가 물러난 후 조정의 강력한 지원자를 잃을까봐 두려웠다. 둘째, 모친 상례를 치르기 위한 큰오빠의 사직 요청을 윤허하지 않는 것은 분명히 전통 예법을 위반하는 일이므로 장차 광범위한 여론의 비난을 초래하게 될 것이다. 등수가 이 두 곤경에 빠져 있을 때 반소의 말 한마디가 눈앞의 안개를 깨끗이 걷어줬다. 그리하여 등수는 마침내 다른 사람이 볼 때도 정확한 선택을 하게 되었다.

반소는 상소문에서 경전을 인용하여 등태후에게 이번 기회를 빌려 천하를 향해 "예의와 양보로써 나라를 다스린다(禮讓爲國)"라는 원칙을 제창하라고 권했다. 그녀는 황태후 등수에게 자녀가 모친을 위해 복상(服喪)하는 것은 천하 사람들이 모두 인정하는 예의의 기본 원칙이라고 주장했다. 또 한나라는 효로써 천하를 다스리고 있으므로 지금 만약 나라의 기본 윤리에 위배되는 결정을 한다면 틀림없이 여론의 반감을 초래할 것이라고 강조했다. 권력과 지위는 높으면 높을수록 여론의 기반을 더욱 보배롭게 생각해야 한다는 것이다. 사람 때문에 질투하고 권력을 원수로 생각하는 일반인의 심리에 근거해보면, 동일한 사건이라도 고관대작에 대한 여론의 비난과 공격이 보통 사람들의 그것보다 배 이상 심하게 전개되게 마련이다. 일단 이와 같은 여론이 조성되면 장래의 대세에 아주 나쁜 영향을 끼치게 되고 심지어 역전하기 어려운 피동적 상황이 초래될 수도 있다. 만약 지금 선(善)으로 나라를 다스리고 '예의와 양보'를 이용할 줄 알면 온 천하에 등씨 가문의 고상한 인격과 곧은 절개를 알릴 수 있는 가장 좋은 기회가 될 수 있다. 이로써 등씨 가문이 삼가 예법을 지키고 권력에 연연하지 않는다는 사실을 증명할 수 있다. 이와 같이 훌륭한 평판을 얻게 되면 자연스럽게 통치 기반을 튼튼히 할 수 있다. 등씨 가문의 전체 역량이 여전히 건재해 있는데, 대장군 등즐이 잠시 직위를 비운다고 해서 무슨 큰 방해가 되겠는가? 등태후는 반소의 뛰어난 제자임에 부끄럽지 않게 이러한 사상의 정수를 금방 깨닫고 즉시 반소의 건의를 수용하고 등즐의 제2선 퇴진에 동의했다. 그리고 인정에도 맞고 이치에도 맞게 다음과 같은 조치를 내렸다. "만약 크게 의논할 것이 있으면, 조당(朝堂)으로 가서 공경대부와 함께 대책을 논의하시오."("其有大議, 乃詣朝堂, 與公卿參謀.", 『후한서』「등즐전鄧騭傳」) 등수의 이 결정은 과연 당시 여론과 후세 사학자들의 대대적인 칭송을 받았다. 등수는 장기적 입장에 서서 눈앞의 이익을 따지지 않고 마침내 동한 역사상 유일하게 탁월한 정치적 업적을 남긴 황태후가 되었다. 이는 문화와 학습을 중시한 등태후가 가져온 혁혁한 성과라 할 만하다.

그럼 등수가 동한 왕조에 구체적으로 공헌한 점은 어떤 것들이 있는가? 먼저 문화와 관련된 업적을 들어보도록 하겠다. 『사기』 편찬 이후로 거의 모든 왕조가 기세등등하게 문화 부문에 다량의 인력과 물력을 쏟아 부었다. 오늘날까지 축적된 문화 사업 중에서 가장 대표적인 역사서가 바로 '24사' 혹은 '25사'다.('24사'의 마지막 역사서는 『명사明史』다. '25사'에는 두 학설이 있다. 그 하나는 '24사'의 기초 위에 『청사고淸史稿』를 추가하여 역대 왕조사를 모두 갖추자는 의견이다. 다른 하나는 '24사'에 『신원사新元史』를 추가해야 한다는 의견이다.) 편폭이 이와 같이 방대한 역사 시리즈는 지금의 전문학자조차 한 번 읽기도 힘들다. 그러니 일반 학자야 말해 무엇하랴? 이 때문에 역대 학자들은 그중에서 가장 정채롭고 가장 중요한 몇 부를 더 중시해왔다. 거의 1,000여 년의 끊임없는 점검을 통해 학자들은 '24사' 중 전반부 네 역사서의 품질이 가장 뛰어나다고 인정했다. 이 네 역사서도 다시 고하(高下)를 나눠볼 수 있다. 『사기』의 성취가 물론 가장 뛰어나다. 사상의 깊이나 시야의 넓이 그리고 체제의 독창성에서 모두 후세 역사가들이 미칠 수 없다. 『한서』와 『삼국지』는 각각의 장점이 있다. 『한서』는 가지런한 체제와 문장에 장점이 있고, 『삼국지』는 사료의 취사선택에 뛰어나다. 상대적으로 『후한서』는 이 4부의 역사서 가운데서 품질이 약간 떨어진다. 『후한서』의 창작 의도는 『한서』를 이어서 동한의 역사 기록을 완성하기 위한 것이었다. 그중에서 동한 말기의 역사를 다룬 부분은 『삼국지』와 중복된다. 이 세 역사서를 비교해보면 체례나 사관을 막론하고 『후한서』가 『한서』와 『삼국지』에 미치지 못한다. 이것은 내가 이 네 역사서를 자세히 읽은 후에 내린 결론이다. 나중에 나는 청나라 대학자이며 건가(乾嘉) 사학의 제1인자인 전대흔(錢大昕, 1728~1804)의 문집을 읽다가 전대흔도 나와 같은 관점을 가지고 있다는 사실을 발견했다.

근원을 거슬러 올라가보면 『후한서』는 본래 이른바 '전4사(前四史)'의 명단에 들어가지 않았다. 초당 이전 사람들이 동한의 역사를 이해하기 위해서 읽은 가장 권위 있는 독본은 『동관한기(東觀漢紀)』였다. 이것은 동한 왕조의 사관들이 동한의 역사를 기술하기 위해 편찬한 전적이다. 당나라 사람들은 『사기』, 『한서』, 『동관한기』를 '3사(三史)'라고 불렀다. 『후한서』는 비록 중시되기는 했지만 『동관한기』를 대신할 정도는 아니었다. 중당과 만당 이후 정치적·사회적 동란이 지속되고 200년간 내전이 이어지자 문화적 전적도 재난을 당해서 주요 서적들이 흩어지기 시작했다. 『동관한기』도 불행하게 이러한 운명에 처하게 되었다. 송나라에 이르자 이 책은 겨우 몇 편밖에 남지 않게 되었다. 이에 『후한서』가 비로소 동한 역사를 이해하기 위한 가장 중요한 전적으로 자리잡게 되었고 또 『동관한기』를 대신해서 '4사(四史)'의 하나로 편입되었다.

『동관한기』는 비록 사라졌지만 그 중요성은 이미 앞부분에서 소개한 바와 같다. 이제 우리가 이 책의 유래를 설명하려면 등태후 등수의 공헌을 언급하지 않을 수 없다. 화제가 생존해 있을 때 서한 역사를 서술한 『한서』가 아직 완성되지 못해서 화제는 반소를 궁궐로 초빙하여 이 일을 계속하게 했다. 반소와 그녀의 조수들이 힘을 기울인 끝에 『한서』가 점차 완성되어가자 그 뒤를 이어 동한 왕조 자체의 역사를 기술하는 일이 사관들의 중점 업무로 떠올랐다. 화제 사후 등수는 수렴청정을 하면서 계속해서 역사 편찬 사업에 관심을 기울였다. 이에 그녀는 광무제부터 화제에 이르는 완전한 동한 왕조사를 편찬할 결심을 하게 된다. 이로부터 동한 역사 편찬 사업이 지속적이고도 제도적인 보장을 받게 된다. 동한 역사를 기록한 서적의 본래 명칭은 『한기(漢記)』였다. 그리고 편찬 장소가 '동관(東觀)'이라 『동관한기』라 불리게 되었다. 동한 시대에 궁궐에서 역사를 편찬하던 장소는 애초에 '난대'에 개설되어 있었는데 그것을 '동관'으로 이전한 사람이 바로 화제였다. 그리고 동관을 역사 편찬 장소 내지 한나라 제국의 문화 중심으로 만든 사람은 황태후 등수였다. 등수가 세상을 떠난 후에도 동관의 역사 편찬 활동은 계속 이어졌고, 나중에 몇 차례 대대적인 증보와 수정을 거쳤으며, 또 헌제를 보좌했던 대신 양표(楊彪, 142~225)가 마지막으로 보충하고 정정하여 모두 143권에 이르는 거질을 완성했다. 거의 100여 년에 걸친 시간과 몇 세대 사람들의 노력을 거치기는 했지만 이 사업을 완성하는 과정에서 가장 중요한 교량 역할을 한 사람은 의심할 것도 없이 황태후 등수였다. 『동관한기』가 망실되지 않았다면 지금 우리가 말하는 '24사'에 남조 사람 범엽이 편찬한 『후한서』가 들어갈 수 있었을까? 이것은 아마도 논란거리가 되었을 것이다. 사실 범엽이 비교적 완전한 『후한서』를 쓸 수 있었던 까닭도 바로 『동관한기』에서 크게 도움을 받았기 때문이다.

이상은 등수가 문화 부문에 끼친 공헌이다. 이제 그녀가 정치 분야에 끼친 공헌을 이야기하고자 한다. 화제 이전 동한 왕조의 관료제도는 좀 혼란스러웠다. 특히 관리의 녹봉제도에서 관리의 품계와 수입 사이에 엄격하고 명확한 규정이 부족했고 관리의 수입 계산 표준에도 다중화의 혼란이 존재하고 있었다. 또 많은 관리들이 '공전(公田)'을 사사롭게 점유하여 자신의 수입을 늘리고 있었다. 이러한 현상은 모두 부패와 흑막 팽창에 커다란 공간을 제공했다. 등수는 수렴청정을 한 이후 한나라 제국 관료제도에 중요한 개혁을 단행했다. 개혁의 중점은 각급 관리의 녹봉 액수를 명확하게 규정하는 일이었다. 중앙 조정의 공경대부든 아니면 지방의 각급 목민관이든 모두 품계와 녹봉 사이에 명확한 대응관계가 이루어지도록 했다. 어떤 관리라도 품계에 맞게 받을 수 있는 녹봉이 얼마인지 분명하게 규정했다. 이로부터 동한 왕조 80년간 계속된 품계와 녹봉 간의 심각한 혼란이 중지되었다. 이는 청렴한 정치에도 매우 유리하게 작용했다.

사마광은 등수를 매우 높게 평가했다. 그는 『자치통감』을 편찬할 때 다음과 같은 문장으로 등수에 대한 개관정론을 시도했다. "태후가 수렴청정을 한 이래 홍수와 가뭄이 10년 동안 계속됐다. 사방 오랑캐가 밖으로부터 침략해왔고 도적이 안에서 들끓었다. 태후는 매번 백성이 굶주린다는 말을 들을 때마다 더러 아침 해가 뜰 때까지 잠을 이루지 못했고 이에 몸소 모든 비용을 절약하며 재난을 구제했다. 이 때문에 천하가 다시 태평하게 되었고, 해마다 또 풍년이 들었다."("太后自臨朝以來, 水旱十載, 四夷外侵, 盜賊內起. 每聞民饑, 或達旦不寐, 躬自減徹, 以救災厄. 故天下復平, 歲還豐穰.", 『자치통감』 권50) 당시 어려운 상황에 직면하여 등수는 '공전'을 빈농에게 빌려주고 유민을 안정시키는 정책을 폈다. 농민 구제에 많은 정력과 자원을 투입한 후에야 국가와 사회의 생산력이 회복되어 마침내 재황(災荒: 흉년)을 극복할 수 있었다. 이로써 농산물 수확이 늘어나서 백성이 편안하게 생업에 종사할 수 있게 되었다. 이 밖에도 등수는 또 조정에서 권력 배치를 재조정했다. 이전의 태후들이 수렴청정할 때마다 신속하게 외척 세력을 끌어들이던 행동과는 반대로 등수는 오히려 외척의 발호를 억압하는 데 중점을 두었고, 특히 등씨 가문의 가풍을 엄격하게 유지하는 데 주의를 기울였다. 등씨 자제들이나 젊은이들이 법을 어기면 반드시 엄격하게 처벌했다. 이로써 등수가 권력을 잡고 있던 기간에는 외척과 환관이 모두 재앙을 일으킬 수 없었다. 정책의 큰 방침에서 등수는 문(文)을 중시하고 무(武)를 경시했다. 이 때문에 전쟁을 줄이고 부역을 감소시키자 국가가 상대적으로 안정을 되찾았고 백성도 부역과 조세의 부담에서 크게 벗어나게 되었다. 그녀는 반초의 아들 반용(班勇, ?~127)의 간언을 받아들여 서역과 수교하고 흉노에 대항하면서 병주(幷州)와 양주(涼州)를 안정시켜 서역에 여러 해 동안 전쟁이 일어나지 않게 했다. 서쪽 변방의 강족(羌族)이 폭동을 일으켜 동한 왕조를 곤혹스럽게 할 때도 등수는 우후(虞詡, ?~137) 등의 건의를 받아들여 전쟁 포로를 석방하고 평화 회담 방식으로 위기를 해결했고, 이로써 강족들은 폭동을 멈췄다. 종합해보면 등수는 동한 왕조를 다스리면서 매우 탁월한 성과를 거뒀다. 동한의 국가 경제는 심각한 자연재해에서 벗어나 회복 추세를 보였고 사회도 점점 안정을 되찾았다.

따라서 일부 사학자들은 동한 시대에 수렴청정을 한 태후들 가운데 등수의 통치가 역대로 가장 길었고(106년에서 121년까지 모두 16년에 달했다) 또 가장 성공적이었다고 인식했다. 그녀의 성공은 치국 성과에 구현되어 있을 뿐 아니라 동한 시대에 유일하게 종신토록 정권을 장악한 황태후라는 점에도 잘 반영되어 있다. 이미 소개한 바와 같이 동한 시대에 전부 6명의 황태후가 수렴청정을 했는데 등수를 제외한 몇 명은 생존 기간에 반정을 맞거나 피살되었다. 등수의 성공은 의심할 것도 없이 그녀가 어려서부터 독서를 좋아하고 오랫동안 문화를 중시한 경향과 밀접하게 연관되어 있다. 지식은 사람의 전반적 수준을 높여주고 사람의 안목을 넓혀주며 또 사람의 능력을 향상시킬 수 있다. 지식 습득을 중시하는 사람은 일반적으로 외부 세계에 대한 수용력이 높고 또 장기적 이익과 순간적 이익 사이에서 정책 결정을 할 때 더욱 정확한 능력을 발휘한다.

등수 자신이 지식이 뛰어났다는 점 이외에도 반소가 그녀의 정권에서 중요한 역할을 맡았다는 점 또한 의심할 바 없다. 『후한서』 「반소전(班昭傳)」에는 "등태후가 수렴청정을 할 때 [반소가] 함께 정사를 들었다(及鄧太后臨朝, 與聞政事)"라고 기록하고 있다. 다시 말해 반소가 등태후의 매우 중요한 정치 고문 역할을 담당했다는 말이다. 반소는 등태후와 같은 여성이었으므로 궁궐을 출입하며 황태후 신변에서 정무를 돕는 일이 다른 일반 남성 관리보다 훨씬 편리했다. 동한 중기에 이루어진 치세는 이 두 인텔리 여성이 공동으로 이룬 성과라 해도 과언이 아니며 그중에 문화적 역량도 상당히 풍부하게 포함되어 있다.

3. 문화 패러다임

위왕 조조가 상소문을 올려 손권(孫權, 182~252)을 표기장군(票騎將軍)[1]에 임명하고, 부절을 하사하여 형주목(荊州牧)을 겸하게 하고, 남창후(南昌侯)에 봉해달라고 청했다. 손권은 교위(校尉)[2] 양우(梁寓)를 보내 조공을 바쳤고, 또 포로로 잡은 주광(朱光) 등을 돌려보내고 서신을 올려 조조에게 신하를 칭하면서 천명(天命)에 맞게 황제를 칭하라고 권했다. 조조는 손권의 서신을 외부에 공개하며 말했다. "이 아이가 나를 화롯불 위에 올려놓으려 하는가?" 시중 진군(陳群, ?~237) 등이 모두 말했다. "한(漢)나라의 운명이 이미 끝난 것은 단지 오늘의 일이 아닙니다. 전하의 공덕은 산처럼 우뚝하여 사람들이 모두 우러러보고 있습니다. 이 때문에 손권이 멀리서도 신하를 칭했습니다. 이는 하늘과 사람이 함께 호응하고 서로 다른 기운이 같은 소리를 내는 징조입니다. 전하께서는 마땅히 황위를 바로잡으십시오. 다시 또 무엇을 의심하십니까?" 조조가 말했다. "만약 천명이 나에게 있다면 나는 주(周) 문왕(文王)이 될 것이다."

신 사마광은 아룁니다. 교화는 국가의 급선무이지만 속된 관리들은 그것을 업신여깁니다. 풍속은 천하의 대사이지만 용렬한 임금은 그것을 소홀하게 여깁니다. 오직 밝은 지혜를 갖춘 군자만이 깊이 인식하고 오래 고려한 연후에 그것이 매우 유익하고 심원한 효과가 있음을 압니다. 광무제는 한나라가 중도에 쇠약해져서 군웅들이 봉기한 시기를 만나 포의의 몸으로 떨쳐 일어나서 이전 열성조의 전통을 계승하고 회복하셨습니다. 사방

---

1   삼공(三公)과 동일한 등급의 고위 무관. 자줏빛 인수가 달린 황금 인장을 찼다.

2   각급 부대의 대장 바로 아래 직급의 고급 장수.

을 정벌하느라 날마다 눈코 뜰 새 없이 바쁜 와중에도 경전을 도탑게 숭상하고 빈객의 예로 유학자를 맞아들여 학교를 널리 열고 예악을 밝게 닦으셨습니다. 이에 무공(武功)을 성취하자 문덕(文德)도 함께 넉넉해졌습니다. 계속해서 명제(明帝)와 장제(章帝)가 대를 이어 선조의 유지를 추앙하며 벽옹(辟雍)[3]으로 가서 원로를 배알하고 경전의 내용을 종횡하며 도(道)를 물으셨습니다. 공경대부에서 군현(郡縣)의 관리에 이르기까지 모두 경전에 밝고 행실을 잘 닦은 사람을 등용하셨습니다. 궁궐을 지키는 씩씩한 무사들도 모두 『효경(孝經)』을 공부했고, 흉노의 자제들도 태학(太學)에 유학했습니다. 이러한 까닭에 위에서 가르침이 바로 서자 그것이 아래에서는 풍속이 되었습니다. 충성스럽고 청렴한 선비가 어찌 유독 관리 사회에서만 중시되었겠습니까? 또한 서민들 사이에서도 흠모의 대상이 되었습니다. 어리석고 더러운 사람이 어찌 유독 조정에서만 용납되지 않았겠습니까? 또한 향리에서도 버림받았습니다. 하(河)·은(殷)·주(周)가 멸망한 이래로 풍속 교화의 아름다움이 동한보다 극성한 때는 아직 없었습니다. 화제(和帝) 이후로는 고귀한 신분의 외척들이 권력을 전횡했고 임금의 총애를 받는 측근들이 국가대사에 참여하여 상벌에 법도가 없었으며 뇌물이 공공연하게 행해졌습니다. 또 현명한 사람과 어리석은 자가 마구 뒤섞였고 시시비비도 전도되었으니 정말 혼란한 시대라 할 만합니다. 그런데도 면면히 나라의 운명을 이으며 망국에 이르지 않은 까닭은 위로 원안(袁安, ?~92), 양진(楊震, ?~124), 이고(李固, 94~147), 두교(杜喬, ?~147), 진번(陳蕃, ?~168), 이응(李膺, 110~169)과 같은 공경대부들이 앞에서 조정의 간쟁을 이끌고 공공의 대의로 나라의 위기를 지탱했고, 아래로는 부융(符融), 곽태(郭泰, 128~169), 범방(范滂, 137~169), 허소(許劭, 150?~195?)와 같은 포의 선

---

3 본래 주나라 천자가 개설한 대학이다. 동한 이후로는 유학을 존중하고 전례(典禮)를 행하는 장소로 쓰였다.

비들이 사사롭게 공론을 세워 국가의 패망을 구제했기 때문입니다. 이러한 까닭에 정치는 비록 혼탁했지만 풍속은 쇠퇴하지 않았습니다. 심지어 앞에서 도끼로 참형을 당하는 걸 무릅쓰며 쓰러지더라도 뒤에서는 충의 지사들이 계속 떨쳐 일어났습니다. 그 발자취를 이어 참형을 당하면서도 죽음을 마치 집으로 돌아가는 것처럼 여겼습니다. 이것이 어찌 다만 저 몇 사람의 현명함에만 의지한 일이겠습니까? 또한 광무제, 명제, 장제께서 남기신 교화 덕분일 것입니다. 당시에 만약 밝으신 군주가 일어나 풍속을 떨쳤다면 한나라의 운명도 아직은 헤아릴 수 없었을 것입니다. 불행하게도 쇠약하고 퇴락한 여파를 잇고 다시 환제와 영제의 혼탁한 학정이 거듭되면서 간신을 골육지친보다 더 과도하게 길렀고, 충신을 원수보다 더 심하게 죽였습니다. 수많은 선비의 울분이 쌓이고 사해 만민의 분노가 축적되었습니다. 이에 하진(何進)은 오랑캐를 불러들였고, 동탁은 혼란에 편승했으며, 원소의 무리는 이를 빌미로 난리를 일으켰습니다. 이로 인해 결국 황제의 수레가 파천(播遷)을 떠났고, 종묘사직은 폐허가 되었으며, 왕실은 전복되고 백성은 도탄에 빠졌습니다. 국가의 운명도 끊어져 다시는 구제할 수 없게 되었습니다. 그러나 주(州)와 군(群)에서 군사를 거느리고 그 땅을 마음대로 점령한 자들은 비록 서로 병탄을 일삼았지만 그래도 한나라 존중을 명분으로 삼지 않은 자가 없었습니다. 위(魏) 무제(武帝) 조조는 포악하고 강한 성격에 천하에 큰 공까지 세워 임금을 없애려는 마음을 먹은 지 오래였는데도 종신토록 감히 한나라를 없애고 스스로 황제가 되지 않은 것은 어찌 자신의 마음이 하고 싶지 않았기 때문이겠습니까? 오히려 명분과 대의(名義)가 두려워 스스로 억제했기 때문입니다. 이로써 살펴보건대 교화를 어찌 업신여길 수 있으며 풍속을 어찌 소홀히 할 수 있겠습니까?

『자치통감』 권68

유비와 손권이 조조를 어떻게 비방했든지 간에, 또 후세의 경극 무대에서 조조를 얼마나 극악한 간신으로 묘사하든지 간에, 사람들은 그래도 한나라 말기 조조, 손권, 유비 세 영웅 중에서 조조만 유일하게 생전에 황제를 칭한 적이 없다는 사실을 인정하지 않을 수 없다. 이런 현상은 삼국의 역사를 좋아하는 사람들이 흥미진진하게 이야기하는 내용 중 하나다. 또 동한 말의 역사에는 위 인용문에 묘사한 대목이 등장한다. 손권은 오랫동안 허창(許昌)의 조조 정권과 대항하고 또 유비와 치열한 전쟁을 치른 후, 힘이 부침을 깊이 느끼고 잠시 거짓으로 조조 정권에 귀의하지 않을 수 없었다. 손권은 사자를 파견하여 헌제에게 조공을 바치는 동시에 조조에게도 사람을 보내 헌제 대신 자립하여 보위에 오르라고 권했다. 손권이 이렇게 한 것은 물론 자신만의 속셈이 있었다. 손권의 「황제 등극을 권하는 상소문(勸進表)」를 받은 후 조조는 사람들에게 매우 음미할 만한 반응을 보였다. 조조는 손권의 권유가 자신을 화롯불 위에 올려놓고 구우려는 책략이라고 말했다. 즉 일단 황제를 칭하면 자신은 명실상부하게 한나라를 찬탈한 역적이 되므로 마침내 천하 영웅들이 함께 화살을 겨누는 과녁이 된다는 의미다. 이것이 아마도 손권이 목격하려던 상황이었을 것이다. 당일에 조조의 수하 중에서도 손권의 권유에 편승하여 조조에게 황제를 칭하라고 권한 사람이 적지 않았다. 그들의 목적은 분명했다. 즉 조조가 황제로 등급을 올리면 자연스럽게 자신들의 지위도 올라가기 때문이었다. 그러나 조조는 손권의 권유를 매우 단호하게 거절했다. 그는 어느 누구보다도 명확하게 손권의 계략을 간파하고 있었다. 그는 비록 황제를 칭하지는 않았지만 다음과 같은 한마디 말을 남겨놓았다. "만약 천명이 나에게 있다면 나는 주 문왕이 될 것이다." 주 문왕은 생전에 여전히 은나라의 신하로 자처하면서 신중하게 은나라에 충성을 다 바쳤다. 그러나 그의 영도하에서 주나라 민족은 매우 강대하게 변했을 뿐 아니라 은나라를 멸망시키기 위해 모든 준비를 해두고 있었다. 이 때문에 문왕 사후 그의 아들 주 무왕(武王, 기원전 1087?~기원전 1043)은 목야(牧野) 전투에서 주왕(紂王)의 군대를 격파하고 일거에 은나라를 멸망시켰다. 이런 시각으로 살펴보면 주 문왕은 천하를 통일하여 주나라의 첫 번째 천자는 되지 못했지만 주나라 건국에 실제적 기초를 놓은 사람이라 할 수 있다. 조조도 만약 천명이 진정으로 조씨를 돌본다면 자신은 주 문왕과 같은 역할을 하겠다고 했다. 다시 말해 그 스스로는 황제를 칭할 수 없지만 그의 자손 중에서 누군가 기회가 잡으면 천명에 순응하여 황제를 칭할 수도 있다는 뜻이다. 조조 사후 과연 그의 아들 조비가 황제를 칭하여 그가 주 문왕이 되고 싶었던 소원을 이뤄줬다.

조조는 왜 스스로 황제를 칭하지 않았을까? 다양한 해석이 가능하다. 그러나 사마광은 『자치통감』에서 보통 사람이 상상할 수 없는 이유를 들고 있다. 사마광은 이렇게 반문하고 있다. 조조와 같은 사람이 한나라 조정의 실권을 장악한 후 스스로 황제를 칭하지 않은 것은 과연 그의 충성스럽고 성실한 성격 때문이겠는가? 그리고 그가 진정으로 마음속에 황제가 되고 싶은 마음이 없었기 때문이겠는가? 물론 아니다. 그럼 이유가 무엇인가? 사마광의 대답은 사람들의 의표를 찌르고 있다. 사마광은 말한다. 그것은 조조가 감히 하지 못했던 것이 아니다. 많은 독자들께선 잘 이해하지 못할 것이다. 그럼 과연 조조가 감히 그렇게 하지 못한 이유가 있었던가? 그럼 그가 두려워한 것은 무엇인가?

우리는 이 대목에서 사마광의 논증 논리를 잘 살펴봐야 한다. 사마광은 글 서두에서는 조조가 황제 칭호를 거절한 일에 대해서 전혀 논평을 하지 않고, 동한 왕조의 장구한 역사 속에서 한 가지 현저한 특징을 잡아내서 회고하고 있다. 그것은 바로 동한 왕조가 풍속과 교화를 중시한 점이다. 사마광은 논평을 통해 광무제 유수의 문화 교육 중시 정책을 중점적으로 강조하면서 광무제가 전쟁 시대에 이미 문화 교육에 주의하기 시작했다고 칭송하고 있다. 이 대목의 논평과 우리가 앞에서 소개한 바 있는 광무제 유수에 대한 사마광의 논평은 광무제가 탁무를 발탁하여 등용한 일과 서로 잘 호응한다. 이어서 사마광은 광무제를 계승한 황제 즉 그의 아들 명제 및 손자 장제도 광무제의 문화 교육 중시 전통을 이어받았다고 칭찬하고 있다. 명제와 장제 모두 유학자를 스승으로 모셨다. 그들은 스승을 존중하고 올바른 도(道)를 중시했으며, 또 유학의 의리를 토론하는 자리에 직접 참석했다. 이러한 분위기하에서 각급 관리들도 모두 학문에 뛰어난 선비로 채워졌으며 황제를 호위하는 무사들까지도 학문과 교육을 중시하는 기풍의 영향을 받아 『효경』을 읽기 시작했다. 또 흉노 귀족 자제들도 동한 수도 낙양으로 와서 학술문화에 심취했다. 동한 초기의 3대 황제가 60여 년간 문화 교육을 제창하자 찬란한 문화가 사회 건강에 긍정적 효과를 발휘했다. 관리나 평민을 막론하고 모두 염치를 알고 행동거지에서 윤리나 법령을 위반하려고 하지 않았다. 또 사람들은 품행이 나쁜 사람을 고립시키고 그들과 왕래하려 하지 않았다. 사마광은 동한 전기의 사회 기풍이 하·은·주 삼대 이래로 유일하게 진실한 시대이며, 어떤 시대도 이 시대를 뛰어넘을 수 없다고까지 했다.

애석하게도 장제가 세상을 떠난 이후로는 사회 상황에 많은 변화가 발생했다. 외척 전횡과 총신 등용이 시작되었다. 권력 분배가 문란해지며 남용 정도가 심해져서 정상적인 제도와 법령에 도전하는 현상이 야기되었고 뇌물과 부패도 만연했다. 이 같은 곤경에 당면해서도 동한 왕조는 여전히 100여 년 동안 명맥을 이어가며 즉각 멸망하지 않았다. 그 원인은 과연 무엇일까? 사마광의 인식에 의하면 그것은 바로 동한 초기 3대 황제가 훌륭한 문화 교육과 풍속의 바탕을 마련하여 정치적 혼란에 수반되는 불량한 영향을 일정 정도 감소시켰기 때문이라고 한다. 양호한 풍속을 60여 년간 돈독하게 장려함으로써 모든 사회 기풍을 순수하고 소박하게 변화시켰다는 것이다. 따라서 상위 계층의 부패가 전체 사회의 좋은 풍속을 완전히 허물 수 없었다. 정치 중심에서 멀리 떨어진 사람들은 여전히 조화롭게 질서를 존중하는 환경에서 살아가고 있었다. 중앙 정계의 부패가 모든 사회의 구석구석까지 스며들기까지는 아직도 많은 시간이 필요했다. 이에 동한 왕조는 중앙 정치가 끊임없이 문제를 야기하는 상황에서도 여전히 100여 년을 버틸 수 있었다. 정계의 핵심에서 전횡한 부패 권력도 한 손으로 하늘을 가릴 수는 없었다. 정치의 작동이 비정상적인 상황에서 사대부 영수들은 줄곧 정직한 관리와 맑은 여론을 이끌면서 어지러운 명령에 저항하며 혼란을 바로잡으려 했다. 사마광은 이런 명사들의 이름을 다양하게 열거하고 있다. 이들의 존재는 분명 동한 왕조가 일관되게 교육과 풍속을 중시하는 과정에서 얻은 두드러진 결과물이라 할 만하다. 따라서 언뜻 보기에 온갖 문제로 점철되어 금방 쓰러질 것 같던 동한 왕조가 대소 군벌의 사분오열 틈바구니에서도 여전히 쓰러지지 않았다. 이것이 바로 심도 깊고 후덕한 문화 교육이 동한 왕조에 가져다준 큰 선물일 것이다.

이처럼 긴 배경음악을 깐 후 사마광은 비로소 앞에서 제기한 문제의 해답을 제시하기 시작한다. 조조는 왜 황제에 오르지 않았을까? 사마광의 해답은 간단명료하다. "명분과 대의(名義)가 두려워 스스로 억제했기 때문입니다." 여기에서 말하는 '명의(名義)'란 어휘를 우리는 유가 사대부가 숭앙한 명교(名教) 질서 및 그것과 유관한 예의 도덕으로 이해할 수 있다. 이것은 일종의 연약한 구속력이다. 사람들은 명분(名)과 대의(義)에 대한 경외심 때문에 도덕상의 자아구속력을 발휘하여, 스스로 '명분과 대의'를 파괴하는 일을 억제한다. 이처럼 연약한 구속력이 사회적 효력을 발휘하게 하려면 모든 사람이 '명의'를 존중하는 두터운 사회 환경이 필요하다. 이러한 환경 속에서 생활하는 사람은 모두 자신의 명예와 절개를 아끼게 되고, 대다수 사람들은 자신의 이익을 위해 이익보다 더 중요한 '명의'를 희생하려 하지 않는다. 사마광은 동한 말기가 비록 혼란기였지만 명의에 바탕을 둔 두터운 사회 환경이 존재했기에 여전히 '명의'에 대한 경외심이 저력을 발휘할 수 있었다고 인식했다. 조조가 황제 칭호를 거절한 것은 능력이 부족했기 때문이 아니라, 또 그가 진정으로 권력의 정점에 오르고 싶지 않았기 때문이 아니라, 여전히 이와 같은 '명의' 관념에 깊이 구속되어 있었기 때문이다.

사마광은 문화적 관점에서 조조의 행위를 해석했는데, 이는 동한 후기의 국운에 대한 해석이기도 하다. 사람들이 사마광의 해석에 동의하든 동의하지 않든 상관없이, 사마광이 구체적인 역사 서술을 버리고 제기한 관점 즉 국가와 사회가 반드시 문화·교육·풍속을 중시해야 한다는 이 관점은 우리가 깊이 생각해볼 가치가 있다. 사회 안정과 질서 확립을 위해 문화 교육을 강조해야 한다는 관점은 오늘날 우리 사회에서도 여전히 깊이 본받아야 할 의미를 지니고 있다.

조조가 황제 칭호를 거절한 일 및 그것에 대한 사마광의 논평은 『자치통감』 권68 말미에 실려 있다. 이 앞뒤 문장을 통해 우리는 사마광이 이 대목 논평을 마무리한 후 동한 역사 서술을 끝내고 있음을 발견할 수 있다. 바로 다음 권 즉 제69권부터는 조비, 유비, 손권이 앞서거니 뒤서거니 황제를 칭하는 시대 즉 진정한 의미의 삼국시대 서술이 시작된다. 이 대목에서 사마광이 조조에게 내린 논평과 앞의 탁무 발탁 단락에서 광무제에게 내린 논평을 비교해보면 다음과 같은 결론에 도달할 수 있다. 사마광은 동한 역사를 서술하면서 시종일관 서술의 초점을 문화 교육과 풍속 부문에 맞추어 그것을 그 시대의 기본 특징으로 삼고 있다. 동한 역사 서술을 시작하면서 사마광은 광무제가 탁무를 발탁한 이야기를 선택하여 특수한 시각으로 광무제를 찬양했다. 그리고 사마광은 또 동한 역사 서술을 마무리하면서 사람들이 이 왕조에 대해 주의할 점이 어디에 있는지 회고하고 있다. 즉 사마광은 마지막 부분에서도 서술의 초점을 다시 문화 교육과 풍속 부문에 맞추어 자신의 역사 서술이 수미일관하게 선명한 호응관계를 이루도록 주의를 기울이고 있다.

서문

每患遷, 固以來, 文字繁多. 自布衣之士讀之不遍, 況於人主. 日有萬機, 何暇周覽? 臣常不自揆, 欲刪削冗長, 擧撮機要. 專取關國家興衰, 系生民休戚, 善可爲法, 惡可爲戒者, 爲編年一書, 使先後有倫, 精粗不雜.

司馬光,「進資治通鑑表」

上破布歸, 置酒, 太子侍, 四人從太子, 年皆八十有餘, 須眉皓白, 衣冠甚偉. 上怪, 問之曰, "彼何爲者?" 四人前, 對, 各言名姓, 曰東園公, 甪里先生, 綺里季, 夏黃公. 上乃大驚, 曰, "吾求公數歲, 公辟逃我, 今公何自從吾兒游乎?" 四人皆曰, "陛下輕士, 善罵. 臣等義不受辱, 故恐而亡匿. 竊聞太子爲人仁孝, 恭敬, 愛士, 天下莫不延頸欲爲太子死. 故臣等來耳." 上曰, "煩公幸卒調護太子." 四人爲壽已畢, 起去. 上目送之, 召戚夫人, 指示四人者曰, "我欲易之, 彼四人輔之, 羽翼已成, 難動矣. 呂氏眞而主矣." 戚夫人泣, 上曰, "爲我楚舞, 吾爲若楚歌." 歌曰, "鴻鵠高飛, 一擧千里, 羽翮已就, 橫絶

四海. 橫絶四海, 當可奈何, 雖有矰繳, 尙安所施!" 歌數闋, 戚夫人噓唏流
涕, 上起去, 罷酒, 竟不易太子者.

司馬遷, 『史記』

　高祖剛猛伉厲, 非畏揖紳譏議者也. …… 若決意欲廢太子, 立如意, 不顧
義理. 以留侯之久故親信, 猶云非口舌所能爭, 豈山林四叟片言遽能梜其事
哉? 借使四叟實能梜其事, 不過汚高祖數寸之刃耳. 何至悲歌云"羽翮已成,
矰繳安施"乎?

司馬光, 『資治通鑑』卷12

수신편

다른 사람을 바로잡으려면 나부터

1. 나로부터 시작하다

季康子問政於孔子. 孔子對曰, "政者, 正也. 子帥以正, 孰敢不正.

『論語』「顔淵」

　大學之道在明明德, 在親民, 在止於至善. 知止而后有定, 定而后能靜,
靜而后能安, 安而后能慮, 慮而后能得. 物有本末, 事有終始, 知所先後, 則
近道矣. 古之欲明明德於天下者, 先治其國, 欲治其國者, 先齊其家, 欲齊其
家者, 先修其身, 欲修其身者, 先正其心, 欲正其心者, 先誠其意, 欲誠其意
者, 先致其知, 致知在格物. 物格而后知至, 知至而后意誠, 意誠而后心正,
心正而后身修, 身修而后家齊, 家齊而后國治, 國治而后天下平. 自天子以至
於庶人, 壹是皆以修身爲本. 其本亂而末治者, 否矣. 其所厚者薄, 而其所薄
者厚, 未之有也.

『禮記』「大學」

臣聞大學之道, 自天子以至於庶人, 壹是皆以修身爲本. 而家之所以齊, 國之所以治, 天下之所以平, 莫不由是出焉. 然身不可以徒修也, 深探其本, 則在乎格物以致其知而已. 夫格物者, 窮理之謂也, 蓋有是物必有是理. 然理無形而難知, 物有跡而易睹. 故因是物以求之, 使是理了然心目之間而無毫發之差, 則應乎事者自無毫發之繆. 是以意誠心正而身修, 至於家之齊, 國之治, 天下之平, 亦擧而措之耳, 此所謂大學道.　　　　朱熹,「癸未垂拱奏箚」1

公曰,"敢問何謂爲政?" 孔子對曰,"政者, 正也. 君爲正, 則百姓從政矣. 君之所爲, 百姓之所從也. 君所不爲, 百姓何從?"　　　　　　　『禮記』「哀公問」

When I was young and free and my imagination had no limits, I dreamed of changing the world.

As I grew older and wiser, I discovered the world would not change, so I shortened my sights somewhat and decided to change only my country.

But it, too, seemed immovable.

As I grew into my twilight years, in one last desperate attempt, I settled for changing only my family, those closest to me, but alas, they would have none of it.

And now as I lie on my deathbed, I suddenly realize: If I had only changed myself first, then by example I would have changed my family.

From their inspiration and encouragement, I would then have been able to better my country and, who knows, I may have even changed the world.　　　　　　*Start with Yourself*

2. 본보기와 체감

魏東淸河郡山賊群起, 詔以齊州長史房景伯爲東淸河太守. 郡民劉簡虎
嘗無禮於景伯, 擧家亡去. 景伯窮捕, 禽之. 署其子爲西曹掾, 令諭山賊. 賊
以景伯不念舊惡, 皆相帥出降. 景伯母崔氏, 通經, 有明識. 貝丘婦人列其子
不孝, 景伯以白其母. 母曰, "吾聞聞名不如見面, 山民未知禮義, 何足深責."
乃召其母, 與之對榻共食, 使其子侍立堂下, 觀景伯供食. 未旬日, 悔過求還.
崔氏曰, "此雖面慚, 其心未也, 且置之." 凡二十餘日, 其子叩頭流血, 母涕
泣乞還, 然後聽之, 卒以孝聞.　　　　　　　　　　　　　　『資治通鑑』卷151

3. 여지를 남겨두는 것

時歲荒民儉, 有盜夜入其室, 止於梁上. 寔陰見, 乃起, 自整拂. 呼命子
孫, 正色訓之曰, "夫人不可不自勉, 不善之人未必本惡, 習以性成, 遂至於
此, 梁上君子者是矣." 盜大驚, 自投於地, 稽顙歸罪. 寔徐譬之曰, "視君狀
貌, 不似惡人, 宜深克己反善. 然此當由貧困." 令遺絹二匹. 自是一縣無複
盜竊.　　　　　　　　　　　　　　　　　　　　　　『後漢書』「陳寔傳」

■ 홀로 있을 때

1. 암실 속의 자율

『詩』曰, "潛雖伏矣, 亦孔之昭." 故君子內省不疚, 無惡於志. 君子之所不
可及者, 其惟人之所不見乎. 『詩』曰, "相在爾室, 尙不愧于屋漏." 故君子不
動而敬, 不言而信.　　　　　　　　　　　　　　　　　『禮記』「中庸」

震孤貧好學, 明歐陽『尙書』, 通達博覽, 諸儒爲之語曰, '關西孔子楊伯
起.' 敎授二十餘年, 不答州郡禮命, 衆人謂之晚暮, 而震志愈篤. 驚聞而辟

之, 時震年已五十餘. 累遷荊州刺史, 東萊太守. 當之郡, 道經昌邑. 故所舉荊州茂才王密爲昌邑令, 夜懷金十斤以遺震. 震曰, "故人知君, 君不知故人, 何也?" 密曰, "暮夜無知者." 震曰, "天知, 地知, 我知, 子知, 何謂無知者?" 密愧而出. 後轉涿郡太守, 性公廉, 子孫常蔬食步行. 故舊或欲令爲開産業, 震不肯, 曰, "使後世稱爲淸白吏子孫, 以此遺之, 不亦厚乎!"

『資治通鑑』卷49

2. 지금 실천이 더 필요한 이유

道也者, 不可須臾離也, 可離非道也. 是故君子戒愼乎其所不睹, 恐懼乎其所不聞. 莫見乎隱, 莫顯乎微. 故君子愼其獨也.

『禮記』「中庸」

朱熹之說, 道者, 日用事物當然之理. 皆性之德而具於心, 無物不有, 無時不然. 是以不可須臾離也. 若其可離, 則爲外物, 而非道矣. 是以君子之心常存敬畏, 雖不見聞, 亦不敢忽. 所以存天理之本然, 而不使離於須臾之頃也.

眞德秀, 『大學衍義』권29

3. 고요하고 담박하게

右千牛衛將軍安平王武攸緖, 少有志行, 恬澹寡欲. 扈從封中嶽還, 卽求棄官隱於嵩山之陽. 太后疑其詐, 許之, 以觀其所爲. 攸緖遂優遊巖壑, 冬居茅椒, 夏居石室, 一如山林之士. 太后所賜及王公所遺野服器玩, 攸緖一皆置之不用, 塵埃凝積. 買田使奴耕種, 與民無異.

『資治通鑑』卷205

上以安樂公主將適左衛中郎將武延秀, 遣使召太子賓客武攸緖於嵩山. 攸緖將至, 上敕禮官於兩儀殿設別位, 欲行問道之禮, 聽以山服葛巾入見, 不名不拜. 攸入, 通事舍人引攸緖就位. 攸緖趨立辭見班中再拜, 如常儀. 上愕然, 竟不成所擬之禮. 上屢延之內殿, 頻煩寵錫, 皆謝不受. 親貴謁候, 寒溫之外不交一言.

『資治通鑑』卷209

4. 악의 평범함에 대한 경계

俊臣方用事, 選司受其屬請, 不次除官者每銓數百人. 俊臣敗, 侍郎皆自首. 太后責之, 對曰, "臣負陛下, 死罪. 臣亂國家法, 罪止一身, 違俊臣語, 立見滅族." 太后乃赦之. 上林令侯敏, 素諂事俊臣. 其妻董氏諫之曰, "俊臣國賊, 指日將敗, 君宜遠之." 敏從之. 俊臣怒, 出爲武龍令. 敏欲不往, 妻曰, "速去, 勿留!" 俊臣敗, 其黨皆流嶺南, 敏獨得免.

『資治通鑑』卷206

庚申, 以楊國忠爲右相, 兼文部尙書, 其判使並如故. 國忠爲人強辯而輕躁, 無威儀. 旣爲相, 以天下爲己任, 裁決機務果敢不疑；居朝廷, 攘袂扼腕, 公卿以下頤指氣使, 莫不震懾. 自侍御史至爲相, 凡領四十餘使. 台省官有才行時名不爲己用者, 皆出之. 或勸陝郡進士張彖謁國忠, 曰, "見之, 富貴立可圖." 彖曰, "君輩倚楊右相如泰山, 吾以爲冰山耳. 若皎日既出, 君輩得無失所恃乎!" 遂隱居嵩山.

『資治通鑑』卷216

대국적 관점

1. 이해득실보다 전체

趙王歸國, 以藺相如爲上卿, 位在廉頗之右. 廉頗曰, "我爲趙將, 有攻城野戰之功. 藺相如素賤人, 徒以口舌, 而位居我上, 吾羞不忍爲之下." 宣言曰, "我見相如, 必辱之!" 相如聞之, 不肯與會, 每朝常稱病, 不欲爭列. 出而望見, 輒引車避匿. 其舍人皆以爲恥. 相如曰, "子視廉將軍, 孰與秦王?" 曰, "不若." 相如曰, "夫以秦王之威, 而相如廷叱之, 辱其群臣. 相如雖駑, 獨畏廉將軍哉! 顧吾念之, 強秦所以不敢加兵於趙者, 徒以吾兩人在也. 今兩虎共鬪, 其勢不俱生, 吾所以爲此者, 先國家之急, 而後私仇也!" 廉頗聞之, 肉袒負荊, 至門謝罪, 遂爲刎頸之交.

『資治通鑑』卷4

丁巳, 以前山南東道節度使南皮賈耽爲工部尙書. 先是, 耽使行軍司馬樊澤奏事行在. 澤旣復命, 方大宴, 有急牒至, 以澤代耽爲節度使. 耽內牒懷中, 宴飮如故, 顏色不改. 宴罷, 召澤告之, 且命將吏謁澤. 牙將張獻甫怒曰, "行軍爲尙書問天子起居, 乃敢自圖節鉞, 奪尙書土地, 事人不忠, 請殺之!" 耽曰, "是何言也! 天子所命, 卽爲節度使矣!" 卽日離鎭, 以獻甫自隨, 軍府遂安. 胡三省注: 卽日離鎭, 旣得"君命召, 不俟駕"之義, 亦所以遏亂原. 以張獻甫自隨, 則樊澤無所猜嫌, 亦所以全獻甫也.

『資治通鑑』卷230

2. 판세 읽기

九月, 操還許, 分兵守官渡. 袁紹遣人招張繡, 幷與賈詡書結好. 繡欲許之, 詡於繡坐上顯謂紹使曰, "歸謝袁本初, 兄弟不能相容, 而能容天下國士乎!" 繡驚懼曰, "何至於此!" 竊謂詡曰, "若此當何歸?" 詡曰, "不如從曹公." 繡曰, "袁強曹弱, 又先與曹爲仇, 從之如何?" 詡曰, "此乃所以宜從也. 夫曹公奉天子以令天下, 其宜從一也. 紹強盛, 我以少衆從之, 必不以我爲重. 曹公衆弱, 其得我必喜, 其宜從二也. 夫有霸王之志者, 固將釋私怨以明德於四海, 其宜從三也. 願將軍無疑." 冬, 十一月, 繡率衆降曹操. 操執繡手, 與歡宴, 爲子均取繡女. 拜揚武將軍, 表詡爲執金吾, 封都亭侯.

『資治通鑑』卷63

3. 위기일수록 다해야 하는 책임

平盧游奕使武陟劉客奴, 先鋒使董秦, 及安東將王玄志, 同謀討誅知誨.

遣使逾海與顏眞卿相聞, 請取范陽以自效. 眞卿遣判官賈載齎糧及戰士衣助之. 眞卿時惟一子頗, 才十餘歲, 使詣客奴爲質. 朝廷聞之, 以客奴爲平盧節度使, 賜名正臣, 玄志爲安東副大都護, 董秦爲平盧兵馬使.

『資治通鑑』卷217

維乾元元年, 歲次戊戌, 九月庚午朔, 三日壬申. 第十三叔, 銀靑光祿大夫, 使持節蒲州諸軍事, 蒲州刺史, 上輕車都尉, 丹陽縣開國侯眞卿, 以淸酌庶羞, 祭于亡姪贈贊善大夫季明之靈. 惟爾挺生, 夙標幼德, 宗廟瑚璉, 階庭蘭玉, 每慰人心, 方期戩穀. 何圖逆賊間釁, 稱兵犯順. 爾父竭誠, 常山作郡, 余時受命, 亦在平原. 仁兄愛我, 俾爾傳言, 爾旣歸止, 爰開土門. 土門旣開, 凶威大蹙. 賊臣不救, 孤城圍逼, 父陷子死, 巢傾卵覆. 天不悔禍, 誰爲荼毒? 念爾遘殘, 百身何贖? 嗚呼哀哉! 吾承天澤, 移牧河關. 泉明比者, 再陷常山, 攜爾首櫬, 及玆同還, 撫念摧切, 震悼心顏. 方俟遠日, 卜爾幽宅, 魂而有知, 無嗟久客. 嗚呼哀哉, 尙饗!

顏眞卿,「祭姪文稿」

4. 패싸움과 대마싸움

淸河客李萼, 年二十餘, 爲郡人乞師於眞卿. 曰, "公首唱大義, 河北諸郡恃公以爲長城. 今淸河, 公之西鄰. 國家平日聚江淮, 河南錢帛於彼, 以贍北軍, 謂之天下北庫. 今有布三百餘萬匹, 帛八十餘萬匹, 錢三十餘萬緡, 糧三十餘萬斛. 昔討默啜, 甲兵皆貯淸河庫, 今有五十餘萬事. 戶七萬, 口十餘萬. 竊計財足以三平原之富, 兵足以倍平原之強. 公誠資以士卒, 撫而有之, 以二郡爲腹心, 則餘郡如四支, 無不隨所使矣." 眞卿曰, "平原兵新集, 尙未訓練, 自保恐不足, 何暇及鄰? 雖然, 借若諸子之請, 則將何爲乎?" 萼曰, "淸河遣僕銜命於公者, 非力不足而借公之師以嘗寇也, 亦欲觀大賢之明義耳. 今仰瞻高意, 未有決辭定色, 僕何敢遽言所爲哉?" 眞卿奇之, 欲與之兵,衆以爲萼年少輕慮, 徒分兵力, 必無所成. 眞卿不得已, 辭之. 萼就館, 復爲書說眞卿, 以爲"淸河去逆效順, 奉粟帛器械以資軍, 公乃不納而疑之. 僕回轅之後, 淸河不能孤立, 必有所系托, 將爲公西面之強敵, 公能無悔乎?" 眞卿大驚, 遽詣其館, 以兵六千借之, 送至境, 執手別. 眞卿問曰, "兵已行矣, 可以言子之所爲乎?" 萼曰, "聞朝廷遣程千里將精兵十萬出崞口討賊, 賊據險拒之, 不得前. 今當引兵先擊魏郡, 執祿山所署太守袁知泰, 納舊太守司馬垂, 使爲西南主人, 分兵開崞口, 出千里之師. 因討汲鄴以北, 至於幽陵郡縣之未下者. 平原, 淸河帥諸同盟, 合兵十萬, 南臨孟津, 分兵循河據守要害, 制其北走之路. 計官軍東討者不下二十萬, 河南義兵西向者亦不減十萬. 公但當表朝廷, 堅壁勿戰, 不過月餘, 賊必有內潰相圖之變矣!" 眞卿曰, "善!" 命錄事參軍李擇交, 及平原令範冬馥, 將其兵會淸河兵四千; 及博平兵千人, 軍於堂邑西南. 袁知泰遣其將白嗣恭等將二萬餘人來逆戰, 三郡兵力戰盡日, 魏兵大敗, 斬首萬餘級, 捕虜千餘人, 得馬千匹, 軍資甚衆. 知泰奔汲郡. 遂克魏郡, 軍聲大振.

『資治通鑑』 卷217

5. 꼼수와 나를 희생하는 한 수

時北海太守賀蘭進明亦起兵, 眞卿以書召之幷力. 進明將步騎五千度河, 眞卿陳兵逆之, 相揖哭於馬上, 哀動行伍. 進明屯平原城南, 休養士馬, 眞卿每事咨之, 由是軍權稍移於進明矣, 眞卿不以爲嫌. 眞卿以堂邑之功讓進明, 進明奏其狀, 取舍任意. 敕加進明河北招討使, 擇交, 冬馥微進資級, 淸河, 博平有功者皆不錄.

『資治通鑑』 卷217

睢陽士卒死傷之餘才六百人. 張巡, 許遠分城而守之, 巡守東北, 遠守西南, 與士卒同食茶紙, 不復下城. 賊士攻城者, 巡以逆順說之, 往往棄賊來降, 爲巡死戰, 前後二百餘人. 是時許叔冀在譙郡, 尙衡在彭城, 賀蘭進明在臨淮, 皆擁兵不救, 城中日蹙. 巡乃令南霽雲將三十騎, 犯圍而出, 告急於臨淮. 霽雲出城, 賊衆數萬遮之, 霽雲直衝其衆, 左右馳射, 賊衆披靡, 止亡兩騎. 既至臨淮, 見進明. 進明曰, "今日睢陽不知存亡, 兵去何益!" 霽雲曰, "睢陽若陷, 霽雲請以死謝大夫. 且睢陽既拔, 即及臨淮, 譬如皮毛相依, 安得不救!" 進明愛霽雲勇壯, 不聽其語, 強留之, 具食與樂, 延霽雲坐. 霽雲慷慨泣, 且語曰, "霽雲來, 睢陽之人不食月餘矣! 霽雲雖欲獨食, 且不下咽. 大夫坐擁強兵, 觀睢陽陷沒, 曾無分災救患之意, 豈忠臣義士之所爲乎?" 因齧落一指, 以示進明, 曰, "霽雲既不能達主將之意, 請留一指, 以示信歸報!" 座中往往爲泣下. 霽雲察進明終無出師意, 遂去. 至寧陵, 與城使廉坦同將步騎三千人, 閏月戊申, 夜冒圍, 且戰且行, 至城下, 大戰, 壞賊營. 死傷之外, 僅得千人入城. 城中將吏知無救, 皆慟哭. 賊知援絶, 圍之益急. 初, 房琯爲相, 惡賀蘭進明, 以爲河南節度使, 以許叔冀爲進明都知兵馬使, 俱兼御史大夫. 叔冀自恃麾下精銳, 且官與進明等, 不受其節制. 故進明不敢分兵, 非惟疾巡, 遠功名, 亦懼爲叔冀所襲也.

『資治通鑑』卷219

정신과 책임감

1. 올바른 일에는 오롯하게

'元·亨·利·貞', 乾之四德. 元, 仁也, 亨, 禮也, 利, 義也, 貞, 信也. 不論知者, 行此四德, 正資於知.

宋 李衡, 『周易義海撮要』「乾卦」

及崔浩被收, 太子召(高)允至東宮, 因留宿. 明旦, 與俱入朝, 至宮門, 謂允曰, "入見至尊, 吾自導卿. 脫至尊有問, 但依吾語." 允曰, "爲何等事也?" 太子曰, "入自知之." 太子見帝, 言"高允小心愼密, 且微賤, 制由崔浩, 請赦其死." 帝召允, 問曰, "『國書』皆浩所爲乎?" 對曰, "「太祖記」, 前著作郞鄧淵所爲,「先帝記」及「今記」, 臣與浩共爲之. 然浩所領事多, 總裁而已, 至於著述, 臣多於浩." 帝怒曰, "允罪甚於浩, 何以得生!" 太子懼曰, "天威嚴重, 允小臣, 迷亂失次耳. 臣向問, 皆云浩所爲." 帝問允, "信如東宮所言乎?" 對曰, "臣罪當滅族, 不敢虛妄. 殿下以臣侍講日久, 哀臣, 欲丐其生耳. 實不問臣, 臣亦無此言, 不敢迷亂." 帝顧太子曰, "直哉! 此人情所難而允能爲之, 臨死不易辭, 信也. 爲臣不欺君, 貞也. 宜特除其罪以旌之." 遂赦之.

『資治通鑑』卷125

2. 인사기하학의 원리

初, 遼東公翟黑子有寵於帝, 奉使幷州, 受布千匹, 事覺, 黑子謀於高允曰, "主上問我, 當以實告, 爲當諱之?" 允曰, "公惟帷幄寵臣, 有罪首實, 庶或見原, 不可重爲欺罔也." 中書侍郞崔覽, 公孫質曰, "若首實, 罪不可測, 不如諱之." 黑子怨允曰, "君奈何誘人就死地!" 入見帝, 不以實對. 帝怒, 殺之. 帝使允授太子經.

……

它日, 太子讓允曰, "人亦當知機, 吾欲爲卿脫死, 既開端緒, 而卿終不從, 激怒帝如此, 每念之, 使人心悸." 允曰, "夫史者, 所以記人主善惡, 爲將來勸戒, 故人主有所畏忌, 愼其擧措. 崔浩孤負聖恩, 以私欲沒其廉潔, 愛憎蔽其公直, 此浩之責也. 至於書朝廷起居, 言國家得失, 此爲史之大體, 未爲多違. 臣與浩實同其事, 死生榮辱, 義無獨殊, 誠荷殿下再造之慈, 違心苟免, 非臣所願也!" 太子動容稱歎. 允退, 謂人曰, "我不奉東宮指導者, 恐負翟黑子故也!"

『資治通鑑』卷125

3. 덕이 있어야 책임감도 강하다

"貞固足以幹事." 何妥曰, 貞, 信也. 君子堅貞, 正可以委任於事. 故『論語』

曰, "敬事而信." 故幹事而配信也.　　　　　　　　唐 李鼎祚, 『周易集解』 「乾卦」

於是召浩前, 臨詰之. 浩惶惑不能對. 允事事申明, 皆有條理. 帝命允爲詔, 誅浩及僚屬宗欽, 段承根等, 下至僮吏, 凡百二十八人, 皆夷五族. 允持疑不爲. 帝頻使催切, 允乞更一見, 然後爲詔. 帝引使前, 允曰, "浩之所坐, 若更有餘釁, 非臣敢知, 若直以觸犯, 罪不至死." 帝怒, 命武士執允. 太子爲之拜請, 帝意解, 乃曰, "無斯人, 當有數千口死矣."

六月己亥, 詔誅淸河崔氏與浩同宗者, 無遠近, 及浩姻家范陽盧氏, 太原郭氏, 河東柳氏, 并夷其族, 餘皆止誅其身. 繫浩置檻內, 送城南, 衛士數十人溲其上, 呼聲嗷嗷, 聞於行路. 宗欽臨刑歎曰, "高允其殆聖乎!

『資治通鑑』 卷125

4. 이상과 현실

高宗之立也, 高允預其謀. 陸麗等皆受重賞, 而不及允. 允終身不言. 胡三省注: 高允不言功, 其後位遇隆厚, 天豈嗇其報也.　　『資治通鑑』 卷126

魏光祿大夫咸陽文公高允, 歷事五帝, 出入三省, 五十餘年, 未嘗有譴. 馮太後及魏主甚重之, 常命中黃門蘇與壽扶侍. 允仁恕簡靜, 雖處貴重, 情同寒素, 執書吟覽, 晝夜不去手, 誨人以善, 恂恂不倦. 篤親念故, 無所遺棄. 顯祖平靑徐, 悉徙其望族於代, 其人多允之婚媾, 流離饑寒, 允傾家賑施, 咸得其所. 又隨其才行薦之於朝. 議者多以初附間之, 允曰, "任賢使能, 何有新舊? 必若有用, 豈可以此抑之?" 允體素無疾, 至是微有不適, 猶起居如常, 數日而卒, 年九十八. 贈侍中司空, 賻襚甚厚, 魏初以來存亡蒙賚皆莫及也.

『資治通鑑』 卷136

자기절제력

1. 공은 공, 사는 사

荊南節度使庾準希楊炎指, 奏忠州刺史劉晏與朱泚書, 求營救, 辭多怨望. 又奏召補州兵, 欲拒朝命. 炎證成之. 上密遣中使, 就忠州縊殺之. 己丑, 乃下詔賜死. 天下冤之.

『資治通鑑』卷226

崔祐甫以疾多不視事, 楊炎獨任大政, 專以復恩仇爲事. 奏用元載遺策, 城原州. 又欲發兩京關內丁夫浚豊州陵陽渠, 以興屯田. 上遣中使詣涇原節度使段秀實, 訪以利害. 秀實以爲, "今邊備尙虛, 未宜興事以召寇." 炎怒, 以爲沮己, 征秀實爲司農卿.

『資治通鑑』卷226

己酉, 以高固爲邠寧節度使. 固宿將, 以寬厚得衆. 節度使忌之, 置於散地, 同列多輕侮之. 及起爲帥, 一無所報復, 軍中遂安.

『資治通鑑』卷236

2. 사욕을 앞세우면

初, 韓滉薦劉玄佐, 可使將兵複河湟. 上以問玄佐, 玄佐亦贊成之. 滉薨, 玄佐奏言, "吐蕃方强, 未可與爭." 上遣中使勞問玄佐, 玄佐臥而受命. 張延賞知玄佐不可用, 奏以河湟事委李抱眞, 抱眞亦固辭. 皆由延賞罷李晟兵柄, 故武臣皆憤怒解體, 不肯爲用故也. 胡三省注曰, 史言張延賞妒功疾能之罪.

『資治通鑑』卷232

張延賞與齊映有隙. 映在諸相中頗稱敢言, 上浸不悅. 延賞言映非宰相器, 壬子; 映貶夔州刺史, 劉滋罷爲左散騎常侍. 以兵部侍郎柳渾同平章事. 韓滉性苛暴, 方爲上所任, 言無不從, 他相充位而已, 百吏救過不贍. 渾雖爲滉所引薦, 正色讓之曰, "先相公以褊察, 爲相不滿歲而罷. 今公又甚焉, 奈何榜吏於省中, 至有死者? 且作福作威, 豈人臣所宜!" 滉愧, 爲之少霽威嚴.

『資治通鑑』卷232

初, 兵部侍郎同平章事柳渾, 與張延賞俱爲相. 渾議事數異同, 延賞使所親謂曰, "相公舊德, 但節言於廟堂, 則重位可久." 渾曰, "爲吾謝張公, 柳渾頭可斷, 舌不可禁." 由是交惡.

『資治通鑑』卷233

3. 공을 세우고도 오만하지 않다

十二月, 肇計屈, 夜遁. 抗欲追之, 而慮步闡畜力伺間, 兵不足分. 於是但鳴鼓戒衆, 若將追者. 肇衆恟懼, 悉解甲挺走. 抗使輕兵躡之, 肇兵大敗. 祐等皆引軍還. 抗遂拔西陵, 誅闡及同謀將吏數十人, 皆夷三族, 自餘所請赦者數萬口. 東還樂鄕, 貌無矜色, 謙冲如常.

『資治通鑑』卷9

是時新遭大喪, 誅夷狼籍, 內外恟懼. 太宰恪擧止如常, 人不見其有憂色, 每出入, 一人步從. 或說以宜自嚴備. 恪曰, "人情方懼, 當安重以鎭之, 奈何復自驚擾, 衆將何仰!" 由是人心稍定. 恪雖綜大任, 而朝廷之禮兢兢嚴謹, 每事必與司徒評議之, 未嘗專決. 虛心待士, 咨詢善道, 量才授任, 人不逾位. 官屬朝臣或有過失, 不顯其狀, 隨宜他敍, 不令失倫, 唯以此爲貶. 時人以爲大愧, 莫敢犯者. 或有小過, 自相責曰, "爾復欲望宰公遷官邪?" 朝廷初聞燕主儁卒, 皆以爲中原可圖. 桓溫曰, "慕容恪尙在, 憂方大耳!"

『資治通鑑』卷101

제가편

덕이 재능보다 앞선다

1. "재상의 뱃속에는 배도 다닐 수 있다"

春, 一月庚子, 以夏官侍郎婁師德同平章事. 師德寬厚淸愼, 犯而不校. 與李昭德俱入朝, 師德體肥行緩, 昭德屢待之不至, 怒罵曰, "田舍夫!" 師德徐笑曰, "師德不爲田舍夫, 誰當爲之!" 其弟除代州刺史, 將行, 師德謂曰, "吾備位宰相, 汝復爲州牧. 榮寵過盛, 人所疾也, 將何以自免?" 弟長跪曰, "自今雖有人唾某面, 某拭之而已, 庶不爲兄憂." 師德愀然曰, "此所以爲吾憂也. 人唾汝面, 怒汝也. 汝拭之, 乃逆其意, 所以重其怒. 夫唾不拭自乾, 當笑而受之."

『資治通鑑』卷205

納言, 隴右諸軍大使婁師德薨. 師德在河隴前後四十餘年, 恭勤不怠, 民夷安之, 性沉厚寬恕. 狄仁傑之入相也, 師德實薦之, 而仁傑不知, 意頗輕師德, 數擠之於外. 太后覺之, 嘗問仁傑曰, "師德賢乎?" 對曰, "爲將能謹守邊陲, 賢則臣不知." 又曰, "師德知人乎?" 對曰, "臣嘗同僚, 未聞其知人也." 太后曰, "朕之知卿, 乃師德所薦也, 亦可謂知人矣." 仁傑旣出, 歎曰, "婁公盛德, 我爲其所包容久矣! 吾不得窺其際也." 是時羅織紛紜, 師德久爲將相, 獨能以功名終, 人以是重之.

『資治通鑑』卷206

2. 누구에게 나의 뒤를 잇게 할 것인가?

初, 智宣子將以瑤爲後, 智果曰, "不如宵也. 瑤之賢於人者五, 其不逮者一也. 美鬢長大則賢, 射御足力則賢, 伎藝畢給則賢, 巧文辯慧則賢, 強毅果敢則賢, 如是而甚不仁. 夫以其五賢陵人而以不仁行之, 其誰能待之? 若果立瑤也, 智宗必滅." 弗聽. 智果別族於太史, 爲輔氏.

趙簡子之子, 長曰伯魯, 幼曰無恤. 將置後, 不知所立, 乃書訓戒之辭於二簡, 以授二子曰, "謹識之!" 三年而問之, 伯魯不能擧其辭, 求其簡, 已失之矣. 問無恤, 誦其辭甚習, 求其簡, 出諸袖中而奏之. 於是簡子以無恤爲賢, 立以爲後.

簡子使尹鐸爲晉陽. 請曰, "以爲繭絲乎? 抑爲保障乎?" 簡子曰, "保障哉!" 尹鐸損其戶數. 簡子謂無恤曰, "晉國有難, 而無以尹鐸爲少, 無以晉陽爲遠, 必以爲歸."

『資治通鑑』卷1

3. 재능이 덕성보다 앞서면

及智宣子卒, 智襄子爲政. 與韓康子·魏桓子宴於藍台. 智伯戲康子而侮段規. 智國聞之, 諫曰, "主不備難, 難必至矣." 智伯曰, "難將由我. 我不爲難, 誰敢興之?" 對曰, "不然. 「夏書」有之, '一人三失, 怨豈在明, 不見是圖.' 夫君子能勤小物, 故無大患. 今主一宴而恥人之君相, 又弗備, 曰'不敢興難', 無乃不可乎? 蚋·蟻·蜂·蠆皆能害人, 況君相乎?" 弗聽.

智伯請地於韓康子. 康子欲弗與. 段規曰, "智伯好利而愎, 不與, 將伐我. 不如與之. 彼狃於得地, 必請於他人. 他人不與, 必向之以兵, 然後我得免於患而待事之變矣." 康子曰, "善!" 使使者致萬家之邑於智伯. 智伯悅, 又求地於魏桓子. 桓子欲弗與, 任章曰, "何故弗與?" 桓子曰, "無故索地, 故弗與." 任章曰, "無故索地, 諸大夫必懼. 吾與之地, 智伯必驕. 彼驕而輕敵, 此懼而相親. 以相親之兵待輕敵之人, 智氏之命必不長矣. 「周書」曰, '將欲敗之, 必姑輔之, 將欲取之, 必姑與之.' 主不如與之以驕智伯, 然後可以擇交而圖智氏矣. 奈何獨以吾爲智氏質乎?" 桓子曰, "善!" 復與之萬家之邑一.

『資治通鑑』卷1

4. 불인한 사람

智伯又求蔡皐狼之地於趙襄子; 襄子弗與. 智伯怒, 帥韓魏之甲以攻趙氏. 襄子將出, 曰, "吾何走乎?" 從者曰, "長子近, 且城厚完." 襄子曰, "民罷力以完之, 又斃死以守之, 其誰與我?" 從者曰, "邯鄲之倉庫實." 襄子曰, "浚民之膏澤以實之, 又因而殺之, 其誰與我? 其晉陽乎, 先主之所屬也, 尹鐸之所寬也, 民必和矣." 乃走晉陽.

三家以國人圍而灌之, 城不浸者三版. 沉灶産蛙, 民無叛意. 智伯行水, 魏桓子御, 韓康子驂乘. 智伯曰, "吾乃今知水可以亡人國也." 桓子肘康子, 康子履桓子之跗, 以汾水可以灌安邑, 絳水可以灌平陽也. 絺疵謂智伯曰, "韓魏必反矣." 智伯曰, "子何以知之?" 絺疵曰, "以人事知之. 夫從韓魏之兵以攻趙, 趙亡, 難必及韓魏矣. 今約勝趙而三分其地, 城不沒者三版, 人馬相食, 城降有日, 而二子無喜志, 有憂色, 是非反而何?" 明日, 智伯以絺疵之言告二子; 二子曰, "此夫讒人欲爲趙氏游說, 使主疑於二家而懈於攻趙氏也. 不然, 夫二家豈不利朝夕分趙氏之田, 而欲爲危難不可成之事乎?" 二子出, 絺疵入曰, "主何以臣之言告二子也?" 智伯曰, "子何以知之?" 對曰, "臣見其視臣端而趨疾, 知臣得其情故也." 智伯不悛. 疵請使於齊.

趙襄子使張孟談潛出見二子; 曰, "臣聞脣亡則齒寒. 今智伯帥韓魏以攻趙, 趙亡則韓魏爲之次矣." 二子曰, "我心知其然也. 恐事未遂而謀泄, 則禍立至矣." 張孟談曰, "謀出二主之口, 入臣之耳, 何傷也?" 二子乃潛與張孟談約, 爲之期日而遣之. 襄子夜使人殺守堤之吏, 而決水灌智伯軍. 智伯軍救水而亂, 韓魏翼而擊之, 襄子將卒犯其前, 大敗智伯之衆. 遂殺智伯, 盡滅智氏之族. 唯輔果在.

『資治通鑑』卷1

5. 소인보다는 우인이 낫다

臣光曰, 智伯之亡也, 才勝德也. 夫才與德異, 而世俗莫之能辨, 通謂之賢, 此其所以失人也. 夫聰察強毅之謂才, 正直中和之謂德. 才者, 德之資也. 德者, 才之帥也. 雲夢之竹, 天下之勁也, 然而不矯揉, 不羽括, 則不能以入堅. 棠谿之金, 天下之利也, 然而不鎔範, 不砥礪, 則不能以擊強. 是故才德全盡, 謂之'聖人', 才德兼亡, 謂之'愚人'. 德勝才, 謂之'君子', 才勝德, 謂之'小人'. 凡取人之術, 苟不得聖人君子而與之, 與其得小人, 不若得愚人. 何則? 君子挾才以爲善, 小人挾才以爲惡. 挾才以爲善者, 善無不至矣. 挾才以爲惡者, 惡亦無不至矣. 愚者雖欲爲不善, 智不能周, 力不能勝, 譬如乳狗搏人, 人得而制之. 小人智足以遂其奸, 勇足以決其暴, 是虎而翼者也, 其爲害豈不多哉? 夫德者人之所嚴, 而才者人之所愛. 愛者易親, 嚴者易疏, 是以察者多蔽於才而遺於德. 自古昔以來國之亂臣, 家之敗子; 才有餘而德不足, 以至於顛覆者多矣, 豈特智伯哉? 故爲國爲家者, 苟能審於才德之分而知所先後, 又何失人之足患哉?

『資治通鑑』卷1

자식 교육

1. 역사가 아버지의 자식 교육

世上幾百年舊家, 無非積德,
天下第一件好事, 還是讀書.

淸 姚文田,「自題書房聯」

固不敎學諸子; 諸子多不遵法度, 吏人苦之. 初, 洛陽令種兢嘗行, 固奴幹其車騎. 吏椎呼之, 奴醉罵. 兢大怒, 畏憲不敢發, 心銜之. 及竇氏賓客皆逮考, 兢因此捕系固, 遂死獄中. 時年六十一. 詔以譴責兢, 抵主者吏罪.

『後漢書』「班固傳」

2. 재상 아버지의 자식 교육

黃門監魏知古本起小吏, 因姚崇引薦以至同爲相. 崇意輕之, 請知古攝吏部尙書, 知東都選事, 遣吏部尙書宋璟於門下過官. 知古銜之. 崇二子分司東都, 恃其父有德於知古, 頗招權請託. 知古歸, 悉以聞. 它日, 上從容問崇, "卿子才性何如, 今何官也?" 崇揣知上意, 對曰, "臣有三子; 兩在東都, 爲人多欲而不謹, 是必以事干魏知古, 臣未及問之耳." 上始以崇必爲其子隱, 及聞崇奏, 喜問, "卿安從知之?" 對曰, "知古微時, 臣卵而翼之. 臣子愚, 以爲知古必德臣, 容其爲非, 故敢干之耳." 上於是以崇爲無私, 而薄知古負崇, 欲斥之. 崇固請曰, "臣子無狀, 撓陛下法, 陛下赦其罪已幸矣. 苟因臣逐知古, 天下必以陛下爲私於臣, 累聖政矣!" 上久乃許之. 辛亥, 知古罷爲工部尙書.

『資治通鑑』卷211

子光祿少卿彝, 宗正少卿異, 廣通賓客, 頗受饋遺, 爲時所譏. 主書趙誨爲崇所親信, 受胡人賂, 事覺, 上親鞫問, 下獄當死. 崇復營救, 上由是不悅. 會曲赦京城, 敕特標誨名, 杖之一百, 流嶺南. 崇由是憂懼, 數請避相位, 薦廣州都督宋璟自代.

『資治通鑑』卷211

3. 화와 복은 서로 의지한다

上之爲宋公也, 謝瞻爲宋臺中書侍郎, 其弟晦爲右衛將軍. 時晦權遇已重, 自彭城還都迎家, 賓客輻湊, 門巷塡咽. 瞻在家驚駭, 謂晦曰, "汝名位未多, 而人歸趣乃爾! 吾家素以恬退爲業, 不願干豫時事, 交游不過親朋. 而汝遂勢傾朝野, 此豈門戶之福邪!" 乃以籬隔門庭曰, "吾不忍見此." 及還彭城, 言於宋公曰, "臣本素士, 父祖位不過二千石, 弟年始三十; 志用凡近, 榮冠臺府, 位任顯密. 福過災生, 其應無遠, 特乞降黜, 以保衰門." 前後屢陳之. 晦或以朝廷密事語瞻, 瞻故向親舊陳說, 用爲戲笑, 以絶其言. 及上卽

位, 晦以佐命功, 位任益重, 瞻愈憂懼. 是歲, 瞻爲豫章太守, 遇病不療, 臨
終遺晦書曰, "吾得啓體幸全, 亦何所恨, 弟思自勉勵, 爲國爲家."

『資治通鑑』卷119

4. 때늦은 후회

金紫光祿大夫顏延之卒. 延之子竣貴重, 凡所資供, 延之一無所受, 布衣
茅屋, 蕭然如故. 常乘羸牛笨車, 逢竣鹵簿, 卽屏住道側. 常語竣曰, "吾平
生不憙見要人, 今不幸見汝." 竣起宅, 延之謂曰, "善爲之, 無令後人笑汝拙
也." 延之嘗早詣竣, 見賓客盈門, 竣尙未起, 延之怒曰, "汝出糞土之中, 升
雲霞之上, 遽驕傲如此, 其能久乎?" 竣丁父憂, 裁逾月, 起爲右將軍, 丹陽
尹如故. 竣固辭, 表十上, 上不許. 遣中書舍人戴明寶抱竣登車, 載之郡舍, 賜
以布衣一襲, 絮以彩綸, 遣主衣就衣諸體.

『資治通鑑』卷128

검약의 습관

1. 안정된 삶의 본질

以約失之者鮮矣.

『論語』「里仁」

張文節爲相, 自奉養如爲河陽掌書記時, 所親或規之曰, "公今受俸不少,
而乃自奉若此, 公雖自信淸約, 外人頗有公孫布被之譏. 公宜少從衆." 公歎
曰, "吾今日之俸, 雖擧家錦衣玉食, 何患不能? 顧人之常情, 由儉入奢易, 由奢
入儉難, 吾今日之俸, 豈能常有, 身豈能常存? 一旦異於今日, 家人習奢已久,
不能頓儉, 必致失所. 豈若吾居位去位, 身在身亡, 常如一日乎?" 嗚呼, 大
賢之深謀遠慮, 豈庸人所及哉! 御孫曰, "儉, 德之共也, 侈, 惡之大也." 共,
同也, 言有德者皆由儉來也. 夫儉則寡欲, 君子寡欲則不役於物, 可以直道

而行. 小人寡欲, 則能謹身節用, 遠罪豐家. 故曰, 儉, 德之共也. 侈則多欲, 君子多欲則貪慕富貴, 枉道速禍, 小人多欲則多求妄用, 敗家喪身. 是以居官必賄, 居鄉必盜. 故曰, 侈, 惡之大也. 司馬光,「訓儉示康」

2. 후손이 없다

十二月丁未, 朗陵公何曾卒. 曾厚自奉養, 過於人主. 司隸校尉東萊劉毅數劾奏曾侈汰無度, 帝以其重臣, 不問. 及卒, 博士新興秦秀議曰, "曾驕奢過度, 名被九域. 宰相大臣, 人之表儀, 若生極其情, 死又無貶, 王公貴人復何畏哉? 謹按諡法, 名與實爽曰繆; 怙亂肆行曰醜. 宜諡'醜繆公'." 帝策諡曰'孝'. 『資治通鑑』卷80

帝之爲太弟也, 與中庶子繆播親善. 及卽位, 以播爲中書監, 繆胤爲太僕卿, 委以心膂. 帝舅散騎常侍王延, 尚何綏, 太史令高堂沖, 并參機密. 越疑朝臣貳於己, 劉輿, 潘滔勸越悉誅播等. 越乃誣播等欲爲亂, 乙丑, 遣平東將軍王秉帥甲士三千入宮, 執播等十餘人於帝側, 付廷尉殺之. 帝歎息流涕而已. 綏, 曾之孫也. 初, 何曾侍武帝宴, 退謂諸子曰, "主上開創大業, 吾每宴見, 未嘗聞經國遠圖, 惟說平生常事, 非貽厥孫謀之道也. 及身而已, 後嗣其殆乎! 汝輩猶可以免." 指諸孫曰, "此屬必及於難." 及綏死, 兄嵩哭之曰, "我祖其殆聖乎!" 曾日食萬錢, 猶云無下箸處. 子劭日食二萬. 綏及弟機羨, 汰侈尤甚, 與人書疏, 詞禮簡傲. 河內王尼見綏書, 謂人曰, "伯蔚居亂世而矜豪乃爾, 其能免乎?" 人曰, "伯蔚聞卿言, 必相危害." 尼曰, "伯蔚比聞我言, 自已死矣!" 及永嘉之末, 何氏無遺種.

臣光曰, 何曾議武帝偸惰, 取過目前, 不爲遠慮, 知天下將亂, 子孫必與其憂, 何其明也? 然身爲僭侈, 使子孫承流, 卒以驕奢亡族, 其明安在哉! 且身爲宰相, 知其君之過, 不以告, 而私語於家, 非忠臣也. 『資治通鑑』卷87

3. 덕의 대물림

三年春, 正月癸卯, 以盧懷愼檢校吏部尙書, 兼黃門監. 懷愼淸謹儉素, 不
營資産, 雖貴爲卿相, 所得俸賜隨散親舊, 妻子不免饑寒, 所居不蔽風雨.
姚崇嘗有子喪, 謁告十餘日. 政事委積, 懷愼不能決, 惶恐入謝於上. 上曰,
"朕以天下事委姚崇, 以卿坐鎭雅俗耳!"

『資治通鑑』卷211

庚辰, 工部尙書張嘉貞薨. 嘉貞不營家産, 有勸其市田宅者, 嘉貞曰, "吾
貴爲將相, 何憂寒餒? 若其獲罪, 雖有田宅亦無所用. 比見朝士廣占良田,
身沒之日, 適足爲無賴子弟酒色之資, 吾不取也." 聞者是之.

『資治通鑑』卷213

집안의 기풍과 문화

1. 부인이 만든 재앙

武帝之末, 海內虛耗, 戶口減半. 霍光知時務之要, 輕徭薄賦, 與民休息.
至是匈奴和親, 百姓充實, 稍復文景之業焉.

『資治通鑑』卷23

三年, 春, 正月癸亥, 恭哀許皇后崩. 時霍光夫人顯欲貴其小女成君, 道
無從. 會許后當娠, 病. 女醫淳于衍者, 霍氏所愛, 嘗入宮侍皇后疾. 衍夫賞,
爲掖庭戶衛, 謂衍, "可過辭霍夫人, 行爲我求安池監." 衍如言報顯. 顯因心
生, 辟左右, 字謂衍曰, "少夫幸報我以事, 我亦欲報少夫, 可乎?" 衍曰, "夫
人所言, 何等不可者?" 顯曰, "將軍素愛小女成君, 欲奇貴之, 願以累少夫."
衍曰, "何謂邪?" 顯曰, "婦人免乳, 大故, 十死一生. 今皇后當免身, 可因投
毒藥去也, 成君卽爲皇后矣. 如蒙力事成, 富貴與少夫共之." 衍曰, "藥雜
治, 常先嘗, 安可?" 顯曰, "在少夫爲之耳. 將軍領天下, 誰敢言者? 緩急相

護, 但恐少夫無意耳!"衍良久曰, "願盡力." 卽搗附子, 齎入長定宮. 皇后免身後, 衍取附子幷合太醫大丸, 以飮皇后. 有頃曰, "我頭岑岑也, 藥中得無有毒?" 對曰, "無有." 遂加煩懣, 崩.

『資治通鑑』卷24

2. 교만과 사치

霍氏驕侈縱橫, 太夫人顯廣治第室, 作乘輿輦, 加畫, 繡絪馮, 黃金塗, 韋絮薦輪, 侍婢以五采絲挽顯游戲第中, 與監奴馮子都亂. 而禹山亦幷繕治第宅, 走馬馳逐平樂館. 雲當朝請, 數稱病私出, 多從賓客, 張圍獵黃山苑中, 使蒼頭奴上朝謁, 莫敢譴者. 顯及諸女晝夜出入長信宮殿中, 亡期度.

帝自在民間, 聞知霍氏尊盛日久, 內不能善. 旣躬親朝政, 御史大夫魏相給事中. 顯謂禹雲山, "女曹不務奉大將軍餘業, 今大夫給事中, 他人壹間, 女能復自救邪!" 後兩家奴爭道, 霍氏奴入御史府, 欲躪大夫門, 御史爲叩頭謝, 乃去. 人以謂霍氏, 顯等始知憂.

『資治通鑑』卷25

初, 霍氏奢侈, 茂陵徐生曰, "霍氏必亡. 夫奢則不遜, 不遜則侮上. 侮上者, 逆道也. 在人之右, 衆必害之. 霍氏秉權日久, 害之者多矣. 天下害之, 而又行以逆道, 不亡何待!"

『資治通鑑』卷25

3. 만물은 지나치게 성대히 되는 것을 꺼린다

張安世自以父子封侯, 在位太盛, 乃辭祿. 詔都內別藏張氏無名錢, 以百萬數. 安世謹愼周密, 每定大政已決, 輒移病出. 聞有詔令, 乃驚, 使吏之丞相府問焉, 自朝廷大臣莫知其與議也. 嘗有所薦, 其人來謝, 安世大恨, 以爲擧賢達能, 豈有私謝邪? 絶弗復爲通. 有郞功高不調, 自言安世. 安世應曰, "君之功高, 明主所知, 人臣執事, 何長短而自言乎?" 絶不許. 已而, 郞果遷. 安世自見父子尊顯, 懷不自安, 爲子延壽求出補吏, 上以爲北地太守. 歲

餘, 上閔安世年老, 復徵延壽爲左曹太僕. 『資治通鑑』卷25

延壽已歷位九卿, 旣嗣侯, 國在陳留, 別邑在魏郡, 租入歲千餘萬. 延壽
自以身無功德, 何以能久堪先人大國, 數上書讓減戶邑, 又因弟陽都侯彭祖
口陳至誠. 天子以爲有讓, 乃徙封平原, 幷一國, 戶口如故, 而租稅減半. 薨,
諡曰愛侯. 子勃嗣, 爲散騎諫大夫. 元帝初卽位, 詔列侯擧茂材, 勃擧太官
獻丞陳湯. 湯有罪, 勃坐削戶二百. 會薨故, 賜諡曰繆侯. 後湯立功西域, 世
以勃爲知人. 子臨嗣. 臨亦謙儉, 每登閣殿, 常歎曰, "桑霍爲我戒, 豈不厚
哉?" 且死, 分施宗族故舊, 薄葬, 不起墳. 『漢書』「張湯傳附」

치도편

천하는 모두의 것이다

1. 황후와 외척

六月, 上悉封諸舅, 王譚爲平阿侯, 商爲成都侯, 立爲紅陽侯, 根爲曲陽
侯, 逢時爲高平侯. 五人同日封, 故世謂之'五侯'. 太后母李氏更嫁爲河內苟
賓妻, 生子參, 太后欲以田蚡爲比而封之. 上曰, "封田氏, 非正也." 以參爲侍
中, 水衡都尉. 『資治通鑑』卷30

初, 太后兄弟八人, 獨弟曼早死不侯, 太后憐之. 曼寡婦渠供養東宮, 子
莽幼孤, 不及等比其群兄弟, 皆將軍五侯子; 乘時侈靡, 以輿馬聲色佚游相
高. 莽因折節爲恭儉, 勤身博學, 被服如儒生, 事母及寡嫂, 養孤兄子; 行甚
敕備. 又外交英俊, 內事諸父, 曲有禮意. 大將軍鳳病, 莽侍疾, 親嘗藥, 亂

首垢面, 不解衣帶, 連月. 鳳且死, 以託太后及帝, 拜爲黃門郎, 遷射聲校尉. 久之, 叔父成都侯商上書, 願分戶邑以封莽. 長樂少府戴崇, 侍中金涉, 中郎陳湯等, 皆當世名士, 咸爲莽言. 上由是賢莽, 太后又數以爲言. 五月乙未, 封莽爲新都侯.

『資治通鑑』卷31

丙寅, 以莽爲大司馬, 時年三十八. 莽既拔出同列, 繼四父而輔政, 欲令名譽過前人, 遂克己不倦, 聘諸賢良以爲掾史, 賞賜邑錢悉以享士, 愈爲儉約. 母病, 公卿列侯遣夫人問疾, 莽妻迎之, 衣不曳地, 布蔽膝, 見之者以爲僮使, 問知其夫人, 皆驚. 其飾名如此.

『資治通鑑』卷32

2. 천하의 관직

上欲封傅太后從父弟, 侍中光祿大夫商. 尙書僕射平陵鄭崇諫曰, "孝成皇帝封親舅五侯, 天爲赤黃, 晝昏, 日中有黑氣. 孔鄕侯, 皇后父, 高武侯, 以三公封, 尙有因緣. 今無故復欲封商, 壞亂制度, 逆天人之心, 非傅氏之福也. 臣願以身命當國咎!" 崇因持詔書, 案起. 傅太后大怒, 曰, "何有爲天子乃反爲一臣所顓制邪?" 二月癸卯, 上遂下詔封商爲汝昌侯.

『資治通鑑』卷34

上使中黃門發武庫兵, 前後十輩, 送董賢及上乳母王阿舍. 執金吾毌將隆奏言, "武庫兵器, 天下公用. 國家武備繕治造作, 皆度大司農錢. 大司農錢, 自乘輿不以給共養. 共養勞賜一出少府, 蓋不以本臧給末用, 不以民力共浮費, 別公私, 示正路也 …… 今賢等, 便僻弄臣, 私恩微妾, 而以天下公用給其私門, 挈國威器, 共其家備. 民力分於弄臣, 武兵設於微妾, 建立非宜, 以廣驕僭, 非所以示四方也!" …… 上不說. 頃之, 傅太后使謁者賤買執金吾官婢八人, 隆奏言買賤, 請更平直. 上於是制詔丞相, 禦史, "隆位九卿, 既無以匡朝廷之不逮, 而反奏請與永信宮爭貴賤之賈, 傷化失俗!" 以隆前有安國之言, 左遷爲沛郡都尉.
『資治通鑑』卷34

諫大夫渤海鮑宣上書曰, "竊見孝成皇帝時, 外親持權, 人人牽引所私, 以
充塞朝廷, 妨賢人路, 濁亂天下, 奢泰亡度, 窮困百姓, 是以日食且十; 彗星
四起, 危亡之徵, 陛下所親見也. 今奈何反復劇於前乎? …… 天下乃皇天
之天下也, 陛下上爲皇天子; 下爲黎庶父母, 爲天牧養元元 …… 奈何獨養
外親與幸臣董賢, 多賞賜以大萬數, 使奴從賓客漿酒藿肉, 蒼頭廬兒皆用致
富, 非天意也! 及汝昌侯傅商, 亡功而封. 夫官爵, 非陛下之官爵, 乃天下之
官爵也. 陛下取非其官, 官非其人, 而望天說民服, 豈不難哉?"
『資治通鑑』卷34

大道之行也, 天下爲公. 選賢與能, 講信修睦. 故人不獨親其親, 不獨子
其子: 使老有所終, 壯有所用, 幼有所長, 鰥寡孤獨廢疾者皆有所養. 男有分,
女有歸. 貨惡其棄於地也, 不必藏於己. 力惡其不出於身也, 不必爲己. 是故
謀閉而不興, 盜竊亂賊而不作. 故外戶而不閉, 是謂大同.　　『禮記』「禮運」

■ 사람을 근본으로 삼다

1. 백성은 귀하고, 군주는 가볍다

民惟邦本, 本固邦寧.　　　　　　　　　　　　　　『尙書』「五子之歌」

孟子曰, "民爲貴, 社稷次之, 君爲輕. 是故得乎丘民而爲天子; 得乎天子
爲諸侯, 得乎諸侯爲大夫. 諸侯危社稷, 則變置. 犧牲旣成, 粢盛旣潔, 祭祀
以時. 然而旱乾水溢, 則變置社稷."　　　　　　　　『孟子』「盡心下」

舟即君道, 水即人情. 舟順水之道乃浮, 違則沒. 君得人之情乃固, 失則危. 是以古先聖王之居人上也, 必以其欲從天下之心, 而不敢以天下之人從其欲.

『資治通鑑』卷229에 실린 육지(陸贄)의 말

存地失人, 人地皆失. 存人失地, 人地皆存.

毛澤東

2. 사람이 없으면 아무것도 없다

懷恩之南寇也, 河西節度使楊志烈發卒五千, 謂監軍柏文達曰, "河西銳卒盡於此矣, 君將之以攻靈武, 則懷恩有返顧之慮, 此亦救京師之一奇也." 文達遂將衆擊摧砂堡靈武縣, 皆下之, 進攻靈州. 懷恩聞之, 自永壽遽歸, 使蕃渾二千騎夜襲文達, 大破之, 士卒死者殆半. 文達將餘衆歸涼州, 哭而入. 志烈迎之曰, "此行有安京室之功, 卒死何傷?" 士卒怨其言. 未幾, 吐蕃圍涼州, 士卒不爲用. 志烈奔甘州, 爲沙陀所殺.

『資治通鑑』卷223

五月庚申, 上謂宰相曰, "卿輩屢言淮浙去歲水旱, 近有禦史自彼還, 言不至爲災, 事竟如何?" 李絳對曰, "臣按淮南浙西浙東奏狀, 皆云水旱, 人多流亡, 求設法招撫. 其意似恐朝廷罪之者, 豈肯無災而妄言有災邪? 此蓋御史欲爲奸諛以悅上意耳. 願得其主名, 按致其法." 上曰, "卿言是也. 國以人爲本, 聞有災, 當亟救之, 豈可尙復疑之邪? 朕適者不思失言耳." 命速蠲其租賦.

『資治通鑑』卷238

3. 그들은 백성이지 적이 아니다

先是, 勃海左右郡歲饑, 盜賊幷起, 二千石不能禽制. 上選能治者, 丞相禦史擧故昌邑郎中令龔遂, 上拜爲勃海太守. 召見, 問何以治勃海, 息其盜賊. 對曰, "海瀕遐遠, 不沾聖化, 其民困於饑寒, 而吏不恤. 故使陛下赤子

盜弄陛下之兵於潢池中耳. 今欲使臣勝之邪, 將安之也?”上曰, “選用賢良,
固欲安之也.”遂曰, “臣聞治亂民猶治亂繩, 不可急也. 唯緩之, 然後可治.
臣願丞相禦史且無拘臣以文法, 得一切便宜從事.”上許焉 …… 郡聞新太
守至, 發兵以迎. 遂皆遣還, 移書敕屬縣, 悉罷逐捕盜賊吏. 諸持鋤鉤田器
者, 皆爲良民, 吏毋得問. 持兵者乃爲賊. 遂單車獨行至府. 盜賊聞遂敎令,
實時解散, 棄其兵弩而持鉤鋤. 於是悉平, 民安土樂業. 遂乃開倉廩, 假貧
民, 選用良吏, 尉安牧養焉. 遂見齊俗奢侈, 好末技, 不田作. 乃躬率以儉約,
勸民務農桑, 各以口率種樹畜養. 民有帶持刀劍者, 使賣劍買牛, 賣刀買犢,
曰, “何爲帶牛佩犢!”勞來循行, 郡中皆有畜積, 獄訟止息.　　『資治通鑑』卷25

4. 정치는 변화에 대처하는 것

滄州承喪亂之餘, 骸骨蔽地, 城空野曠, 戶口存者什無三四. 癸丑, 以衛
尉卿殷侑爲齊德滄景節度使. 侑至鎮, 與士卒同甘苦, 招撫百姓, 勸之耕桑,
流散者稍稍復業. 先是, 本軍三萬人, 皆仰給度支. 侑至一年, 租稅自能贍
其半, 二年, 請悉罷度支給賜, 三年之後, 戶口滋殖, 倉廩充盈.

『資治通鑑』卷244

秋, 八月戊寅, 以陝虢觀察使崔郾爲鄂岳觀察使. 鄂岳地囊山帶江, 處百
越巴蜀荊漢之會. 土多群盜, 剽行舟, 無老幼, 必盡殺乃已. 郾至, 訓卒治兵,
作蒙沖追討. 歲中, 悉誅之. 郾在陝, 以寬仁爲治, 或經月不笞一人. 及至鄂,
嚴峻刑罰. 或問其故, 郾曰, “陝土瘠民貧, 吾撫之不暇, 尙恐其驚. 鄂地險
民雜, 夷俗慓狡爲奸, 非用威刑不能致治. 政貴知變, 蓋謂此也.”

『資治通鑑』卷244

법에 근거하라

1. 법치의 실현

韓昭侯以申不害爲相. 申不害者, 鄭之賤臣也, 學黃老刑名以干昭侯. 昭
侯用爲相, 內修政敎, 外應諸侯十五年, 終申子之身, 國治兵強. 申子嘗請仕
其從兄, 昭侯不許, 申子有怨色. 昭侯曰, "所爲學於子者, 欲以治國也. 今將
聽子之謁而廢子之術乎, 已其行子之術而廢子之請乎? 子嘗敎寡人, 修功勞,
視次第. 今有所私求, 我將奚聽乎?" 申子乃辟舍請罪, 曰, "君眞其人也!"
昭侯有弊袴, 命藏之. 侍者曰, "君亦不仁者矣! 不賜左右而藏之!" 昭侯曰,
"吾聞明主愛一嚬一笑, 嚬有爲嚬, 笑有爲笑. 今袴豈特嚬笑哉! 吾必待有功
者."

『資治通鑑』卷2

趙田部吏趙奢收租稅, 平原君家不肯出. 趙奢以法治之, 殺平原君用事者
九人. 平原君怒, 將殺之. 趙奢曰, "君於趙爲貴公子, 今縱君家而不奉公, 則
法削. 法削則國弱, 國弱則諸侯加兵, 是無趙也, 君安得有此富乎? 以君之
貴, 奉公如法, 則上下平, 上下平則國強, 國強則趙固, 而君爲貴戚, 豈輕於
天下邪?" 平原君以爲賢, 言之於王. 王使治國賦, 國賦大平, 民富而府庫實.

『資治通鑑』卷5

2. 수성의 관건

上拜釋之爲公車令. 頃之, 太子與梁王共車入朝, 不下司馬門. 於是釋之
追止太子梁王, 無得入殿門, 遂劾不下公門, 不敬, 奏之. 薄太后聞之, 帝免
冠, 謝敎兒子不謹. 薄太后乃使使承詔赦太子梁王, 然後得入. 帝由是奇釋
之, 拜爲中大夫.

……

是歲, 釋之爲廷尉. 上行, 出中渭橋. 有一人從橋下走, 乘輿馬驚. 於是使騎捕之, 屬廷尉. 釋之奏當此人犯蹕, 當罰金. 上怒曰, "此人親驚吾馬, 馬賴和柔, 令他馬, 固不敗傷我乎? 而廷尉乃當之罰金?" 釋之曰, "法者, 天下公共也. 今法如是, 更重之, 是法不信於民也. 且方其時, 上使使誅之, 則已. 今已下廷尉. 廷尉, 天下之平也. 壹傾, 天下用法皆爲之輕重, 民安所錯其手足? 唯陛下察之!" 上良久曰, "廷尉當是也." 其後, 人有盜高廟坐前玉環. 得, 帝怒, 下廷尉治. 釋之按盜宗廟服御物者爲奏, 當棄市. 上大怒曰, "人無道, 乃盜先帝器. 吾屬廷尉者, 欲致之族, 而君以法奏之, 非吾所以共承宗廟意也!" 釋之免冠頓首, 謝曰, "法如是, 足也. 且罪等, 然以逆順爲差. 今盜宗廟器而族之, 有如萬分一, 假令愚民取長陵一抔土, 陛下且何以加其法乎!" 帝乃白太后, 許之. 『資治通鑑』卷14

3. 사사로운 분노

帝之爲太子也, 郭夫人弟有罪, 魏郡西部都尉鮑勳治之. 太子請, 不能得, 由是恨勳. 及卽位, 勳數直諫, 帝益忿之. 帝伐吳還, 屯陳留界. 勳爲治書執法, 太守孫邕見出, 過勳, 時營壘未成, 但立標埒, 邕邪行不從正道, 軍營令史劉曜欲推之, 勳以塹壘未成, 解止不擧. 帝聞之, 詔曰, "勳指鹿作馬, 收付廷尉." 廷尉法議, 正刑五歲. 三官駁, 依律罰金二斤. 帝大怒曰, "勳無活分, 而汝等欲縱之! 收三官已下付刺奸, 當令十鼠同穴!" 鍾繇, 華歆, 陳群, 辛毗, 高柔, 衛臻等幷表勳父信有功於太祖, 求請勳罪, 帝不許. 高柔固執不從詔命, 帝怒甚, 召柔詣臺, 遣使者承指至廷尉誅勳. 勳死, 乃遣柔還寺. 『資治通鑑』卷70

4. 규칙 자체의 가치

魏以五官中郎將丕爲太子. 初, 魏王操娶丁夫人, 無子. 妾劉氏生子昂, 卞

氏生四子; 丕, 彰, 植, 熊. 王使丁夫人母養昻. 昻死於穰, 丁夫人哭泣無節,
操怒而出之, 以卞氏爲繼室. 植性機警, 多藝能, 才藻敏贍, 操愛之. 操欲以
女妻丁儀, 丕以儀目眇, 諫止之. 儀由是怨丕, 與弟黃門侍郎廙, 及丞相主簿
楊修, 數稱臨菑侯植之才, 勸操立以爲嗣. 修, 彪之子也. 操以函密訪於外,
尙書崔琰露版答曰, 『春秋』之義, 立子以長. 加五官將仁孝聰明, 宜承正統,
琰以死守之. 植, 琰之兄女婿也. 尙書僕射毛玠曰, "近者袁紹以嫡庶不分,
覆宗滅國. 廢立大事, 非所宜聞." 東曹掾邢顒曰, "以庶代宗, 先世之戒也.
願殿下深察之." 丕使人問太中大夫賈詡以自固之術. 詡曰, "願將軍恢崇德
度, 躬素士之業, 朝夕孜孜, 不違子道, 如此而已." 丕從之, 深自砥礪. 它日,
操屛人問詡, 詡嘿然不對. 操曰, "與卿言而不答, 何也?" 詡曰, "屬有所思,
故不卽對耳." 操曰, "何思?" 詡曰, "思袁本初劉景升父子也." 操大笑.

　操嘗出征, 丕植幷送路側. 植稱述功德, 發言有章, 左右屬目, 操亦悅焉.
丕悵然自失, 濟陰吳質耳語曰, "王當行, 流涕可也." 及辭, 丕涕泣而拜. 操及
左右咸歔欷, 於是皆以植多華辭而誠心不及也. 植旣任性而行, 不自雕飾,
五官將御之以術, 矯情自飾, 宮人左右幷爲之稱說, 故遂定爲太子. 左右長
御賀卞夫人曰, "將軍拜太子, 天下莫不喜, 夫人當傾府藏以賞賜." 夫人曰,
"王自以丕年大, 故用爲嗣. 我但當以免無敎導之過爲幸耳, 亦何爲當重賜遺
乎?" 長御還, 具以語操. 操悅, 曰, "怒不變容, 喜不失節, 故最爲難."

　太子抱議郎辛毗頸而言曰, "辛君知我喜不?" 毗以告其女憲英. 憲英歎
曰, "太子, 代君主宗廟社稷者也. 代君, 不可以不戚. 主國, 不可以不懼. 宜
戚而懼, 而反以爲喜, 何以能久. 魏其不昌乎!"　　　　　　　　　『資治通鑑』卷68

문화의 힘

1. 광무제의 문화 교육

初, 宛人卓茂寬仁恭愛, 恬蕩樂道, 雅實不爲華貌, 行己在於淸濁之間. 自束髮至白首, 未嘗與人有爭競. 鄕黨故舊, 雖行能與茂不同, 而皆愛慕欣欣焉. 哀平間爲密令, 視民如子, 擧善而敎, 口無惡言, 吏民親愛, 不忍欺之. 民嘗有言部亭長受其米肉遺者, 茂曰, "亭長爲從汝求乎? 爲汝有事囑之而受乎? 將平居自以恩意遺之乎?" 民曰, "往遺之耳." 茂曰, "遺之而受, 何故言邪?" 民曰, "竊聞賢明之君使民不畏吏, 吏不取民. 今我畏吏, 是以遺之, 吏旣卒受, 故來言耳." 茂曰, "汝爲敝民矣. 凡人所以群居不亂, 異於禽獸者, 以有仁愛禮義, 知相敬事也. 汝獨不欲修之, 寧能高飛遠走不在人間邪? 吏顧不當乘威力強請求耳. 亭長素善吏, 歲時遺之, 禮也." 民曰, "苟如此, 律何故禁之?" 茂笑曰, "律設大法, 禮順人情. 今我以禮敎汝, 汝必無怨惡, 以律治汝, 汝何所措其手足乎? 一門之內, 小者可論, 大者可殺也. 且歸, 念之." 初, 茂到縣, 有所廢置, 吏民笑之, 鄰城聞者皆蚩其不能. 河南郡爲置守令, 茂不爲嫌, 治事自若. 數年敎化大行, 道不拾遺, 遷京部丞, 密人老少皆涕泣隨送. 及王莽居攝, 以病免歸. 上卽位, 先訪求茂, 茂時年七十餘. 甲申詔曰, "夫名冠天下, 當受天下重賞. 今以茂爲太傅, 封褒德侯."

臣光曰, 孔子稱 "擧善而敎不能則勸." 是以堯擧皋陶, 湯擧伊尹, 而不仁者遠, 有德故也. 光武卽位之初, 群雄競逐, 四海鼎沸, 彼摧堅陷敵之人, 權略詭辯之士, 方見重於世. 而獨能取忠厚之臣, 旌循良之吏, 拔於草萊之中, 置諸群公之首, 宜其光復舊物, 享祚久長, 蓋由知所先務, 而得其本原故也.

『資治通鑑』卷40

2. 등태후의 문화 역량

初, 太傅鄧禹嘗謂人曰, "吾將百萬之衆, 未嘗妄殺一人, 後世必有興者." 其子護羌校尉訓有女曰綏, 性孝友, 好書傳. 常晝修婦業, 暮誦經典, 家人號曰'諸生'. 叔父陔曰, "嘗聞活千人者子孫有封, 兄訓爲謁者使, 修石臼河, 歲活數千人. 天道可信, 家必蒙福." 綏後選入宮, 爲貴人, 恭肅小心, 動有法度. 承事陰后, 接撫同列, 常克己以下之, 雖宮人隸役皆加恩借, 帝深嘉焉. 嘗有疾, 帝特令其母, 兄弟入親醫藥, 不限以日數. 貴人辭曰, "宮禁至重, 而使外舍久在內省, 上令陛下有私幸之譏, 下使賤妾獲不知足之謗. 上下交損, 誠不願也." 帝曰, "人皆以數入爲榮, 貴人反以爲憂邪!" 每有燕會, 諸姬競自修飾, 貴人獨尙質素. 其衣有與陰后同色者, 實時解易. 若幷時進見, 則不敢正坐, 離立, 行則傴身自卑. 帝每有所問, 常逡巡後對, 不敢先后言. 陰后短小, 擧指時失儀, 左右掩口而笑, 貴人獨愴然不樂, 爲之隱諱, 若己之失. 帝知貴人勞心曲體, 歎曰, "修德之勞, 乃如是乎!" 後陰后寵衰, 貴人每當禦見, 輒辭以疾. 時帝數失皇子, 貴人憂繼嗣不廣, 數選進才人以博帝意. 陰后見貴人德稱日盛, 深疾之. 帝嘗寢病, 危甚. 陰后密言, "我得意, 不令鄧氏復有遺類!" 貴人聞之流涕, 言曰, "我竭誠盡心以事皇后, 竟不爲所祐. 今我當從死, 上以報帝之恩, 中以解宗族之禍, 下不令陰氏有人豕之譏." 卽欲飮藥, 宮人趙玉者固禁止之, 因詐言屬有使來, 上疾已愈, 貴人乃止. 明日, 上果瘳. 及陰后之廢, 貴人請救不能得. 帝欲以貴人爲皇后, 貴人愈稱疾篤, 深自閉絶. 冬, 十月辛卯, 詔立貴人鄧氏爲皇后. 后辭讓不得已, 然後卽位. 郡國貢獻, 悉令禁絶, 歲時但供紙墨而已. 帝每欲官爵鄧氏, 后輒哀請謙讓, 故兄騭終帝世不過虎賁中郎將.

『資治通鑑』卷8

3. 문화 패러다임

魏王操表孫權爲票騎將軍, 假節, 領荊州牧, 封南昌侯. 權遣校尉梁寓入貢, 又遣朱光等歸上書, 稱臣於操, 稱說天命. 操以權書示外曰, "是兒欲踞吾著爐火上邪!" 侍中陳群等皆曰, "漢祚已終, 非適今日. 殿下功德巍巍, 群生注望, 故孫權在遠稱臣, 此天人之應, 異氣齊聲. 殿下宜正大位, 復何疑哉?" 操曰, "若天命在吾, 吾爲周文王矣!"

臣光曰, 教化, 國家之急務也, 而俗吏慢之. 風俗, 天下之大事也, 而庸君忽之. 夫惟明智君子, 深識長慮, 然後知其爲益之大, 而收功之遠也. 光武遭漢中衰, 群雄糜沸, 奮起布衣, 紹恢前緒. 征伐四方, 日不暇給, 乃能敦尚經術, 賓延儒雅, 開廣學校, 修明禮樂, 武功既成, 文德亦洽. 繼以孝明, 孝章, 遹追先志, 臨雍拜老, 橫經問道. 自公卿大夫至於郡縣之吏, 咸選用經明行修之人. 虎賁衛士, 皆習『孝經』. 匈奴子弟亦游太學. 是以教立於上, 俗成於下. 其忠厚清修之士, 豈惟取重於搢紳, 亦見慕於衆庶. 愚鄙污穢之人, 豈惟不容於朝廷, 亦見棄於鄉裏. 自三代既亡, 風化之美未有若東漢之盛者也. 及孝和以降, 貴戚擅權, 嬖幸用事, 賞罰無章, 賄賂公行, 賢愚渾殽, 是非顛倒, 可謂亂矣. 然猶綿綿不至於亡者, 上則有公卿大夫袁安, 楊震, 李固, 杜喬, 陳蕃, 李膺之徒面引廷爭, 用公義以扶其危. 下則有布衣之士符融, 郭泰, 範滂, 許劭之流立私論以救其敗. 是以政治雖濁, 而風俗不衰. 至有觸冒斧鉞僵仆於前, 而忠義奮發繼起於後, 隨踵就戮, 視死如歸. 夫豈特數子之賢哉, 亦光武, 明, 章之遺化也. 當是之時, 苟有明君作而振之, 則漢氏之祚猶未可量也. 不幸承陵夷頹敝之餘, 重以桓, 靈之昏虐, 保養奸回過於骨肉, 殄滅忠良甚於寇仇. 積多士之憤, 蓄四海之怒. 於是何進召戎, 董卓乘釁, 袁紹之徒從而構難, 遂使乘輿播越, 宗廟丘墟, 王室蕩覆, 烝民塗炭, 大命隕絕, 不可復救. 然州郡擁兵專地者, 雖互相吞噬, 猶未嘗不以尊漢爲辭. 以魏武之暴戾強伉, 加有大功於天下, 其蓄無君之心久矣, 乃至沒身不敢廢漢而自立, 豈其志之不欲哉? 猶畏名義而自抑也. 由是觀之, 教化安可慢, 風俗安可忽哉?

옮긴이의 말

　이 책은 『자치통감(資治通鑑)』 다시 읽기다. '資治通鑑'이란 "다스림에 도움이 되는 통사(通史)로서의 거울"이라는 뜻이다. 지난 일을 거울로 삼는다는 것은 과거의 잘잘못을 성찰하여 새로운 현재와 미래를 설계하기 위한 반추 과정이다. 따라서 역사란 옛날 어느 시점에 일어난 단순한 사건 기록에 그치지 않는다. 『시경(詩經)』 「대아(大雅)」 「탕(蕩)」에는 "은(殷)나라의 거울이 멀리 있지 않으니, 하(夏)나라 임금 시절이 바로 그때라네(殷鑒不遠, 在夏后之世)"라는 시구가 있다. 하나라가 멸망한 역사를 거울로 삼지 않으면 은나라도 하나라처럼 멸망하고 말 것이라는 뜻이다. 이처럼 역사를 기록하고 역사를 읽는 일은 과거로의 도피가 아니라 현재를 중심에 둔 개방적 성찰 행위에 다름 아니다. 한(漢)나라 말기 순열(荀悅)은 자신의 저서 『신감(申鑒)』 「정체(政體)」에서 "지난 시대의 거울이 이미 환하게 밝으니, 후대에 그것을 다시 펼쳐놓는다(前鑒既明, 後復申之)"라고 했다. 지난 역사의 교훈을 다시 펼쳐서 현재의 거울로 삼는다는 의미다. 『진서(晉書)』 「부견 하(苻堅下)」에서는 "앞 수레의 뒤집어진 자취는 뒤 수레의 밝은 거울이다(前車之覆軌, 後車之明鑒)"라고 했다. 내가 지금 모는 수레의 안전한 운행을 위해서 앞 수레가 전복된 자취를 꼼꼼하게 살펴야 한다는 뜻이다. '오래된 미래'란 말이나 '돌아보기는 기실 바라보기'라는 말도 이와 동일한 의미를 갖고 있다.

　과거의 역사를 현재의 거울로 삼기 위하여 동아시아에서는 오래전부터 수많은 기록을 남겨왔다. 중국의 25사(二十五史)와 우리의 왕조실록이 대표적인 결과물이다. 그러나 이런 역사 기록물은 후인들이 한 번 읽기에도 어려운 방대한 분량을 자랑한다. 중국의 정사에 해당하는 25사의 경우 전체 분량이 무려 총 3,781권 2,730만 자를 넘는다. 『자치통감』이 나온 송(宋)나라 이전까지만 예를 들어보더라도 당시에 벌써 『사기(史記)』에서 『신오대사(新五代史)』에 이르는 19사(十九史) 1,500만여 자가 완성되어 있었다. 이 책의 저자 장평도 지적하고 있는 것처럼 이 분량은 전문적인 독서가가 하루에 5만 자를 읽으면서 하루도 쉬지 않고 1년을 꼬박 읽어야 완독할 수 있는 엄청난 양이다. 역사라는 거울이 너무나 방대하고 다양하여 실제로 거울 역할을 하지 못하는 아이러니가 여기에서 발생한다. 이 때문에 사마광(司馬光)은 통치자들의 치국에 실제적인 도움을 주기 위해 역사 요약 작업에 착수한다. 그는 북송(北宋) 신종(神宗) 시기를 전후하여 거의 20년에 가까운 기간 동안 『자치통감』을 완성한다. 당시 송나라 신종 황제는 직접 『자치통감』에 서문을 써주며 "지난 일을 거울로 삼아 치도(治道)에 도움이 되는(鑑於往事, 有資於治道)" 책이라고 칭송했다. 이것이 『자치통감』이란 책 제목의 유래다. 하지만 이 『자치통감』도 거울로서의 역할을 그렇게 효과적으로 수행하지는 못했던 것으로 보인다. 역시 분량이 문제였다. 송나라 이전까지의 역사 요약집인 『자치통감』의 분량도 무려 294권 100책 300만 자에 달했기 때문이다. 따라서 이후 이 요약집을 다시 요약하는 일이 이어질 수밖에 없었다. 지금은 벌써 망실되었지만 사마광 스스로 다시 『통감거요력(通鑑擧要曆)』80권을 편찬했으며, 주희(朱熹)는 남송 효종(孝宗) 때 『자치통감강목(資治通鑑綱目)』 59권을 편찬했고, 강지(姜贄)는 남송 휘종(徽宗) 때 『통감절요(通鑑節要)』 50권을 편찬했다. 또 남송 효종 때 원추(袁樞)는 연도 순서로 편찬된 『자치통감』의 불편함을 해소하기 위해, 사건 중심으로 『자치통감』을 요약하여 『통감기사본말(通鑑紀事本末)』 42권을 편찬했다. 이로써 『자치통감』은 중국의 대표적인 역사 요약집으로서 지위를 공고히 하게 된다.

우리나라에 언제 『자치통감』이 전해졌는지는 명확한 자료가 남아 있지 않다. 다만 『고려사(高麗史)』 명종(明宗) 2년(1172)에 『자치통감』 교감(校勘) 기사가 실려 있는 것으로 보아, 중국에서 『자치통감』이 편찬되고 나서 얼마 지나지 않아 우리나라로 전해졌음을 짐작할 수 있다. 조선시대로 들어와서는 주자학(朱子學)이 관학으로 우대받음으로써, 주희의 『자치통감강목』이 지식인의 필독서가 되었다. 현재 한국고전번역원 사이트에서 '자치통감'이란 검색어를 입력하면 무려 4,024건의 자료가 검색된다. 이 중에서 『조선왕조실록』에 실린 자료가 247건, 『승정원일기(承政院日記)』에 실린 자료가 646건, 『일성록(日省錄)』에 실린 자료가 1756건, 그 외는 모두 일반 문인들의 문집 자료다. 이로써 미루어보건대 조선시대에는 민간 교육기관인 서당이나 서원뿐만 아니라 관학인 향교나 성균관 등에 이르기까지 중국 송 대 이전의 역사는 모두 『자치통감』 계열의 역사책을 읽었음을 알 수 있다. 심지어 2014년 중국 상하이도서관(上海圖書館)에서 발견된 『자치통감강목』 완질 59권은 조선 세종 때 사용된 경연(經筵) 교재로 밝혀져서 학계를 깜짝 놀라게 했다. 이는 조선시대 군신 간의 역사 토론 교재도 『자치통감』 계열의 『통감강목』이었음을 알려주는 귀중한 자료다. 특히 이 판본은 조선 최초로 간행된 활자본(경자자庚子字)『통감강목』인데, 세종 이후 왕실 도서관에서 유출되어 청주한씨(淸州韓氏), 남양홍씨(南陽洪氏) 등의 소장자를 거친 후 임진왜란 때 왜군에 약탈되어 일본으로 건너갔다가 우여곡절 끝에 상하이도서관에 최종 정착된 것으로 알려져 있다. 이처럼 『자치통감』 및 동일 역사서 계열의 요약본은 조선시대 전체 기간 동안 지식인의 필독서로 기능했다. 그것은 마치 서양의 여러 나라가 그리스 로마 신화나 기독교 성경을 인문학적 사유의 거울로 삼는 일과 유사한 풍경이었다.

중요한 점은 이제 이 역사의 거울에 지금 여기 우리의 현재를 비춰봐야 한다는 점이다. 왕조시대에는 치자(治者)로서의 임금과 백관이 『자치통감』이라는 역사의 거울을 통해 올바른 치국(治國)의 방안을 모색하고 성찰하는 데 중점을 두었다. 그러나 봉건적 군신 관계가 사라진 현대 민주사회에서는 응당 현대사회에 걸맞은 『자치통감』 읽기가 필요하다. 이를 위해 이 책의 저자 장평은 세 가지 키워드를 제시하고 있다. 그것은 바로 수신(修身), 제가(齊家), 치도(治道)다. 흥미로운 점은 이 세 키워드가 성리학 기본 텍스트인 『대학(大學)』의 팔조목(八條目) 중 상위 사조목(四條目)에 기반을 두고 있다는 사실이다. 그 사조목은 바로 우리에게 잘 알려져 있는 수신, 제가, 치국(治國), 평천하(平天下) 항목이다. 이는 인간 본성의 밝고 선한 덕(德)을 끊임없이 수양하여 가정 다스림과 나라 다스림을 성취하고, 이어서 그것을 천하 태평의 경지로까지 확장하려는 성리학의 궁극적 목표다. 이런 과정을 통해 개인의 품성 수양은 치국의 궁극적 지향과 일체를 이룬다. 장평은 물론 군신 관계에 기반을 둔 치국과 평천하의 옛 이념을 다시 불러오기 위해 위의 세 키워드를 제시한 것이 아니다. 그는 오히려 함께 어울려 살기 위한 현대사회의 덕성으로서 '신독(愼獨)'을 유난히 강조한다. '신독'은 말 그대로 혼자 있을 때도 언행을 절제하고 삼가는 수양 자세다. 수신이 '신독'의 경지에 이르면 혼자 암실(暗室)에 있을 때나 사람들의 이목이 빈번한 시장통에 있을 때나 자발적으로 자기절제의 품행을 실천한다. 그러나 이러한 경지는 고난도의 가혹한 심신 수련을 통해 달성되는 것이 아니다. 오히려 '신독'은 우리의 평범한 현실 생활을 통해 단련되고 구현되는 덕성이다. 단속 카메라가 없는 고속도로에서 과연 자동차의 규정 속도를 지킬 수 있는가? 아무도 보는 사람이 없는 곳에서 주운 타인의 지갑을 손대지 않고 그대로 돌려줄 수 있는가? 상인이 시장에서 물건을 팔 때 계산에 어두운 노인이나 어린아이를 속이지 않을 수 있는가? 이런 것이 현실 속의 '신독'이다. 이는 굳이 치국이나 평천하의 조목과 연결시키지 않더라도 그 자체만으로 소중하고 요긴한 인간의 덕성이다. 함께 어울려 사는 사회에서 공공(公共)질서의 바탕으로 삼아야 할 아름다운 자질이다. 장펑이 강조한 수신의 현대적 의미가 바로 이 지점에 뿌리를 두고 있다. 말하자면 장펑은 수신의 일상성 또는 평범성을 강조하면서 이를 기반으로 『자치통감』 새로 읽기를 시도하고 있는 셈이다.

장펑의 이런 입장은 이 책의 제가와 치도 항목에도 동일하게 관철되고 있다. 즉 장펑은 수신을 통해 얻은 '신독'의 덕성을 자제들에게도 가르쳐서 검약과 절제가 일상화된 집안 분위기를 형성하는 것을 제가의 요체로 보았다. 치도의 경우도 마찬가지다. 치도는 『대학』 팔조목의 하나인 치국의 변형이지만, 오히려 장펑은 이런 변형을 통해 『자치통감』 새로 읽기의 드넓은 보편성을 확보하고 있다. 장펑에 의하면 치도의 도는 천하위공(天下爲公)을 중심으로 하는 일상 도덕에 다름 아니다. 그것은 문화와 교육을 통해 달성되는 공공 덕성의 개인 내면화다. 한나라 말기 조조(曹操)가 주위 측근들의 강력한 권유에도 불구하고 황제에 오르지 않은 것은 그에게 그만한 힘과 야욕이 없었기 때문이 아니라 조조의 가슴속에 내면화된 명분과 대의의 덕성 때문이었다. 그것은 동한이란 나라가 광무제 이래 강조해온 교화의 핵심 내용이었다. 문화와 교육을 통해 개인의 품성으로 내면화한 명분과 도의의 덕성은 부단한 수신 과정에서 일상 속의 자기절제력으로 승화되고, 더 나아가 매우 현실적인 검약과 겸양의 가풍으로 확장되며, 궁극적으로는 명분과 대의를 목숨보다 더 소중하게 여기는 사회 기풍으로 보편화된다. 이러한 사회 기풍은 법이나 규제로 지탱되는 강제적 질서가 아니라 개인의 자발적인 실천과 참여로 유지되는 느슨한 구속력이다. 하지만 이 느슨한 구속력은 명예와 염치와 도의를 중시하는 사회 전체 분위기에 기반을 두고 있으므로 어떤 강제적 구속력보다 더 끈질기고 지속적인 힘을 발휘한다. 이 점이 바로 바로 치도의 현재적 의미다. 장펑이 『자치통감』이란 거울을 통해 비춰본 수신, 제가, 치도의 의미는 이처럼 지금 여기의 삶을 반추하고 성찰하는 드넓은 보편성으로 되살아나고 있다. 장펑이 이 책을 쓴 궁극적인 목적은 『자치통감』의 본래 의도에 걸맞게 지금의 고위 공무원이나 지도층 인사 혹은 CEO들의 자질 향상을 위한 것이지만, 그것이 개인의 수양에 바탕한 수신, 제가, 치도의 일체화와 일상화를 지향하고 있다는 점에서는 평범한 일반 독자를 위한 교양서로서도 충분히 일독의 가치가 있다고 할 만하다. 따라서 이 『자치통감』 다시 읽기가 국가나 사회의 리더들뿐만 아니라 일상 속 평범한 독자들께도 자기 삶의 성찰 기회로 작용할 수 있기를 소망한다.

끝으로 이 책의 저자 장펑 선생, 기획위원 노승현 선생, 흐름출판 유정연 대표, 그리고 교열위원, 편집위원 및 이 책 출판에 기여하시고 도움을 주신 모든 분들께 감사드린다. 작은 책 한 권에도 이처럼 많은 분들의 피와 땀이 어려 있다.

청청재(靑靑齋)에서 옮긴이 김영문